A RESCISÃO DA COISA JULGADA COM BASE EM PRECEDENTES DO STF E DO STJ: UMA ANÁLISE CRÍTICA NO PROCESSO JUDICIAL TRIBUTÁRIO

CIP-BRASIL. CATALOGAÇÃO NA PUBLICAÇÃO
SINDICATO NACIONAL DOS EDITORES DE LIVROS, RJ

R368r

Ribeiro, Diego Diniz
A rescisão da coisa julgada com base em precedentes do STF e do STJ : uma análise crítica no processo judicial tributário / Diego Diniz Ribeiro. - 1. ed. - São Paulo : Noeses, 2024.

394 p. ; 23 cm.
Inclui bibliografia e índice
ISBN 9788583102090

1. Direito tributário - Brasil. 2. Administração e processo tributário - Brasil. 3. Coisa julgada - Brasil. I. Título.

24-92361 CDU: 34:351.713(81)

Meri Gleice Rodrigues de Souza - Bibliotecária - CRB-7/6439

Diego Diniz Ribeiro

Doutor em Processo Civil pela USP. Mestre em Direito Tributário pela PUC/SP. Advogado e Professor.

Ex-Conselheiro titular no CARF. Pesquisador da FGV/SP e do IBET.

A RESCISÃO DA COISA JULGADA COM BASE EM PRECEDENTES DO STF E DO STJ: UMA ANÁLISE CRÍTICA NO PROCESSO JUDICIAL TRIBUTÁRIO

2024

editora e livraria
NOESES

Fundador e Editor-chefe: Paulo de Barros Carvalho
Gerente de Produção Editorial: Rosangela Santos
Arte e Diagramação: Renato Castro
Revisão: Georgia Evelyn Franco
Designer de Capa: Aliá3 - Marcos Duarte

editora e livraria
NOESES

Editora Noeses Ltda.
Tel/fax: 55 11 3666 6055
www.editoranoeses.com.br

Aos meus filhos, Pedro e Malu, por me ensinarem o verdadeiro significado do que é amar.

A morte de qualquer homem me diminui, porque sou parte do gênero humano. E por isso não perguntes por quem os sinos dobram; eles dobram por ti.

(John Donne)

APRESENTAÇÃO

Diego Diniz Ribeiro escolheu-me para ser o Orientador da sua *tese de doutoramento pela USP,* cogitando desvendar o caminho aberto pelo legislador do Código de Processo Civil de 2015 acerca da coisa julgada e seu relacionamento com os precedentes dos Tribunais Superiores, reduzindo o seu alcance ao processo judicial tributário. Esse trabalho acadêmico redundou na presente obra cujo Autor tenho o prazer de apresentar.

Como disse Hélio Rubens Batista Ribeiro Costa, aludindo ao seu parecer entregue em diligência pessoal ao Senador Valter Pereira, como então Secretário "ad hoc" do Colégio de Presidentes dos Institutos dos Advogados do Brasil:

> "...[as] modificações constantes do Código de Processo vigente [1973] verificadas especialmente a partir da década 90 e a própria dinâmica da vida social do Século XXI, exigem a reforma do processo civil brasileiro. O próprio sistema jurídico do Brasil, conciliando valores da *common law* e da *civil law,* notadamente seu peculiar controle de constitucionalidade, as ainda recentes introduções de importantes institutos como a repercussão geral, o regime dos recursos repetitivos, a adoção da súmula vinculante, enfim, o cenário é todo favorável à reestruturação processual em exame".[1]

1. *In: O Novo Processo Civil.* SILVA, José Anchieta da (org.) São Paulo: Lex Magister, 2012.

É do saudoso estilo de nosso «Patrono» das Disciplinas dos cursos de Pós-Graduação, Professor Emérito da Faculdade de Direito da USP José Ignácio Botelho de Mesquita, trocarmos lições com o nosso alunado, aceito pela nossa equipe, capitaneada pelo Professor Rodolfo da Costa Manso Real Amadeo e integrada pelos Doutores pela USP Daniel Zveibil, Luiz Dellore, Julio César Bueno, Marco Antonio Perez de Oliveira e Marina Lombardi. Dentre nossos alunos, vindo de várias partes do país, destacou-se o Autor dessa obra, *Diego Diniz Ribeiro,* com lúcidas explanações a respeito dos institutos acima mencionados, nada deixando para trás e, sobretudo, aplicando à coisa julgada no processo tributário.

Nada mais difícil que responder aos questionamentos que o próprio Autor deste livro colocou em sua passagem sob o título das "conclusões", a saber: "é possível rescindir a coisa julgada formada em uma lide tributária com base em precedentes dos Tribunais Superiores (STF e STJ)? Em caso positivo, tal rescisão estaria sujeita a limites? Se sim, quais seriam esses limites?"

Desenvolve o tema com apoio no "Jurisprudencialismo", de Castanheira Neves, chegando mesmo a sustentar a capacidade "de as decisões judiciais atuarem como fonte material no ordenamento jurídico", distanciada essa afirmação de uma acepção formalista do Direito, encontrando a estatura da coisa julgada não somente como um "reflexo do *valor da segurança jurídica*", mas, coordenada à uma devida "*expressão do valor justiça*"!

Como eu escrevi uma tese a respeito da "Coisa Julgada Tributária", publicando-a em no formato de livro pela Editora Quartier Latin [outono de 2008], confesso que eu tive que me "abrir" ao receber as concepções, muito bem elaboradas, pelo agora Doutor Diego Diniz Ribeiro e me considerei vencido, sobretudo pela aprovação unânime da rigorosa banca que o examinou no Largo de São Francisco, composta pelos Professores Paulo Ayres Barreto, Cassio Scarpinella Bueno,

Paulo Cesar Conrado, Rodolfo da Costa Manso Real Amadeo e Juliana Furtado Costa Araujo.

Confesso mais!

Como cheguei a um ponto de "reencontro de minhas memórias" [*após cinquenta e cinco anos de USP, com bacharelado na turma ingressante de 1968 e concluída em 1972; março de 1973 como Docente Voluntário, seguido das funções de Auxiliar de Ensino, Professor Assistente e, por fim, Professor Doutor no Departamento de Direito Processual da Velha Academia*], fui verificar questões para as quais não encontrei respostas nas arguições dos meus trabalhos na Pós-Graduação "stricto sensu" [Mestrado – "Substituição Tributária" – e Doutorado "Coisa Julgada Tributária"].

De fato, encontrei uma questão, então formulada pelo saudoso Professor Titular Alcides Jorge Costa em uma das Bancas Examinadoras das quais ele participou, e eu <u>**não**</u> respondi, qual seja: "diga o candidato se a coisa julgada em um processo judicial tributário é formada sob o pálio de uma decisão de um Tribunal Superior, mas se o próprio órgão posteriormente decide a mesma questão tributária em sentido diverso e os dois contribuintes são do mesmo ramo comercial, como combater a coisa julgada primeiramente formada além do prazo decadencial" referindo-se, me lembro bem, "aos sérios prejuízos econômicos, incluindo-se aí prejuízos à livre-concorrência"?

O quadro processual de antanho não me ajudou e guardei um obsequioso silêncio!

Daí, o esforço do nosso Autor, que construiu uma fórmula que propicia pautar instrumentos rescisórios em matéria tributária na direção de que um "precedente do STF ou do STJ representativo da posição **institucional** desses órgãos, independentemente do seu caráter formalmente vinculante, i.e., ainda que não se enquadrem nos tipos formais do art. 927 do CPC, seria elemento suficiente para fundamentar instrumentos rescisórios", desde que tal precedente represente a posição institucional dos citados Tribunais Superiores. Ainda imbuído desse propósito – o de estabelecer limites à rescindibilidade da coisa julgada com base em precedentes – o Autor vai além, ao definir que essa rescisão só pode se dar mediante ajuizamento de instrumento processual rescisório próprio, o que Diego chama de "limite metodológico". Outros limites são pertinentemente desenvolvidos pelo Autor ao longo do Capítulo 3.

Logo, Diego não prescinde da *coisa julgada, esta admitida no sentido de uma estabilidade e não imutabilidade*, nascida por força do devido processo legal o que, segundo o Autor, torna imprescindível o respeito a esse mesmo devido processo legal para se obter a sua rescisão.

Diego Diniz Ribeiro tem domínio da tarefa a que se prestou realizar e os leitores ficarão animados diante da abordagem crítica que ele imprimiu à sua tomada de posição frente aos eternos duelos "forma e substância", "subjetivismo e objetivismo", "absolutismo e relativismo", "legalismo e ativismo judicial".

Foi por meio da sua proximidade com a Academia que o Autor, por meio de longas jornadas, trouxe soluções para problemas concretos e tão relevantes, o que torna essa obra uma leitura imprescindível para os que pretendem compreender os efeitos dos precedentes dos Tribunais Superiores sobre a coisa julgada no particular ambiente do processo tributário.

Walter Piva Rodrigues

Professor Doutor aposentado do Departamento de Direito Processual da Faculdade de Direito da USP. Desembargador aposentado junto ao Tribunal de Justiça do Estado de São Paulo. Sócio fundador do Instituto Brasileiro de Direito Tributário. Advogado.

PREFÁCIO

Um sentimento misto de honra e de alegria me tomou quando recebi o convite para redigir o prefácio da versão comercial da tese com que o Prof. Diego Diniz Ribeiro conquistou, com brilhantismo, seu título de Doutor em Direito Processual Civil, pela Faculdade de Direito da Universidade de São Paulo.

Honra porque não é sempre que me são formulados convites desta espécie, considerando, sobretudo, a importância e a profundidade da obra que cheguei a conhecer "em primeira mão", quando da sua defesa perante a banca examinadora. Banca que foi presidida, como seu costumeiro brilho e carisma pelo grande Professor Walter Piva Rodrigues, orientador do Prof. Diego, e que reuniu também os Professores Paulo Ayres Barreto, Paulo César Conrado, Juliana Furtado Costa Araújo e Rodolfo da Costa Manso Real Amadeo.

Alegria porque já tinha tido o privilégio de conhecer o Prof. Diego anteriormente, de ter estado, atendendo a gentil convite seu, na Semana Jurídica do Instituto Municipal de Ensino Superior de Bebedouro "Victório Cardassi" – IMESB, na cidade de Bebedouro, para uma palestra, além de outras iniciativas acadêmicas que se seguiram desde então, a principal delas a minha participação na sua banca de qualificação de doutorado, o que sempre permite ao examinador, quando acaba participando também da banca de defesa final, como foi, felizmente, o caso, uma perspectiva muito interessante de evolução do trabalho e do pensamento do próprio candidato.

A obra, ora prefaciada, não podia ser mais atual. Não receio afirmar, aliás, que se trata de um tema que tem ocupado diariamente os estudiosos e os praticantes do chamado "processo tributário", do qual um dos expoentes, em sua geração, é, justamente, o Prof. Diego. Seja porque não há espaço para duvidar de que um dos pontos de sustentação do Código de Processo Civil de 2015 é o seu sistema de precedentes — e, mais recentemente, tenho divulgado a nomenclatura "Sistema Brasileiro de Precedentes" que ouvi, pela primeira vez, em seminário promovido pela ENFAM, sob a coordenação do Ministro Mauro Campbell Marques, para prestar justa homenagem póstuma ao Ministro Paulo de Tarso Sanseverino —, seja porque verificar de que maneira um "precedente" interfere ou pode interferir em decisão já transitada em julgado e, consequentemente, se e como a ação rescisória pode ser usada para reabrir a discussão, que, até então, estava imunizada, é algo que se tornou urgente até mesmo diante de importantes decisões que foram (e que vêm sendo) tomadas pelo Supremo Tribunal Federal (em especial nos Temas 881 e 885 de sua repercussão geral) e pelo Superior Tribunal de Justiça.

Contudo, a obra do Prof. Diego não se destaca apenas pela atualidade do tema sobre o qual se debruça. A importância do tema, justamente em função do grau e da profundidade das polêmicas que gravitam em torno do seu objeto são imensas. Tratar do já mencionado "Sistema Brasileiro de Precedentes" é, apenas uma, dentre tantas. Há mesmo tal sistema? Os precedentes do direito brasileiro têm algo em comum com os precedentes do direito inglês ou do direito norte-americano ou de outros sistemas do *common law*, que encontram fundamento mais no direito judicado no que no legislado? Afinal, o que são os tais precedentes e quais seus efeitos para o direito brasileiro? Todas essas questões, fundamentais são enfrentadas com excelência e profundidade ímpares pelo Prof. Diego no Capítulo 2.

Mas como disse, tratar dos "precedentes" é, apenas, uma das facetas deste livro. A outra é analisar a ação rescisória e suas relações com aquelas decisões paradigmáticas. Se é certo que os §§ 5º e 6º do art. 966, introduzidos durante a *vacatio legis* do CPC de 2015, pela Lei n. 13.256/2016, quiseram deixar mais claro o possível uso daquela medida jurisdicional para contrastar decisão já transitado em julgado, explicitando o que muitos já queriam extrair da previsão genérica do inciso V daquele dispositivo, diante de precedente, é importante frisar — até para evitar conclusões precipitadas — que a perspectiva adotada por aqueles dispositivos é a de a decisão ter deixado de aplicar, quando devido, um precedente ou, inversamente, tê-lo aplicado quando a hipótese fática não reclamava sua aplicação. Nada se fala sobre a superveniência de um precedente e de que forma, diante de tal ocorrência, o tema ainda pode ser desafiado por ação rescisória ou por outra medida jurisdicional (impugnação ao cumprimento de sentença e embargos à execução) e de que modo que os (incrivelmente polêmicos) §§ 12 a 15 dos arts. 525 (que encontram, quando o Poder Público está em juízo, correspondência nos §§ 5º a 8º do art. 535 do mesmo Código) influenciam na reflexão do tema. Para tanto, se volta o Capítulo 3, seu cerne.

E, evidentemente, a importância do livro reside na pesquisa do modo com que as mais recentes manifestações do Supremo Tribunal Federal (de novo, mas não só, os Temas 881 e 885 de sua repercussão geral) e do Superior Tribunal de Justiça souberam ou estão sabendo lidar com estas intrincadas questões. Aliás, para ficar com os Temas 881 e 885, eles são ilustração mais que suficiente das infindáveis possibilidades e dificuldades que o assunto envolve. Seja na perspectiva da (des)necessidade de ajuizamento de ação rescisória para contrastar decisão anterior diante de "precedente" novo — mormente naquelas situações que, na perspectiva de direito material, há inegável continuidade —, seja na de compreensão do que deve (ou pode) ser compreendido como precedente e qual sua força normativa, seus elementos, sua dinâmica, desde seu nascedouro, para o direito brasileiro.

As mais de novecentas páginas que correspondem aos acórdãos daqueles dois Temas do Supremo Tribunal Federal não esgotam o assunto, muito pelo contrário, como busca demonstrar o Prof. Diego, com vistas à construção de um pensamento *crítico* a respeito do cerne da presente obra.

O destaque à palavra "crítico" é fundamental. Trata-se de trabalho acadêmico seríssimo, defendido com êxito perante a mais tradicional Faculdade de Direito do país, sob a batuta segura de um dos principais percursores do direito processual tributário como um todo — e da coisa julgada tributária em particular (como bem demonstra o Capítulo 1, aliás) — que é o Professor Walter Piva Rodrigues, orientador da tese que originou a obra ora prefaciada. E crítica, seja a negativa (mais comum) ou a positiva (menos frequente) é indispensável para a compreensão e para a evolução científicas, mormente num modelo de precedentes que quer ser sistemático e operacional, com o especial desafio de, primeiro, dever ser devidamente decifrado.

É a isto, em suma, que se propôs, com brilhantismo, a tese do Prof. Diego. E a isto, com renovadas reflexões, inclusive em função dos não poucos debates gerados pela defesa de seu trabalho perante a banca examinadora, que a presente obra, no seu atual formato, se propõe. E desde seu título.

Trata-se de leitura obrigatória para o teórico e para o prático do Direito — e qual é o sentido do direito processual senão para fins eminentemente práticos? — para compreender mais de perto as possibilidades e as dificuldades dos precedentes regrados pelo CPC de 2015 e suas relações com a coisa julgada e com os meios destinados a seu desfazimento.

Cassio Scarpinella Bueno

Professor de Direito Processual Civil e de Direito Processual Tributário da Faculdade de Direito da PUC-SP, nos cursos de graduação, especialização, mestrado e doutorado.
Mestre, Doutor e Livre-docente em direito processual civil pela PUC-SP.
Presidente do Instituto Brasileiro de Direito Processual (triênio 2022-2024)
Vice-Presidente da Região Brasil do Instituto Ibero-americano de Direito Processual (triênio 2023-2025)
Membro da Associação Internacional de Direito Processual

LISTA DE ABREVIATURAS E SIGLAS

ADI – Ação Direta de Inconstitucionalidade

CF – Constituição Federal

CNJ – Conselho Nacional de Justiça

Cofins – Contribuição para o Financiamento da Seguridade Social

CPC – Código de Processo Civil

CSLL – Contribuição Social sobre o Lucro Líquido

Enfam – Escola Nacional de Formação e Aperfeiçoamento de Magistrados

EUA – Estados Unidos da América

FGTS – Fundo de Garantia do Tempo de Serviço

ICMS – Imposto sobre Circulação de Mercadorias e Serviços

IPI – Imposto sobre Produtos Industrializados

IR – Imposto sobre a Renda

IRDR – Incidente de Resolução de Demandas Repetitivas

ISS – Imposto sobre Serviços

LINDB	–	Lei de Introdução às Normas do Direito brasileiro
PIS	–	Programa de Integração Social
STF	–	Supremo Tribunal Federal
STJ	–	Superior Tribunal de Justiça
TJ/SP	–	Tribunal de Justiça de São Paulo
URP	–	Unidade de Referência de Preços
USP	–	Universidade de São Paulo

SUMÁRIO

APRESENTAÇÃO .... **IX**

PREFÁCIO .... **XIII**

LISTA DE ABREVIATURAS E SIGLAS .... **XIX**

INTRODUÇÃO **1**

1. QUESTÕES FUNDAMENTAIS A RESPEITO DA COISA JULGADA **7**

1.1 Origem e evolução histórica do instituto da coisa julgada 7

1.2 A finalidade da coisa julgada no ordenamento jurídico e os valores jurídicos tutelados pelo instituto 32

1.3 O *status* constitucional da coisa julgada 51

1.4 Conceito de coisa julgada e a polissemia do termo 58

1.4.1 Coisa julgada formal e coisa julgada material 63

1.4.2 Limites da coisa julgada 69

1.4.2.1 Limites objetivos 70

1.4.2.2 Limites subjetivos 84

1.4.2.3 Limites temporais 94

2. PRECEDENTES VINCULANTES NO ORDENAMENTO JURÍDICO NACIONAL: *CIVIL LAW*, *COMMON LAW* OU UM *TERTIUM GENUS*? 101

2.1 *Common Law*: uma breve incursão histórica e características fundamentais 101

2.1.1 Origem e evolução histórica do "*Common Law*" 103

2.1.1.1 O conceito de Direito no "Common Law" 113

2.1.1.2 Fontes do direito 117

2.1.1.2.1 Os precedentes 117

2.1.1.2.2 A lei 126

2.1.1.2.3 Os costumes 130

2.1.1.2.4 A doutrina e a razão 133

2.1.1.3 Método jurídico no Common Law .. 135

2.1.1.4 O "Common Law" na Inglaterra e nos Estados Unidos da América: encontros e desencontros 142

2.1.1.4.1 A origem do Common Law nos Estados Unidos da América 142

2.1.1.4.2 A estrutura do Common Law nos EUA 147

2.1.1.4.3 Os precedentes nos EUA 153

2.1.1.4.4 A lei nos Estados Unidos da América 155

2.2 A racionalidade de precedentes no Brasil: *Civil Law*, *Common Law* ou "*tertium genus*"? 157

2.2.1 Um breve histórico da evolução do sistema jurídico-processual brasileiro para um pretenso modelo de valorização dos precedentes 158

2.2.2 Uma análise crítica do abrasileirado modelo de "precedentes" 163

2.2.3 Ainda os precedentes no Brasil: proposta para a construção de um modelo 181

2.2.3.1 O que faz de uma decisão um precedente? 184

2.2.3.2 Para a existência de um modelo de precedentes no Brasil: mudanças estruturais e culturais 188

2.2.3.3 Para a existência de um modelo de precedentes no Brasil: o contributo do CPC/2015 para um regime metodologicamente adequado 196

2.2.3.3.1 O princípio da cooperação 198

2.2.3.3.2 A motivação estruturada das decisões judiciais 203

2.2.3.3.3 Uniformidade, estabilidade, coerência e integridade das decisões judiciais: o art. 926 do CPC 212

2.2.3.3.4 Síntese conclusiva 239

3. A REVISÃO DA COISA JULGADA FUNDAMENTADA EM PRECEDENTES VINCULANTES **241**

3.1 Brevíssima recapitulação do problema 241

3.2 A evolução histórica de instrumentos rescisórios fundamentados em precedentes: da criação à revisão da súmula 343 do STF 245

3.2.1 O RE n. 590.809 (tema 136 do CTF) e a expansão da "ratio decidendi" veiculada no RE n. 328.812 ED ... 257

3.2.2 Os temas 881 e 885 do STF ... 264

3.3 Os limites à revisão da coisa julgada com base em precedentes ... 272

3.3.1 Os limites necessários ou obrigatórios ... 275

3.3.1.1 O limite institucional ... 275

3.3.1.2 O limite metodológico ... 283

3.3.1.3 O limite assecuratório ... 297

3.3.1.4 O limite temporal ... 306

3.3.1.4.1 O limite temporal, o regime rescisório do art. 535, §§ 5º e 8º do CPC, e suas particularidades ... 310

3.3.2 O limite eventual ... 324

3.3.2.1 O limite judicativo ... 325

3.4 A revisão da coisa julgada pautada em precedentes vinculantes e as relações jurídicas de trato sucessivo ... 329

4. CONCLUSÕES ... **337**

REFERÊNCIAS ... **347**

INTRODUÇÃO

Apesar do vasto acervo doutrinário e jurisprudencial, a coisa julgada ainda é um tema que, paradoxalmente, continua redundando em variadas e acaloradas discussões,[1] dentre as quais se destaca o debate acerca da sua "relativização",[2] com base em precedentes dos nossos Tribunais, em especial aqueles provenientes do Supremo Tribunal Federal (STF) e do Superior Tribunal de Justiça (STJ). Esse

---

1. Esse paradoxo e seus motivos são expostos por BARBOSA MOREIRA, José Carlos. Ainda e sempre a coisa julgada. *In:* WAMBIER, Teresa Arruda Alvim; WAMBIER, Luiz Rodrigues. *Doutrinas essenciais de processo civil.* v. 6. São Paulo: Revista dos Tribunais, 2011. p. 679.

2. O termo **relativização** é aqui propositadamente empregado entre aspas, uma vez que se partilha das críticas formuladas por Barbosa Moreira a respeito, *in verbis*: "Comecemos pela palavra 'relativização'. Não nos impressiona muito a circunstância de estar ela ausente da maioria dos dicionários, como ausente também está o verbo 'relativizar': uma das formas da natural evolução da língua é a criação de vocábulos novos, e esses se afiguram forjados de maneira compatível com a índole do idioma português. Nossa estranheza tem outro motivo. É que, quando se afirma que algo deve ser 'relativizado', logicamente se dá a entender que se está enxergando nesse algum um absoluto: não faz sentido que se pretenda 'relativizar' o que já é relativo. Ora, até a mais superficial mirada ao ordenamento jurídico brasileiro mostra que nele está longe de ser **absoluto** o valor da coisa julgada material: para nos cingirmos, de caso pensado, aos dois exemplos mais ostensivos, eis aí, no campo civil, a ação rescisória e, no penal, a revisão criminal, destinadas ambas, primariamente, à eliminação da coisa julgada. O que se pode querer – e é o que no fundo se quer, com dicção imperfeita – é a **ampliação** do terreno 'relativizado', o **alargamento** dos limites da 'relativização'." (BARBOSA MOREIRA, José Carlos. *Temas de direito processual.* São Paulo: Saraiva, 2007. p. 235-236. Grifos do autor).

debate ganha outras tonalidades quando o direito material de fundo é de natureza tributária, haja vista as particularidades desse específico nicho do Direito.

Essa discussão quanto à possibilidade de revisitar a coisa julgada com base em precedentes decorre do vertiginoso destaque, nos últimos anos, da atuação dos Tribunais Superiores no processo de construção do Direito.[3] Os precedentes desses Tribunais, portanto, são apontados como responsáveis por dar um sentido jurídico de cunho material às disposições constitucionais[4] e infraconstitucionais.

Esse tratamento das decisões judiciais como fonte material do Direito, por sua vez, é institucionalizado no Brasil por meio da lei[5] e, mais do que isso, retratado em institutos que formalmente atribuem natureza de precedente vinculante para certos tipos de manifestações jurisdicionais.[6] A título de exemplo, destacam-se as súmulas vinculantes, bem como decisões proferidas com repercussão geral e em julgamentos de recursos sob o rito de repetitivos.

---

3. Ainda que o método jurídico adotado pelo ordenamento jurídico nacional para essa valorização seja passível de inúmeras críticas, o que será melhor desenvolvido adiante.

4. A ponto de o STF afirmar que "a Constituição é o que o Supremo assenta [...]." (Min. Marco Aurélio, RE n. 590.809) (BRASIL. Supremo Tribunal Federal (Plenário). Recurso Extraordinário 590.809 Rio Grande do Sul. Recorrente: Metabel Indústria Metalúrgica Ltda. Recorrido: União. Relator: Ministro Marco Aurélio, 22 de outubro de 2014. Disponível em: https://redir.stf.jus.br/paginadorpub/paginador.jsp?docTP=TP&docID=7303880. Acesso em: 17 fev. 2023).

5. O que se percebe, portanto, é a tentativa artificial de criar uma aparente "cultura" de precedente, como se esse aculturamento florescesse mediante imposição legal.

6. O maior exemplo disso é o disposto no art. 927 do CPC, *in verbis*:
"Art. 927. Os juízes e os tribunais observarão:
I - as decisões do Supremo Tribunal Federal em controle concentrado de constitucionalidade;
II - os enunciados de súmula vinculante;
III - os acórdãos em incidente de assunção de competência ou de resolução de demandas repetitivas e em julgamento de recursos extraordinário e especial repetitivos;
IV - os enunciados das súmulas do Supremo Tribunal Federal em matéria constitucional e do Superior Tribunal de Justiça em matéria infraconstitucional;
V - a orientação do plenário ou do órgão especial aos quais estiverem vinculados."

Tais aspectos denotam o fortalecimento das manifestações jurisdicionais, em especial as do STF, para atribuir um sentido **material** à Constituição Federal, e as do STJ, para densificar o conteúdo das disposições infraconstitucionais. Consequentemente, a partir dessa percepção, admite-se um sentido mais amplo ao disposto no art. 966, inciso V, do Código de Processo Civil (CPC),[7] de modo que as decisões judiciais não sejam vistas como um simples mecanismo para a aplicação lógico-subsuntiva da *voluntas* legislativa em concreto, mas sim como um fenômeno da afirmação de uma vontade axiologicamente intencionada do Direito.[8]

Em outros termos, as decisões judiciais, em especial aquelas veiculadas pelo STF e pelo STJ,[9] passaram a ser tratadas como fontes materiais do Direito[10] e tais consi-

---

7. "Art. 966. A decisão de mérito, transitada em julgado, pode ser rescindida quando:
[...];
V - violar manifestamente norma jurídica;
[...]."

8. Quando se fala em uma "vontade axiologicamente intencionada do Direito" não se defende a existência de uma metafísica jurídica ou o resgate de um jusnaturalismo, mas sim a existência de valores jurídicos construídos em concreto, de forma histórico-cultural, mediante a realização de casos sob julgamento, ou seja, valores que rompem da comunidade pela mediação da atuação judicial e que têm por objetivo a resolução material de problemas de convivência humana. Nesse mesmo sentido: NEVES, Antonio Castanheira. *Metodologia jurídica* – problemas fundamentais. Coimbra: Coimbra Editora, 1993. p. 77-78.

9. Dentro do recorte feito nesse livro, i.e., de analisar o específico âmbito do processo judicial tributário.

10. Um notório exemplo disso foi a decisão proferida quando do julgamento da ADI n. 4.277/DF, pela qual o citado tribunal reconheceu a possibilidade de juridicamente existir união estável entre pessoas do mesmo sexo (BRASIL. Supremo Tribunal Federal (Plenário). Ação Direta de Inconstitucionalidade 4.277 Distrito Federal. Relator: Ministro Ayres de Brito, 5 de maio de 2011a. Disponível em: https://redir.stf.jus.br/paginadorpub/paginador.jsp?docTP=AC&docID=628635. Acesso em: 17 fev. 2023). Também nesse sentido, destaca-se o RE n. 592.581, julgado sob repercussão geral, oportunidade em que o STF afastou o princípio da reserva do possível em prol da dignidade da pessoa humana e determinou a execução de obras para melhorias na Casa do Albergado de Uruguaiana/RS (BRASIL. Supremo Tribunal Federal (Plenário). Recurso Extraordinário 592.581 Rio Grande do Sul. Relator: Ministro Ricardo Lewandowski, 13 de agosto de 2015b. Disponível em: https://redir.stf.jus.br/paginadorpub/paginador.jsp?docTP=TP&docID=10166964. Acesso em: 17 fev. 2023).

derações acabam por refletir no disposto no art. 5º, inciso XXXVI, da Constituição Federal, quando estipula que "a lei não prejudicará [...] a coisa julgada."

Percebe-se, portanto, que a questão a ser aqui estudada vai a muito além de uma análise quanto ao conteúdo semântico do disposto no art. 966, inciso V, do CPC/2015 ou do art. 535, § 5º, do CPC. O que se encontra por trás de tal temática, em última análise, é um debate existente há séculos e que ganhou força na Modernidade, em especial no ápice do movimento codificador. Trata-se de um embate de mundividências jurídicas, i.e., de uma acepção formalista frente a uma concepção não formalista do Direito.[11]

Logo, a depender da mundividência a ser adotada, os instrumentos rescisórios prescritos no ordenamento processual civil não se prestariam apenas para revisitar decisões conflitantes contra disposição de texto de lei (*ratio legis*), mas também contra decisões ofensivas ao Direito (*ratio ius*),[12] inclusive aquele criado judicialmente.

---

11. A presente obra parte de uma deliberada acepção jurisprudencialista do Direito, na linha da mundividência defendida pelo jusfilósofo português Antonio Castanheira Neves. Parte-se, portanto, do pressuposto de que o Direito é um produto histórico-cultural (um *continuum* prático), de caráter retrospectivo, cujo objetivo é realizar, em concreto (prudencialmente) e de forma substancial, os necessários problemas de convivência humana. Nessa linha, o sobredito Professor bem destaca: "[...] o que determina, certamente, um sentido histórico e dinâmico no jurídico é uma função concretamente determinadora e constitutiva no pensamento chamado a explicitá-lo. Pois a serviço de uma ideia dinâmica de justiça que se deverá realizar histórico-concretamente, o pensamento jurídico deixa de ser um esquema inteiramente dependente de um *jus normatum*, para ser acto cooperante de uma *justicia normans*." (NEVES, Antonio Castanheira. **Digesta:** escritos acerca do Direito, do pensamento jurídico, da sua metodologia e outros. v. 2. Coimbra: Coimbra Editora, 1995. p. 50).

12. Daí Pontes de Miranda afirmar que "[...] o direito pode não ser escrito, ou, até mesmo, contra o que está escrito", concluindo, por conseguinte, "que o direito, e não a lei como texto, é o que se teme seja ofendido. Alguns escritores desavisados leram direito expresso, como se fosse **lei escrita clara, lei explícita**. É grave erro. O direito de que se fala é o direito em sua **consistência de revelação**." (MIRANDA, Pontes de. *Tratado da ação rescisória*. 2. ed. Campinas: Bookseller, 2003. p. 279. Grifos do autor).

Soma-se a isso o fato de não ser possível tratar a coisa julgada como um direito absoluto, imune, portanto, a certas restrições. É inegável a importância desse instituto para o Direito, em especial para o valor segurança jurídica, a ponto de ser tratado pela Constituição como garantia fundamental, ou seja, cláusula pétrea, nos exatos termos do art. 60, § 4°, inciso IV, da Lei das Leis.[13] Tais considerações, repita-se, não tornam a coisa julgada um direito absoluto, sob pena, inclusive, de se vaticinar distorções e abusos. Aliás, é exatamente para evitar tais transgressões que o ordenamento processual prevê a existência de instrumentos processuais rescisórios.

Diante desse quadro, as questões a serem respondidas na presente obra **são** as seguintes: (i) é possível rescindir a coisa julgada em matéria tributária com base em precedentes vinculantes dos Tribunais Superiores (STF e STJ) sem que isso, todavia, implique o esvaziamento dessa importante garantia constitucional?; (ii) em caso positivo, tal rescisão estaria sujeita a limites?; (iii) quais seriam esses limites?

As respostas a serem formuladas para tais questões perpassam por encontrar um caminho apto a promover a convivência harmônica do Direito criado judicialmente pelos Tribunais e as necessárias estabilidade e segurança jurídica a serem alcançadas pelo instituto da coisa julgada.

Tal equilíbrio tem enorme relevância no âmbito do Direito Tributário, onde a atuação do Estado por meio do ato de exigir tributo implica a mitigação do direito de propriedade,[14] bem como tem o poder de influenciar fortemente na

---

13. "Art. 60. A Constituição poderá ser emendada mediante proposta:
[...].
§ 4° *Não será objeto de deliberação a proposta de emenda tendente a abolir:*
[...];
IV - os direitos e garantias individuais.
[...]."

14. Daí a relevância da legalidade no Direito Tributário, a ponto de o constituinte

livre-concorrência.[15] Logo, a rescisão de uma coisa julgada neste particular nicho do Direito pode impactar fortemente na propriedade privada e, por conseguinte, no princípio da segurança jurídica, que acompanha tal garantia, bem como também pode, a depender da situação em concreto, fomentar ou mesmo desestimular a livre-concorrência. Daí a relevância e a pertinência do tema aqui proposto.

---

original não se contentar com o disposto no art. 5º, inciso II, da Constituição Federal, e prever uma disposição particular para a legalidade tributária no art. 150, inciso I, da *Magna Lex*. Nesse mesmo diapasão: CARRAZZA, Roque. *Curso de direito constitucional tributário*. 32. ed. São Paulo: Malheiros, 2019. p. 205.

15. A qual também apresenta o *status* de garantia constitucional e está prevista no art. 170, inciso IV, da Carta Republicana, *in verbis*: "Art. 170. A ordem econômica, fundada na valorização do trabalho humano e na livre-iniciativa, tem por fim assegurar a todos existência digna, conforme os ditames da justiça social, observados os seguintes princípios:
[...];
IV – livre-concorrência;
[...]."

1. QUESTÕES FUNDAMENTAIS A RESPEITO DA COISA JULGADA

1.1 Origem e evolução histórica do instituto da coisa julgada

Para a devida compreensão de determinado instituto jurídico, é fundamental entender a sua origem histórica e a dinâmica do seu desenvolvimento. Com isso, é possível compreender melhor não só a sua razão de existir, mas também a sua evolução e, por conseguinte, o seu atual momento histórico. Em suma, como bem lembrado por Barbosa Moreira, pautado nas lições de Chesterton, "o homem pode enxergar mais longe se subir aos ombros dos que vieram antes".[16-17]

---

16. BARBOSA MOREIRA, José Carlos. Efetividade do processo e técnica processual. *In:* BARBOSA MOREIRA, José Carlos. *Temas de direito processual: sexta série*. São Paulo: Saraiva, 1997. p. 22.

17. No mesmo sentido são as lições de Schauer: "[...] em inúmeras circunstâncias, fora do Direito como também dentro, o fato de algo ter sido feito antes, fornece, por si só, um motivo para ser feito de novo daquela maneira." (SHAUER, Frederick. Precedente. *In:* DIDIER JÚNIOR, Fredie *et al.* (coord.). *Precedentes*. Salvador: JusPodivm, 2015. p. 50).

Nesse sentido, fazendo um esforço para resgatar a origem da coisa julgada,[18] é possível afirmar que o Código de Hamurabi, datado de 1.753 a.C., é o primeiro texto jurídico conhecido[19] a prever, ainda que de forma rudimentar, uma regra responsável por tracejar uma das características essenciais da coisa julgada, i.e., a imutabilidade da decisão proferida (o que grande parte da doutrina chama de coisa julgada formal).[20] É o que se observa da tradução do seguinte dispositivo daquele Código:

> Se um juiz julgou uma causa, pronunciando sentença (e) depositado o documento selado, se, em continuação, muda a sua decisão, se ficar provado que o juiz mudou a sentença que havia ditado, pagará até doze vezes a quantia que motivou a causa. Ademais, publicamente, será obrigado a retirar-se de seu assento de justiça (e) não voltará mais. Nunca mais poderá sentar-se com os Juízes em um processo.[21]

Esse dispositivo do Código de Hamurabi influenciou o tratamento do instituto pelo Direito Romano. Segundo Nieva-Fenoll, é possível afirmar, "com certa tranquilidade,

---

18. Esforço esse que não tem por escopo detalhar com minúcias a origem do instituto nem apontar com precisão matemática um específico momento temporal que identifique a gênese da coisa julgada, mas apenas promover uma breve incursão histórica quanto à sua origem e desenvolvimento, com especial enfoque no direito ocidental herdeiro do *Civil Law*. Para uma análise histórica aprofundada a respeito da coisa julgada: NEVES, Celso. *Contribuição ao estudo da coisa julgada civil*. 1970. 514f. Tese (Cátedra) – Faculdade de Direito, Universidade de São Paulo, São Paulo, 1970.

19. Há notícia da existência de outros textos jurídicos anteriores ao Código de Hamurabi, sem que, todavia, tais textos apresentassem alguma disposição, ainda que embrionária, a respeito da coisa julgada. Em verdade, o Código de Hamurabi é o primeiro registro histórico da coisa julgada, o que não significa afirmar que linhas iniciais desse instituto já não tivessem sido tracejadas anteriormente, sem que isso viesse ao conhecimento público. É que muito dos antigos Códigos (*v.g.*, Código de Ur-Nammu, Leis de Eshnunna e Tábuas de Ditilla) foram encontrados em situações precárias, com partes do texto suprimidas ou impossíveis de serem lidas, o que impede o conhecimento integral de tais registros.

20. No mesmo sentido: NIEVA-FENOLL, Jordi. *Coisa julgada*. São Paulo: Revista dos Tribunais, 2016. p. 30.

21. Idem, p. 30.

que o preceito VI, § 5º do Código de Hamurabi chegou a Roma de maneira bastante íntegra, apresentando, ainda segundo o citado autor, uma similitude surpreendente entre tal norma e algumas passagens do Digesto".[22]

Em todo o caso, a ideia de coisa julgada nos países de tradição romano-germânica provém do instituto da *res iudicata* veiculado no Direito Romano, em especial nos livros XLVII e XLVIV do Digesto. Lá é possível encontrar disposições acerca da chamada coisa julgada formal, da coisa julgada material, bem como a respeito de aspectos subjetivos, objetivos e temporais da coisa julgada.[23]

É bem verdade que tais disposições do Digesto não delimitavam tão claramente o instituto da coisa julgada, mas já o previam de forma incipiente e com algumas imprecisões.[24] Em verdade, "as confusas disposições do Direito romano do Digesto não estavam formuladas nem com vocação científica nem com intento de que fossem regras cogentes, mas sim, como indiquei, como um guia para os diferentes profissionais do Direito."[25]

Partindo de tais premissas e tratando da coisa julgada no Direito Romano, Nieva-Fenoll destaca a existência de textos no Digesto que abarcariam um princípio de coisa julgada formal,[26] bem como um modelo inicial do que hoje

22. NIEVA-FENOLL, Jordi. *Coisa julgada.* São Paulo: Revista dos Tribunais, 2016. p. 35.

23. Idem, p. 35 e ss.

24. Isso também é constatado por NIEVA-FENOLL, op. cit., p. 44.

25. Idem, p. 45.

26. Em relação à coisa julgada formal, Nieva-Fenoll destaca os seguintes trechos do Digesto, traduzidos por García Del Corral:
L. XLII, tít. I. 55, Ulpiano: "O juiz, uma vez que pronuncia a sentença, depois deixa de ser juiz; e observamos este direito, que o juiz que uma vez condenou em mais ou em menos, não pode corrigir a sua sentença; porque já uma vez desempenhou bem ou mal seu ofício."
L. XLII, tít. I. 62: "Perguntando-se se o juiz tivesse julgado mal poderia julgar outra vez no mesmo dia, respondeu que não podia."

se denomina coisa julgada material,[27] sem que tais textos, todavia, promovessem distinções muito claras entre essas duas facetas da coisa julgada.

Ressalte-se, ainda, que o tratamento da coisa julgada no Digesto não se revestia de grande clareza, em especial por conta dos inúmeros e diferentes casos práticos trazidos ao longo dele que, em última *ratio*, flexibilizavam as regras delimitadoras da coisa julgada. Daí Nieva-Fenoll concluir que, embora visasse a atribuir segurança jurídica aos diferentes operadores do Direito, o instituto da coisa julgada

---

L. XLII, tít. I. 46: "Não está proibido de emendar as palavras dos atos, subsistindo o dispositivo da sentença."
L. XLII, tít. I. 56: "Depois de julgada uma coisa, ou decidida com juramento, ou de obtida por confissão, não se questiona nada mais depois da Oração do Divino Marco, porque os que confessaram são tidos como julgados." (Idem, p. 36).

27. Em relação à chamada coisa julgada material no Direito Romano, Nieva-Fenoll começa sua análise fixando uma fórmula básica obtida de disposições previstas no Tít. II do Livro 44 do Digesto, assim enunciada: "Primeiramente, era necessário fixar em que situação uma sentença proferida em um processo influi em outro posterior. A respeito, diz-se que a coisa julgada atua entre as mesmas partes e sobre a mesma questão, a qual deve se examinar analisando se está se discutindo sobre o mesmo bem (que conserve sua utilidade apesar das deteriorações ou modificações sofridas), sobre a mesma quantidade e o mesmo direito, sobre a mesma causa de pedir e sobre a mesma condição subjetiva das pessoas." (Idem, p. 38). Fixada essa fórmula básica, ela delimita os aspectos subjetivos, objetivos e temporais da coisa julgada no Direito Romano. A respeito do aspecto subjetivo, afirma que tanto o Digesto quanto o *Codex* estabeleciam que aquilo que foi decidido para as partes não poderia prejudicar terceiros, de forma muito semelhante, diga-se de passagem, ao que prescreve o art. 506 do CPC. Já no que tange ao aspecto objetivo, reitera que o Digesto exigia uma identidade entre as questões discutidas, o que seria delimitado pela identidade entre bens, quantidade, causa de pedir e direito (NIEVA-FENOLL, Jordi. *Coisa julgada*. São Paulo: Revista dos Tribunais, 2016. p. 41). Não obstante, apesar dessa delimitação geral, traz inúmeros exemplos casuísticos recolhidos do próprio Digesto que, todavia, mitigariam tal regra e, na opinião do citado autor, seriam fomentadores de complexidades e interpretações duvidosas (Idem, p. 41). Por fim, quanto ao suposto aspecto temporal, assim se manifesta Nieva-Fenoll referindo-se ao Livro 44, Tít. II, 11, § 10: "O *Digesto* também se refere a esta questão, ainda que de forma breve: Tício havia demandado de Mévio uma coisa. Tício emprenha em favor de Semprônio essa mesma coisa. Se Semprônio exercita contra Mévio a ação pignoratícia, terá que distinguir se a demanda de Tício é anterior ou posterior ao penhor do bem. Se é anterior, haverá coisa julgada. Se é posterior, não haverá coisa julgada. Tudo isso é plenamente lógico; porém, onde está o aspecto temporal entre as identidades exigidas pela regra básica?" (Idem, p. 41).

no Direito Romano não passava de uma simples diretriz ou um "simples guia para os juristas."[28]

Partindo dessa análise crítica formulada por Nieva-Fenoll acerca do instituto da coisa julgada no Direito Romano, a qual é pautada pelo confronto das regras estampadas no Digesto com a descrição de casos particulares narrados no mesmo Livro, é possível concluir, diferentemente do que faz a doutrina tradicional, mas em sintonia com o que é defendido pelo citado processualista,[29] que a lição veiculada pelos romanos para o tema é no sentido de **não** haver necessidade de total identidade de ações (tríplice identidade) para existir coisa julgada; ademais, tal instituto também afeta terceiros, e não só as partes do processo. Tais assertivas, por sua vez, levam a outra conclusão, bem sintetizada pelo já citado autor:

> Sou consciente de que, com toda argumentação anterior, estou rompendo algum dogma, mas creio que é necessário saber claramente que nem os próprios juristas que nos transmitiram a figura tiveram claro [*sic*] a sua transcendência, já que assim como o instituto chegou até nós, também nos chegaram exatamente as mesmas dúvidas que a eles se colocavam. Os juristas romanos partiram de uma ideia básica, que era a justiça e a razoabilidade das soluções que imaginavam, comum em qualquer argumentação jurídica. Debateram-se com um problema que não puderam resolver. Mas tenho minhas dúvidas sobre se quiseram realmente resolvê-lo, ou simplesmente nos quiseram ensinar que a observação da coisa julgada material depende da ideia do justo em cada caso concreto. Seja como for, o que está claro é que os juristas romanos não foram mais além.[30]

Seguindo adiante no percurso histórico do instituto e adentrando na Idade Média,[31] a questão que realmente merece destaque nesse período é a ideia de que tal instituto se

---

28. Idem, p. 44.

29. Idem, p. 45.

30. Idem, p. 45.

31. Tratando com profundidade da coisa julgada na Idade Média: NEVES, Celso. *Contribuição ao estudo da coisa julgada civil*. 1970. 514f. Tese (Cátedra) – Faculdade de Direito, Universidade de São Paulo, São Paulo, 1970. p. 47 e ss.

assemelharia a uma presunção *jure et de jure* de verdade da sentença[32] (*res iudicata pro veritate habetur*), apta, portanto, a alterar a realidade,[33] com ares de absolutismo.[34-35]

Em verdade, talvez essa acepção já fosse um prelúdio do homem da razão gestado em uma fase jusracionalista, cujo nascimento e apogeu ocorreram na Modernidade, ou seja, daquele homem que, com a razão, era capaz de cientificamente[36] apreender e transportar a natureza das coisas para o processo, i.e., que era apto a, "tal como um cientista, transportar a verdade da vida para dentro do processo, revelando-a na decisão."[37]

---

32. Apesar de ser apontado por parte da doutrina como um dos autores que, dentro da história do processo civil brasileiro, teria rompido com o praxismo herdeiro dos idos medievais, Paula Batista manteve essa concepção de coisa julgada atrelada à verdade quando assim professava: "As palavras **coisa julgada** indicam uma decisão que não pende mais dos recursos **ordinários**, ou porque a lei os não concede (segundo a Lei das alçadas), ou porque a parte não usou dele nos termos fatais e peremptórios da lei, ou porque tais recursos já foram esgotados. <u>O efeito de uma tal decisão é ser tida por verdade</u>; assim, todas as nulidades e injustiças **relativas**, que porventura se cometessem contra o direito das partes, já não são suscetíveis de revogação." (PAULA BATISTA, Francisco de. *Compêndio de teoria e prática do processo civil.* Campinas: Russell Editores, 2002. p. 205. Grifos do autor, sublinhados nossos).

33. O que se verifica da seguinte expressão medieval: *"Res judicata facit de albo nigrum, originem creat, aequat quadrata rotundis, naturalia sanguinis vincula et falsum verum...mutat."*

34. Isso é denunciado por Luiz Dellore quando aduz que "para tal teoria, a sentença, desde que irrevogável, é absolutamente verdadeira nos fatos e no direito. Essa tese acabou por provocar a afirmação exagerada de que a coisa julgada era capaz de fazer do preto, branco, e do quadrado, redondo." (DELLORE, Luiz. *Estudos sobre coisa julgada e controle de constitucionalidade.* Rio de Janeiro: Forense, 2013. p. 19.).

35. Segundo Antonio do Passo Cabral, a teoria da coisa julgada como presunção absoluta de verdade seria uma das expressões da teoria material da coisa julgada, que se consolidaria na Modernidade. Nesse sentido: CABRAL, Antonio do Passo. *Coisa julgada e preclusões dinâmicas:* entre continuidade, mudança e transição de posições processuais estáveis. 2. ed. Salvador: JusPodivm, 2014. p. 75. Em verdade, tal acepção foi um embrião da teoria material da coisa julgada, que após um período histórico de maturação redundou na teoria da presunção absoluta de verdade, de Pothier, devidamente agasalhada pelo Código Napoleônico de 1804.

36. Segundo uma racionalidade preponderantemente físico-matemática.

37. CABRAL, op. cit., p. 77.

Ainda no excurso histórico da coisa julgada aqui proposto, e já adentrando na Modernidade, convém agora destacar a contribuição trazida pela escola Pandectística e por Savigny. Pois bem, um dos principais contributos da Pandectística alemã para a compreensão da coisa julgada são os estudos de Savigny a respeito do Digesto, retratados em sua clássica obra *Sistema do direito romano atual*.

Nessa obra, Savigny discute a tensão existente entre (*i*) a necessidade de acomodação das decisões judiciais para fins de realização de justiça no caso concreto, o que implicaria, por conseguinte, o seu permanente estado de mutabilidade e, em contrapartida, (*ii*) a necessidade de promoção de segurança jurídica e estabilidade do Direito.

Diante dessa tensão dialética, Savigny opta por valorizar a segurança jurídica, ainda que diante de um erro judicial, opção essa materializada por intermédio da coisa julgada.[38] Assim, Savigny assemelha a coisa julgada a uma ficção,[39] mais precisamente a uma **ficção de verdade** que protege a sentença proferida de ulteriores tentativas de anulação ou transformação.[40] Delimitando essa "ficção", Savigny trata da vinculação de um novo juiz a uma questão

---

38. Nesse sentido, aduz o citado autor: "*Una larga experiencia y las leyes de diferentes pueblos atestiguan que la incertidumbre del derecho ha sido considerada como el mal mayor, y para prevenirlo ha habido que recurrir a una institución del derecho positivo. No se hacían ilusiones sobre el peligro opuesto, el de mantener irrevocablemente las decisiones injustas; pero este peligro es en sí mismo mucho menor y además, se ha encontrado un medio especial de atenuarlo con el establecimiento de los grados de jurisdicción, de que hablaré más adelante.*" (SAVIGNY, Friedrich Carl Von. *Sistema del derecho romano actual*. Granada: Comares, 2005. p. 1.091).

39. "A diferença da presunção para a ficção seria de técnica legislativa. Na presunção, o legislador toma a realidade da vida e dá um tratamento jurídico de acordo com o que **normalmente** acontece (*quod plerumque accidit*); na ficção, o legislador sabe que, na realidade, ocorre algo que não corresponde à figura jurídica escolhida, mas opta por dar-lhe um tratamento conscientemente contrário à natureza das coisas." (CABRAL, Antonio do Passo. *Coisa julgada e preclusões dinâmicas:* entre continuidade, mudança e transição de posições processuais estáveis. 2. ed. Salvador: JusPodivm, 2014. p. 76. Grifo do autor).

40. Neste sentido: SAVIGNY, op. cit., p. 1.091.

previamente resolvida em uma demanda anterior. O novo julgador, portanto, deve partir da premissa de que o que fora anteriormente decidido está certo.[41]

Com isso, Savigny visa a expurgar o problema da existência de uma sentença injusta ou errada. Partindo da ideia de ficção de verdade, aquilo que restou definido em uma sentença deveria ser seguido pelo juiz ulterior, independentemente da concordância deste último com o que restou decidido anteriormente. "Assim formulada a questão, surgia a necessidade de explicar a razão da predominância do direito declarado na sentença sobre o direito substancial de fato existente".[42]

Seguindo e para fins de convocação do instituto da coisa julgada, acentua-se a necessidade de haver um paralelo entre as relações jurídicas comparadas, de modo a constatar se entre elas existe ou não uma aproximação, o que alguns intérpretes de Savigny leem como identidade.[43]

---

41. "[...] que em nenhum momento significou que a realidade se modificava pelo juízo de um magistrado, mas que o juiz posterior teria que conceber o juízo do anterior como certo, pois a coisa julgada lhe impedia de repetir o seu juízo. Ou seja, deveria ter obrigatoriamente em sua mente uma espécie de 'realidade virtual' que deveria respeitar, correspondente ao que o juízo anterior apresentou como autêntica." (NIEVA-FENOLL, Jordi. A coisa julgada: o fim de um mito. *Revista Eletrônica de Direito Processual – REDP*, Rio de Janeiro, ano 6, v. X, p. 242, jul.-dez. 2012).

42. BOTELHO DE MESQUISTA, José Ignacio. *Teses, estudos e pareceres de processo civil*. v. 2. São Paulo: Revista dos Tribunais. 2005. p. 103.

43. Tais intérpretes de Savigny, após uma leitura açodada da sua obra, apontam aí uma aparente contradição no seu texto, na medida em que o autor defenderia a necessidade de identidade de ações para fins de convocar-se a coisa julgada, ao mesmo tempo em que também sustentava a possibilidade de a motivação da decisão conformar uma determinada coisa julgada. Tal crítica, todavia, é descabida, como bem destaca Nieva-Fenoll, *in verbis*: "Savigny, tentando tenazmente interpretar o declarado pelos juristas romanos, distingue na motivação duas classes de elementos, objetivos e subjetivos. Objetivos seriam os elementos das relações jurídicas declaradas. E subjetivos seriam as razões pelas quais o Juiz se inclina a ter por provado ou por não provado alguns desses elementos objetivos. Pois bem, a coisa julgada somente poderia predicar-se do primeiro grupo de elementos aconselhando ao autor (ante o evidente problema de separação de uns e outros) que o Juiz expresse claramente esses elementos objetivos. Sem desmerecer o que ficou assentado anteriormente, o que mais pode surpreender dos ensinamentos de Savigny é o que acaba declarando a respeito

Ainda muito preocupado com a ideia de segurança jurídica e, por conseguinte, com a necessidade de estabilização das lides, Savigny "atreve-se a sustentar que tudo o que não foi expressamente considerado em uma sentença, ainda que fora do objeto da cognição e pudera ter sido considerado, entende-se afastado".[44] Pautado pela mesma preocupação, também defende que a motivação da sentença faz coisa julgada,[45] conforme se observa do seguinte excerto:

> *[...] en otros términos: la autoridad de la cosa juzgada que pertenece a la sentencia es inseparable de las relaciones de derecho afirmadas o negadas por el juez; pues la parte puramente práctica de la sentencia; e lacto impuesto al demandado, o la absolución de la demanda, no es más que la consecuencia de estas relaciones de derecho. En este sentido de atribuyo a los motivos la autoridad de la cosa juzgada. Pero con el fin de prevenir los errores a que puede dar lugar la doble acepción de la palabra motivo, designaré los motivos expresados con el nombre de* ***elementos*** *de las relaciones de*

---

das célebres identidades. Ainda insistindo que devem existir as mesmas questões jurídicas e as mesmas pessoas em ambos os processos, esclarece – mas, sobretudo, relativiza – este ponto contraditório acrescentando que a exceção de coisa julgada também pode operar ainda que se produzam as seguintes circunstâncias. 1. A ação exercida no segundo processo pode ser diferente, em nome e natureza jurídica, à exercida no primeiro processo. 2. As partes podem mudar as suas posições processuais do primeiro para o segundo processo. 3. O direito objeto da cognição no primeiro processo pode ser uma simples condição do direito objeto da cognição no segundo processo. 4. Os fatores externos de ambos os processos podem ser distintos. 5. Os fundamentos jurídicos podem ser distintos em ambos os processos. 6. O título origem do direito discutido pode ser distinto em ambos os processos. [...]." (NIEVA-FENOLL, Jordi. *Coisa julgada*. São Paulo: Revista dos Tribunais, 2016. p. 49).

44. Idem, p. 48.

45. Esta também é a posição de Nieva-Fenoll acerca da doutrina do mestre alemão: "Savigny inicia sua exposição aludindo à ideia da doutrina de que a coisa julgada devia limitar-se às conclusões das sentenças, não podendo estender-se em suas razões. Savigny descarta expressa e reiteradamente a correção deste entendimento, e afirma com meridiana clareza que a coisa julgada da sentença engloba a sua motivação, consistente nas relações jurídicas negadas ou afirmadas pelo juiz, e daquelas de que dependia o dispositivo, pois que só afirmando a coisa julgada da motivação poder-se-ia assegurar eficazmente a proteção futura da sentença." (Idem, p. 48.). Fazendo a mesma leitura acerca das lições de Savigny: BOTELHO DE MESQUISTA, José Ignacio. *Teses, estudos e pareceres de processo civil*. v. 2. São Paulo: Revista dos Tribunais, 2005. p. 134.

> *derecho litigiosas y de la sentencia que pone fin al litigio, y reproduciré en estos términos el principio más arriba establecido:*
>
> ***Los elementos** de la sentencia tienen la autoridad de la cosa juzgada.*[46]

Uma crítica, todavia, que se faz a tal assertiva de Savigny é no sentido de que não basta defender que a motivação faz coisa julgada, pois também é indispensável definir, no caso concreto, os contornos da motivação para que se consiga conformar a abrangência da coisa julgada e tal fato pressupõe distinguir *ratio decidendi* de *obiter dicta*.[47]

Isso também é importante na medida em que, ao delimitar a *ratio decidendi* que conformará a extensão da coisa julgada, o que se faz, por via transversa, é impedir o exercício do direito de ação. Assim, uma amplificação da *ratio decidendi* e, reflexamente, da coisa julgada, pode redundar em uma indevida mitigação do direito de ação, da mesma forma que, de maneira oposta, um detalhamento excessivamente analítico da *ratio* (e, mais uma vez, da coisa julgada), pode redundar no fomento de ações judiciais que tratem de fatos muito próximos,[48] o que, por óbvio, atenta contra uma das principais finalidades do instituto da coisa julgada: evitar o efeito replicador de decisões para uma mesma questão fático-jurídica.

Todas essas disposições históricas acerca da coisa julgada configuram o ponto de partida para o aprofundamento do instituto na Modernidade e, dentre todos os pontos levantados pelos modernos acerca da coisa julgada, aquele com maior relevo redundou na cisão entre a teoria material, de Pagenstecher, e a teoria processual, de Hellwig.

---

46. SAVIGNY, Friedrich Carl Von. *Sistema del derecho romano actual.* Granada: Comares, 2005. p. 1.136. Grifos do autor.

47. Nesse sentido: NIEVA-FENOLL, Jordi. *Coisa julgada.* São Paulo: Revista dos Tribunais, 2016. p. 65.

48. O que é bem identificado por Nieva-Fenoll quando afirma que "quanto mais reduzido seja o âmbito da coisa julgada, mais processos ulteriores poderão ser instaurados." (Idem, p. 73).

De forma muito breve, a teoria materialista defendia que a sentença apresentava uma função constitutiva e não declaratória do direito, ou seja, seria responsável por criar um direito em concreto[49] e, desse modo, a coisa julgada daí decorrente influenciaria a relação jurídica de direito material, já que a sentença estabeleceria, com ares de definitividade, qual o direito das partes litigantes.[50]

Em outros termos, a relação jurídica de direito material seria talhada na realidade pela sentença e com ares de estabilidade em razão da coisa julgada,[51] ou seja, "a coisa julgada é [seria] fator constitutivo de um novo vínculo de direito material".[52-53] Percebe-se, portanto, que segundo essa teoria, a coisa julgada cria uma norma individual e concreta que se destina às partes litigantes, diferentemente do que ocorre na teoria processualista, cujo destinatário almejado é o juiz.[54]

---

49. Esse seria o chamado "elemento constitutivo do direito".

50. Nesse sentido: BOTELHO DE MESQUISTA, José Ignacio. *Teses, estudos e pareceres de processo civil.* v. 2. São Paulo: Revista dos Tribunais, 2005. p. 107.

51. Sintetizando com precisão a teoria materialista, José Ignacio Botelho de Mesquita assim professa: "A raiz desta concepção encontra-se mergulhada no mesmo problema que atormentou Savigny e Pothier. A possibilidade de vir a sentença a declarar qualquer coisa falsa, que conduziu aqueles mestres a considerarem como verdade o conteúdo da sentença errônea, levou Pagenstecher a percorrer o caminho inverso, fazendo com que a sentença fosse equiparada à errada. Com efeito, entendendo que a sentença injusta e a sentença justa produzem idênticos efeitos, e ainda, que a sentença injusta **cria** um direito antes inexistente, Pagenstecher concluiu que toda sentença possui um '*quid*' (*Etwas*) que a torna obrigatória, sendo este algo o que P. denomina **elemento constitutivo** de direito. Tal elemento conferiria à sentença uma força específica (força legal substancial), que faria, de uma simples declaração, uma declaração possuindo força de lei." (Idem, p. 107. Grifos do autor).

52. SILVA, Ovídio Araújo Baptista da. *Curso de processo civil.* v. 1, 7. ed. Rio de Janeiro: Forense, 2006. p. 473.

53. Segundo Antonio do Passo Cabral, para a teoria material a coisa julgada "operaria uma espécie de **novação** na relação jurídica: as partes teriam agora uma nova norma material de comportamento criada pela coisa julgada." (CABRAL, Antonio do Passo. *Coisa julgada e preclusões dinâmicas:* entre continuidade, mudança e transição de posições processuais estáveis. 2. ed. Salvador: JusPodivm, 2014. p. 73).

54. No mesmo sentido: CAVALCANTI, Marcos de Araújo. *Coisa julgada e questões prejudiciais:* limites objetivos e subjetivos. São Paulo: Revista dos Tribunais, 2019. p. 310.

Na linha do que defende a teoria processualista, as sentenças seriam subdividas em três categorias: declaratórias, condenatórias e constitutivas, sendo o elemento declaratório algo comum entre elas.[55] Assim, essa função declaratória da sentença,

> [...] por força da autoridade suprema do Estado, fixaria as relações jurídicas contestadas e produziria o efeito jurídico **meramente processual** de vincular qualquer juiz futuro à declaração contida na sentença transitada em julgado. Esta eficácia da declaração (*Festsellungswirkung*) geraria, pois, apenas um direito processual a que corresponderia a obrigação de todo juiz posterior estar adstrito à declaração pronunciada precedentemente, decidindo sempre em conformidade com esta.[56]

Em suma, a coisa julgada estabeleceria a sujeição do juiz a qualquer processo ulterior ao que foi decidido anteriormente, sem que, com isso, afetasse a relação jurídica de direito material debatida na lide. A coisa julgada, nesse cenário, seria um instituto exclusivamente processual[57-58] a vincular o juízo.[59] "Em caso de erro da sentença, os direitos materiais

---

55. BOTELHO DE MESQUISTA, José Ignacio. *Teses, estudos e pareceres de processo civil.* v. 2. São Paulo: Revista dos Tribunais, 2005. p. 108.

56. Idem, p. 108. Grifos do autor.

57. "O juiz do segundo processo é que ficaria vinculado ao primeiro julgamento, em virtude apenas de um preceito de direito processual, e não porque o direito, porventura inexistente, tivesse passado a existir em razão da sentença." (SILVA, Ovídio A. Baptista da. *Curso de processo civil.* v. 1, 7. ed. Rio de Janeiro: Forense, 2006. p. 472.).

58. "A vinculação decorrente da coisa julgada não resulta da criação de uma norma ou obrigação privada, tampouco porque tal conteúdo reflete uma presunção ou ficção de verdade, mas porque as regras processuais vinculam certos sujeitos ao resultado pretérito. A atuação da coisa julgada sobre o direito material seria apenas reflexa, indireta, oriunda da vedação de rediscussão, e esta tem características puramente processuais." (CABRAL, Antonio do Passo. *Coisa julgada e preclusões dinâmicas:* entre continuidade, mudança e transição de posições processuais estáveis. 2. ed. Salvador: JusPodivm, 2014. p. 80).

59. José Ignacio Botelho de Mesquita aponta esse como um dos erros dessa teoria, na medida em que "deixa de levar na devida consideração – e nisto se alheia totalmente da realidade – as profundas repercussões provocadas pela sentença no mundo jurídico material que, de forma nenhuma, se restringe, a um vínculo limitado aos

continuariam senão aquilo que sempre foram, porquanto a declaração judicial não teria influência sobre eles".[60]

Da análise, ainda que suscinta, de tais teorias, é possível perceber que o equívoco de ambas é equiparar a coisa julgada aos efeitos da sentença: constitutivo, para os materialistas, e declaratório, para os processualistas, o que é denunciado por Liebman. Para o processualista italiano, as teorias processualística e materialista focam demasiadamente o problema da coisa julgada na lide subjetivamente formada (perspectiva microscópica) e se esquecem, entretanto, da sua função a partir de uma perspectiva macroscópica: "a da posição e da destinação do processo em sua função essencial e constante em face da lei e no ordenamento jurídico".[61] Com essa crítica a ambas as teorias, Liebman concluiu que "a coisa julgada, por si só, não é nem 'processual' nem 'material'".[62-63]

Tal análise de Liebman, entretanto, é antecedida pelas críticas de outro processualista italiano: Chiovenda. Tal autor não só denunciou os excessos teóricos das acepções germânicas, como também contribuiu para promover uma depuração conceitual do instituto da coisa julgada.

órgãos jurisdicionais, mas bem ao contrário, atingem todos os que se colocam na órbita de irradiação dos efeitos da sentença." (BOTELHO DE MESQUISTA, op. cit., p. 110).

60. Idem, p. 110. Grifos do autor.

61. LIEBMAN, Enrico Tullio. *Eficácia e autoridade da sentença*. 2. ed. Rio de Janeiro: Forense, 1981. p. 40.

62. Idem, p. 40.

63. Esta também é a conclusão de Mesquita que, pautado nas lições de Liebman, aduz que a polêmica entre materialistas e processualistas "deveu-se, sobretudo, a um erro de colocação do problema, pois, qualquer que seja o resultado a que se chegue sobre a natureza (meramente declaratória ou eminentemente criadora) dos efeitos da sentença, a estes estender-se-á igualmente a proteção da coisa julgada para torná-la imutáveis." (BOTELHO DE MESQUISTA, José Ignacio. *Teses, estudos e pareceres de processo civil. v.* 2. São Paulo: Revista dos Tribunais, 2005. p. 111.).

Nesse sentido, para Chiovenda, a sentença não teria por escopo alcançar a verdade dos fatos, mas apenas garantir a afirmação ou a negação da vontade do Estado (aplicação da lei) no caso concreto,[64] de modo a prover ou negar determinado bem jurídico da vida.[65] Logo, para o sobredito mestre, a coisa julgada seria apenas "um efeito da sentença posto em atuação pelo processo, através da preclusão das questões decididas; esse efeito consistiria na **indiscutibilidade** e na **obrigatoriedade** do comando contido na sentença".[66]

Ainda segundo Chiovenda, o conceito de coisa julgada pressuporia a ideia de preclusão, por ele entendida como a "perda duma faculdade processual por se haverem tocado os extremos fixados pela lei para o exercício dessa faculdade no processo ou numa fase do processo".[67] Em todo caso, a coisa julgada não se confundiria com a ideia de preclusão em si, uma vez que a coisa julgada seria a eficácia da própria sentença. É o que se depreende das lições do citado autor:

> A coisa julgada é a eficácia própria da sentença que **acolhe ou rejeita a demanda**, e consiste em que, pela suprema exigência da **ordem e da segurança da vida social**, a situação das partes fixada pelo juiz com respeito ao bem da vida (*res*), que foi objeto de contestação, não mais se pode, daí por diante, contestar; o autor que venceu não pode mais ver-se perturbado no gozo daquele bem; o autor que perdeu não lhe pode mais reclamar, ulteriormente o gozo. A eficácia ou a autoridade da coisa julgada *é, portanto, por definição, destinada a agir no futuro, com relação aos futuros processos.*[68]

---

64. "Para Giuseppe Chiovenda, a coisa julgada era caracterizada por meio da sentença que expressava, ou era resultado de um ato de vontade do Estado por meio do Poder Judiciário, estando de acordo com a vontade declarada normativamente." (THAMAY, Rennan. *Coisa julgada*. São Paulo: Revista dos Tribunais, 2018. p. 39).

65. CHIOVENDA, Giuseppe. *Instituições de direito processual civil*. v. 1, 3. ed. Campinas: Bookseller, 2002. p. 449.

66. BOTELHO DE MESQUISTA, op. cit., p. 113. Grifos do autor.

67. CHIOVENDA, op. cit., p. 450.

68. CHIOVENDA, Giuseppe. *Instituições de direito processual civil*. v. 1, 3. ed. Campinas: Bookseller, 2002. p. 452. Grifos do autor.

Percebe-se, de tais conclusões, que Chiovenda tentou se afastar da excessiva teorização promovida pela discussão entre materialistas e processualistas, buscando atribuir ao instituto da coisa julgada um caráter mais prático.[69] Todavia, não se priva de equívocos, sendo o principal deles o de considerar a coisa julgada como um efeito da sentença, o que é precisamente denunciado por Liebman que, à época, promove uma profunda alteração na concepção que se tinha da coisa julgada, a ponto de Cândido Rangel Dinamarco afirmar que

> [...] a distinção entre a eficácia da sentença e a autoridade de seus efeitos é uma das mais elegantes conquistas da ciência processual no século das luzes processuais (Enrico Tulio Liebman) e a consciência de que se trata de dois fenômenos distintos: é a chave para a solução de muitos problemas teóricos e práticos relacionados com o instituto.[70]

Segundo Liebman, a coisa julgada não se trataria de um efeito da sentença, uma vez que, segundo o processualista italiano, seria possível existirem decisões dotadas de efeitos independentemente da existência da coisa julgada.[71] "Não se pode, pois, duvidar de que a eficácia jurídica da sentença se possa e deva distinguir da autoridade da coisa julgada".[72] Logo, a coisa julgada não seria um efeito da sentença, mas sim uma qualidade sua: a **imutabilidade**. Essa qualidade da sentença, por sua vez, recai sobre seus efeitos, de modo a torná-los estáveis. Em suma, a coisa julgada tratar-se-ia, em última análise, de uma qualidade dos

---

69. Isso também é destacado por BOTELHO DE MESQUISTA, José Ignacio. *Teses, estudos e pareceres de processo civil.* v. 2. São Paulo: Revista dos Tribunais, 2005. p. 114.

70. DINAMARCO, Cândido Rangel. *Instituições de direito processual civil.* v. 3, 6. ed. São Paulo: Malheiros, 2009. p. 310.

71. Nesse sentido LIEBMAN, Enrico Tullio. *Eficácia e autoridade da sentença.* 2. ed. Rio de Janeiro: Forense, 1981. p. 37.

72. Idem, p. 39.

efeitos da sentença, mas não de um efeito em si considerado,[73] concepção que acaba por ganhar inúmeros adeptos, em especial no Brasil.[74]

Ainda para Liebman, toda sentença é dotada de um "comando", que tem por fito declarar, constituir ou modificar dada relação jurídica. Desse comando se retira a eficácia da sentença. Não obstante, o sobredito comando está sujeito a, eventualmente, ser contraditado por outro **comando**, passível de advir em outro processo e, com isso, não só contrariar o primeiro "comando", mas até mesmo ab-rogá-lo. Daí a necessidade de a coisa julgada existir, por uma razão de "utilidade política e social",[75] consistindo tal instituto processual na "imutabilidade do **comando** emergente da sentença".[76-77]

Partindo de tais premissas, Liebman conclui que essa imutabilidade apresenta uma função negativa, na medida em que impede a sua rediscussão no próprio processo em que configurada, bem como uma função positiva, já que obriga o juízo a reconhecer o que foi decidido em casos

73. Nesse diapasão, "caem todas as definições no erro de substituir uma qualidade dos efeitos da sentença por um efeito seu autônomo." (Idem, p. 40).

74. A título de exemplo: GRECO FILHO, Vicente. *Direito processual civil brasileiro*. v. 2, 12. ed. São Paulo: Saraiva, 1997. p. 246; MARQUES, José Frederico. *Manual de direito processual civil*. v. 3. São Paulo: Saraiva, 1975. p. 231; SANTOS, Moacyr Amaral. *Primeiras linhas de direito processual civil*. v. 3, 22. ed. São Paulo: Saraiva, 2008. p. 56; DINAMARCO, op. cit., p. 309-310.

75. BOTELHO DE MESQUISTA, José Ignacio. *Teses, estudos e pareceres de processo civil*. v. 2. São Paulo: Revista dos Tribunais, 2005. p. 53.

76. Idem, p. 54. Grifos do autor.

77. É o que também conclui Mesquita ao se debruçar sobre as lições do mestre italiano: "Por este fato, chegou aquele eminente processualista à conclusão inatacável de que a chamada autoridade da coisa julgada não compreende em si mesma a obrigatoriedade dos efeitos da sentença, mas é algo que se lhes acrescenta para torná-los insusceptíveis de qualquer modificação futura. Este algo, Liebman tratou como sendo a **IMUTABILIDADE**, que não é um dos efeitos da sentença, mas uma qualidade atribuída a estes efeitos por razões de conveniência social." (Idem, p. 115. Grifos do Autor)

futuros que pressuponham o julgado abarcado pela coisa julgada.[78] É a partir de tais considerações que Liebman distingue a coisa julgada em formal e material, bem como acentua a substância da coisa julgada para concretizar a finalidade da sua existência (utilidade política e social):

> Não se identifica ela simplesmente com a **definitividade** e intangibilidade do ato que pronuncia o **comando**; é, pelo contrário, uma qualidade, mais intensa e mais profunda que reveste o ato também em seu conteúdo e torna assim imutáveis, até, do ato em sua existência formal, os efeitos, quaisquer que sejam, do próprio ato.[79]

Assim, segundo Liebman, o que faz coisa julgada é o "comando" exarado pelo juiz na decisão proferida, mas não "a atividade lógica exercida pelo juiz para preparar e justificar a decisão".[80] Logo, o limite objetivo da coisa julgada seria conformado pela parte dispositiva da sentença, e não pela sua motivação, embora, segundo o citado autor, os motivos da sentença devam "[...] ser considerados para entender o verdadeiro e cabal alcance da decisão".[81]

Como dito linhas acima, tal acepção da coisa julgada conquistou (e ainda conquista) inúmeros adeptos no País, mas também foi objeto de análises críticas, sendo uma das mais pertinentes delas aquela professada por Barbosa Moreira.

Antes, entretanto, de promover sobredita crítica à Liebman e ofertar seu conceito para o instituto da coisa julgada, Barbosa Moreira reconhece o avanço promovido pelo mestre italiano no debate acerca do instituto processual em análise. Nesse sentido, prestigia o feito do professor

78. Idem, p. 117.

79. LIEBMAN, Enrico Tullio. *Eficácia e autoridade da sentença*. 2. ed. Rio de Janeiro: Forense, 1981. p. 54. Grifos do autor.

80. Idem, p. 55.

81. Idem, p. 55.

italiano em distinguir a imperatividade da sentença do seu efeito declaratório,[82] bem como em demonstrar a autonomia existente entre coisa julgada e eficácia da sentença, ou seja, em demonstrar uma "distinção **ontológica** entre eficácia e imutabilidade".[83]

Todavia, a crítica feita à doutrina de Liebman seria pelo fato de ela não se desprender por completo da indevida aproximação entre coisa julgada e efeitos da sentença, na medida em que o mestre italiano trata a coisa julgada como uma qualidade da sentença (imutabilidade) e dos seus efeitos, estando exatamente aí, nessa parte final, a crítica de Barbosa Moreira, conforme se observa do seguinte excerto:

> Tem razão, pois, Liebman em fixar-se no ângulo da imutabilidade, para dele, e só dele, visualizar a coisa julgada. Menos feliz, parece, entretanto, a escolha de direção em que se projetou o feixe luminoso. O mestre, que deu um passo decisivo no sentido de libertar a problemática da "res iudicata" da inoportuna vinculação com a da eficácia da sentença, não conseguiu libertar-se totalmente, ele mesmo, do peso de um equívoco em má hora feito tradição. Tendo demonstrado que a coisa julgada não podia equiparar a um efeito da sentença, hesitou em atravessar o Rubicon, para assentar, como cumpria, a absoluta independência, **no plano dos conceitos**, entre "auctoritas rei iudicatae" e eficácia da decisão. A única alternativa que descobriu para a atitude tradicional foi a de identificar a coisa julgada como uma qualidade (imutabilidade) da sentença e... **dos seus efeitos**! Mais destes que daquela, até, se considerarmos a maior insistência com que Liebman, ao longo de sua brilhante elaboração, se detém no segundo aspecto.[84]

---

82. BARBOSA MOREIRA, José Carlos. *Direito processual civil:* ensaios e pareceres. Rio de Janeiro: Borsoi, 1971a. p. 137. Aprofundando-se na questão a partir de uma análise da doutrina de Hellwig: BARBOSA MOREIRA, José Carlos. *Coisa julgada e declaração.* Revista dos Tribunais, São Paulo, v. 429, p. 21-27, jul. 1971b.

83. BARBOSA MOREIRA, José Carlos. *Direito processual civil:* ensaios e pareceres. Rio de Janeiro: Borsoi, 1971a. p. 138.

84. Idem, p. 138. Grifos do autor.

A partir dessas críticas, Barbosa Moreira conclui que coisa julgada é sinônimo de imutabilidade da sentença (e apenas desta), e não dos seus efeitos,[85] os quais podem ser ulteriormente alterados, inclusive por ato de vontade das partes envolvidas no litígio em que a coisa julgada se formou.[86] Um dos exemplos trazidos pelo citado processualista e que ilustra bem a sua posição é o do casal que se divorcia judicialmente, mas que, passado um tempo, se reconcilia e retoma formalmente a vida conjugal. Ainda segundo o autor, "tal circunstância **em nada afeta** a autoridade da coisa julgada que esta porventura haja adquirido. A norma sentencial permanece imutável, **enquanto norma jurídica concreta referida a uma determinada situação**".[87]

---

85. "A eficácia da sentença e a sua imutabilidade suscitam duas ordens de questões inconfundíveis e, em linha de princípio, autônomas. Do ponto de vista conceptual, nada nos força a admitir a correlação necessárias entre os dois fenômenos. O mais superficial exame do que se passa no mundo do direito mostra que é perfeitamente normal a produção de efeitos por ato jurídico suscetível de modificação e desfazimento. Mostra também que podem deixar de manifestar-se, ou ver-se tolhidos ou alterados, os efeitos de um ato jurídico, não obstante permaneça esta, em si, intacto, assim como podem subsistir, no todo ou em parte, os efeitos de um ato jurídico que se modifica ou se desfaz; em outras palavras: mostra que a subsistência **do ato** e a subsistência **dos efeitos** são coisas distintas, sem obrigatória implicação recíproca. A parêmia *sublata causa, tollitur effectus*, no campo do direito, significará quando muito que, desfeito o ato, **daí em diante** cessa de surtir efeitos; não significa necessariamente mais do que isso. Quanto à relação entre eficácia e imutabilidade, nada existe que vincule *a priori* aqueles a esta, ou esta àquela." (BARBOSA MOREIRA, José Carlos. Eficácia da sentença e autoridade da coisa julgada. *In:* BARBOSA MOREIRA, José Carlos. *Temas de direito processual civil:* terceira série. São Paulo: Saraiva, 1984. p. 99. Grifos do autor.

86. Barbosa Moreira faz uma interessante análise do instituto da coisa julgada desde o Direito Romano até Liebman, tratando das diferentes fases teóricas atribuídas ao instituto exatamente para criticar tal teorização e, certas vezes, seu descompasso com a realidade prática. Daí o aludido processualista, de forma muito pragmática, assentar que "a coisa julgada é um instituto de função essencialmente prática que existe para assegurar estabilidade à tutela jurisdicional dispensada pelo Estado. Importa, pois, verificar se alguma das fórmulas sugeridas espelha fielmente o mecanismo pelo qual se atinge essa meta na realidade da vida jurídica." (BARBOSA MOREIRA, José Carlos. Ainda e sempre a coisa julgada. *In:* WAMBIER, Teresa Arruda Alvim; WAMBIER, Luiz Rodrigues. *Doutrinas essenciais de processo civil.* v. 6. São Paulo: Revista dos Tribunais, 2011. p. 10).

87. BARBOSA MOREIRA, José Carlos. *Direito processual civil:* ensaios e pareceres. Rio de Janeiro: Borsoi, 1971a. p. 143. Grifos do autor.

Partindo de tais premissas, Barbosa Moreira divide a coisa julgada em **formal** e **material**. A primeira delas seria a imutabilidade da sentença no processo em que proferida, enquanto a segunda seria a imutabilidade prevalecente em processos distintos.[88] Não obstante, deixa claro que a verificação quanto à imutabilidade da sentença para outros processos deve levar em consideração as mesmas bases fáticas que implicaram a formação da coisa julgada[89-90] e, com base em tais ideias, afirma que "a autoridade da coisa julgada, como tal, não se subordina a limite temporal algum".[91] A imutabilidade (formal e material) de uma sentença, dura para sempre, sendo eventualmente passível de alteração os efeitos dessa sentença imutável.

Em síntese, portanto, Barbosa Moreira trata a coisa julgada como uma "situação jurídica nova",[92] a qual transforma a sentença de instável em estável, situação jurídica essa que surge com o trânsito em julgado da sentença, o que não significa, no pensamento do citado processualista, qualquer confusão entre coisa julgada e trânsito em julgado. Este último é pressuposto do primeiro. Nesse sentido, assim conclui o mestre:

> Não há confundir "res iudicata" com auctoritas rei iudicatae". A coisa julgada não se identifica nem como a sentença transita

88. Idem, p. 142.

89. O que valeria, inclusive, para as relações jurídicas de trato sucessivo, como, *v.g.*, no caso de prestação de alimentos. Se há alteração fática da situação das partes envolvidas (alimentando e/ou alimentado), o que se observará é o julgamento de um novo caso, mas não a revisão da coisa julgada formada anteriormente e assentada em outras bases fáticas.

90. Nesse sentido: BARBOSA MOREIRA, José Carlos. Notas sobre el contenido, los efectos y la inmutabilidad de la sentencia. *In:* BARBOSA MOREIRA, José Carlos. *Temas de processo civil:* quinta série. São Paulo: Saraiva, 1994. p. 107.

91. BARBOSA MOREIRA, José Carlos. *Direito processual civil:* ensaios e pareceres. Rio de Janeiro: Borsoi, 1971a. p. 144.

92. Idem, p. 145.

> em julgado, nem com o particular atributo (imutabilidade) de que ela se reveste, mas com a **situação jurídica** em que passa a existir após o trânsito em julgado. Ingressando em tal situação, a sentença adquire uma autoridade que – esta, sim – se traduz na resistência a subsequentes tentativas de modificação do seu conteúdo. A expressão "auctoritas rei iudicatae" e não "res iudicata", portanto, é a que corresponde ao conceito de imutabilidade.[93]

Tecidas tais considerações acerca do contributo de Barbosa Moreira para o conceito de coisa julgada no Brasil e ainda traçando a conformação, no âmbito da doutrina nacional, do conceito de coisa julgada, mister se faz, agora, analisar a posição de José Ignacio Botelho de Mesquita para o tema.

Segundo professa Botelho de Mesquita, para entender coisa julgada mister se faz compreender a distinção existente entre "(i) conteúdo da sentença, (ii) efeitos da sentença e (iii) efeitos do trânsito em julgado".[94]

Nesse sentido, o citado processualista afirma que o conteúdo da sentença é o juízo lógico da sentença. Tal juízo lógico é o que Botelho de Mesquita chama de "elemento declaratório da sentença", que, somado à sua parte dispositiva, redunda no conteúdo da sentença. Importante destacar que o *elemento* declaratório da sentença não é sinônimo de *efeito* declaratório da sentença. Para o citado professor, toda decisão possui um elemento declaratório, mas não necessariamente um efeito declaratório. O elemento declaratório é característica imanente (interna) de toda e qualquer sentença e retrata o ato de inteligência do juízo a sustentar sua manifestação de vontade (conclusão).[95] Por sua vez, os efeitos de uma sentença (elemento externo) decorrem "da

---

93. BARBOSA MOREIRA, José Carlos. Eficácia da sentença e autoridade da coisa julgada. *In:* BARBOSA MOREIRA, José Carlos. *Temas de direito processual civil:* terceira série. São Paulo: Saraiva, 1984. p. 146. Grifo do autor.

94. BOTELHO DE MESQUITA, José Ignacio. *A coisa julgada*. Rio de Janeiro: Forense, 2006. p. 2.

95. Idem, p. 5.

manifestação de vontade nela contida e em princípio se produzem imediatamente".[96-97] É consequência da sentença e, dentre aquelas possíveis, destaca-se o efeito declaratório.[98]

Por fim, o trânsito em julgado seria instituto tipicamente processual, atrelado à ideia de preclusão.[99] É o ato processual que atesta que uma dada decisão não está mais sujeita à interposição de recursos ordinários ou extraordinários. Trata-se, ainda, de pressuposto para o advento da coisa julgada, não se confundindo com ela.

Partindo de tais premissas, Botelho de Mesquita conceitua a coisa julgada como a **imutabilidade** e a **indiscutibilidade** de uma decisão transitada em julgado, independentemente do seu conteúdo (declaratório, (des)constitutivo ou condenatório).[100] Ainda segundo o citado professor, tais características da coisa julgada (imutabilidade e indiscutibilidade) não seriam efeitos da sentença, mas sim do trânsito em julgado.[101]

Precisando mais os termos alhures empregados, sobredito mestre professa que a imutabilidade implica **proibição**, na medida em que impede a revisão da questão decidida no próprio processo em que formada a coisa julgada,

---

96. BOTELHO DE MESQUITA, José Ignacio. *A coisa julgada*. Rio de Janeiro: Forense, 2006. p. 10.

97. Nesse ponto, Botelho de Mesquita se alinha à corrente defendida por Liebman, no sentido de entender que a coisa julgada não é um efeito da sentença, na medida em que uma decisão pode produzir efeitos independentemente de se revestir de coisa julgada.

98. Para o citado processualista e diferentemente do que é defendido por alguns professores, uma ação declaratória julgada procedente tem efeito prático, sob pena de tal manifestação jurisdicional padecer de notória inutilidade (Idem, p. 8). Em suma, tal alteração prática consistiria "num vínculo imposto pela sentença, não só às partes com também a terceiros, e especialmente aos órgãos estatais, que os sujeita a tomar como norma para seus atos jurídicos a declaração pronunciada pelo juiz." (Idem, p. 9).

99. A respeito das preclusões no processo civil: SICA, Heitor Vitor Mendonça. *Preclusão processual civil*. 2. ed. São Paulo: Atlas, 2008.

100. BOTELHO DE MESQUITA, op. cit , p. 11.

101. Idem, p. 13.

bem como em outro processo idêntico. Por sua vez, a indiscutibilidade impõe uma **obrigação**, uma vez que a conclusão da decisão revestida de coisa julgada passa a ser premissa obrigatória em casos futuros (distintos do primeiro), mas cujo conhecimento dependa da questão lá decidida.[102] Tal posição é assim sintetizada por Botelho de Mesquita:

> Como se vê, a imutabilidade e a indiscutibilidade atuam de modo diverso. A imutabilidade **impede** que o juiz posterior se pronuncie sobre a ação já decidida por sentença transitada em julgado. Cria a exceção de coisa julgada. A indiscutibilidade **obriga** o juiz posterior a decidir em conformidade com o decidido pela sentença transitada em julgado.[103]

Não obstante, exatamente por entender que a coisa julgada não é um efeito da sentença, mas sim do trânsito em julgado, Botelho de Mesquita, na mesma linha defendida por Barbosa Moreira,[104] entende que os efeitos de uma sentença não são imutáveis. Podem, então, desde que relacionados a direitos disponíveis, ser alterados por vontade das partes envolvidas no litígio no qual a coisa julgada se formou ou, ainda, sofrer repercussões por conta das vicissitudes que maculam os direitos em geral, tais como, *v.g.*, o perecimento do direito material debatido em juízo. Em suma, para esse autor o que se torna imutável e indiscutível não são os efeitos da sentença, e sim o seu elemento declaratório, bem como a sua parte dispositiva.

---

102. Idem, p. 11-12.

103. Idem, p. 12. Grifos do autor.

104. Aliás, tratando-se da posição de Barbosa Moreira para a coisa julgada, Botelho de Mesquita assim afirma: "Na doutrina brasileira, a teoria mais próxima à nossa é a exposta por Barbosa Moreira, que não chegou, no entanto, à ruptura, que preconizo, entre elemento e efeito declaratório, sem a qual continuariam sem explicação, a meu ver, certos fenômenos como os que verificam no caso que nos serviu de exemplo." (BOTELHO DE MESQUITA, José Ignacio. *A coisa julgada*. Rio de Janeiro: Forense, 2006. p. 19.).

Comparando as teorias de Barbosa Moreira e Botelho de Mesquita,[105] é possível afirmar que ambas de fato apresentam pontos de semelhança, na medida em que louvam a tentativa de Liebman em distinguir o instituto da coisa julgada dos efeitos da sentença. Reconhecem, contudo, a limitação dessa doutrina, motivo pelo qual a criticam, uma vez que, segundo tais autores, Liebman ainda promoveria uma indevida relação entre coisa julgada e efeitos da sentença ao afirmar que a coisa julgada é uma qualidade da sentença e dos seus efeitos.

Outro ponto em comum na teoria dos citados processualistas é no sentido de atribuírem à coisa julgada o caráter da imutabilidade, bem como reconhecerem que os efeitos da sentença transitada em julgado são mutáveis, seja por conta da vontade das partes envolvidas, seja em razão de vicissitudes que afetem o próprio direito material objeto da coisa julgada.

Os aludidos processualistas diferenciam-se, entretanto, primeiramente, por Barbosa Moreira falar apenas em imutabilidade da sentença, o que abarcaria tanto a coisa julgada formal como a material.[106] Já Botelho de Mesquita fala em imutabilidade e indiscutibilidade da sentença, sendo a primeira uma regra negativa (coisa julgada formal) e a segunda, uma regra positiva (coisa julgada material), diferença essa que, em verdade, parece ser mais semântica do que propriamente de conteúdo.

O ponto chave no diálogo entre esses mestres é que, para Barbosa Moreira, a coisa julgada é uma "situação jurídica" que implica a imutabilidade da sentença como um

---

105. Fazendo uma precisa intersecção entre a teoria desses dois processualistas: RODRIGUES, Walter Piva. *Coisa julgada em matéria tributária*. São Paulo: Quartier Latin, 2008. p. 77 e ss.

106. Tal distinção entre coisa julgada formal e material, bem como sua (im)pertinência, será tratada mais adiante.

todo, ou seja, do seu "conteúdo decisório". Nesse aspecto, o citado autor está se referindo ao dispositivo da sentença, uma vez que assim professa:

> A imutabilidade consequente ao trânsito em julgado reveste, em suma, **o conteúdo da sentença**, não os seus efeitos. Reveste, convém frisar, **todo o conteúdo decisório.** Deixa de fora a motivação, com a solução dada pelo juiz a cada uma das questões de fato e de direito, e mesmo as questões prejudiciais.[107]

E aí está a distinção entre as teorias de Barbosa Moreira e Botelho de Mesquita, já que esse último autor, neste ponto, vai além para delimitar que a imutabilidade e a indiscutibilidade da sentença afetam não só o dispositivo da sentença, mas também seu elemento declaratório, ou seja, aquele último juízo lógico realizado pelo juiz na sentença e que o conduz à parte dispositiva do julgado. Aí está a sutil, mas importante diferença entre os citados processualistas brasileiros.

Feitas tais considerações, seria possível seguir adiante e trazer outros autores brasileiros que tratam da coisa julgada, mas isso consumiria páginas e páginas da presente obra em um tópico que tem por objeto apenas **sumarizar** a evolução histórica da coisa julgada no mundo e no Brasil. Assim, realiza-se, aqui, um deliberado corte metodológico para restringir as diferentes acepções da coisa julgada aos autores aqui citados.

Esclarecido tal ponto, esta é, muito sinteticamente, a evolução histórica do instituto da coisa julgada, que, em boa medida, é tomada como pressuposto para os atuais debates acerca desse instituto processual; daí a importância deste breve excurso histórico.

---

107. BARBOSA MOREIRA, José Carlos. Eficácia da sentença e autoridade da coisa julgada. *In:* BARBOSA MOREIRA, José Carlos. *Temas de direito processual civil:* terceira série. São Paulo: Saraiva, 1984. p. 112. Grifos do autor.

1.2 A finalidade da coisa julgada no ordenamento jurídico e os valores jurídicos tutelados pelo instituto

Delimitar a finalidade da coisa julgada, bem como os valores jurídicos tutelados por tal instituto, pressupõe definir qual é a própria finalidade do Direito, haja vista que a coisa julgada é um dos mais relevantes institutos estabelecidos no sistema jurídico a contribuir, definitivamente, para a conformação do Direito como tal, ou seja, para que o Direito cumpra com seu objetivo precípuo de realizar, com justiça, problemas de convivência humana.

Precisar, por sua vez, a finalidade do Direito implica, ainda que de forma singela, conceituá-lo. Nesse sentido, partindo das lições do jusfilósofo português Castanheira Neves, é possível afirmar que o problema do Direito é que "o mundo é **um** e os homens nele são **muitos**",[108] motivo pelo qual a função do Direito não se limita a planificar previamente condutas, mas também se constitui em "resolver materialmente o necessário problema de convivência humana".[109] Parte-se, portanto, de uma acepção jurídica construída culturalmente ou, como afirma Radbruch, "um conceito de uma realidade referida a valores, uma realidade cujo sentido é o de estar a serviço de valores. **O direito é a realidade que tem o sentido de servir ao valor jurídico, à ideia do direito**".[110-111]

Importante, neste momento, mais uma vez destacar que a afirmação de que o Direito gravita em torno de

---

108. NEVES, Antonio Castanheira. *Digesta:* escritos acerca do Direito, do pensamento jurídico, da sua metodologia e outros. v. 3. Coimbra: Coimbra Editora, 2008a. p. 13. Grifos do autor.

109. Idem, p. 13.

110. RADBRUCH, Gustav. *Filosofia do Direito.* São Paulo: Martins Fontes, 2004. p. 47. Grifos do autor.

111. Nesse mesmo sentido: NEVES, Antonio Castanheira. *Metodologia jurídica* – problemas fundamentais. Coimbra: Coimbra Editora, 1993. p. 77-78.

"valores jurídicos", dentre os quais é destacado o valor justiça,[112] não redunda em defender a existência de uma metafísica jurídica nem em promover um resgate do jusnaturalismo. Defende-se, aqui, a existência de valores jurídicos construídos histórico-culturalmente ao longo de séculos de Direito, mediante a intersecção dialética entre a realização de casos práticos e a análise do sistema-fundamento,[113] ou seja, valores que irrompem da comunidade histórico-jurídica pela metódica mediação da atuação judicial para a substancial resolução de problemas de convivência humana.

Logo, a preocupação com o valor justiça não implica (a não ser quando distorcida) a defesa de uma bandeira político-ideológica, nem um fundamentalismo ético. O valor em questão – e os demais valores essenciais para o Direito – é construído culturalmente pelo homem e acolhido pelo Direito quando este é, em dado momento histórico, eleito pela comunidade como a resposta a ser empregada para solucionar racionalmente os problemas de convivência humana.

Consequentemente, um juízo-decisório pautado em justiça não deve expressar um decisionismo (um subjetivismo), pois, para que um juízo-decisório seja autonomamente **jurídico**, é necessário que ele seja – com o perdão da redundância – **juridicamente** fundamentado, ou seja, é indispensável que dele seja possível captar os fundamentos e critérios jurídicos que pautaram a decisão. Isso porque "a interpretação jurídica só será entendida em termos metodologicamente corretos se for vista como a determinação

---

112. Justiça essa que "nada mais é que o direito no seu verdadeiro sentido –: a intenção e a exigência normativamente integrante e dialecticamente dinâmica do reconhecimento de cada um pelos outros e da responsabilidade de cada um perante os outros na coexistência em um mesmo mundo humano constituído por todos." (NEVES, Antonio Castanheira. O direito interrogado pelo tempo presente na perspectiva do futuro. *In:* NUNES, António José Avelãs; COUTINHO, Jacinto Nelson de Miranda (coord.). *O direito e o futuro – o futuro e o direito.* Coimbra: Almedina, 2008b. p. 62).

113. Aqui entendido pela seguinte tríade: precedentes, leis (em sentido amplo) e doutrina.

normativo-pragmaticamente adequada de um critério jurídico do sistema do direito vigente para a solução do caso *decidendo*."[114] Desse modo,

> ...a concreta decisão jurídica (a judicativa decisão jurídica), posto recuse o tradicional **determinismo jurídico** (o determinismo lógico-subsuntivo), nem por isso tem de entregar-se ao polo contrário do decisionismo (e irracionalismo) jurídico – cumpre antes uma terceira via, o "tertium modus" da mediação judicativa que um adequado **modelo metódico** deverá definir.[115]

Fixado tal ponto, resta claro que para tal mundividência jurídica, o Direito é visto a partir de uma perspectiva preponderantemente **microscópica**, na medida em que coloca no centro da sua concepção o **homem**, quer dizer, o concreto problema da convivência humana e a necessidade do Direito em dar uma resposta materialmente válida para esse problema. Tal perspectiva se contrapõe, pois, a uma visão **macroscópica**, na qual a "sociedade" toma a posição central do problema jurídico e o Direito, por conta disso, é concebido como o instrumento por excelência para a planificação político-econômico-social[116] dessa sociedade.

Aqui, portanto, o Direito é tratado como um *continuum* prático, ou seja, é constituído[117] de forma histórico-

---

114. NEVES, Antonio Castanheira. *Metodologia jurídica* – problemas fundamentais. Coimbra: Coimbra Editora, 1993. p. 142. Grifos do autor.

115. Idem, p. 34. Grifos do autor.

116. Nesse sentido: NEVES, Antonio Castanheira. O direito interrogado pelo tempo presente na perspectiva do futuro. *In:* NUNES, António José Avelãs; COUTINHO, Jacinto Nelson de Miranda (coord.). *O direito e o futuro* – o futuro e o direito. Coimbra: Almedina, 2008b. p. 58-59.

117. Não sob uma perspectiva exclusivamente formal (agente competente, procedimento e abstração), mas materialmente falando.

-concreta,[118-119] mediante a realização de casos *sub judice*. Em outros termos, "a experiência jurídica jurisdicional é de índole essencialmente **prudencial** (remete-nos ao con-

---

118. Segundo Antonio Castanheira Neves, a historicidade do Direito, por ele chamada de "historicidade normativa", implicaria três aspectos fundamentais: as historicidades normativas (i) extensiva, (ii) intensiva e (iii) reconstrutiva. Na **historicidade normativa extensiva** percebe-se que o Direito retratado no sistema-fundamento (princípios, regras e precedentes) fica aquém do campo problemático que terá de resolver. O universo fático do problema é sempre mais extenso do que o âmbito do sistema e essa extensão não é simplesmente resolvida com a ideia de preenchimento de lacunas por intermédio de uma resolução sistematizada. Nesse momento, compreende-se que "não são apenas os casos ou os problemas a resolver que são novos ou superam os limites da definição sistemática; novos, modificados ou diferenciados terão de ser também os princípios ou critérios normativos, já para assim poderem adequadamente responder àquela objectiva novidade, já porque vai nesse sentido o próprio dinamismo histórico da intenção jurídica (embora esta sem dúvida impulsionada pelas exigências daquela renovada experiência problemática" (NEVES, Antonio Castanheira. *Instituto dos assentos*. Coimbra: Coimbra Editora, 2014. p. 200). Já a **historicidade normativa intensiva** é aquela que aparece no instante da realização do Direito. É ali, ao se realizar no âmbito prático-jurídico, ou seja, diante da solução de um caso decidendo, que o Direito é constituído historicamente. É o sentido interrogado pelo caso decidendo que irá promover o aprofundamento e a construção de uma intencionalidade histórico-jurídica. É nesse momento que o Direito é criado e reafirmado historicamente, tendo em vista que o problema a ser resolvido exige "uma autônoma ponderação também concreta que os critérios normativos invocados – os princípios, os institutos dogmáticos, as normas – só podem fundamentar pela mediação de um específico enriquecimento normativo (por uma "concretização"), pelo menos, por uma adaptação normativamente amplificadora ou restritiva, por uma correcção e superação normativas, em último termo." (Idem, p. 201). Por fim, a historicidade normativa também contempla uma **historicidade reconstrutiva**. Aqui se percebe que a contínua construção histórica do Direito não decorre de uma simplista e linear desimplicação sistemática do direito e das suas potencialidades até então inertes; o Direito não está dado previamente, aguardando apenas a descoberta do intérprete. O Direito, em verdade, se submete a uma "constituição que dialecticamente reflui sobre o todo do sistema e lhe implica por isso uma contínua revisão ou reconstituição de sentido – desenvolvimento, portanto, historicamente regressivo." (Idem, p. 203).

119. De forma similar à aqui defendida, Ovídio Araújo Baptista da Silva e Fábio Luiz Gomes professam que "o direito, enquanto ciência hermenêutica, busca o individual, em toda a sua riqueza existencial e histórica, e, mesmo admitindo que se o descreva como sistema, como é próprio das ciências **explicativas**, que buscam alcançar o domínio da natureza e a construção de princípios e regras de validade universal, sua vocação natural orienta-o para a **compreensão** do fenômeno humano, que será sempre situado historicamente." (SILVA, Ovídio Araújo Baptista da; GOMES, Fábio Luiz. *Teoria geral do processo civil*. 6. ed. São Paulo: Revista dos Tribunais, 2011. p. 11. Grifos dos autores).

creto juízo normativo)".[120] Assim, não é imposto pela lei, aqui considerada como mais um critério para a resolução de conflitos de interesse,[121] mas é construído culturalmente em concreto, no momento da realização do caso decidendo. Assim, "a experiência jurídica jurisdicional tem o seu ponto de partida explícito num concreto **problema jurídico** – num caso histórico-socialmente concreto de sentido problematicamente jurídico".[122]

Rompe-se, por conseguinte, com um modelo jurídico hermeticamente fechado, excessivamente formal e ahistórico, para se prestigiar um modelo valorativo e problematicamente aberto ao novo, pois "o atual estágio do pensamento jurídico é **conscientemente valorativo,** é **conscientemente aberto** à captação e à compreensão dos valores dispersos da sociedade; e, conscientemente, **problemático.**"[123]

Logo, a unicidade[124] até então existente entre os momentos da criação e da "aplicação" do Direito é resgatada;

---

120. NEVES, Antonio Castanheira. *Digesta:* escritos acerca do Direito, do pensamento jurídico, da sua metodologia e outros. v. 2. Coimbra: Coimbra Editora, 1995. p. 29. Grifos do autor.

121. Não o mais importante e muito menos o único o que, todavia, não implica abdicar da lei enquanto critério de resolução de conflitos de interesses. Em outros termos, "a lei é apenas um critério eventualmente mobilizável quando da realização judicativo-decisória do direito, e este último é verdadeiramente um problema, não um dado – identifica uma tarefa constituenda, não um objeto pré-constituído." (BRONZE, Fernando José Couto Pinto. *Lições de introdução ao Direito.* 2. ed. Coimbra: Coimbra Editora, 2010. p. 441).

122. NEVES, Antonio Castanheira. *Digesta:* escritos acerca do Direito, do pensamento jurídico, da sua metodologia e outros. v. 2. Coimbra: Coimbra Editora, 1995. p. 29. Grifos do autor.

123. BUENO, Cássio Scarpinella. *Curso sistematizado de direito processual civil.* v. 1, 4. ed. São Paulo: Saraiva, 2010. p. 96. Grifos do autor.

124. Unicidade essa perdida com os Modernos e sua Escola Exegética, a qual foi responsável por promover uma divisão então inovadora entre o momento da criação (etapa legislativa) e o posterior instante da aplicação (etapa judicial) do Direito. Segundo essa acepção e partindo de tal cisão, o átimo fundamental para o Direito seria o da sua criação pela lei, a ponto de ser possível afirmar que o texto jurídico seria constitutivo da juridicidade, não existindo Direito antes dele. O

em verdade, é (re)fundida para o momento da realização do Direito: "a realização do direito é a vida e a verdade do direito; ela é o próprio direito".[125] Consequentemente, o juiz deixa de ter um papel secundário, não se limitando a perpetuar um "platonismo normativo",[126] mas atua de forma ativa na permanente e histórica construção e reconstrução de um sentido jurídico,[127] perfazendo o papel de um "mediador jurisdicional".[128] A postura desse modelo de juiz é bem captada por Cássio Scarpinella Bueno:

> A função do juiz, já não há mais como esconder essa **realidade**, é uma atividade criativa. Não se espera mais do juiz, apenas e tão somente, que ele realize uma reflexão quase-que-lógica ou quase-que-matemática sobre dadas premissas para concluir em um ou outro sentido mas, bem diferentemente, de aceitar, na formação das suas próprias premissas e na sua conclusão, elementos diferentes, diversos, não levados em conta na evolução e sistematização do pensamento do direito na primeira metade do século XIX, em especial na era das codificações. Já não se pode

---

preenchimento conteudístico do Direito deixaria de ser preponderantemente desempenhado pela jurisprudência e pela doutrina para ser então **exclusivamente** protagonizado pelo poder político, por intermédio da lei. Nesse sentido: BRONZE, op. cit., p. 370.

125. NEVES, Antonio Castanheira. *Metodologia jurídica* – problemas fundamentais. Coimbra: Coimbra Editora, 1993. p. 25.

126. A expressão é cunhada por Castanheira Neves quando critica o silogismo lógico imposto ao juiz pela mundividência normativo-legalista modernista e sua atuação como mero "contemplador" do Direito (NEVES, Antonio Castanheira. *Teoria do direito:* lições proferidas no ano letivo de 1998/1999. Coimbra: Universidade de Coimbra, 1998a. p. 58).

127. "a verdade jurídica é uma **verdade prática**, não uma verdade teorético-científica. É uma verdade em si mesma em função da intenção especificadamente jurídica, i.e., dos objectivos práticos que o direito se propõe na consideração e resolução dos seus problemas normativos." (NEVES, Antonio Castanheira. *Metodologia jurídica:* problemas fundamentais. Coimbra: Coimbra Editora, 1993. p. 164.).

128. Mediação essa que apresenta tanto um viés objetivo como um caráter subjetivo. A mediação objetiva é aquela posta "entre a normatividade postulada e a normatividade concreta, enquanto a mediação subjetiva é aquela promovida entre as partes ou os sujeitos da controvérsia, em termos agora de um 'terceiro imparcial' que revele o mérito das razões que cada um deles invoque para a concreta resolução do problema normativo." (Idem, p. 30).

> falar, em todos e quaisquer casos, que a atividade do intérprete e do aplicador do direito seja meramente **subsuntiva**, mas, bem diferentemente, sua função passa a ser **concretizadora**, no sentido de **criadora** do próprio direito a ser aplicado, justamente em função da **complexidade** do ordenamento jurídico atual. De uma atividade de mero **conhecimento** (um comportamento passivo) do fenômeno jurídico para sua aplicação, passa-se a uma atividade **criadora-valorativa** (um comportamento ativo), **conscientemente** criadora e valorativa do juiz.[129]

Assim, para a concepção jurídica aqui defendida, a tarefa prática atribuída à atividade jurisdicional tem um importante papel no ordenamento jurídico, a ponto de Castanheira Neves afirmar que "o juízo (o juízo jurídico) é o '*punctum crucis*' da metodologia jurídica, é o seu problemático objecto intencional".[130] Daí Fernando Bronze afirmar que a interpretação jurídica é diferente de uma interpretação geral e concluir que a atuação do hermeneuta jurídico consiste em uma "'tarefa prática' que é própria do direito."[131] Tal tarefa, portanto, vai além da mediação entre as partes litigantes, competindo-lhe também a vital função de promover a abertura do ordenamento jurídico ao novo, sem que isso, todavia, mitigue a substancial autonomia do Direito. Nessa linha, é possível afirmar que a jurisdição é instrumento jurídico desenvolvido para materializar em concreto tais finalidades (micro[132] e macroscópica[133]) do Direito.

---

129. BUENO, Cássio Scarpinella. *Curso sistematizado de direito processual civil*. v. 1, 4. ed. São Paulo: Saraiva, 2010. p. 95-96. Grifos do autor.

130. NEVES, Antonio Castanheira. *Metodologia jurídica* – problemas fundamentais. Coimbra: Coimbra Editora, 1993. p. 33.

131. BRONZE, Fernando José Couto Pinto. *Lições de introdução ao direito*. 2. ed. Coimbra: Coimbra Editora, 2010. p. 880.

132. A função microscópica da jurisdição seria no sentido de resolver, em concreto, dado conflito de interesse subjetivamente formado.

133. Já a função macroscópica da atividade jurisdicional seria no sentido de servir de instrumento para promover a permanente e histórica (re)criação do Direito como resposta tendencialmente sincrônica para os necessários problemas de convivência humana, de modo a harmonizá-los.

Por sua vez, não há de se falar em jurisdição e, em última análise, em Direito, sem a existência de coisa julgada[134] ou, em uma perspectiva mais abrangente e na linha do que professa Antonio do Passo Cabral, sem estabilidades processuais.[135] Isso porque,

> "[s]olução" sem o signo da indiscutibilidade não satisfaz à necessidade de resolução dos conflitos, pois decisões temporárias no máximo proporcionam o atendimento a situações pontuais, mas longe estão de conferir a necessária segurança a que o Estado se obrigou quando assumiu o monopólio da jurisdição.[136]

Dada comunidade histórica não adotaria o Direito como instrumento racional de resolução de conflitos de interesses se as respostas então ofertadas por esse mecanismo social pudessem ser, a qualquer momento e sem quaisquer critérios prévios e seguros, revisitadas.[137]

---

134. Também neste diapasão é a doutrina de José Frederico Marques, embasado nas lições de E. Couture, *in verbis*: "Aliás, essa tutela à coisa julgada é corolário do princípio da garantia jurisdicional que o art. 153, § 4º, consagra, visto que uma das notas específicas da jurisdição é a de estar garantida pela *res iudicata*, para que tornem imutáveis seus pronunciamentos." (MARQUES, José Frederico. *Manual de direito processual civil*. v. 3. São Paulo: Saraiva, 1975. p. 235). No mesmo sentido: SILVA, Ovídio A. Baptista da. *Curso de processo civil*. v. 1, 7. ed. Rio de Janeiro: Forense, 2006. p. 455.

135. Para Antonio do Passo Cabral, o instituto da coisa julgada poderia ser suprimido do sistema jurídico brasileiro e, mesmo assim, os valores jurídicos presentes em tal ordenamento conformariam mecanismos para garantir certas estabilidades processuais, dentre as quais aquela tratada como coisa julgada. Assim, para tal autor, "o dado que não pode ser suprimido é a própria segurança jurídica e a estabilidade dos atos processuais. São estas que se me afiguram como sistematicamente relevantes. As peculiaridades dos institutos que as regulam detalhadamente, estas podem ser modificadas." (CABRAL, Antonio do Passo. *Coisa julgada e preclusões dinâmicas:* entre continuidade, mudança e transição de posições processuais estáveis. 2. ed. Salvador: JusPodivm, 2014. p. 320).

136. OLIVEIRA, Paulo Mendes de. *Coisa julgada e precedente:* limites temporais e as relações jurídicas de trato continuado. São Paulo: Revista dos Tribunais, 2015. p. 34.

137. No mesmo sentido: MARQUES, op. cit., p. 232; THEODORO JÚNIOR, Humberto. *Curso de direito processual civil*. v. 1, 53. ed. Rio de Janeiro: Forense, 2012. p. 561; THAMAY, Rennan. *Coisa julgada*. São Paulo: Revista dos Tribunais, 2018. p. 124.

É o que parte da doutrina chama de função política da coisa julgada.[138]

Cogitar um cenário em que houvesse estabilidade para as decisões judiciais implicaria, em última análise, admitir a própria razão de existir do Direito,[139] na medida em que o Direito não seria mais apto a cumprir com o seu papel alhures apontado: o de substancialmente **resolver** problemas de convivência humana, resolução essa que pressupõe a existência de uma tendência de definitividade. A efemeridade das decisões judiciais implicaria a desintegração do Direito, na medida em que as decisões judiciais deixariam de ter uma unidade, tornando-se, em verdade, simples subjetivismos momentâneos, precários.

É nesse sentido que – repita-se – a coisa julgada, assim como o processo, são instrumentos desenvolvidos pelo Direito para garantir a sua própria existência enquanto tal, i.e., enquanto mecanismo apto a resolver conteudisticamente problemas de convivência humana.

---

138. "A procura da justiça, entretanto, não pode ser indefinida, mas deve ter um limite, por uma exigência de ordem pública, qual seja a estabilidade dos direitos, que inexistiria se não houvesse um termo além do qual a sentença se tornasse imutável. Não houvesse esse limite, jamais se chegaria à certeza do direito e à segurança no gozo dos bens da vida.
Há, pois, motivos de ordem prática, de exigência social, a impor que a partir de dado momento – que se verifica com a preclusão dos prazos para recursos – a sentença se torne imutável, adquirindo **autoridade de coisa julgada**. E aí se tem o fundamento político da coisa julgada (SANTOS, Moacyr Amaral. *Primeiras linhas de direito processual civil.* v. 3, 22. ed. São Paulo: Saraiva, 2008. p. 56. Grifos do autor.).

139. É o que, de forma parecida, defende Nieva-Fenoll, quando assim professa: "[...] imaginemos o que ocorreria se os Juízes, interpretando o ordenamento jurídico dentro das margens da sua independência, pudessem com certa facilidade anular juízos anteriores de seus companheiros, ou os deles mesmos. Romper-se-ia a coerência dos juízos. Ninguém saberia ao que se ater, e finalmente, deixaria de existir o aparato da Justiça, vez que ninguém se socorreria dele para resolver seus problemas. [...]. Em uma situação assim, até a autotutela parece uma solução razoável para evitar conflitos. Por isso é necessária a coisa julgada." (NIEVA-FENOLL, Jordi. *Coisa julgada.* São Paulo: Revista dos Tribunais, 2016. p. 90).

Seguindo adiante, resta claro que coisa julgada e jurisdição são institutos que caminham de forma imbricada,[140-141] confluindo para um mesmo propósito: a **sedimentação** da justiça em concreto.[142] Ao se falar em "sedimentação da justiça" o que ser quer afirmar, em última análise, é a possibilidade de que justiça e segurança jurídica sejam convergentes, e não excludentes,[143] ou seja, de que haja uma convivência harmônica e não antagônica entre tais valores jurídicos. Em suma, é a estabilidade da justiça, quer dizer, "não a certeza contra a justiça, mas a justiça tomada certa

---

140. Nesse sentido também é a posição de Nieva-Fenoll: "[...] a coisa julgada e a Jurisdição, como conceitos, são inseparáveis, de forma que a Jurisdição não existiria sem a garantia ou proteção que lhe confere a coisa julgada, já que se converteria em uma manifestação ocasional, poderia se dizer administrativa, de um juízo. E a coisa julgada careceria de sentido desvinculada da Jurisdição, pois que nenhum outro poder do Estado precisa dessa estabilidade para seu labor." (NIEVA-FENOLL, op. cit., p. 143).

141. O que não significa dizer que toda atividade jurisdicional implica coisa julgada, havendo aqui a necessidade de se promover uma diferença entre ato-meio e ato-fim. A título de exemplo, o juiz, quando realiza uma inspeção judicial, está inequivocamente realizando atividade jurisdicional, sem que tal ato, por sua vez, redunde em coisa julgada. Trata-se de ato-meio realizado para se atingir o ato-fim, e tal ato-meio só tem permissão para ser validamente realizado por determinado juiz, exatamente pelo fato de ele (juiz) estar previamente investido de jurisdição. No mesmo diapasão, ver Nieva-Fenoll (op. cit., p. 143). Ademais, existem determinados juízos decisórios que, apesar de serem dotados de carga valorativa, não fazem coisa julgada, embora possam ser objeto de estabilidade processual. É o caso, *v.g.*, da concessão de uma tutela provisória. Tal decisão pode se estabilizar, embora não faça coisa julgada (aqui não se entrará no debate de se a tutela provisória de urgência antecipada concedida de forma antecedente e estabilizada, depois de transcorrido o prazo da correlata ação revisional, faz ou não coisa julgada).

142. "Para que se tenha um verdadeiro discurso, identificável e útil, sua impugnabilidade deve ser limitada, tendo que chegar a um momento em que se enrijeça, pondo fim à possibilidade de alteração. Caso assim não seja [...] a jurisdição consistirá em mera opinião, sempre provisória e precária, que não será apta a dar qualquer resposta à sociedade." (OLIVEIRA, Paulo Mendes de. *Coisa julgada e precedentes:* limites temporais e as relações jurídicas de trato continuado. São Paulo: Revista dos Tribunais, 2015. p. 34.).

143. O que também é professado por Fernando Bronze como uma tensão dialética entre estabilidade (segurança) e adaptação (justiça). (BRONZE, Fernando José Couto Pinto. *Lições de introdução ao direito.* 2. ed. Coimbra: Coimbra Editora, 2010. p. 553). No mesmo sentido: CABRAL, Antonio do Passo. *Coisa julgada e preclusões dinâmicas:* entre continuidade, mudança e transição de posições processuais estáveis. 2. ed. Salvador: JusPodivm, 2014. p. 384.

(estável)",[144] que é capaz de promover uma segurança **do** direito, e não uma segurança **através** do direito. Em suma,

> [...] neste caso a certeza é de todo compatível com a "justiça", pois não é mais do que a estabilização histórico-cultural, em termos de vigência, de uma intenção normativa material – a objectivação sincrónica dessa intenção, e que sempre poderá existir, e que existirá mesmo, num direito exclusiva ou predominantemente intencionado à justiça.[145]

Assim, a invocada segurança jurídica deve servir para garantir uma estabilidade quanto à intencionalidade axiológica do próprio Direito, intencionalidade esta que é prático-normativamente construída e reafirmada historicamente. Consequentemente, a segurança jurídica não pode negar a historicidade do Direito, nem ignorar o caráter normativo-constituinte da jurisdição.

Aludida estabilidade quanto à intencionalidade do Direito visa a preservá-lo enquanto ordem, enquanto resposta autonomamente possível ao necessário problema da convivência humana, i.e., não se traduz pela simples e automática aplicação em casos concretos de decisões sempre iguais, mas sim pela "persistência de uma mesma intencionalidade axiológico-normativa constantemente reafirmada e (re)construída pela tensão dialética entre o caso decidendo e o sistema-fundamento".[146]

144. NEVES, Antonio Castanheira. *Instituto dos assentos*. Coimbra: Coimbra Editora, 2014. p. 38.

145. Idem, p. 38.

146. Isso tampouco significa defender a imutabilidade desses valores fundamentais do Direito. Os valores em questão são construídos e reconstruídos culturalmente pelo homem e acolhidos pelo Direito quando este é, em dado momento histórico, eleito pela comunidade como a resposta a ser empregada para solucionar os problemas de convivência humana. Nesse sentido: BRONZE, Fernando José Couto Pinto. *Lições de introdução ao direito*. 2. ed. Coimbra: Coimbra Editora, 2010. p. 588-589.

Por outro giro verbal, pretende-se afirmar que a estabilidade ofertada pelo sistema "é uma estabilidade problematicamente dinamizada e a dinamização proposta pelo caso em concreto é uma dinamização sistematicamente estabilizada",[147] ou seja, é resultado de "uma dialética entre o desconstrutivismo centrífugo dos casos e o tendencial construtivismo centrípeto do sistema".[148]

Trata-se de uma segurança de conteúdo ou uma segurança do justo realizado em concreto. Assim, a coisa julgada não é vista como uma expressão da segurança jurídica ou, melhor explicando, como retrato daquela segurança jurídica de índole eminentemente formal, mas é sim reflexo da ideia de uma justiça de ordem prática, i.e., de uma justiça que caminha ao lado de uma segurança jurídica de índole material.[149]

Nesse contexto, percebe-se que a coisa julgada, bem como outras formas de estabilidades processuais, não implica a eternização das relações jurídicas,[150] mas sim a expectativa da sua estabilidade no tempo e, acima disso, a criação de limites jurídicos rígidos para abarcar hipóteses

---

147. BRONZE, Fernando José. Breves considerações sobre o estado actual da questão metodonomológica. *Boletim da Faculdade de Direito,* Coimbra, v. 69, p. 195, 1993.

148. Idem.

149. Também analisando o valor segurança jurídica e a função da coisa julgada no ordenamento jurídico, Antonio do Passo Cabral afirma que "num quadro de mutabilidade constante e necessária, em que a mudança se tornou a regra e o ritmo das alterações cresce a cada dia, não se podem aplicar modelos estanques de segurança jurídica." (CABRAL, Antonio do Passo. *Coisa julgada e preclusões dinâmicas:* entre continuidade, mudança e transição de posições processuais estáveis. 2. ed. Salvador: JusPodivm, 2014. p. 360).

150. Antonio do Passo Cabral aduz que: "[...] na esteira do que foi dito a respeito da alterabilidade e dinamismo das atividades estatais, mais do que a capacidade de inovação, o Estado atual deve assumir, em muitos aspectos, a característica da **flexibilidade,** algo indispensável para os instrumentos de segurança jurídica nos dias de hoje. Flexibilidade compreende não apenas assumir a mutabilidade em si mesma, mas, sobretudo, um poder maleável de resposta à estabilidade e à necessidade de mudança. Trata-se da capacidade de reagir à pressão por alterações, que pode ser tanto uma atenção prospectiva com uma retrovisão para o passado, ou seja, **nem só constância nem só mudança.**" (Idem, p. 365. Grifos do autor).

de eventuais alterações. "A coisa julgada, e com ela todas as estabilidades, servem todas para restringir o poder de mudar a norma, não para reconhecer uma permanência eterna ou definitiva do estatuído na decisão judicial."[151]

Nessa perspectiva, o conceito de coisa julgada já prevê a possibilidade de mudança do que fora decidido; não de qualquer mudança, apenas daquelas pautadas por critérios/limites precisos e que tenham por escopo dinamizar o Direito, sem desestabilizá-lo por completo.[152]

Desse modo, a tutela da segurança jurídica por intermédio da coisa julgada induz *à* defesa de um valor (segurança) de caráter contínuo, i.e., capaz de atuar "protegendo os interesses humanos de estabilidade e permanência, mas viabilizando também a alteração de posições jurídicas estáveis.[153] Em outros termos, "segurança não é imutabilidade, pois esta é própria da morte. A vida, esta sim, rege-se pelo movimento, que é próprio de tudo que vive. A sociedade,

---

151. Idem, p. 362.

152. Tratando da necessidade de conjugar a mudança do Direito com a estabilidade, Almiro do Couto e Silva, em clássica lição, assim professa: "É certo que o futuro não pode ser perpétuo prisioneiro do passado, nem podem a segurança jurídica e a proteção à confiança se transformar em valores absolutos, capazes de petrificar a ordem jurídica, imobilizando o Estado e impedindo-o de realizar as mudanças que o interesse público estaria a reclamar. Mas, de outra parte, não é igualmente admissível que o Estado seja autorizado, em todas as circunstâncias, a adotar novas providências em contradição com as que foram por ele próprio impostas, surpreendendo os que acreditavam nos atos do Poder Público. Entre esses dois polos trava-se a luta entre o novo e o velho dentro do Estado, ao qual caberá escolher os instrumentos jurídicos que lhe permitam aproximar-se o mais possível do ideal de justiça material, pela inserção, sem seus quadros normativos, de preceitos que definam o que pode e o que não pode ser modificado, e como pode ser modificado, e quais, ainda, os limites a serem observados pelas alterações." (COUTO E SILVA, Almiro. O princípio da segurança jurídica (proteção à confiança) no Direito Público brasileiro e o direito da Administração Pública de anular seus próprios atos administrativos: o prazo decadencial do art. 54 da lei do processo administrativo da União (lei 9.784/1999). *Revista de Direito Administrativo*, Rio de Janeiro, v. 237, p. 276, jul. 2004).

153. CABRAL, Antonio do Passo. *Coisa julgada e preclusões dinâmicas:* entre continuidade, mudança e transição de posições processuais estáveis. 2. ed. Salvador: JusPodivm, 2014. p. 366.

como o direito que nela e para ela se cria, é movível. **O que se busca é a segurança do movimento**".[154-155]

Essa segurança jurídica de caráter conteudístico, i.e., em sinergia com a ideia de justiça, reclama um âmbito de realização prática que seja metodologicamente adequado, o que remete, obrigatoriamente, à ideia de **integração** das decisões judiciais, exatamente como capitulado no art. 926 do Código de Processo Civil.[156]

Para a devida compreensão desse ponto, mister se faz dar um passo atrás e destacar, desde já, que no Brasil a atividade jurisdicional é marcada pela ideia do livre convencimento motivado. Este, sob a égide do ordenamento processual anteriormente vigente, era conformado pelo disposto no art. 131 do CPC de 1973.[157] O atual Código de Processo Civil, por seu turno, não prevê esse dispositivo e não possui qualquer outra referência explícita a tal valor, o que, para alguns doutrinadores, apresenta um caráter positivo,

---

154. ROCHA, Cármen Lúcia Antunes (coord.). *Constituição e segurança jurídica:* direito adquirido, ato jurídico perfeito e coisa julgada. 2. ed. Belo Horizonte: Fórum, 2004. p. 168. Grifos nossos.

155. Afirma Roscoe Pound, citado por Edward D. Re, que "o direito deve ser estável, no entanto, não pode ser estático." (RE, Edward D. *Stare decisis. Revista de Informação Legislativa,* [s.l.], v. 31, n. 122, p. 282, abr./jun. 1994). De forma mais analítica, tal questão também é posta por Humberto Ávila, quando trata a ideia de segurança jurídica em uma perspectiva dinâmica e intertemporal. Assim aduz o citado professor: "Nessa segunda significação a segurança jurídica apenas estabelece exigências relativamente à transição do Direito passado ao Direito futuro. Não uma imutabilidade, portanto, mas uma estabilidade ou racionalidade da mudança, que evite alterações violentas." (ÁVILA, Humberto. *Segurança jurídica:* entre permanência, mudança e realização no Direito Tributário. São Paulo: Malheiros, 2011. p. 124). E assim conclui o citado professor, com ilustrativa comparação: "O movimento, por mais paradoxal que isso possa ser, é condição da estabilidade, tal qual um passeio de bicicleta: o ciclista que para, cai. O patinador que desliza sobre a fina camada de gelo, se parar, afunda." (Idem, p. 125).

156. "Art. 926. Os tribunais devem uniformizar sua jurisprudência e mantê-la estável, **íntegra** e coerente." (grifos nosso)

157. "Art. 131. O juiz apreciará livremente a prova, atendendo aos fatos e circunstâncias constantes dos autos, ainda que não alegados pelas partes; mas deverá indicar, na sentença, os motivos que lhe formaram o convencimento."

a ponto de Fredie Didier Júnior tratar essa supressão como um "silêncio eloquente".[158]

Uma das críticas que se fazia (e ainda se faz) ao princípio do livre convencimento motivado é que, no âmbito de realização prática do Direito, percebia-se uma indevida supervalorização do conteúdo semântico do termo "livre" em detrimento, por sua vez, do significado da expressão "motivado". Tal fato, por seu turno, servia de fundamento para decisões díspares para casos análogos, o que, em última análise, implicava a fragmentação (**desintegração**) do direito realizado judicialmente, servindo como verdadeiro convite ao voluntarismo jurisdicional ou, por que não, ao arbítrio judicial.

Em verdade, o supracitado (e equivocado) modelo de atuação jurisdicional vai para muito além da previsão legal de outrora do livre convencimento motivado, perpassando, em última *ratio*, por um problema de metódica jurídica (ou a falta dela) no âmbito da realização prática do Direito. Isso porque o modelo jurisdicional brasileiro ainda é pautado pela figura de um juiz solipsista que, por decidir sozinho, de forma autocrática, também se sente habilitado a arbitrariamente criar o "seu" Direito", e não a (re)criar em concreto uma história que já vem sendo continuamente escrita institucionalmente, ao longo de anos a fio de experiência jurídica. Em suma, não há senso de historicidade.

Há, ainda, uma carência (para não dizer inexistência) de um senso de institucionalidade por parte de alguns magistrados, que se enxergam como ilhas, e não como integrantes de um mesmo continente ou, para fazer referência a Dworkin, são incapazes de se ver como coautores de um mesmo romance em cadeia.

---

158. BRAGA, Paulo Sarno; DIDIER JÚNIOR, Fredie; OLIVEIRA, Rafael Alexandria de. *Curso de direito processual civil*. v. 2, 10. ed. Salvador: JusPodivm, 2015. p. 103.

Tal acepção gera uma instabilidade para o Direito, já que situações fáticas muito próximas são decididas de formas diametralmente opostas. Por sua vez, como resposta a tal problema, o ordenamento jurídico nacional, herdeiro de uma mundividência normativo-legalista, tenta promover uma **hiperintegração** normativa das decisões judiciais por intermédio de institutos como súmulas, súmulas vinculantes e ementas. Trata-se, pois, de uma espécie de codificação das decisões judiciais,[159] as quais são reduzidas a instrumentos normativos mínimos a serem prospectivamente aplicados – lógico-subsuntivamente, como se lei fossem – no julgamento de casos ulteriores.

Acontece que, ainda embasado na ideia do **livre** convencimento motivado, esse modelo dá margem a diferentes interpretações para um mesmo enunciado sumular o que, por sua vez, continua fomentando decisões díspares para situações fáticas análogas, retroalimentando uma permanente sensação de instabilidade do Direito.

Em verdade, a vinculação da coisa julgada à ideia de uma hiperintegração do Direito ou de uma segurança jurídica vista como uma imutabilidade absoluta é, ainda, uma herança da Modernidade, momento em que a atividade jurisdicional era vista como um ato mecânico de aplicação da lei[160]

---

159. Tratando do assunto: RIBEIRO, Diego Diniz. Súmula vinculante e a codificação das decisões judiciais no Brasil. Disponível em: http://www.ddtax.com.br/conteudo/modulos/artigos/sumul_5z6x7/94xx3z.pdf. Acesso em: 28 abr. 2021.

160. Para essa perspectiva, a "atividade do jurista faz prevalecer o elemento declarativo sobre o produtivo ou criativo do direito", o que fez Bobbio comparar esse tipo de jurista com "uma espécie de robô ou de calculadora eletrônica" (BOBBIO, Norberto. *O positivismo jurídico – lições de filosofia do* Direito. São Paulo: Ícone Editora, 1995. p. 133). Nessa mesma senda, "a lei é aquela que o legislador diz que é, e os juízes são apenas os seus porta vozes, autômatos, através dos quais a lei é expressa, isto é, através dos quais o Legislador fala." (CAENEGEM, Raoul Van. "Oráculos da lei" ou "*bouche de la loi*": considerações históricas sobre o papel dos juízes. *In:* BARBAS HOMEM, António Pedro *et al. O perfil do juiz na tradição ocidental.* Almedina: Coimbra, 2009. p. 40). Por fim, John M. Kelly afirma que, no contexto histórico aqui tratado e que ainda propaga seus valores na atualidade, "o juiz devia

(geral, abstrata, ahistórica e universal) no individual[161] caso concreto. Logo, manter em concreto a vontade geral e abstrata do legislador era, em última análise, um elemento fundamental para pretensamente resguardar tal *voluntas* de discricionariedades e arbítrios, supostamente preservando, pois, direitos e liberdades individuais. Daí Antonio do Passo Cabral lembrar que:

> [...] a hipervalorização histórica de institutos como a coisa julgada decorreu da exigência de segurança **individual** contra o arbítrio. Também coincidiu com a era das codificações e a crença no poder do legislador, que gerou a subsequente necessidade de emprestar segurança também à lei concretizada, a *lex specialis*.[162]

A derrocada, todavia, dessa mundividência em um mundo cada vez mais plural e complexo não demanda mais digressões.[163] Da mesma forma acontece com o reflexo dessa mundividência em relação ao instituto da coisa julgada e sua pretensa vinculação à ideia de uma segurança

---

ser apenas uma máquina que aplicasse inteligentemente um conjunto claro e estável de regras." (KELLY, John M. *Uma breve história da teoria do direito ocidental*. São Paulo: Martins Fontes, 2010. p. 411).

161. A coisa julgada, portanto, também foi pensada a partir de um radical individualismo, próprio da Modernidade, e que tinha por escopo preservar um direito particular em prejuízo de outro direito também individualizado. A ênfase é no **indivíduo**. Tratando, aliás, deste tema, Fernando Bronze assevera que "o esforço da pessoalização do homem deu, como se sabe, outro importante passo na época moderna, com a sua emancipação, por ele mesmo empreendida, das ordens anteriormente instituídas, para acentuar a universalmente racional liberdade que se autopredicava. Esta era, todavia, uma liberdade contra o outro, porque marcada por um (pessoalmente inconsonante!) individualismo radical. E daí – observámo-lo – o contrato social, compreendido como um comunitariamente instituinte acordo entre...solitários des-solidários." (BRONZE, Fernando José Couto Pinto. *Lições de introdução ao direito*. 2. ed. Coimbra: Coimbra Editora, 2010. p. 491. Grifos do autor).

162. CABRAL, Antonio do Passo. *Coisa julgada e preclusões dinâmicas:* entre continuidade, mudança e transição de posições processuais estáveis. 2. ed. Salvador: JusPodivm, 2014. p. 379. Grifos nossos.

163. Por todos: GROSSI, Paolo. *La primera lección de Derecho*. Madrid: Marcial Pons, 2006.

jurídica de caráter absoluto, i.e., como sinônimo de irrestrita imutabilidade.

Assim, em tempos atuais, mister se faz a existência de um modelo que observe, na atuação jurisdicional, um caráter **integrativo**, de modo que a atividade jurisdicional seja capaz de historicamente criar uma unicidade conteudística ao Direito, proporcionando, por conseguinte, uma segurança jurídica de índole material, ou seja, que ande em compasso com o valor justiça.

Partindo de tais ideias e sob uma perspectiva de Teoria do Estado, é possível afirmar que a coisa julgada não seria apenas uma simples opção política por parte do legislador, mas um desdobramento da escolha de uma nação em assumir a feição de um Estado de Direito.

Não é crível pensar em um Estado de Direito divorciado das ideias convergentes de justiça e segurança jurídica. Logo, a coisa julgada é um dos institutos basilares de um Estado de Direito na medida em que, conjugada com a ideia de jurisdição, contribui decisivamente para a sedimentação dos sobreditos valores em concreto e, por sua vez, para a perenidade de tais valores em dada comunidade histórica, de modo a promover um ordenamento jurídico seguro – repita-se – sob uma perspectiva de índole material.

Frise-se: tais assertivas não transformam a coisa julgada em um valor absoluto, de matiz jusnaturalista. Em verdade, trata-se, assim como o Direito, de um instituto jurídico criado culturalmente pelo homem e para o homem, mais precisamente, para contribuir na convivência que se pretende seja harmônica entre os diferentes seres humanos em um único mundo. Daí a possibilidade de esse instituto ser conformado, mas não suprimido ou esvaziado, com contornos a serem tracejados politicamente, como ocorre nas hipóteses de cabimento para a propositura da ação rescisória. Tal fato, entretanto, tampouco implica dizer que a coisa julgada se resume a uma simples opção política dentro de um modelo de Estado Democrático de Direito. Talvez o confronto de exemplos permita melhor elucidar esse ponto.

Não parece haver qualquer mitigação indevida da coisa julgada e, por conseguinte, do próprio Estado de Direito, quando o legislador resolve, politicamente, prever a possibilidade de ação rescisória quando a decisão transitada é veiculada por força de corrupção do juiz que a proferiu (art. 966, inciso I, do CPC). Todavia, seria ofensivo ao Estado de Direito admitir que o legislador pudesse, *v.g.*, incluir uma hipótese de ajuizamento de ação rescisória no caso de decisões judiciais contrárias à Fazenda Pública e com valor econômico superior a 60 (sessenta) salários-mínimos, tal como ocorre no reexame necessário.

Da análise de tais exemplos é possível perceber que a coisa julgada não se resume a uma simples opção política de um legislador inserto em um Estado Democrático de Direito. Isso, por sua vez, não significa afirmar que tal instituto, assim como o próprio Direito, não se sujeite a uma certa conformação política, desde que essa conformação esteja em sintonia com valores jurídicos construídos ao longo de séculos de Direito e retratados no sistema-fundamento, de modo que o discurso jurídico seja percebido como um *continuum* prático, de caráter autônomo e fomentador de uma segurança jurídica substancial.

Em síntese e dentro do contexto aqui desenvolvido, é possível concluir que a coisa julgada não se resume a atuar como instrumento de uma radical e absoluta segurança jurídica, mas sim como mecanismo para sedimentar, **tendencial** e não imutavelmente, um sentido (conteúdo) para o Direito, de modo a contribuir na promoção – repita-se – de uma justiça tomada como certa. Esta é, para o presente livro, a principal finalidade da coisa julgada.

1.3 O *status* constitucional da coisa julgada

A par da mundividência jurídica aqui professada e, por sua vez, levando-se em consideração uma perspectiva centrada em um viés legislado do Direito, é inegável a importância da Constituição Federal[164] nos ambientes marcados pela ideia de um Estado Democrático de Direito, fruto de acepção Moderna de Estado.[165] Tal importância da Carta Magna, por sua vez, repercute no Direito Processual Civil e pode ser observada na sua evolução histórica.

Se, na primeira fase histórica desse nicho do Direito, conhecida como adjetiva ou sincrética,[166] o Processo Civil era marcado como um ramo do direito privado, na segunda fase

---

164. A posição hierárquico-normativa da Constituição é assim tratada por Canotilho: "Em primeiro lugar, o direito constitucional caracteriza-se pela sua posição hierárquico-normativa superior relativamente aos outros ramos do direito. Esta superioridade hierárquico-normativa concretiza-se e revela-se em três perspectivas: (1) as normas do direito constitucional constituem uma *lex superior* que recolhe o fundamento de validade em si própria (autoprimazia normativa); (2) as normas de direito constitucional são normas de normas (*norma normarum*), afirmando-se como fonte de produção jurídica de outras normas (normas legais, normas regulamentares, normas estatutárias); (3) a superioridade normativa das normas constitucionais implica o princípio da conformidade de todos os actos dos poderes políticos com a constituição." (CANOTILHO, José Joaquim Gomes. *Direito constitucional.* 6. ed. Coimbra: Almedina, 1993. p. 136).

165. Nesse sentido: BONAVIDES, Paulo. *Curso de direito constitucional.* 29. ed. São Paulo: Saraiva, 2014. p. 34-35.

166. Neste momento histórico, o Processo Civil era visto como uma mera extensão do direito material conflituoso e, portanto, um ramo do direito privado. Tratava-se, pois, de um **procedimento** com o fito de ver cumprida dada obrigação que não havia sido satisfeita espontaneamente, nem mesmo após o uso da força por parte daquele que se julgava detentor de tal direito. Daí Ovídio Araújo Baptista da Silva e Fábio Luiz Gomes afirmarem que uma das características marcantes dessa fase histórica do Processo Civil era a "circunstância de somente ter lugar a intervenção de um terceiro imparcial, convocado para dirimir um determinado litígio entre particulares, depois que aquele, que se julgasse com direito, privadamente já o tivesse exercido pela força, compelindo o adversário a suportar a autorrealização do próprio direito. Quer dizer, o apelo a um julgamento atribuído a um magistrado, ou, se quisermos, a um árbitro, teve originariamente uma função mais sancionadora, ou ratificadora, da legitimidade do exercício privado do direito [...]." (SILVA, Ovídio Araújo Baptista da; GOMES, Fábio Luiz. *Teoria geral do processo civil.* 6. ed. São Paulo: Revista dos Tribunais, 2011. p. 12-13).

histórica, denominada autonomista, conceitual ou científica,[167] o Processo Civil passou a ser tratado como direito público, ainda que com o fito de resolver problemas privados e de caráter subjetivo. A consequência disso foi que, com o passar dos anos e com o processo histórico de constitucionalização dos diferentes ramos do Direito, o Processo Civil também passou a estar fortemente vinculado ao Direito Constitucional e, obviamente, à Constituição Federal.[168-169]

Essa sinergia normativa entre processo e Constituição remete à ideia de um Direito Processual Constitucional,[170] o qual, por sua vez, pode ser desenvolvido sob três perspectivas fundamentais: (i) dimensão **técnica**, (ii) dimensão **valorativa** e, ainda, (iii) dimensão **hermenêutica**.

Quanto ao viés **técnico** dessa relação, é possível destacar a existência preponderante de regras[171] que, em última

---

167. A segunda fase histórica do processo civil tem na obra de Oskar Von Bülow (*Die Lehre der Prozesseinreden uns der Prozessvoraussetzungen*), de 1868, o seu grande *standard*. Foi nesse momento histórico que se alcançou o apogeu de teorias e conceitos ainda importantes para o Direito Processual Civil, como as ideias de jurisdição, processo, ação e defesa, além de inúmeros princípios processuais até hoje professados no âmbito do Processo Civil. Há, nesse momento histórico, uma autonomização científica do Direito Processual Civil, bem como a sua publicização, "na medida em que se verificou que o processo não tinha por escopo a tutela de direitos subjetivos, mas a atuação do direito objetivo." (CARREIRA ALVIM, José Eduardo Carreira. *Teoria geral do processo*. 16. ed. Rio de Janeiro: Forense, 2014. p. 30).

168. No mesmo sentido: CINTRA, Antonio Carlos de Araújo; DINAMARCO, Cândido Rangel; GRINOVER, Ada Pelegrini. *Teoria geral do processo*. 14. ed. São Paulo: Malheiros, 1998. p. 78-79.

169. Daí Paulo Bonavides afirmar que essa junção redunda uma nova disciplina no estudo científico do Direito: **o** *Direito processual constitucional*. (BONAVIDES, Paulo. *Curso de direito constitucional*. 29. ed. São Paulo: Saraiva, 2014. p. 44).

170. O que Cássio Scarpinella Bueno chama de um "modelo constitucional do direito processual civil." (BUENO, Cássio Scarpinella. *Curso sistematizado de direito processual civil*. v. 1, 4. ed. São Paulo: Saraiva, 2010. p. 116).

171. O termo regra é aqui empregado como sinônimo de "normas imediatamente descritivas, primariamente retrospectivas e com pretensão de decidibilidade e abrangência, para cuja aplicação se exige a avaliação da correspondência, sempre centrada na finalidade que lhes dá suporte ou nos princípios que lhes são axiologicamente sobrejacentes, entre a construção conceitual da descrição normativa e a

análise, conformam a organização judiciária brasileira e o desenho constitucional da estrutura do Poder Judiciário nacional, a partilha de competência atribuída a tal Poder, além da previsão dos direitos/garantias e deveres dos diferentes atores processuais. Ainda sob tal perspectiva técnica se destacam, ademais, as regras processuais constitucionais que versam sobre a jurisdição constitucional, o que toca não só o controle de constitucionalidade (concentrado e difuso), mas também as diferentes espécies de remédios constitucionais (*habeas corpus*, mandado de segurança, *habeas data*, mandado de injunção e ação popular) previstos na *Magna Lex*. Também nesse plexo, é possível encontrar as normas constitucionais que delimitam as competências dos diferentes Entes políticos para veiculação de leis processuais.

Por sua vez, partindo de uma perspectiva **valorativa** da relação entre o Processo Civil e o Direito Constitucional, destacam-se as normas, em especial aquelas de natureza principiológica,[172] que veiculam garantias fundamentais do processo, tais como o acesso à jurisdição, o devido processo legal, a publicidade e a motivação das decisões judiciais, dentre outras. Em última *ratio*, sob uma perspectiva exclusivamente jurídico-normativa, a Constituição Federal delimita e promove os valores fundamentais do processo, os quais deverão ser perseguidos no âmbito prático da sua realização.

Por fim, existe ainda uma terceira vertente para a análise dessa relação entre Processo Civil e Constituição, que é o seu viés **hermenêutico**. Ressalte-se, desde já, que tal

construção conceitual dos fatos." (ÁVILA, Humberto. *Teoria dos princípios:* da definição à aplicação dos princípios jurídicos. 7. ed. São Paulo: Malheiros, 2007. p. 78).

172. O termo princípio é aqui empregado como "normas imediatamente finalísticas, primariamente prospectivas e com pretensão de complementariedade e de parcialidade, para cuja aplicação se demanda uma avaliação da correlação entre o estado de coisas a ser promovido e os efeitos decorrentes da conduta havida como necessária à sua promoção." (Idem, p. 78-79).

relação apresenta duas frentes.[173] A primeira delas é aquela estampada no art. 1º do CPC/2015,[174] isto é, em razão da supremacia normativo-hierárquica do texto constitucional, este estabelece que as normas processuais devem ser interpretadas a partir da CF/88,[175-176] ou seja, "o plano **constitucional** delimita, impõe, molda, contamina o **modo de ser** de todo o Direito Processual Civil e de cada um de seus temas e institutos."[177] Por sua vez, a outra faceta dessa relação diz respeito ao papel hermenêutico-instrumental do processo frente aos valores jurídicos tutelados na Constituição, em especial àqueles de caráter fundamental, já que tais valores são realizados e, portanto, conformados, no âmbito da

173. Daí Cássio Scarpinella Bueno afirmar que "o processo tende a ser 'bifronte': ele, o **processo**, serve-se da Constituição Federal, mas tem como finalidade primeira realizar os valores da própria Constituição Federal, para aqueles que estão em conflito e para o próprio Estado, que é quem exerce a função jurisdicional." (BUENO, Cássio Scarpinella. *Curso sistematizado de direito processual civil*. v. 1, 4. ed. São Paulo: Saraiva, 2010. p. 119. Grifos do autor).

174. "Art. 1º O processo civil será ordenado, disciplinado e interpretado conforme os valores e as normas fundamentais estabelecidos na Constituição da República Federativa do Brasil, observando-se as disposições deste Código."

175. "Do ponto de vista normativo, o enunciado reproduz uma obviedade: qualquer norma jurídica brasileira somente pode ser construída e interpretada de acordo com a Constituição Federal. A ausência de dispositivo semelhante no CPC não significaria, obviamente, que o CPC pudesse ser interpretado em desconformidade com a Constituição. [...]. Embora se trate de uma obviedade, é pedagógico e oportuno o alerta de que as normas de direito processual civil não podem ser compreendidas sem o confronto com o texto constitucional, sobretudo no caso brasileiro, que possui um vasto sistema de normas constitucionais processuais, todas orbitando em torno do princípio do devido processo legal, também de natureza constitucional. Ele é claramente uma tomada de posição do legislador no sentido de reconhecimento da força normativa da Constituição. E isso não é pouca coisa." (DIDIER JÚNIOR, Fredie. *Curso de direito processual civil*. v. 1, 17. ed. Salvador: JusPodivm, 2015. p. 47). No mesmo sentido: WAMBIER, Luiz Rodrigues; TALAMINI, Eduardo. *Curso avançado de processo civil*. v. 1, 13. ed. São Paulo: Revista dos Tribunais, 2013. p. 57.

176. Trata-se, em suma, de uma relação de subordinação das normas processuais às normas constitucionais. Nesse sentido: THAMAY, Rennan. *Coisa julgada*. São Paulo: Revista dos Tribunais, 2018. p. 120; PORTO, Sérgio Gilberto; USTÁRROZ, Daniel. *Lições de direitos fundamentais no processo civil:* o conteúdo processual da Constituição Federal. Porto Alegre: Livraria do Advogado, 2009. p. 30.

177. BUENO, op. cit., p. 116-117. Grifos do autor.

realização prática do Direito, isto é, no bojo de uma relação processual. Assim, compete ao processo concretizar tais valores fundamentais, de modo a potencializá-los.[178-179]

Feitas essas considerações preambulares quanto à relação do Processo Civil com a Constituição Federal e, ainda, levando em consideração as assertivas desenvolvidas em tópico imediatamente anterior acerca da importância da coisa julgada para a própria existência do modelo jurisdicional de resolução de conflitos, é quase óbvio constatar que, sob uma perspectiva normativa, a coisa julgada apresenta notório *status* constitucional e, mais do que isso, com envergadura de cláusula pétrea, nos termos do art. 60, § 4º, inciso IV, da *Magna Lex*.[180] Daí o tratamento constitucional da coisa julgada com sua expressa menção no art. 5º, inciso XXXVI, da Carta Magna.[181]

Não obstante o *status* constitucional de cláusula pétrea atribuído à coisa julgada, tal instituto ganha ainda mais relevo na medida em que, para parte considerável da

---

178. E, nesse ponto, levando em consideração a técnica hermenêutica da máxima efetividade das normas constitucionais, como bem destacado por Jorge Miranda quando professa que "a uma norma fundamental tem de ser atribuído o sentido que mais eficácia lhe dê." (MIRANDA, Jorge. *Manual de direito constitucional.* 3. ed. Coimbra: Coimbra Editora, 1996. p. 260). No mesmo diapasão: TAVARES, André Ramos. *Manual do novo mandado de segurança.* Rio de Janeiro: Forense, 2009. p. 16.

179. O que Cândido Rangel Dinamarco chama de "influência **direta** do processo sobre a vida da Constituição." (DINAMARCO, Cândido Rangel. *Instituições de direito processual civil.* v. 1, 7. ed. São Paulo: Malheiros, 2013. p. 195. Grifo do autor). No mesmo sentido: BAHIA, Alexandre Gustavo Melo Franco; NUNES, Dierle; PEDRON, Flávio Quinaud. *Teoria geral do processo.* Salvador: JusPodivm, 2020. p. 249.

180. "Art. 60. A Constituição poderá ser emendada mediante proposta:
[...].
§ 4º Não será objeto de deliberação a proposta de emenda tendente a abolir:
[...].
IV - os direitos e garantias individuais."

181. "Art. 5º [...].
[...]
XXXVI - a lei não prejudicará o direito adquirido, o ato jurídico perfeito e a coisa julgada;
[...]."

doutrina nacional, ele é uma das expressões do "sobreprincípio"[182] da segurança jurídica.[183] Logo, tal instituto deve ser interpretado de forma a se conferir a maior efetividade possível ao valor que ele visa a tutelar: segurança jurídica (repita-se, o qual é aqui indicado sob uma perspectiva tradicional desse valor).

Não há dúvida – e esta obra *não pretende negar tal fato –, que a coisa julgada é garantia fundamental do* **indivíduo** e, portanto, cláusula pétrea em nosso ordenamento jurídico nacional, o que, sob uma perspectiva formal, eleva tal instituto a um patamar jurídico diferenciado.[184] Tal fato, entretanto, não implica atribuir à cláusula pétrea um viés absoluto que ela e **nenhum** outro direito (fundamental ou não) possui.[185] Tal afirmação independe da natureza jurídica atribuída à norma que prevê a coisa julgada (se regra ou

182. Paulo de Barros Carvalho trata segurança jurídica como um sobreprincípio, na medida em que tal norma funcionaria "como vetor valorativo que penetra as demais regras do sistema, impregnando-lhes, fortemente, a dimensão semântica." (CARVALHO, Paulo de Barros. *Direito tributário:* linguagem e método. São Paulo: Noeses, 2008. p. 263).

183. Segurança jurídica aqui indicada sob uma perspectiva tradicional ou de caráter formal, i.e., com grande dificuldade em dialogar com o valor justiça, como defendido em tópico imediatamente anterior. Fazendo uso desse conceito tradicional de segurança jurídica e da sua relação com a coisa julgada, destaca-se, a título de exemplo: OLIVEIRA, Paulo Mendes de. *Coisa julgada e precedente:* limites temporais e as relações jurídicas de trato continuado. São Paulo: Revista dos Tribunais, 2015. p. 37-57.

184. O que é aqui defendido não por conta do exclusivo verniz constitucional atribuído ao instituto, mas em razão da sua importância para a existência do próprio Direito e, por conseguinte, do processo, como instrumento humano e culturalmente desenvolvido para resolver, com justiça, os necessários problemas de convivência humana. Em outros termos, a importância da coisa julgada não se resume à forma, mas é, essencialmente, uma questão de conteúdo, como já destacado no subitem imediatamente anterior do presente capítulo.

185. Nem o direito à vida, que é o mais importante direito tutelado juridicamente, apresenta um caráter absoluto. Tanto é verdade que a Constituição Federal admite, em seu art. 5º, inciso XLVII, alínea "a", pena de morte em caso de guerra declarada. Ademais, também é possível atentar "validamente" – nos estritos termos jurídicos – contra a vida de alguém nas hipóteses de legítima defesa ou estado de necessidade, exatamente como prevê o art. 23, incisos I e II, do Código Penal.

princípio[186]), mas decorre do simples fato de não se admitir absolutismos no Direito.

Refuta-se, com isso, uma postura axiomática[187] do Direito, que atribui à segurança jurídica um pretenso valor jurídico universal e que se estabelece *a priori* e a partir do qual todos os demais valores jurídicos se desdobram.

Tecidas tais considerações, que reforçam a mundividência jurídica aqui defendida, e voltando-se novamente à coisa julgada e seu perfil constitucional, insta repetir que

---

186. Conforme indevidamente aponta, *v.g.*, Paulo Mendes de Oliveira. Partindo da consagrada doutrina de Humberto Ávila a respeito da distinção entre princípios e regras, também empregada nesta obra, o citado autor aduz que a coisa julgada seria uma regra, uma vez que se apresentaria como um "comando imediatamente prescritivo de uma proibição." (OLIVEIRA, Paulo Mendes de. *Coisa julgada e precedente:* limites temporais e as relações jurídicas de trato continuado. São Paulo: Revista dos Tribunais, 2015. p. 42). Nesse sentido e ainda tomando como base as lições do sobredito professor gaúcho, Oliveira conclui que, ao tratar a coisa julgada como regra, o constituinte fez uma clara opção de retirar do julgador a possibilidade de sopesar valores para fins de flexibilização da coisa julgada, em especial para evitar a busca por uma decisão "mais justa" (Idem, p. 44). Com a devida vênia, mas a questão tal como apresentada por Oliveira pode levar a indevida conclusão de que as regras não poderiam ser superadas ou (re)significadas pelo seu realizador em concreto ou, como prefere Carlos Augusto Daniel Neto, não seriam passíveis de serem "derrotadas" (DANIEL NETO, Carlos. *Tributação e exceção:* a derrotabilidade das regras tributárias. Porto Alegre: Sergio Antonio Fabris Editor, 2022), afirmação esta que, diga-se de passagem, não é em momento alguma professada por Humberto Ávila em seu *Teoria dos princípios*. Quando trata do tema em apreço, o citado catedrático da Universidade de São Paulo (USP) aduz que "as regras, em geral, não são absolutas, mas também não são superáveis com facilidade." (ÁVILA, Humberto. *Teoria dos princípios:* da definição à aplicação dos princípios jurídicos. 7. ed. São Paulo: Malheiros, 2007. p. 115). Assim, para Ávila, as regras também seriam passíveis de superação, só que em uma condição mais estreita do que no caso dos princípios e, por isso, desde que respeitados o que ele chama de critérios (i) material e (ii) procedimental para esse fim. Aliás, tratando do critério material de superação de regras, Humberto Ávila assim professa: "[...] a superação de uma regra não se circunscreve à solução de um caso, como ocorre na ponderação horizontal de entre princípios mediante a criação de regras concretas de colisão; mas exige a construção de uma solução de um caso mediante a análise da sua repercussão para a maioria dos casos. [...]. A superação de **uma regra** depende da aplicabilidade geral **das regras** e do equilíbrio pretendido pelo sistema jurídico entre justiça geral e justiça individual." (ÁVILA, op. cit., p. 119. Grifos do autor).

187. Ou até mesmo metafísica, próxima de um jusnaturalismo, o que seria ainda mais paradoxal para aqueles que defendem uma perspectiva formalista do Direito.

tal instituto não se reveste de um caráter absoluto. Tanto é verdade que não se questiona a juridicidade das normas que delimitam a tessitura de instrumentos processuais que materializam a revisão da coisa julgada, como ocorre no caso da ação rescisória e da revisão criminal. No caso desses instrumentos, não se contesta, ao menos de partida, a possibilidade de o legislador infraconstitucional delimitar as hipóteses de cabimento dessas ações e, no particular caso da rescisória, especificar o prazo para o seu ajuizamento.[188]

Isso tudo porque, apesar da importância do valor jurídico veiculado por tal instituto, tal relevância não lhe atribui – repita-se – um caráter absoluto. Há, em verdade, um maior ônus argumentativo – tanto no altiplano normativo quanto no âmbito da realização prática do Direito – para a rescisão da coisa julgada, o que necessariamente perpassa pela definição de limites que sejam capazes de promover a convivência harmônica entre justiça e segurança jurídica.

Outro ponto relevante que se observa do *status* constitucional da coisa julgada é que, apesar dessa sua envergadura, não há, no texto constitucional, uma delimitação semântica do instituto. Em outros termos, embora tenha assento constitucional, a coisa julgada não é conceituada pela *Magna Lex*. Tal fato, entretanto, não significa dizer que não existam elementos a contribuir na conformação de um conteúdo semântico-constitucional mínimo para a coisa julgada, o que será tratado com mais vagar no próximo item.

1.4 Conceito de coisa julgada e a polissemia do termo

Apesar da forte influência do positivismo jurídico nos países adeptos do *Civil Law* (tal como o Brasil) e, por

188. José Maria Tesheiner é bastante contundente ao afirmar, inclusive, que "a ação rescisória poderia ser perpétua, sem com isso violar-se a Constituição." (TESHEINER, José Maria. *Eficácia da sentença e coisa julgada no processo civil.* São Paulo: Revista dos Tribunais, 2002. p. 237).

conseguinte, da enorme importância da lei na qualidade de *fons fontium* do Direito, é inegável que o preenchimento de conteúdo do Direito, embora formalmente enclausurado em um dispositivo legal ou em uma decisão judicial, recebe um enorme contributo por parte da doutrina. Aliás, tal afirmação não traz qualquer novidade, em especial quando se observa a história do Direito Romano, gênese da família do *Civil Law*.[189]

189. Analisando historicamente o Direito Romano, é possível constatar que, após as cruzadas e com a retomada da cultura greco-romana no Ocidente, os institutos jurídicos desenvolvidos por tais culturas também foram retomados, o que se deu dentro do ambiente universitário. O Professor da Universidade de Harvard, Arthur Taylor Von Mehren, afirma que, provavelmente, as primeiras leituras do "Digesto" no período tenham se dado por iniciativa do Professor Irnério (1050-1130), da Universidade de Bolonha, ao se deparar e então debruçar-se sobre uma parte do Digesto e do *Corpus Iuris Civilis* (VON MEHREN, Arthur Taylor; GORDLEY, James. *The Civil Law System:* an introduction to the comparative study of law. 2nd ed. Boston: Little Brown, 1977. p. 6). Há, nesse momento histórico, o fortalecimento do *ius commune* em detrimento de modelos jurídicos consuetudinários e fragmentados, o qual tem por objetivo atribuir segurança às novas relações mercantis então surgidas em um modelo de sociedade também novo (burguesa-mercantilista, e não mais feudal). O fortalecimento desse direito comum não se deu por uma imposição política, mas em razão dessa nova realidade social, conjugada com o já citado apossamento do Direito pelas universidades. Daí René David afirmar que "o sistema do direito romano-germânico **foi fundado sobre uma comunidade de cultura.** Ele surgiu e continuou a existir, **independentemente de qualquer intenção política**: este é um ponto que é importante compreender bem e sublinhar." (DAVID, René. *Os grandes sistemas do direito contemporâneo.* 4. ed. São Paulo: Martins Fontes, 2002. p. 40. Grifos do autor). Nesse mesmo sentido, Mário Reis Marques aduz que "o *ius commune* [...] assenta sobre a tradição e a autoridade da ciência do direito. Neste período o desenvolvimento desta ciência está intimamente ligado às universidades e ao labor científico que se produz à volta destas instituições sem fronteiras." (MARQUES, Mário Alberto Pedrosa Reis. *Codificação e paradigmas da modernidade.* Coimbra: Universidade de Coimbra, 1998. p. 33-34). Percebe-se, dessa forma, que nesse momento histórico o Direito Romano se apresentou como um modelo jurídico desenvolvido pelos juristas (especialistas), ou seja, de caráter doutrinal, e que foi aderido pelo poder político da época em razão do seu mérito e do prestígio gozado pelos doutrinadores. Em suma, as universidades e, portanto, a doutrina, tiveram papel fundamental na expansão desse direito comum, calcado no estudo do *Corpus Iuris Civilis*, a ponto de Mário Reis Marques afirmar que o direito comum "baseia a sua autoridade numa ciência jurídica uniforme e numa classe de juristas com idêntica formação. O sistema do '*ius commune*' radica no primado da ciência jurídica. O desenvolvimento e a criação de novos critérios, ou a contínua adaptação dos velhos fundamentos à nova realidade passa pelo labor dos juristas letrados. Postulado essencial é o da permanência do objecto, do modelo de referência que esta ciência

E o parêntese alhures feito é importante quando se volta ao estudo do conceito de coisa julgada no âmbito do direito legislado, em especial quando se compara a previsão do art. 467 do CPC/73[190] com a prescrição do art. 502 do atual Código.[191]

Como é sabido, o CPC de 1973 foi uma obra de Alfredo Buzaid, adepto da Escola Paulista de Processo, fundada por Liebman.[192] Daí a proposta de redação para o art. 467, no Anteprojeto do CPC/1973, ter sido a seguinte: "Chama-se coisa julgada material a qualidade, que torna imutável e indiscutível o efeito da sentença, não mais sujeita a recursos ordinário ou extraordinário."

Percebe-se, pois, que a redação do dispositivo no Anteprojeto era exatamente a positivação da doutrina do professor italiano, na medida em que, como visto no tópico "2.1", refutava o entendimento de que a coisa julgada seria um efeito da sentença propriamente dito, ao mesmo tempo em que pontuava que tal instituto tratar-se-ia de uma qualidade que tornaria imutável e indiscutível os efeitos da sentença.

Não foi essa, todavia, a redação aprovada do art. 467 do CPC/1973, que acabou por tratar a própria coisa julgada como uma eficácia decorrente do trânsito em julgado da sentença, o que se contrapõe à tese de Liebman.[193] *E aí está*

adoptou ('Corpus Iuris'), o que possibilitou a unificação e a estabilidade dos quadros conceituais." (Idem, p. 6).

190. "Art. 467. Denomina-se coisa julgada material a eficácia, que torna imutável e indiscutível a sentença, não mais sujeita a recurso ordinário ou extraordinário."

191. "Art. 502. Denomina-se coisa julgada material a autoridade que torna imutável e indiscutível a decisão de mérito não mais sujeita a recurso."

192. Traçando um paralelo entre a influência da doutrina de Liebman e o CPC/1973: NUNES, Camila. Do Código Buzaid ao novo Código de Processo Civil: uma análise das influências culturais sofridas por ambas as codificações. *In*: ALVIM, Teresa; DIDIER JÚNIOR, Fredie. *Doutrinas essenciais* – Novo Processo Civil – Teoria Geral do Processo I. São Paulo: Revista dos Tribunais, 2018. Disponível em: https://thomsonreuters.jusbrasil.com.br/doutrina/1196959225/doutrinas-essenciais-novo-processo-civil-teoria-geral-do-processo-i. Acesso em: 16 jan. 2023.

193. No mesmo sentido da conclusão aqui defendida: BUENO, Cássio Scarpinella.

a força da doutrina na conformação prática do instituto, uma vez que, apesar da redação do art. 467 do CPC/1973, grande parte dos processualistas brasileiros defendeu que o sistema processual pátrio então vigente previu a coisa julgada como a qualidade que tornava imutável e indiscutível os efeitos da sentença, em compasso, portanto, com a doutrina de Liebman, e não com a textualidade do art. 467 do CPC/1973.

A já citada força da doutrina – nesse momento sob a batuta das lições de Barbosa Moreira – novamente apresenta a sua relevância, só que agora no disposto no art. 502 do CPC/2015,[194] quando prescreve ser a coisa julgada a autoridade que torna imutável e indiscutível a decisão de mérito (e não os seus efeitos) não mais sujeita a recurso. Isso deixa transparecer que a coisa julgada seria uma situação jurídica decorrente do trânsito em julgado e que gravitaria em torno do conteúdo propriamente dito da decisão, e não dos seus efeitos, exatamente como defendido pelo citado processualista.[195] Talvez o único ponto que destoe da doutrina do jurista brasileiro seja o fato de o dispositivo falar em imutabilidade e **indiscutibilidade**, sendo esta última expressão algo estranho à doutrina de Barbosa Moreira.[196]

Curso sistematizado de direito processual civil. v. 2, 8. ed. São Paulo: Saraiva, 2019. p. 350; ARAGÃO, Egas Moniz. *Sentença e coisa julgada*. Rio de Janeiro: Forense, 1982. p. 25. Há quem defenda, todavia, que apesar do teor do art. 467 do CPC/1973, a tese de Liebman teria sido encampada por aquela *Codex*. Nesse sentido: THAMAY, Rennan. *Coisa julgada*. São Paulo: Revista dos Tribunais, 2018. p. 130.

194. Não é demais lembrar que o CPC/2015, embora tenha sido fruto de um esforço conjunto de vários doutrinadores, foi capitaneado pelo Ministro Luiz Fux, ex-aluno do Professor José Carlos Barbosa Moreira, o que se traduz pela forte influência exercida pela doutrina do referido processualista na atual definição legal do instituto da coisa julgada.

195. Também reconhecendo a influência do conceito de coisa julgada exarado por Barbosa Moreira no art. 502 do CPC: CAVALCANTI, Marcos de Araújo. *Coisa julgada e questões prejudiciais:* limites objetivos e subjetivos. São Paulo: Revista dos Tribunais, 2019. p. 314.

196. Embora também faça uma distinção entre coisa julgada formal e material, Barbosa Moreira fala apenas em imutabilidade da sentença para ambas as situações.

Em sentido oposto, também resta claro quando o legislador promove um conceito jurídico sem, todavia, consultar previamente a doutrina. É o que aconteceu, *v.g.*, com o art. 6º, da Lei de Introdução às Normas do Direito Brasileiro (LINDB), haja vista a indevida sinonímia entre trânsito em julgado e coisa julgada.[197] Acontece que trânsito em julgado é um dos pressupostos processuais para a ocorrência da coisa julgada, mas não se confunde com tal instituto em si considerado;[198] o trânsito em julgado é instituto exclusivamente processual, decorrente da preclusão por parte daquele que, diante de uma decisão que contrapõe seus interesses, deixa de interpor o correlato recurso, redundando no término jurídico-discursivo para a lide ali posta.

Pois bem. Partindo de tais ideias e da disposição normativa do art. 502 do CPC/2015, é possível incialmente conceituar a coisa julgada como a estabilização da decisão[199] de mérito, após o seu trânsito em julgado, que se projeta para fora da relação processual em que formada.

---

197. Referido dispositivo assim estabelece: "Art. 6º A Lei em vigor terá efeito imediato e geral, respeitados o ato jurídico perfeito, o direito adquirido e a coisa julgada.
[...].
§ 3º Chama-se coisa julgada ou caso julgado a decisão judicial de que já não caiba recurso."

198. Também criticando tal confusão, assim se manifesta Barbosa Moreira: "Desde logo se pode afastar, por obviamente insatisfatória, a da Lei de Introdução ao Código Civil. Chamar 'coisa julgada' **à própria sentença**, desde que inatacável de recurso, será, na melhor hipótese, empregar linguagem figurada para indicar **o momento** em que a coisa julgada se forma. A expressão, demasiado simplificadora, permite-nos saber **quando** começa a existir coisa julgada; nada nos informa, porém, sobre a essência do fenômeno e sobre o modo como ele atua para desempenhar sua função específica. Detém-se a regra legal no aspecto **cronológico** e deixa totalmente na sombra o aspecto **ontológico** da coisa julgada." (BARBOSA MOREIRA, José Carlos. *Direito processual civil:* ensaios e pareceres. Rio de Janeiro: Borsoi, 1971a. p. 135-136. Grifos do autor).

199. Não só a sentença, mas também as decisões interlocutórias de mérito, como agora expressamente contemplado pelo CPC/2015, em seu art. 356. Outro exemplo trazido pela doutrina é a hipótese de rejeição liminar de uma reconvenção com fundamento no art. 332 do CPC. Nesse sentido: BUENO, Cássio Scarpinella. *Curso sistematizado de direito processual civil.* v. 2, 8. ed. São Paulo: Saraiva, 2019. p. 353.

O conceito aqui proposto, reflexo da disposição do art. 502 do CPC, é revestido de uma notória generalidade, demandando, por sua vez, uma análise mais analítica do prescritivo legal em si considerado, bem como dos demais dispositivos que gravitam em torno da coisa julgada, os quais irão fixar os chamados limites à coisa julgada (temporal, objetivo e subjetivo). Dessa forma, será possível estabelecer um conceito mais preciso para a coisa julgada.

1.4.1 Coisa julgada formal e coisa julgada material

Embora o CPC/2015 não explicite a distinção entre coisa julgada formal e material, tal diferenciação parece partir da redação do seu art. 502, quando se vale da expressão "denomina-se coisa julgada **material**", o que remeteria a uma diferença,[200] bem como pelo fato de o legislador empregar os termos "imutabilidade" e "indiscutibilidade" para adjetivar o instituto da coisa julgada, os quais, em regra, são vinculados por boa parte da doutrina à coisa julgada formal (imutabilidade) e à coisa julgada material (indiscutibilidade).

Detalhando um pouco mais essa diferença, há consagrada doutrina que professa ter a coisa julgada formal um caráter "endoprocessual",[201] na medida em que impediria a

---

200. Se o legislador entendesse pela inexistência dessa distinção seria despicienda a qualificação da coisa julgada como "material", bastando o emprego da expressão "coisa julgada" para, na sequência, detalhar as suas características (imutabilidade e indiscutibilidade). Rennan Thamay, todavia, faz uma leitura diametralmente oposta da aqui defendida, aduzindo que a menção à "coisa julgada **material**" seria, em verdade, uma manifestação deliberada do legislador no sentido de negar a existência da coisa julgada formal como espécie de coisa julgada, bem como a sua real intenção de equiparar coisa julgada formal à preclusão (THAMAY, Rennan. *Coisa julgada.* São Paulo: Revista dos Tribunais, 2018. p. 97-98). Tal aproximação entre a chamada coisa julgada formal e preclusão será desenvolvida adiante, no presente tópico.

201. Nesse sentido: BUENO, Cássio Scarpinella. *Curso sistematizado de direito processual civil.* v. 2, 8. ed. São Paulo: Saraiva, 2019. p. 355; ARENHART, Sérgio Cruz; MARINONI, Luiz Guilherme; MITIDIERO, Daniel. *O novo processo civil.* 2. ed. São Paulo: Revista dos Tribunais, 2016. p. 587; MARQUES, José Frederico. *Manual de direito processual civil.* v. 3. São Paulo: Saraiva, 1975. p. 234; SANTOS, Moacyr Amaral. *Primeiras linhas de direito processual civil.* v. 3, 22. ed. São Paulo: Saraiva,

revisão da decisão dentro do próprio processo em que fora proferida. Tratar-se-ia, portanto, da estabilidade da decisão não mais passível de impugnação, o que redundaria na sua "imutabilidade".

Por sua vez, a coisa julgada material apresentaria um caráter "extraprocessual" ou "panprocessual",[202] na medida em que impediria a sua rediscussão não só no processo em que se formou, mas também fora dele. Seria, pois, a "indiscutibilidade" da decisão transitada em julgado.

Apesar de muito prestigiada entre os doutrinadores, tal classificação não é imune a críticas.[203] Jordi Nieva-Fenoll, por exemplo, afirma que tanto a coisa julgada formal como a material apresentam um único objetivo, i.e., o de "preservar o juízo já emitido",[204] e que a diferença entre elas seria apenas quanto ao processo que atingem, se valendo, para tanto, das ideias de "endoprocessualidade" e "extraprocessualidade".[205] Assim, para tal autor o conceito de coisa julgada seria único e a cisão da coisa julgada em formal e material inexistente, sendo mais uma desvirtuação das ideias de Savigny.[206]

2008. p. 48; THEODORO JÚNIOR, Humberto. *Curso de direito processual civil.* v. 1, 53. ed. Rio de Janeiro: Forense, 2012. p. 558; DELLORE, Luiz. *Estudos sobre a coisa julgada e controle de constitucionalidade.* Rio de Janeiro: Forense, 2013. p. 48.

202. DELLORE, op. cit., p. 48.

203. Alguns autores promovem uma releitura dessa classificação da coisa julgada em formal e material, mas ainda assim mantendo essa cisão. Luiz Eduardo Ribeiro Mourão, por exemplo, defende que a coisa julgada formal seria a autoridade que torna indiscutível e imutável as decisões de caráter processual, enquanto a coisa julgada material tornaria indiscutível e imutável as decisões meritórias (MOURÃO, Luiz Eduardo Ribeiro. *Coisa julgada.* Belo Horizonte: Fórum, 2008). De forma parecida com tal proposta é a posição de CAVALCANTI, Marcos de Araújo. *Coisa julgada e questões prejudiciais:* limites objetivos e subjetivos. São Paulo: Revista dos Tribunais, 2019. p. 285 e ss.

204. NIEVA-FENOLL, Jordi. *Coisa julgada.* São Paulo: Revista dos Tribunais, 2016. p. 95.

205. Idem, p. 96.

206. Idem, p. 94.

Antonio do Passo Cabral, por sua vez, é ainda mais direto em suas críticas, ao afirmar que coisa julgada formal não é coisa julgada, mas sim uma modalidade de preclusão[207] ou, como prefere, uma "preclusão específica".[208-209]

Pois bem, este livro também se divorcia da ideia de existir uma distinção entre coisa julgada formal e coisa julgada material. Explica-se: essa divisão parte da acepção de que a coisa julgada formal seria antecedente lógico da coisa julgada material e que ambas, por sua vez, também seriam precedidas temporal e logicamente pelo trânsito em julgado. Muitos autores, inclusive, promovem uma analogia com uma escada:[210] para se chegar ao cume dessa escada (coisa julgada material) seria necessário, primeiramente, superar o seu primeiro degrau (trânsito em julgado) e, na sequência, o degrau imediatamente subsequente (coisa julgada formal); apenas depois de feito esse passo a passo lógico se alcançaria o ponto final, a coisa julgada material. Observa-se, portanto, que para os defensores da cisão aqui tratada haveria uma sucessão de incidências jurídico-normativas no tempo, fato esse passível de crítica.

Antes, todavia, de tratar da particular crítica sobredita, mister se faz dar um passo atrás e reafirmar o que já foi dito: trânsito em julgado e coisa julgada são institutos distintos. O primeiro é fato processual indispensável para

---

207. Tratando a coisa julgada formal como uma preclusão temporal: ARENHART, Sérgio Cruz; MARINONI, Luiz Guilherme; MITIDIERO, Daniel. *O novo processo civil*. 2. ed. São Paulo: Revista dos Tribunais, 2016. p. 587.

208. CABRAL, Antonio do Passo. *Coisa julgada e preclusões dinâmicas:* entre continuidade, mudança e transição de posições processuais estáveis. 2. ed. Salvador: JusPodivm, 2014. p. 365. p. 340. Tratando a coisa julgada formal como **preclusão máxima**: DINAMARCO, Cândido Rangel. *Instituições de direito processual civil*. v. 3, 6. ed. São Paulo: Malheiros, 2009. p. 304.

209. Em sentido oposto: SICA, Heitor Vitor Mendonça. *Preclusão processual civil*. 2. ed. São Paulo: Atlas, 2008. p. 215-217.

210. Nesse sentido, *v.g.*: DELLORE, Luiz. *Estudos sobre coisa julgada e controle de constitucionalidade*. Rio de Janeiro: Forense, 2013. p. 46.

o advento do segundo, mas não se confunde com ele. Já a coisa julgada é situação jurídica que torna imutável e indiscutível o conteúdo da decisão transitada em julgado.

Sublinhado tal ponto, convém agora rememorar a célebre doutrina de Paulo de Barros Carvalho, quando, calcado em lições de Teoria Geral do Direito, desenvolve críticas à doutrina clássica de que a isenção tributária seria uma dispensa legal do dever de pagar de tributo. Segundo esse autor, tal acepção seria indevida na medida em que "não há cronologia na atuação de normas vigorantes num dado sistema, quando contemplam idêntico fato do relacionamento social",[211] sob pena de se atribuir mais velocidade a uma norma em detrimento de outra.[212]

Transportando tais lições para o âmbito do Processo Civil, não é possível cindir a norma jurídica veiculada pelo art. 502 do CPC em duas para atribuir uma maior velocidade de incidência àquela que conformaria a pretensa coisa julgada formal em detrimento da que moldaria a coisa julgada material.

Um contraponto que poderia ser trazido para objetar tal afirmação seria no sentido de que dado processo pode ser encerrado por meio de uma decisão terminativa, isto é, sem julgamento de mérito e, mais do que isso, que o direito material ali vindicado poderia ser reproposto por intermédio de outra demanda. Isso reforçaria a ideia de que haveria uma distinção entre coisa julgada formal e material, já que a primeira poderia existir sem a segunda e, ainda,

211. CARVALHO, Paulo de Barros. *Curso de direito tributário.* 22. ed. São Paulo: Saraiva, 2010. p. 556.

212. Antonio do Passo Cabral também entende pela simultaneidade da preclusão (coisa julgada formal) e a coisa julgada em si considerada (imutabilidade e indiscutibilidade da decisão) e que em razão de tal simultaneidade não seria possível afirmar existir uma pressuposição lógica entre coisa julgada formal e material (CABRAL, Antonio do Passo. *Coisa julgada e preclusões dinâmicas:* entre continuidade, mudança e transição de posições processuais estáveis. 2. ed. Salvador: JusPodivm, 2014. p. 341-342).

que a coisa julgada formal estaria vinculada *à* ideia de imutabilidade da decisão dentro de um processo e a material estaria adstrita *à* ideia de indiscutibilidade do que fora decidido para além das fronteiras formais de um processo.

Tais considerações, hipoteticamente desenvolvidas, partem do pressuposto de que na hipótese de incidência do art. 486 do CPC,[213] haveria a (re)discussão do conteúdo da decisão proferida no processo anterior, encerrado por meio de sentença terminativa, o que, por sua vez, não ocorreria na hipótese da coisa julgada material.[214] Isso, todavia, não é verdade.

De fato, na situação aqui descrita, o primeiro processo, por uma questão de ordem formal, foi incapaz de cumprir com o seu mister, i.e., de realizar um direito material conflituoso. Tal fato autoriza aquele que se entende detentor de um direito material lesado ou ameaçado de lesão a vê-lo solucionado de forma definitiva e substancial, o que apresenta fundamento no constitucional direito de ação. Nesse caso, o conteúdo da sentença anteriormente proferida não será rediscutido ou superado. Ele permanece inalterado, já que, com o advento da coisa julgada, a sentença terminativa tornou-se imutável e indiscutível.[215] A sua imutabilidade não vale apenas para o processo em que foi proferida, mas também para o ulterior processo a ser eventualmente proposto com amparo no art. 486 do *Codex*. Lá será novamente

---

213. "Art. 486. O pronunciamento judicial que não resolve o mérito não obsta a que a parte proponha de novo a ação."

214. É o que se depreende, *v.g.*, das considerações de José Maria Tesheiner, quando assim professa: "Toda sentença produz coisa julgada formal, desde o momento em que se torna irrecorrível. Contudo, nem toda sentença produz coisa julgada material. Para que ocorra a coisa julgada material é preciso que o conteúdo da sentença não possa ser desprezado ou modificado [como se o conteúdo da decisão terminativa pudesse ser desprezado ou modificado no processo ulterior], mesmo em outro processo ou em outra ação, exceto a rescisória, que se destina precisamente a desconstituir a coisa julgada material." (TESHEINER, José Maria. *Eficácia da sentença e coisa julgada no processo civil*. São Paulo: Revista dos Tribunais, 2002. p. 73) (comentário nosso).

215. Qualidades essas que, sob uma perspectiva normativa, incidem no mesmo átimo temporal, i.e., no momento imediatamente subsequente ao do trânsito em julgado.

posto em discussão o direito material a ser vindicado em juízo, mas não o conteúdo propriamente dito da sentença terminativa anteriormente proferida.

Imagine-se, por exemplo, que no *processo 1* advenha uma sentença terminativa com fundamento no art. 485, inciso III, do CPC,[216] ou seja, que põe fim *à* lide em razão da desídia do autor da demanda. Vindo esse autor a repropor a demanda (*processo 2*), não será rediscutido o teor da sentença proferida no *processo 1* (existência ou não de desídia), haja vista que ela se tornou imutável e indiscutível. Debater-se-á, no *processo 2*, a pertinência ou não do direito material vindicado e do conflito sobre ele existente e até então não resolvido (materialmente) pela atividade jurisdicional. Tal conclusão, inclusive, torna-se ainda mais clara nas hipóteses elencadas no § 1º do art. 486 do CPC.[217]

Nesse sentido, a coisa julgada (imutabilidade e indiscutibilidade da decisão) sempre valerá para o futuro e sempre se destinará a outro processo, ou seja, sempre terá um caráter extraprocessual,[218] veiculando, *prima facie*, uma regra impeditiva de caráter bifronte, na medida em que (i) impede a reiterada propositura de uma demanda por aquele que foi prejudicado pela coisa julgada,[219] bem como (ii) porque veda o (re)julgamento de uma mesma lide por outro juízo.

---

216. "Art. 485. O juiz não resolverá o mérito quando:
[...].
III - por não promover os atos e as diligências que lhe incumbir, o autor abandonar a causa por mais de 30 (trinta) dias;
[...]."

217. "Art. 486 [...].
§ 1º No caso de extinção em razão de litispendência e nos casos dos incisos I, IV, VI e VII do art. 485 , a propositura da nova ação depende da correção do vício que levou à sentença sem resolução do mérito.
[...].".

218. No mesmo sentido: MOURÃO, Luiz Eduardo Ribeiro. *Coisa julgada*. Belo Horizonte: Fórum, 2008. p. 134.

219. O que deverá ser matéria de defesa do réu (art. 337, inciso VII, do CPC) e implicará a extinção desse segundo processo sem análise de mérito (art. 485, inciso V, do CPC).

Por sua vez, a chamada "coisa julgada formal" não é coisa julgada, mas sim preclusão, a qual implica o impedimento de revisão do ato processual praticado (decisão) nos próprios autos, seja por provocação da parte, seja por iniciativa do próprio juízo.[220]

É bem verdade que a aludida preclusão (equivocadamente chamada de coisa julgada formal) e a coisa julgada (desnecessariamente qualificada como material) apresentam pontos em comum. Ambas decorrem do trânsito em julgado e as duas geram estabilidades, mas a estabilidade da preclusão se dá dentro do processo, enquanto a da coisa julgada projeta-se para fora dele. Assim, embora tenham pontos de encontro, tais institutos são conceitualmente distintos e, no que particularmente tange à coisa julgada, é algo que apresenta "um conceito único, que tem por objeto evitar que juízos futuros desvirtuem juízos passados".[221]

1.4.2 Limites da coisa julgada

Também contribui para a conformação do conceito de coisa julgada o estabelecimento dos seus limites, os quais se dividem em limites (i) objetivos, (ii) subjetivos e (iii) temporais.[222] Em outros termos, precisar os limites da coisa julgada sob essa perspectiva tradicional implicaria delimitar

220. Só haveria uma única hipótese em que essa preclusão não tornaria a decisão impassível de alterações: no caso previsto no art. 494, inciso I, do CPC, *in verbis*: "Art. 494. Publicada a sentença, o juiz só poderá alterá-la:
I - para corrigir-lhe, de ofício ou a requerimento da parte, **inexatidões materiais ou erros de cálculo;**
[...]." (BRASIL. Lei n. 13.105, de 16 de março de 2015. Código de Processo Civil. Brasília: Presidência da República, [2015a]. Disponível em: https://www.planalto.gov.br/ccivil_03/_ato2015-2018/2015/lei/l13105.htm. Acesso em: 19 fev. 2023. Grifos nossos).

221. NIEVA-FENOLL, Jordi. *Coisa julgada*. São Paulo: Revista dos Tribunais, 2016. p. 102.

222. Nieva-Fenoll, inspirado em Allorio, critica a distinção entre limites objetivos e subjetivos da coisa julgada. Nesse sentido: Idem, p. 221.

"o que" se reveste de coisa julgada, "para quem" a coisa julgada se perfaz e "até quando" a coisa julgada opera.

Ressalte-se, entretanto, que precisar tais limites é relevante não só para conformar um conceito de coisa julgada, mas, em especial, para resolver problemas em concreto, i.e., para definir, em um segundo processo, se o que é ali posto em debate está ou não subordinado a uma coisa julgada previamente formada.

Nesse instante, convém reforçar uma advertência sublinhada repetidas vezes por Nieva-Fenoll: o problema da sujeição ou não de um caso à coisa julgada não ocorre quando os casos comparados são iguais (tríplice identidade),[223] mas sim quando os casos apenas se parecem.[224] Isso sim suscita dúvidas quanto à extensão ou não da coisa julgada para o segundo caso submetido a julgamento.

1.4.2.1 Limites objetivos

Como já mencionado anteriormente, precisar os limites objetivos da coisa julgada é, em última análise, delimitar "o que" faz coisa julgada, i.e., implica demarcar os critérios para a conformação do próprio conteúdo decisório da decisão tida como imutável/indiscutível e que apresenta força cogente.[225] Em outros termos:

> Se é evidente que a coisa julgada deva circunscrever algum objeto da disputa (*quantum iudicatum quantum disputatum vel disputari debeat*), a busca pelos limites objetivos é a própria pesquisa

---

223. "Até um leigo em direito poderia determinar sem problemas que dois juízos são iguais, se realmente o são." (NIEVA-FENOLL, Jordi. *Coisa julgada*. São Paulo: Revista dos Tribunais, 2016, p. 225).

224. "O problema [da coisa julgada] não se verifica com os juízos idênticos, mas com os juízos que apenas se parecem." (Idem, p. 91).

225. CABRAL, Antonio do Passo. *Coisa julgada e preclusões dinâmicas:* entre continuidade, mudança e transição de posições processuais estáveis. 2. ed. Salvador: JusPodivm, 2014.

> sobre este conteúdo; significa, em outras palavras, perquirir **quais** elementos da cognição ou do julgamento que se tornam imutáveis ou indiscutíveis.[226]

A questão, todavia, não é tão simples como quer parecer, uma vez que delimitar o conteúdo decisório pressupõe definir qual(is) parte(s) da decisão transitada em julgado tem força cogente, ou seja, se a decisão como um todo ou apenas a sua parte dispositiva. Parte dessa problemática decorre do tratamento que o legislador infraconstitucional[227] atribui à extensão da coisa julgada.[228]

O Código de Processo Civil de 1939,[229] influenciado pelo Projeto Mortara para o CPC italiano,[230] estabelecia que a coisa julgada estava limitada às questões decididas e que constituíssem as premissas necessárias para a sua conclusão (parte dispositiva do julgado). Diante dessa redação, parte da doutrina entendia que o legislador brasileiro admitia a extensão da coisa julgada para os motivos

226. Idem, p. 97. Grifos do autor.

227. "A definição da porção da decisão que se torna imutável e indiscutível é algo que pode variar, conforme a intenção do legislador. Se é certo que a coisa julgada é garantida pela Constituição (art.5º, XXXVI, CF), isso não significa que os limites da coisa julgada não devam ser definidos pela lei." (MARINONI, Luiz Guilherme; MITIDIERO, Daniel. *Ação rescisória:* do juízo rescindente ao juízo rescisório. São Paulo: Editora Revista dos Tribunais, 2017. p. 140).

228. Fazendo uma interessante incursão histórica acerca dos limites objetivos da coisa julgada nos diferentes Códigos de Processo Civil brasileiros, destaca-se: CAVALCANTI, Marcos de Araújo. *Coisa julgada e questões prejudiciais:* limites objetivos e subjetivos. São Paulo: Revista dos Tribunais, 2019. p. 342 e ss.

229. Assim previa o referido *Codex*: "Art. 287. A sentença que decidir total ou parcialmente a lide terá força de lei nos limites das questões decididas.
Parágrafo único. Considerar-se-ão decididas todas as questões que constituam premissa necessária da conclusão."

230. Assim previa o seu art. 290: "La sentenza che decide, totalmente o parzialmente una lite ha forza di legge nei limiti della lite e dela questione decisa. Si considera decisa, anche se non sai risoluta expressamente, ogni questione la cui risoluzione constituisca una premessa necessaria dela disposizione contenuta nella sentenza."

da sentença,[231] enquanto outra parte, apegando-se *à parte final do* parágrafo único do dispositivo legal, restringia tal limite ao dispositivo da sentença.[232]

Com o advento do CPC de 1973,[233] prevaleceu a posição da doutrina preponderante à época, i.e., de que a coisa julgada estaria limitada ao dispositivo da sentença, deixando de fora, portanto, os seus motivos determinantes.[234] E nem poderia ser diferente, já que tal *Codex* foi um "verdadeiro monumento à concepção científica do Direito processual"[235] e, por conseguinte, um desdobramento de uma mundividência modernista. Logo, o conceito de coisa julgada, assim como parte significativa dos institutos de Direito Processual Civil, foi pensado sob uma perspectiva individualista,[236] marcada pela figura do sujeito de direitos; o Direito

---

231. Nesse sentido: ALVIM, Thereza. *Questões prévias e os limites objetivos da coisa julgada.* São Paulo: RT, 1977. p. 83; AMERICANO, Jorge. *Comentários ao Código de Processo Civil no Brasil.* v. 1, 2. ed. São Paulo: Saraiva, s/d. p. 440-441.

232. Nessa linha: GRINOVER, Ada Pellegrini. *Ação declaratória incidental.* São Paulo: RT, 1972. p. 37-38; BARBOSA MOREIRA, José Carlos. *Questões prejudiciais e coisa julgada.* Rio de Janeiro: Borsoi, 1967. p. 112-114.

233. Que assim estabelecia: "Art. 469. Não fazem coisa julgada:
I - os motivos, ainda que importantes para determinar o alcance da parte dispositiva da sentença;
II - a verdade dos fatos, estabelecida como fundamento da sentença;
III - a apreciação da questão prejudicial, decidida incidentemente no processo."

234. Traçando um paralelo histórico entre os limites objetivos da coisa julgada nos Códigos de Processo Civil de 1934 e de 1973: MARINONI, Luiz Guilherme; MITIDIERO, Daniel. *Ação rescisória:* do juízo rescindente ao juízo rescisório. São Paulo: Editora Revista dos Tribunais, 2017. p. 142.

235. LEONEL, Ricardo de Barros. Código de Processo Civil de 2015 em perspectiva. *In:* BEDAQUE, José Roberto dos Santos; SICA, Heitor Vitor Mendonça; YARSHELL, Flávio Luiz (org.). *Estudos de direito processual civil em homenagem ao professor José Rogério Cruz e Tucci.* Salvador: JusPodivm, 2018. p. 696.

236. Partindo de Hobbes e da inflexão causada pela perspectiva modernista de mundo no âmbito jurídico, Michel Villey faz um interessante paralelo entre a mundividência jusracionalista, que ulteriormente desembocou no movimento codificador, com a ideia da prevalência de direitos **subjetivos**, preponderantemente pautada pela defesa da propriedade e das liberdades individuais. *In*: *A formação do pensamento jurídico moderno.* 2. ed. São Paulo: Martins Fontes, 2009. p. 674 e ss.

e, por conseguinte, o Direito Processual, era instrumento concebido para a realização de direitos "individuais" de natureza "privada",[237] haja vista a forte influência do liberalismo econômico então vigente.[238] *Não foi originalmente pensado para a resolução de conflitos massificados nem para solucionar problemas afetos ao Direito Público.*[239-240]

Daí o porquê de a coisa julgada no CPC/1973 estar vinculada ao dispositivo da sentença, na medida em que tal elemento decisório refletia exatamente aquilo que foi

---

237. Daí Wieacker asseverar que, *v.g.*, o Código Civil francês de 1804, um dos maiores *standarts* do pensamento modernista no universo jurídico, "é um código de direito privado de primeira plana." (WIEACKER, Franz. *História do direito privado moderno.* 4. ed. Lisboa: Fundação Calouste Gulbenkian, 2010. p. 391).

238. Promovendo uma relação entre liberalismo econômico e direito individuais: HESPANHA, António Manuel. *Cultura jurídica europeia* – síntese de um milênio. 3. ed. Mira Sintra: Fórum da História, 2003. p. 252 e ss.

239. O que é precisamente pontuado por Galeno Lacerda, *in verbis*: "Quando comecei o estudo para a elaboração do meu livro sobre o processo cautelar, uma das minhas preocupações centrou-se na leitura do livro de Mario Dini – mais de 900 páginas – *I Provvedimenti d'Urgenza*, a análise do art. 700 do Código italiano, onde está consagrado o poder cautelar, geral do juiz, expresso genericamente no art. 798 do nosso Código. Queria ver como a coisa funcionava na Itália. E a grande fonte de informação era o livro de Mario Dini. Ao final desse livro, Dini arrola 511 decisões dos tribunais sobre o poder cautelar geral; mas arrola sem sistema, sem organização; simplesmente transcreve grande parte dos respectivos julgados – uma fonte muito rica de informação. Resolvi, então, catalogar e classificar essas decisões por matéria; fiz meu quadro, a minha organização. Terminado o trabalho, passei os olhos e surpreendi-me: **nenhum julgado de Direito Público!** Nenhuma cautela no Direito Público! Fiquei perplexo: mas como, o que acontece na Itália e nos demais países da Europa? Investiguei e deparei-me com uma lei de 1864, da Itália, considerada ainda vigente, apesar da nova Constituição, lei na qual o Poder Judiciário é proibido de julgar os atos administrativos. **Percebi, então, o enorme equívoco a que nós, no Brasil, tínhamos sido lançados por essa devoção aos processualistas italianos. É que lá, meus caros senhores, o Código de Processo Civil é instrumento apenas de realização do Direito Privado. E, por isso, os processualistas italianos teorizaram um processo civil nessa perspectiva estreita, estreitíssima, absolutamente inaceitável para o nosso sistema.**" (LACERDA, Galeno. **Teoria geral do processo**. Rio de Janeiro: Forense, 2008. p. 246-247. Grifos nossos).

240. A preocupação com direitos de caráter transubjetivos é uma das bandeiras da terceira fase histórica do Processo Civil, conhecida como **instrumentalista** ou **teleológica**, e não da sua segunda fase histórica (**autonomista** ou **científica**), que tanto inspirou o CPC/1973.

individualmente pedido em uma dada lide.[241-242] Essa também era a razão para que a sujeição de uma questão prejudicial à coisa julgada dependesse de uma ação declaratória incidental, **formalmente** circunstanciada por um **pedido** do seu proponente, fruto da expressa vontade dos litigantes.[243]

Em verdade, esses diferentes tratamentos legislativos quanto à motivação integrar ou *não a coisa julgada* são reflexos de uma antiga discussão doutrinária sobre o tema.

Defendendo que a motivação faz coisa julgada encontra-se Savigny, para quem:

> [...] *la autoridad de la cosa juzgada que pertenece a la sentencia es inseparable de las relaciones de derecho afirmadas o negadas por el juez; pues la parte puramente práctica de la sentencia; e lacto impuesto al demandado o la absolución de la demanda, no es más que la consecuencia de estas relaciones de derecho. En este sentido de atribuyo a los motivos la autoridad de la cosa juzgada. Pero con el fin de prevenir los errores a que puede dar lugar la doble acepción de la palabra motivo, designaré los motivos expresados con el nombre de* ***elementos*** *de las relaciones de derecho litigiosas y de la sentencia que pone fin al litigio, y reproduciré en estos términos el principio más arriba establecido:*

---

241. Traçando um paralelo entre coisa julgada, parte dispositiva da sentença e pedido, José Maria Tesheiner, **tratando do disposto no art. 469 do CPC/73**, aduz que "a coisa julgada diz respeito ao **pedido**, acolhido ou rejeitado e que a coisa julgada pode estender-se à questão prejudicial, havendo **pedido**, isto é, se proposta ação declaratória incidental" (TESHEINER, José Maria; MANDELLI, Alexandre. Sentença e coisa julgada – conceito e controvérsias. *Revista de Processo*, [s.l.], v. 37, n. 208, p. 28, 2012. Grifos nossos).

242. Tal perspectiva ignora, todavia, o contributo do réu na delimitação da atividade jurisdicional, visão essa que já sofria críticas a partir de uma perspectiva constitucional do processo e que, com o advento do CPC/2015 e o fortalecimento de um modelo cooperado de processo, torna-se ainda mais obsoleta. Nesse sentido: THEODORO JÚNIOR, Humberto. Limites objetivos da coisa julgada no novo Código de Processo Civil. *In:* CABRAL, Antonio do Passo; DIDIER JÚNIOR, Fredie. *Coisa julgada e outras estabilidades processuais.* Salvador: JusPodivm, 2018. p. 166-167.

243. É por isso que, sob a égide do CPC/1973, a análise feita pelo juízo de uma questão prejudicial sem que fosse ele pautado por uma declaratória incidental implicava a mera cognição da questão (*cognitio*), sujeita, tão somente, à ideia de preclusão no processo em que formada.

> ***Los elementos*** *de la sentencia tienen la autoridad de la cosa juzgada.*[244]

Repercutindo a posição do autor alemão, José Botelho de Mesquita afirma:

> Já vimos anteriormente como Savigny deixou-se fascinar pelo raciocínio do juiz. Deveu-se, em Savigny, esta visão exagerada do valor do juízo contido na motivação às dificuldades, que muitas vezes se apresentam no intérprete da sentença, no determinar com precisão o conteúdo do comando judicial sem fazer-se valer dos dados fornecidos pela motivação.
>
> A consideração desta dificuldade, unida ao entendimento da coisa julgada como o efeito de "*considerer comme vrai le contenu d'um jugement, toutes les fois que la même question de droit est représentée devant un tribunal*", levou o grande mestre a atribuir autoridade de coisa julgada aos motivos da sentença, considerados como tais "*elements des rapports de droit litigieux e de la sentence qui met fin au litige*".[245]

A mudança desse paradigma, por sua vez, veio com o reconhecimento majoritário da tese de Chiovenda,[246] que limitou os efeitos da coisa julgada ao dispositivo da decisão, tese

---

244. SAVIGNY, Friedrich Carl Von. *Sistema del derecho romano actual.* Granada: Comares, 2005. p. 1.136. Grifos do autor.

245. BOTELHO DE MESQUITA, José Ignacio. *Teses, estudos e pareceres de processo civil.* v. 2. São Paulo: Revista dos Tribunais, 2005. p. 134.

246. "Na Itália, em 1904, Menestrina afirmava o consenso unânime dos processualistas no sentido de negar aos motivos à passagem em julgado. Seu pensamento encontrou um defensor ardoroso em Chiovenda que, conforme se expôs, combateu ardorosamente o sentido teórico que vinha sendo atribuído à coisa julgada, em manifesto prejuízo de sua finalidade prática. Chiovenda partiu do princípio de que a essência da coisa julgada, do ponto de vista objetivo, consiste em não admitir que o juiz, num futuro processo, possa, de qualquer maneira, desconhecer ou diminuir o bem reconhecido no julgado anterior. Isto posto – afirma C. – deve-se entender que é lícita uma nova decisão sobre as questões prejudiciais dirimidas em um processo precedente e que não constituíram objeto de uma decisão por si mesmos, mas se resolveram com o escopo de decidir sobre a demanda do autor." (BOTELHO DE MESQUITA, José Ignacio. *Teses, estudos e pareceres de processo civil.* v. 2. São Paulo: Revista dos Tribunais, 2005. p. 127).

essa seguida por Liebman[247] e que influenciou Alfredo Buzaid e a redação dos artigos 469 e 470 do CPC/1973, bem como inúmeros autores nacionais.[248] Destaca-se, nesse diapasão, o seguinte excerto da lavra de Ovídio Araújo Baptista da Silva:

> Se quisermos identificar o antecedente legal do art. 474 do Código vigente, não poderemos filiá-lo ao suprimido parágrafo único do art. 287 do Código revogado. A regra segundo a qual "considerar-se-iam decididas todas as questões que fossem premissas necessárias da conclusão" que era matéria do indicado parágrafo, foi substituída pela norma contrária do art. 469, onde se lê que tais premissas (motivos) ainda que importantes, para a compreensão do julgado, não integram a decisão. Enquanto o Código revogado referia-se a "premissas necessárias da conclusão", emprestando um nítido sabor silogístico ao arcabouço da decisão jurisdicional e dando relevo demasiado ao aspecto lógico da sentença, o Código de 73 declara, sim, que a sentença que julgar a lide terá força de lei nos limites dessa lide (art. 468), envolvendo todas "alegações e defesas" a ela pertinentes, quer as partes as tenham controvertido, efetivamente, nos autos, quer não as tenham (art. 474); mas as premissas, os fundamentos, ou, como prefere chamá-las o art. 469, os motivos que serviram ao julgador para sustentar sua conclusão, não fazem coisa julgada.[249]

---

247. "E por ser só o comando que se torna imutável, a conclusão quanto aos limites objetivos do julgado há coerentemente de ser uma só: exclui-se da coisa julgada a atividade lógica exercida pelo juiz para preparar e justificar a decisão. É o que já afirmava a melhor doutrina brasileira, interpretando o art. 287, CPC de 1939, e agora expressamente o direito positivo." (LIEBMAN, Enrico Tullio. *Eficácia e autoridade da sentença.* 2. ed. Rio de Janeiro: Editora Forense, 1981. p. 67).

248. Partindo do disposto no art. 469 do CPC/1973 e limitando objetivamente a coisa julgada à parte dispositiva da decisão, destacam-se, *v.g.*, os seguintes processualistas: SILVA, Ovídio Araújo Baptista da. Limites objetivos da coisa julgada no Direito brasileiro atual. *Revista de Processo,* [s.l.], v. 15, abr. 1979; LUCON, Paulo Henrique dos Santos. Coisa julgada, conteúdo e efeitos da sentença, sentença inconstitucional e embargos à execução contra a Fazenda Pública ('ex vi' art.741, parágrafo único, do CPC). *Revista de Processo,* [s.l.], v. 141, nov. 2006; LOPES, Bruno Vasconcelos Carrilho. *Limites objetivos e eficácia preclusiva da coisa julgada.* São Paulo: Saraiva, 2012; THAMAY, Rennan. *Coisa julgada.* São Paulo: Revista dos Tribunais, 2018; OLIVEIRA, Paulo Mendes de. *Coisa julgada e precedente:* limites temporais e as relações jurídicas de trato continuado. São Paulo: Revista dos Tribunais, 2015.

249. SILVA, Ovídio Araújo Baptista da. Limites objetivos da coisa julgada no Direito brasileiro atual. *Revista de Processo,* [s.l.], v. 15, abr. 1979.

Por sua vez, com o advento do CPC/2015, novamente surge o debate quanto à possibilidade de a motivação das decisões judiciais estar ou não abrangida pela coisa julgada, mais precisamente em razão do disposto nos arts. 503 e 504 do *Codex*.[250]

O principal ponto para o reestabelecimento do debate no âmbito doutrinário decorre do fato de o CPC/2015 ter suprimido a necessidade de ação declaratória incidental para se estender a coisa julgada às questões prejudiciais,[251] desde que tais questões tenham sido "expressa e incidentalmente" decididas no processo, mediante um juízo cognitivo exauriente, sujeito ao contraditório prévio e efetivo e, ainda, desde que o juízo seja competente em razão da matéria e da pessoa para conhecer e resolver a questão prejudicial.[252]

Segundo o CPC/2015, uma questão prejudicial, **independentemente de pedido da parte**, poderia se submeter

---

250. "Art. 503. A decisão que julgar total ou parcialmente o mérito tem força de lei nos limites da questão principal expressamente decidida.
§ 1º. O disposto no caput aplica-se à resolução de questão prejudicial, decidida expressa e incidentemente no processo, se:
I - dessa resolução depender o julgamento do mérito;
II - a seu respeito tiver havido contraditório prévio e efetivo, não se aplicando no caso de revelia;
III - o juízo tiver competência em razão da matéria e da pessoa para resolvê-la como questão principal.
§ 2º. A hipótese do § 1º não se aplica se no processo houver restrições probatórias ou limitações à cognição que impeçam o aprofundamento da análise da questão prejudicial.
Art. 504. Não fazem coisa julgada:
I - os motivos, ainda que importantes para determinar o alcance da parte dispositiva da sentença;
II - a verdade dos fatos, estabelecida como fundamento da sentença." (grifos nosso)

251. É considerada prejudicial "toda aquela questão que, em sendo lógica e necessariamente antecedente de outra, terá sua decisão influenciando o teor da decisão proferida nessa outra questão." (ALVIM, Thereza. *Questões prévias e os limites objetivos da coisa julgada.* São Paulo: Revista dos Tribunais, 1977. p. 19.).

252. Nesse sentido: ALVIM, Arruda. *Manual de Direito Processual Civil:* teoria geral do processo, processo de conhecimento, recursos, precedentes. 20. ed. São Paulo: Thomson Reuters Brasil, 2020).

à coisa julgada. Com isso, o Estatuto Processual estaria se divorciando daquela percepção de que os limites objetivos da coisa julgada estariam atrelados ao binômio pedido da parte/dispositivo da decisão.[253] É o que se observa, *v.g.*, das lições de Humberto Theodoro Junior:

> Não é, dentro do sistema atual, o pedido de declaração que torna a relação jurídica material litigiosa objeto do acertamento efetuado na sentença de mérito; é, isto sim, a circunstância de se apresentar ela como uma questão (ponto controvertido) que a insere no plano das questões decididas para se definir a composição judicial do litígio deduzido em juízo por meio do processo. Se, para responder ao pedido do autor e às objeções do réu, o juiz teve de reconhecer ou negar a relação jurídica material controvertida (*causa petendi*), é lógico e irrecusável que houve solução judicial de questão principal, sobre a qual a autoridade da coisa julgada haverá de recair. É, aliás, a própria lei que afirma incidir a força de lei do julgamento do mérito "nos limites da questão principal expressamente decidida" (art. 503, *caput*).
>
> Ressalta-se que o novo CPC foi coerente e inovador, tratando harmonicamente o regime do julgamento da questão principal (mérito) e da questão prejudicial, incidentalmente suscitada e resolvida. Dispôs, com efeito, não só que a força de lei atribuída à sentença de mérito se aplica à solução da questão principal (art. 503, *caput*), mas também à da questão prejudicial "decidida, expressa e incidentalmente no processo" (art. 503, § 1º). Pouco importa, portanto, que as questões cuja apreciação seja necessária para o julgamento do mérito se apresentem como principais ou incidentais. Em qualquer situação que a solução da questão figurar como requisito lógico-jurídico da resolução do objeto litigioso (*meritum causae*), e sua discussão e apreciação observarem os requisitos da competência e do contraditório, a formação da *res iudicata* será inevitável.
>
> Essa ampliação do espectro objetivo da coisa julgada, levada a cabo pelo CPC de 2015, corresponde à preocupação do legislador

253. Segundo Daniel Zveibil, essa alteração trazida pelo CPC/2015 em relação aos limites objetivos da coisa julgada seria sintomática de uma mudança paradigmática no Processo Civil brasileiro, que estaria migrando de um modelo dispositivo para um padrão inquisitivo (ZVEIBIL, Daniel. Ampliação dos limites objetivos da coisa julgada no NCPC e o fantasma da simplificação desintegradora. *In*: DIDIER JÚNIOR, Fredie *et al.* (org.). *Processo de conhecimento e disposições transitórias.* v. 2. Salvador: JusPodivm, 2015. p. 598. (Coleção NCPC - Doutrina Selecionada)).

> com um sistema que permita a cada processo ter o "maior rendimento possível" (exposição de motivos do Anteprojeto do NCPC). Donde a conclusão de que "estender a coisa julgada à motivação [i.e. às questões de mérito resolvidas pela sentença] proporcionará simplesmente maior aproveitamento do conteúdo da decisão, sem modificar a essência da atividade jurisdicional a ser desenvolvida".[254]

Embora o CPC/2015, em inúmeros dispositivos, tenha apresentado uma coloração privatista,[255] nesse ponto, aparenta demonstrar uma feição publicista, na medida em que retira da mão das partes a capacidade de, em uma dada lide, deflagar a possibilidade de questões prejudiciais se submeterem ou não à coisa julgada, ficando tal questão à mercê do juízo. Com isso, quer parecer que a preocupação do legislador com a coisa julgada está acentuada na sua perspectiva macroscópica e não microscópica, i.e., de evitar que uma mesma controvérsia seja irrestritamente requentada, de modo a prestigiar a eficiência da atividade jurisdicional em detrimento do exercício do (possível) direito subjetivo de ação.

Seguindo no presente tópico e ciente da inexistência de explícita exigência legal nesse sentido, Cássio Scarpinella Bueno defende que, para mais segurança quanto à delimitação em concreto da coisa julgada em relação às questões prejudiciais, deve o juiz (i) identificar no relatório da decisão a existência de questão prejudicial a ser albergada pela coisa julgada, (ii) tratar, na motivação da sua decisão, do preenchimento dos requisitos estampados nos §§ 1º e 2º do art. 503 e, ainda, (iii) propiciar às partes oportunidade para desenvolver suas considerações a respeito do tema, nos termos do art. 6º do CPC, considerações essas que, uma vez apresentadas, necessariamente deverão ser respondidas na decisão

---

254. THEODORO JÚNIOR, Humberto. *Curso de direito processual civil:* teoria geral do Direito Processual Civil, processo de conhecimento e procedimento comum. v. 1, 58. ed. Rio de Janeiro: Forense, 2017. p. 1.408.

255. O art. 190 do *Codex*, *v.g.*, ilustra bem esse ponto.

(art. 489, § 1º, inciso IV, do CPC).[256] Tais considerações nos parecem bastante pertinentes e em sintonia com o ordenamento jurídico constitucional-processual, em especial com os valores constitucionais-processuais conformados pelas normas do devido processo legal, da cooperação, do contraditório maximizado e da vedação da decisão surpresa.

Alguns autores, todavia, vão além das sobreditas exigências de caráter substancial e, ainda influenciados pela ideia de que a motivação não faz coisa julgada, a qual, portanto, seria delimitada apenas pela parte dispositiva da decisão, defendem que a questão prejudicial só se submete à coisa julgada se estiver formalmente contida na parte dispositiva do *decisum*.[257] Discorda-se desse posicionamento na presente obra,[258] na medida em que estabelece um requisito não previsto em lei, ou seja, para além daqueles já prescritos no art. 503 do CPC. Ademais, limita a eficácia normativa da coisa julgada sobre questões prejudiciais em razão de uma questão meramente formal, o que, por sua vez, mitiga o escopo macroscópico do art. 503 do CPC e, por conseguinte, a própria existência do instituto da coisa julgada: o de evitar que um mesmo problema seja apreciado repetidas vezes pelo Poder Judiciário e, o que pode ser ainda pior, de forma contraditória entre diferentes juízos.

Feitas essas considerações, é importante deixar claro que, na linha do defendido por parte da doutrina,[259] a pre-

---

256. BUENO, Cássio Scarpinella. *Curso sistematizado de direito processual civil*. v. 2, 8. ed. São Paulo: Saraiva, 2019. p. 360.

257. A título de exemplo: DELORE, Luiz *et al*. *Comentários ao Código de Processo Civil*. 4. ed. Rio de Janeiro: Forense, 2021. p. 727; CAVALCANTI, Marcos de Araújo. *Coisa julgada e questões prejudiciais:* limites objetivos e subjetivos. São Paulo: Revista dos Tribunais, 2019. p. 391.

258. Também divergindo dessa posição: NIEVA-FENOLL, Jordi. *Coisa julgada*. São Paulo: Revista dos Tribunais, 2016. p. 204-205.

259. Nesse sentido: NIEVA-FENOLL, Jordi. *Coisa julgada*. São Paulo: Revista dos Tribunais, 2016; CABRAL, Antonio do Passo. *Coisa julgada e preclusões dinâmicas:* entre continuidade, mudança e transição de posições processuais estáveis. 2. ed.

sente obra partilha da posição de que a motivação compõe sim a coisa julgada,[260] inclusive para **beneficiar** terceiros,[261] nos termos do art. 506 do CPC.[262] **Não é essa conclusão,** todavia, **que sustentará a posição a ser defendida no presente texto**, i.e., **de que determinados precedentes judiciais podem servir de fundamento para desestabilizar a coisa julgada, desde que respeitados determinados limites que serão ulteriormente desenvolvidos**. É importante, neste momento, fazer um parêntese para melhor explicar essa afirmação e, com isso, dissipar qualquer confusão que possa recair sobre tal assertiva.

Precisar as circunstâncias fático-jurídicas (motivação) que desembocaram no resultado de uma decisão (dispositivo) pressupõe, como visto, delimitar, de forma substancialmente argumentativa, as questões debatidas em determinado processo. Logo, partindo do pressuposto de que a motivação faz coisa julgada, precisar a questão decidida também é, em última análise, delimitar a *ratio* da decisão então veiculada.[263] Há, portanto, uma equivalência metodológica

---

Salvador: JusPodivum, 2014; THEODORO JÚNIOR, Humberto. Limites objetivos da coisa julgada no novo Código de Processo Civil. *In:* CABRAL, Antonio do Passo; DIDIER JÚNIOR, Fredie. *Coisa julgada e outras estabilidades processuais.* Salvador: JusPodivm, 2018. p. 165-188.

260. De modo que a tutela jurisdicional veiculada em dado processo tenha a maior eficácia possível, conforme explicitamente defendido pelo legislador de 2015, no âmbito da Exposição de Motivo do CPC/2015, *in verbis*: "[...] 4) O novo sistema permite que cada processo **tenha maior rendimento possível**. Assim, e por isso, estendeu-se a autoridade da coisa julgada às questões prejudiciais." (Grifos no original).

261. O termo "terceiros" é aqui empregado em um sentido técnico, i.e., na linha dos arts. 119 e ss. do CPC, quando trata da intervenção de terceiros no processo.

262. "Art. 506. A sentença faz coisa julgada às partes entre as quais é dada, não prejudicando terceiros."

263. "Não se trata de saber que frase ou que palavra da sentença exatamente passa em julgado e que frase não, como se a sentença fosse uma espécie de sequência de DNA e houvesse que comprovar que gene exatamente é o responsável de uma determinada enfermidade. Talvez nem sequer os genes fossem subsumíveis a regras matemáticas. O que nos importa conhecer é qual amálgama de pronunciamentos e raciocínios da sentença vão precisar de estabilidade. Repito, a regra é simples de

para a apuração da questão decidida em dada lide e a delimitação da *ratio* de uma decisão convocada como precedente. As consequências daí decorrentes, todavia, são diferentes.[264]

No que diz respeito à questão prejudicial transitada em julgado **nos termos do art. 503 do CPC**, a parte beneficiada com tal decisão poderá evitar a sua rediscussão em outra demanda e/ou vincular o novo juízo ao que restou previamente decidido. Aqui, a delimitação da questão decidida é ponto nodal para a eventual **prevalência** da coisa julgada e o impedimento de uma nova lide. De forma mais direta, a delimitação da questão decidida tem por escopo, nesse momento, **impedir o desenvolvimento de uma nova lide** ou, de forma mais precisa, o seu (re)julgamento, **preservando a coisa julgada então formada**.

Por sua vez, quando se fala em instrumentos processuais rescisórios fundamentados em precedentes vinculantes, a tarefa de precisar a delimitação da questão decidida no caso precedente (*ratio decidendi*) tem finalidade oposta: servir de fundamento para **afastar** a coisa julgada atacada. Aqui, a precisão da questão decidida tem por objetivo **fomentar uma nova lide (instrumento processual rescisório)[265] para desfazer a coisa julgada**.

---

aplicar no sentido de que aquilo que, uma vez suprimido, não prive a sentença do sentido que dispôs o Juiz, será um pronunciamento prescindível e não terá autoridade de coisa julgada." (NIEVA-FENOLL, Jordi. *Coisa julgada*. São Paulo: Revista dos Tribunais, 2016. p. 205).

264. Destacando essa diferença, Nieva-Fenoll afirma que "[c]onvém não confundir este efeito das decisões judiciais com a possível vinculação aos precedentes de um determinado tribunal. Tal vinculação se produz também, nos países em que existe, por razões de segurança jurídica, mas sua problemática não entra na temática que aqui analisamos, eis que o que pretende a coisa julgada é que não se desvirtue um juízo anterior, e a vinculação ao precedente busca unicamente que os juízos futuros não se desviem de uma determinada linha jurisprudencial de forma que se ponha em questão a jurisprudência do Tribunal que define tal linha, mas se que uma possível mudança afete assuntos já julgados." (Idem, p. 137).

265. Já que, conforme será desenvolvido adiante, a eventual rescisão da coisa julgada com base em precedentes não pode se dar de forma automática, demandando a obrigatória existência de um instrumento processual rescisório.

Não obstante, existe ainda outra diferença importante a ser sublinhada. A delimitação da questão decidida e, por conseguinte, a sua influência ou não na segunda demanda pressupõe o preenchimento dos requisitos estampados nos §§ 1º e 2º do art. 503 do CPC. Já na hipótese de instrumentos rescisórios com base em precedentes vinculantes, a validade ou não do precedente convocado como fundamento de tais instrumentos processuais independe do preenchimento do disposto nos §§ 1º e 2º do art. 503 do *Codex*, mas se sujeita, sim, à existência de aproximação ou distinção dos casos comparados. Desse modo, a questão aqui se resolve no plano de *ratio/distinguishing*, enquanto lá se soluciona pelas questões da prejudicialidade (art. 503, § 1º, inciso I) e do devido processo legal[266] (art. 503, § 1º, incisos II e III, e § 2º).

Por fim, delimitar a questão prejudicial abarcada pela coisa julgada tem um efeito prático em (des)favor apenas das partes litigantes no processo em que tal coisa julgada se formou. Os reflexos daí decorrentes são restritos, pois, a um número determinado de pessoas (partes) e, por conseguinte, de (possíveis) processos.

Por sua vez, delimitar a *ratio decidendi* de um precedente para fins de fundamentar instrumentos processuais rescisórios poderá trazer um efeito prático para além das fronteiras formais da relação processual em que tal precedente se originou, atingindo um número indeterminado de pessoas e processos.[267] Trata-se do chamado efeito expansivo dos precedentes.

---

266. Aqui o CPC é influenciado pelo modelo estadunidense de *collateral estoppel* ou *issue preclusion*. Desenvolvendo mais o tema: MARINONI, Luiz Guilherme. *Coisa julgada sobre questão*. 2. ed. São Paulo: Revista dos Tribunais, 2019.

267. No mesmo sentido: MARINONI, Luiz Guilherme. *Precedentes obrigatórios*. 5. ed. São Paulo: Revista dos Tribunais, 2016. p. 160-162; MINAMI, M. Y.; PEIXOTO, Ravi. Da questão prejudicial incidental constitucional no STF e o novo regime de coisa julgada. *In:* CABRAL, Antonio do Passo; DIDIER JÚNIOR, Fredie. *Coisa julgada e outras estabilidades processuais*. Salvador: JusPodivm, 2018. p. 281.

Em suma, admitir que a motivação conforma a coisa julgada não é condição suficiente para defender que um precedente sirva de fundamento para instrumentos processuais rescisórios. Para tanto, é indispensável admitir que as decisões judiciais são fonte material do Direito, em especial em um modelo jurídico que efetivamente valorize precedentes, o que será exposto com mais vagar no capítulo seguinte.

Não se ignora que, em ambas as situações, busca-se preservar uma unidade substancial das decisões judiciais e, consequentemente, uma racionalização da atividade jurisdicional, de modo a se evitar decisões díspares para situações próximas, ou seja, de modo a se evitar incoerências. Tal fato, entretanto, não redunda na equivalência ou sinonímia das situações aqui comparadas.

Feitas essas considerações, já é possível se debruçar sobre outro limite importante a conformar o conceito de coisa julgada: o limite subjetivo.

1.4.2.2 Limites subjetivos

De forma muito direta, precisar os limites subjetivos da coisa julgada consiste em delimitar para quem a coisa julgada se destina. Nesse contexto, são identificados três modelos possíveis para conformar a extensão subjetiva da coisa julgada: (i) *inter partes*, (ii) *ultra partes* e (iii) *erga omnes*.[268] Prevalece como regra geral nos ordenamentos jurídicos, inclusive no brasileiro, a coisa julgada *inter partes*,[269]

---

268. Nesse diapasão: BRAGA, Paulo Sarno; DIDIER JÚNIOR, Fredie; OLIVEIRA, Rafael Alexandria de. *Curso de direito processual civil*. v. 2, 10. ed. Salvador: JusPodivm, 2015. p. 52.

269. "Em nosso sistema, esta é a regra geral, consagrada no art. 506, CPC. Este dispositivo do CPC inspirou-se nas garantias constitucionais da inafastabilidade da jurisdição, do devido processo legal, do contraditório e da ampla defesa (art. 5º, XXXV, LIV e LV, CF). Isso porque, segundo o espírito do sistema processual brasileiro, ninguém poderá ser atingido pelos efeitos de uma decisão jurisdicional transitada em julgado, sem que se lhe tenha sido garantido o acesso à justiça, com um processo devido, onde se oportunize a participação em contraditório." (*Op. Cit. Loc.*

a qual parte da premissa da identidade de partes no processo. Ressalte-se, porém, que desde o Direito Romano já se admitia exceções a essa restrição.[270-271]

A base da discussão quanto à ampliação dos limites subjetivos da coisa julgada continuou na doutrina francesa, alemã e italiana, as quais buscaram tratar do alcance subjetivo da coisa julgada e de seus reflexos para terceiros. Os franceses utilizaram o conceito de "representação" para justificar a ampliação dos efeitos da coisa julgada,[272] enquanto os alemães acrescentaram exceções à regra da coisa julgada *inter partes*[273] e os italianos restringiram a

---

cit.). No mesmo sentido: ALVIM, Arruda. *Manual de direito processual civil:* teoria geral do processo, processo de conhecimento, recursos, precedentes. 20. ed. São Paulo: Thomson Reuters Brasil, 2020.

270. "Apesar do conceito de coisa julgada ter sido forjada para assegurar os litigantes, o direito romano já admitia exceções à sua restrição *inter partes* e grande parte do trabalho da doutrina nos séculos XIX e XX foi direcionado a tentar explicar a relação da coisa julgada com os terceiros. Porém, a preocupação com os terceiros foi antes de tudo uma decorrência da premissa de que a coisa julgada não pode interferir sobre a relação jurídica de quem não participou do processo." (MARINONI, Luiz Guilherme. A dificuldade em ver que a coisa julgada pode ser invocada por terceiros. *In:* MARX NETO, Edgard Audomar *et al.* (org.). *Processo civil contemporâneo:* homenagem aos 80 aos do professor Humberto Theodoro Júnior. Rio de Janeiro: Forense, 2018. p. 447-448).

271. Tratando essas exceções como erro na interpretação de textos do Direito Romano do período clássico: TUCCI, José Rogério Cruz e. *Comentários ao Código de processo civil.* São Paulo: Saraiva, 2017. p. 513; CAVALCANTI, Marcos de Araújo. *Coisa julgada e questões prejudiciais:* limites objetivos e subjetivos. São Paulo: Revista dos Tribunais, 2019. p. 500-501. Fazendo uma interessante análise histórica dos limites subjetivos da coisa julgada na família do *Civil Law*: TUCCI, José Rogério Cruz e. *Limites subjetivos da eficácia da sentença e da coisa julgada civil.* 2. ed. São Paulo: RT, 2006. p. 37 e ss.

272. "Lembre-se de que a doutrina francesa do século XIX, atrelada à regra que foi delineada no art. 1.351 do Código de Napoleão – de que a coisa julgada reclama as mesmas partes -, disse que a identidade de partes deveria ser buscada na identidade jurídica e não na identidade física, desenvolvendo o que chamou de 'representação imperfeita', que foi aplicada aos herdeiros, ao sucessor à título particular e a outras pessoas consideradas como 'partes'. Vale dizer que esta doutrina enfrentou o problema dos terceiros mediante a ampliação do significado de parte." (MARINONI, op. cit., p. 448).

273. "A doutrina alemã do século XIX, vinculada às fontes romanas e, portanto, à regra geral de que a coisa julgada recai sobre as partes, influenciou o ZPO de 1837,

coisa julgada às partes, mas admitiram a extensão dos efeitos de uma decisão revestida de coisa julgada a terceiros.[274]

Levando em consideração a influência da doutrina italiana e, mais particularmente, as lições de Liebman, prevaleceu, na doutrina processual brasileira, ainda sob a égide do CPC/1973, a acepção de que a coisa julgada se limitava às partes e aos seus sucessores, mas que os efeitos da sentença afetariam terceiros.[275]

Acontece que o art. 506 do CPC apresenta importante diferença redacional em relação ao que estava disposto no art. 472 do CPC/1973, conforme se observa abaixo em quadro comparativo:

---

que delineou as exceções à regra de que a coisa julgada é restrita às partes. Mas o esforço desta doutrina, limitado à instituição e ao desenvolvimento de exceções à regra, não permitiu ir além dos resultados a que chegou à doutrina francesa. Em outras palavras, os terceiros continuaram a ser vistos como aqueles que, em virtude de suas posições, poderiam ser atingidos pela coisa julgada." (Idem, p. 449).

274. "O interessante é que a doutrina italiana, ao contrário daquela que resolveu o problema da limitação da coisa julgada às partes alargando o conceito de parte e valendo-se da ideia de representação, procurou distinguir o que incide sobre as partes daquilo que atinge terceiros, diferenciando a coisa julgada *inter partes* do fenômeno que abarca pessoas que não participaram do processo. Mais claramente, a doutrina italiana atribuiu ao caráter vinculante da sentença passada em julgado qualidades diversas, conforme relacionada às partes e aos terceiros. Para ilustrar, lembre-se que Liebman, depois de precisar a diferença entre autoridade da coisa julgada e efeitos da sentença, concluiu com facilidade que a coisa julgada é restrita às partes, embora os terceiros possam ser atingidos pelos efeitos da sentença. É claro que esta distinção, apesar de seu importante valor conceitual, não poderia permitir olhar para outros terceiros. Na verdade, a doutrina de Liebman, no particular, por ter afirmado expressa e positivamente a regra de que a coisa julgada diz respeito às partes, agravou a dificuldade de se ver a coisa julgada enquanto valor que pode ser usufruído por terceiro." (Idem, p. 450).

275. A título de exemplo, destacam-se os seguintes autores: DINAMARCO, Cândido Rangel. *Instituições de direito processual civil*. v. 3, 6. ed. São Paulo: Malheiros, 2009. p. 322-323; DELLORE, Luiz. *Estudos sobre a coisa julgada e controle de constitucionalidade*. Rio de Janeiro: Forense, 2013. p. 64-66; CRAMER, Ronaldo. *Ação rescisória por violação da norma jurídica*. 2010. 184f. Dissertação (Mestrado em Direito Processual Civil) – Pontifícia Universidade Católica de São Paulo, São Paulo, 2010. p. 54-56.

CPC/1973	CPC/2015
"Art. 472. A sentença faz coisa julgada às partes entre as quais é dada, **não beneficiando, nem prejudicando terceiros.** Nas causas relativas ao estado de pessoa, se houverem sido citados no processo, em litisconsórcio necessário, todos os interessados, a sentença produz coisa julgada em relação a terceiros" (Grifos nosso).	"Art. 506. A sentença faz coisa julgada às partes entre as quais é dada, **não prejudicando terceiros.**" (Grifos nossos).

Enquanto o antigo *Codex*, inspirado pela doutrina liebmaniana, restringiu a coisa julgada às partes e aos seus sucessores, o CPC/2015, partindo da ideia estampada em sua exposição de motivos, i.e., de que "cada processo tenha o maior rendimento possível",[276] estendeu a coisa julgada para terceiros, desde que a decisão proferida seja no sentido de beneficiá-los. Aqui, mais uma vez, se prestigia uma perspectiva macroscópica da finalidade da coisa julgada, de modo que sua função (a de evitar a rediscussão de questões já decididas em processos futuros) seja potencializada.

É bem verdade que, apesar da significativa alteração legislativa, parte da doutrina continua a defender a acepção desenvolvida sob a égide do CPC/1973, i.e., de que o "benefício" prescrito no *Codex* estaria relacionado aos efeitos da sentença transitada em julgado, mas não à coisa julgada propriamente dita. Ilustrando tal ponto, são as lições de Arruda Alvim:

> O CPC/2015, contudo, traz regramento parcialmente diverso, ao dispor, em seu art. 506, que a coisa julgada não pode prejudicar

276. Na medida em que "evita que uma mesma questão, resolvida e processo anterior, ressurja em um novo processo, agora envolvendo terceiro, para obtenção de resultado distinto daquele anteriormente alcançado." (CAVALCANTI, Marcos de Araújo. *Coisa julgada e questões prejudiciais:* limites objetivos e subjetivos. São Paulo: Revista dos Tribunais, 2019. p. 502).

> terceiros, não havendo qualquer vedação a que ela venha a beneficiar aqueles que não tenham sido partes no processo em que foi formada. Cabe, nesse passo, a pergunta: Como pode o comando da decisão e sua imutabilidade prejudicar ou beneficiar terceiros, se a eles não diz respeito a lide decidida? O terceiro, em verdade, pode ser atingido pela decisão da lide alheia, mas nunca pela coisa julgada, em face exatamente dessa imutabilidade ter recaído sobre solução de conflito de interesses que, como tal, não lhe diz respeito. Mas ser alcançado pela decisão, jurídica ou faticamente, é possível. Assim, C, o sublocatário de A, é alcançado pela ação de rescisão contratual da locação entre B e A, já que rescindida a locação cairá por terra a sublocação. Se esta tiver sido consentida a esfera jurídica sublocatícia será atingida, caso não tivesse havido consentimento o atingimento seria estritamente fático (não poderia nem mesmo ter sido assistente simples do sublocador). Entretanto, em o CPC/2015 dizendo que a coisa julgada não prejudicará terceiros não se pode ter referido a esse terceiro e figuras assemelhadas em face de, não ter sido a eficácia da sentença recoberta pela "coisa julgada material" a ingressar na esfera jurídica desse terceiro, mas exclusivamente a eficácia natural do decidido, eis que esta implica a respeitabilidade dos efeitos do decisum por toda a comunidade.[277]

Tal perspectiva, calcada por um viés microscópico[278] da função da coisa julgada, acaba por vaticinar um posicionamento que, em última análise, ignora a notória e deliberada mudança legislativa, em especial quando se compara a redação do disposto no art. 472 do CPC/1973 com o prescrito no art. 506 do *Codex* vigente.

A atual disposição do Código apenas restringe a possibilidade de que a coisa julgada prejudique terceiros, o que faz todo sentido à luz das garantias constitucionais do devido processo legal e de seus consectários lógicos: o contraditório e a ampla defesa. Assim, aquele que não interveio no processo

---

277. ALVIM, Arruda. *Manual de direito processual civil:* teoria geral do processo, processo de conhecimento, recursos, precedentes. 20. ed. São Paulo: Thomson Reuters Brasil, 2020. p. 1.179. No mesmo sentido: THAMAY, Rennan. *Coisa julgada*. São Paulo: Revista dos Tribunais, 2018. p. 104-106.

278. Preponderantemente focado nas partes subjetivamente presentes em uma específica relação processual albergada pela coisa julgada.

e, por conseguinte, não teve a oportunidade de exercitar seu direito de defesa de forma substancial, não pode ser prejudicado pelo resultado da atividade jurisdicional.

Em contrapartida, não há de se falar em ofensa ao devido processo legal e ao direito de defesa se o não interveniente é **beneficiado** pela decisão judicial revestida de coisa julgada. É o que a doutrina chama de "coisa julgada *in utilibus*" para o terceiro.[279]

Sob outro ponto de vista, tal previsão procura coibir o uso abusivo do direito de defesa, já que impede que o derrotado em uma primeira demanda e vinculado à coisa julgada reabra, sob uma perspectiva exclusivamente formal, a discussão sobre uma mesma situação fático-jurídica em razão de uma mudança no polo subjetivo da "nova" lide, agora integrada por aquele que se apresentava como um estranho – o "terceiro" – em relação à primeira demanda e que seria com ela beneficiado.

Feitas essas considerações acerca do art. 506 do CPC, convém seguir para afirmar que, consoante visto em linhas anteriores, em países adeptos do *Civil Law*, como o nosso, essa perspectiva de a coisa julgada beneficiar terceiros surge ainda no Direito Romano, seja partindo da ideia de que tal ordenamento previa exceções à regra geral da coisa julgada *inter partes*, seja por se entender que os textos do Direito Romano do período clássico para esse ponto foram mal interpretados.

Apesar dessa origem dentro do próprio *Civil Law*, é possível afirmar que, com o encurtamento das distâncias propiciadas pelo avanço tecnológico e a maior aproximação de institutos próprios da família jurídica do *Common Law*,

279. Nesta linha: BUENO, Cássio Scarpinella. *Curso sistematizado de direito processual civil*. v. 2, 8. ed. São Paulo: Saraiva, 2019. p. 364; CABRAL, Antonio do Passo. Coisa julgada. *In:* WAMBIER, Teresa Arruda Alvim *et al.* (coords.). *Breves comentários ao novo Código de Processo Civil*. 2. ed. São Paulo: RT, 2015. p. 1.371-1.372.

essa questão ganhou ainda mais relevo em países adeptos do *Civil Law*, dentre eles o Brasil, o que se deve ao estudo da figura do *collateral stoppel* e seus reflexos para os limites da coisa julgada. O aprofundamento no estudo desse instituto repercute não só para a discussão da coisa julgada e seus efeitos para as questões prejudiciais (limite objetivo), mas também para a extensão subjetiva da coisa julgada.

Nesse sentido, convém aqui fazer uma breve incursão no desenvolvimento desse instituto no âmbito do sistema jurídico estadunidense, já que foi lá que se iniciou um movimento para superação da até então existente regra da mutualidade.[280] A superação dessa regra originou-se nos Estados Unidos, com o julgamento do caso *Bernhard v. Bank of America*,[281] o que serviu para pavimentar o caminho para a sedimentação do instituto do *collateral stoppel*, o qual:

280. "Antes da década de quarenta do século passado, prevalecia nos Estados Unidos uma regra chamada de 'mutualidade'. Essa regra dizia que uma parte poderia invocar *collateral stoppel* contra outra apenas quando ambas tivessem participado do processo em que o *collateral stoppel* se formou. X só poderia invocar coisa julgada sobre questão contra Y quando o último pudesse, em caso de decisão inversa, invocar a coisa julgada contra X. Ou seja, poderia invocar a coisa julgada em seu benefício aquele que pudesse suportar o seu prejuízo. A regra assim, baseada num critério de proporcionalidade, limitava a coisa julgada às partes, assemelhando-se à regra do *civil law*. Se o *collateral stoppel só pode ser invocado contra aquele que também pode argui-lo, a coisa julgada é obviamente restrita às partes*. [...]. A regra da mutualidade foi encampada pelo *Restatement of Judgments* de 1942, que disse que aquele que não foi parte na ação em que proferido o julgamento não pode ser prejudicado, mas também não pode reclamar os benefícios de qualquer decisão de questão proferida na ação." (MARINONI, Luiz Guilherme. A dificuldade em ver que a coisa julgada pode ser invocada por terceiros. *In:* MARX NETO, Edgard Audomar *et al.* (org.). *Processo civil contemporâneo:* homenagem aos 80 aos do professor Humberto Theodoro Júnior. Rio de Janeiro: Forense, 2018. p. 450-451).

281. "A regra da *mutuality* sempre comportou inúmeras exceções e críticas, mas era reconhecida e aplicada pela maioria da jurisprudência até 1942, quando a Suprema Corte da Califórnia repudiou sua aplicação no *leading case Bernhard vs. Bank of America*. Em *Bernhard*, a Suprema Corte permitiu que um terceiro – réu em uma ação proposta por uma das partes do processo anterior em que restara decidida determinada questão – invocasse a seu favor a *issue preclusion* formada no processo anterior do qual não fizera parte (*defensive issue preclusion)*. Em 1971, a Suprema Corte dos Estados Unidos consagrou a rejeição da regra da *mutuality*, no caso *Blonder-Tongue Laboratories vs. University of Illinois*. Com base nesses precedentes, a regra da *mutuality* passou a ser rejeitada pelas Cortes em todos os Estados

> [...] impede a rediscussão de questão já decidida, autorizando até mesmo que terceiro invoque essa vedação, desde que a questão posta no novo processo seja idêntica, tenha sido julgada mediante sentença final de mérito, e que aquele que se pretende proibir de discutir tenha adequadamente participado do primeiro processo; ii) os terceiros, quando a decisão anterior, no processo em que não participaram, sempre mantêm o direito de propor as suas ações sem qualquer limitação de discussão. A fim de evitar que essa situação ocorra, sempre pode o interessado convocar, para o primeiro processo, todos os possíveis interessados, de modo que não restem terceiros que, em processo ulterior, possam invocar aquela coisa julgada em seu favor.
>
> [...].
>
> Recordando as palavras de Bentham, há razão para dizer que um homem não deve perder a sua causa em consequência de uma decisão dada em anterior processo de que não foi parte; mas não há qualquer razão para dizer que ele não deve perder a sua causa em consequência de uma decisão proferida em um processo em que foi parte, simplesmente porque o seu adversário não foi.[282]

Apesar de algumas particularidades do instituto,[283] é possível perceber que o seu estudo mais aprofundado pela doutrina brasileira acabou por fomentar o debate quanto à extensão subjetiva da coisa julgada no Brasil, o que desembocou na redação atribuída ao art. 506 do atual CPC.

Unidos." (GIDI, Antonio; TESHEINER, José Maria Rosa; PRATES, Marília Zanella. Limites objetivos da coisa julgada no Projeto de Código de Processo Civil: reflexões inspiradas na experiência norte-americana. *Revista de Processo,* [s.l.], v. 36, n. 194, p. 119-120, abr. 2011).

282. MARINONI, Luiz Guilherme; ARENHART, Sérgio Cruz; MITIDIERO, Daniel. *Novo curso de processo civil:* tutela dos direitos mediante procedimento comum. v. 2, 3. ed. São Paulo: Revista dos Tribunais, 2017. E-book não paginado.

283. A título de exemplo, Marinoni, Arenhart e Mitidiero afirmam que "o *collateral stoppel* também depende de a questão ter sido adequadamente discutida. A propósito, uma das distinções mais salientes entre *res iudicata* e *collateral stoppel* nos Estados Unidos é a de que, diante da primeira, há preclusão de todas as alegações de fato e de direito que a parte poderia ter deduzido, enquanto o segundo depende de a questão ter sido debatida e decidida no processo." (*In: Novo curso de processo civil:* tutela dos direitos mediante procedimento comum. v. 2, 3. ed. São Paulo: Revista dos Tribunais, 2017. E-book não paginado.).

Apesar da nova redação atribuída ao dispositivo quando comparada ao que prescrevia o art. 472 do CPC/1973, a ideia preponderante continua sendo a mesma: parte do pressuposto que, como regra geral, a coisa julgada está sujeita ao regime *pro et contra* e que tal coisa julgada vincula apenas as partes que efetivamente participaram da demanda. No entanto, em situações específicas, distantes daquelas tratadas como ordinárias, essa mesma coisa julgada pode beneficiar terceiros, cabendo, nesse instante, definir o conceito de "terceiros" utilizado pelo Código para esse fim.

Para se alcançar o sobredito conceito de "terceiros" convém relembrar as lições de Barbosa Moreira, para quem o sistema processual brasileiro adota, como regra, "o princípio da **coincidência** entre a legitimidade para a causa e a afirmada titularidade da relação jurídica material discutida no processo",[284] nos exatos termos da primeira parte do art. 18 do CPC.[285] Assim, são legitimados ordinariamente para a demanda (partes processuais) os detentores do direito material lesado ou ameaçado de lesão, ou seja, os sujeitos ativo e passivo da relação jurídica de direito material conflituosa (partes materiais). Nesse sentido, o conceito de "parte" estabelecido na primeira metade do art. 18 do CPC é mais abrangente, ou seja, é o de parte material.[286]

---

284. BARBOSA MOREIRA, José Carlos. A ação popular no direito brasileiro como instrumento de tutela jurisdicional dos chamados interesses difusos. *In:* BARBOSA MOREIRA, José Carlos. *Temas de direito processual*. São Paulo: Saraiva, 2007. p. 111.

285. "Art. 18. **Ninguém poderá pleitear direito alheio em nome próprio**, salvo quando autorizado pelo ordenamento jurídico."

286. Excepcionalmente, sujeitos não diretamente relacionados ao direito material conflituoso também podem ser legitimados para figurar como partes em uma relação processual, por expressa previsão legal, adquirindo legitimidade para defender, em nome próprio, um direito alheio, o que se dá nos casos de substituição processual (legitimação extraordinária) e na hipótese da tutela de direitos coletivos indivisíveis (legitimação autônoma). Na primeira hipótese (legitimação extraordinária) há algum tipo de vínculo, ainda que reflexo ou indireto, entre o legitimado legalmente e o direito material controverso. Já na segunda situação inexiste essa relação, sendo a legitimidade fruto de uma mera ficção jurídica criada pelo legislador. Daí, por exemplo, falar-se em pertinência temática quando uma associação ajuíza

Partindo do pressuposto de que o ordinário é existir uma coincidência entre as partes processual e material, a regra geral trazida pelo art. 506 do CPC é de que a coisa julgada pode tanto beneficiar quanto prejudicar tais partes que **integraram** ou **tiveram a possibilidade de integrar**[287] determinada demanda revestida de coisa julgada.

A questão, entretanto, torna-se complexa em razão de uma dualidade de conceitos de "partes" empregado pelo legislador na redação do art. 506 do CPC. Enquanto o seu primeiro trecho ("a sentença faz coisa julgada às partes entre as quais é dada") adota um conceito mais restritivo de parte, limitando-o à ideia de "parte processual", ou seja, aquele que formalmente integra um dos polos da relação jurídico-processual, em respeito ao devido processo legal, o trecho final do dispositivo ("não prejudicando terceiros") parte do pressuposto de um conceito mais amplo de parte, o de parte material.

Nesse sentido, aquele que tem um vínculo com a relação de direito material objeto da decisão albergada pela coisa julgada, ainda que não participe da relação processual em que veiculado o *decisum*, pode ser **beneficiado** pela coisa julgada lá formada, jamais prejudicado.[288]

Imagine-se, por exemplo, que "A" estabelece uma relação jurídica de caráter pecuniário com "B" e "C", estes dois enquadrados na condição de devedores solidários, e que, diante da inadimplência da obrigação, "A" ajuíze a

---

uma demanda em favor dos seus associados, diferentemente, por sua vez, de uma ação popular, em que os legitimados decorrem de um rol ficcionalmente criado pelo legislador nos limites da sua competência legislativa.

287. Porque formalmente noticiados acerca da existência do processo e chamados a nele intervir.

288. Em sentido de que a "parte material" pode ser não só beneficiada, mas também prejudicada pela coisa julgada: CAVALCANTI, Marcos de Araújo. *Coisa julgada e questões prejudiciais:* limites objetivos e subjetivos. São Paulo: Revista dos Tribunais, 2019. p. 507.

ação apenas contra "B". Nesse caso, se a decisão proferida beneficiar "A", ela não terá eficácia em relação a "C", haja vista que, embora "C" seja integrante da relação de direito material (parte material), não participou da lide, ou seja, não figurou como parte processual. Todavia, se na hipotética demanda a decisão for desfavorável à "A", "C" será beneficiado pela coisa julgada então formada, salvo se o fundamento da decisão for pautado em uma exceção pessoal em favor de "B". Nesta última e particular hipótese, a coisa julgada não poderá prejudicar nem beneficiar "C".[289]

Percebe-se, portanto, que a previsão do art. 506 do CPC, nos termos aqui compreendidos, potencializa a extensão da coisa julgada, em consonância com uma perspectiva macroscópica da sua função (de evitar a multiplicidade de lides para questões já resolvidas), sem, todavia, prejudicar o devido processo legal e seus consectários. Em outros termos e na linha do que professa Cássio Scarpinella Bueno, "como o terceiro será **beneficiado** pela coisa julgada (não podendo ser **prejudicado**), não há razão para questionar a opção feita pelo Código de Processo Civil na perspectiva constitucional".[290]

1.4.2.3 Limites temporais

Respondido "o que" e "para quem" faz coisa julgada, convém agora delimitar "até quando" a coisa julgada persiste, de modo então a precisar seus limites temporais.

Antes, todavia, de seguir nessa empreitada e para que haja uma devida circunscrição da coisa julgada no tempo,

289. O exemplo aqui formulado é análogo e vaticinado pelo disposto no art. 274 do Código Civil, *in verbis*: "Art. 274. O julgamento contrário a um dos credores solidários não atinge os demais, mas o julgamento favorável aproveita-lhes, sem prejuízo de exceção pessoal que o devedor tenha direito de invocar em relação a qualquer deles."

290. BUENO, Cássio Scarpinella. *Curso sistematizado de direito processual civil*. v. 2, 8. ed. São Paulo: Saraiva, 2019.

não é suficiente delimitar o seu termo final,[291] sendo também necessário fixar o seu termo inicial. Logo, convém já destacar que a coisa julgada passa a ter relevância jurídica no tempo a partir do trânsito em julgado[292] de dada decisão.

Delimitado o termo *a quo* da coisa julgada, convém agora precisar o seu termo *ad quem*. Segundo disposição do art. 505 do CPC,[293] a coisa julgada tende a perdurar por tempo indeterminado,[294] exceto se houver previsão legal em sentido contrário (inciso II) ou, em se tratando de relação jurídica de trato continuado, houver alteração na situação fático-jurídica a respeito do qual se formou a coisa julgada (inciso I).

Assim, em relação ao termo *ad quem* da coisa julgada, a doutrina costuma afirmar que os fatos anteriores à

---

291. Ou melhor, definir quais fatores fazem com que a coisa julgada perca a sua eficácia no tempo, uma vez que precisar cronologicamente a duração de uma coisa julgada é algo praticamente impossível, ao ponto de Nieva-Fenoll afirmar que precisar esse átimo de tempo equivaleria a querer precisar o exato instante em que o Universo chegará ao final (NIEVA-FENOLL, Jordi. *Coisa julgada*. São Paulo: Revista dos Tribunais, 2016. p. 280).

292. Aqui entendido como "o fato de não estar mais a sentença sujeita a recursos ordinários ou extraordinários" (BOTELHO DE MESQUITA, José Ignacio. *A coisa julgada*. Forense: Rio de Janeiro, 2006. p. 11).

293. "Art. 505. Nenhum juiz decidirá novamente as questões já decididas relativas à mesma lide, salvo:
I - se, tratando-se de relação jurídica de trato continuado, sobreveio modificação no estado de fato ou de direito, caso em que poderá a parte pedir a revisão do que foi estatuído na sentença;
II - nos demais casos prescritos em lei."

294. Importante frisar que há uma tendência de permanência, mas não uma imutabilidade absoluta. "Com efeito, conquanto a coisa julgada deva ser perene, estável, ela não existe 'para todo o futuro', nem nasce para ser eterna, como veremos adiante. A coisa julgada não pode petrificar o tráfego jurídico, e mesmo afirmando a 'imutabilidade' da decisão, não se pode excluir a possibilidade de que fatos sucessivos possam modificar a situação substancial e as relações entre as partes. A estabilidade assegurada pela *res iudicata* refere-se à situação posta de acordo com as circunstâncias existentes à época em que a sentença foi pronunciada, ou seja, é aquela conclusão judicial, tal qual externada naquele momento, que se torna imutável e indiscutível." (CABRAL, Antônio do Passo. *Coisa julgada e preclusões dinâmicas*: entre continuidade, mudança e transição de posições estáveis. 3. ed. Salvador: Editora JusPodivm, 2019. p. 119.)

coisa julgada e contemplados pela causa de pedir então desenvolvida estão albergados pela coisa julgada. Logo, fatos supervenientes *à res iudicata* não seriam óbices para a elaboração de novas causas de pedir e, por conseguinte, para a propositura de uma nova demanda.[295]

Tal afirmação, por sua vez, já permite elaborar uma primeira conclusão sobre os limites temporais da coisa julgada: o que delimita esse obstáculo não é o fator tempo, por si só, mas sim os elementos objetivos e/ou subjetivos da coisa julgada. Nas palavras de Nieva-Fenoll:

> A estabilidade das decisões judiciais não pode estar fadada, *a priori*, a ter um fim. Normalmente são as próprias circunstâncias da realidade, como vimos, que se encarregam de fazer com que a estabilidade de um pronunciamento perca toda importância, por regular uma situação que já não existe, a decisão perdeu toda a eficácia de coisa julgada.[296]

Daí provém uma afirmação muito comum na doutrina acerca dos limites temporais da coisa julgada: a de que tal limite seria um falso problema. Isso porque, como visto alhures, a eficácia da coisa julgada no tempo não estaria circunstanciada por um período cronológico propriamente dito, mas sim pelos aspectos objetivos e/ou subjetivos da decisão sujeita à coisa julgada. Assim, a tendência de permanência de uma decisão sujeita à coisa julgada seria abalada no caso do advento de alterações fático-jurídicas **ulteriores** *à* formação da coisa julgada, ou seja, que não foram objeto (explícito ou implícito[297]) do devido processo legal.

---

295. Nesse sentido: TALAMINI, Eduardo. A coisa julgada no tempo (os "limites temporais" da coisa julgada). *Revista do advogado*, [s.l.], ano XXVI, n. 88, p. 57, nov. 2006.

296. NIEVA-FENOLL, Jordi. *Coisa julgada*. São Paulo: Revista dos Tribunais, 2016. p. 287.

297. Aqui levando em consideração o teor do art. 508 do CPC, quando aduz que "transitada em julgado a decisão de mérito, **considerar-se-ão deduzidas e repelidas todas as alegações e as defesas que a parte poderia opor tanto ao acolhimento quanto à rejeição do pedido**."

Nesse sentido, o advento de um novo fato ou de uma nova lei atinentes à lide albergada pela coisa julgada seriam elementos suficientes para permitir a instauração de um novo litígio. Daí, inclusive, Barbosa Moreira apresentar uma proposta ainda mais cética em relação ao limite temporal da coisa julgada. Segundo o citado mestre, **a coisa julgada não se subordina a qualquer limite temporal**, na medida em que nem a alteração da circunstância fático-jurídica afetaria a coisa julgada previamente formada, a qual se manteria íntegra. Isso porque, o que ocorreria nessa hipótese seria o advento de uma **nova** lide, a eventualmente resultar em uma **nova** coisa julgada.[298]

Essa afirmativa, porém, comumente professada pela doutrina, deve ser analisada de forma crítica, o que poderia ser exemplarmente apresentado nos seguintes termos: o simples advento formal de uma nova lei incidente sobre uma mesma e específica porção fática seria suficiente para abalar a coisa julgada anteriormente formada?

Para ilustrar a questão, imaginemos o seguinte exemplo: o Estado "X", no exercício de sua competência tributária (art. 155, inciso II, da CF), veicula a fictícia Lei n. 1.234/2019 para promover a majoração da alíquota do Imposto sobre Circulação de Mercadorias e Serviços (ICMS) de 17% para 18% e, na mesma toada, estabelece que o fruto da arrecadação dessa majoração será integralmente destinado à construção de casas populares, uma das bandeiras políticas do governador de Estado de ocasião. Diante desse quadro, os sujeitos passivos destinatários dessa exação começam a propor demandas judiciais para questionar tal aumento, haja vista o disposto no art. 167, inciso IV, da Constituição Federal.[299] Um dos autores dessas demandas,

---

298. BARBOSA MOREIRA, José Carlos. Ainda e sempre a coisa julgada. *In:* WAMBIER, Teresa Arruda Alvim; WAMBIER, Luiz Rodrigues. *Doutrinas essenciais de processo civil.* v. 6. São Paulo: Revista dos Tribunais, 2011. p. 5.

299. "Art. 167. São vedados:
[...].

o contribuinte XPTO, obtém decisão sujeita à coisa julgada para afastar essa majoração.

Não obstante, levando em consideração o baixo número de contribuintes que questionaram o aumento na prática *vis a vis* o universo de possíveis demandantes, bem como o vigoroso incremento na arrecadação decorrente dessa alteração legislativa, em 2021, o Estado "X" veicula a fictícia Lei n. 2.345/2021, aumentando a já majorada alíquota do ICMS de 18% para 19%, além de também prescrever que, agora, o fruto da arrecadação dos 2 (dois) pontos percentuais acrescidos ao ICMS original será destinado ao financiamento de casas populares. Diante desse quadro, surge a dúvida: a alteração na situação jurídica narrada seria suficiente para limitar no tempo os efeitos de decisão transitada em julgado obtida pelo contribuinte XPTO? De forma mais ampla: toda e qualquer alteração nas circunstâncias fático-jurídicas de uma lide revestida pela coisa julgada é bastante para estancar sua repercussão prática no tempo?

Independentemente da resposta a ser aqui oferecida, observa-se, desse exemplo, que delimitar o limite temporal de uma coisa julgada é, repita-se, precisar seus limites objetivos e/ou subjetivos. No caso do exemplo desenvolvido, a questão perpassaria por discutir o que faz coisa julgada, se apenas o dispositivo da decisão ou também sua motivação, e isso implica um debate quanto ao limite objetivo da coisa julgada.

Tais considerações também valem para as relações jurídicas continuativas, conforme se observa de clássica lição de Barbosa Moreira:

IV - a vinculação de receita de impostos a órgão, fundo ou despesa, ressalvadas a repartição do produto da arrecadação dos impostos a que se referem os arts. 158 e 159, a destinação de recursos para as ações e serviços públicos de saúde, para manutenção e desenvolvimento do ensino e para realização de atividades da administração tributária, como determinado, respectivamente, pelos arts. 198, § 2º, 212 e 37, XXII, e a prestação de garantias às operações de crédito por antecipação de receita, previstas no art. 165, § 8º, bem como o disposto no § 4º deste artigo; [...]."

> O princípio vale inclusive para as chamadas sentenças "dispositivas" ou "determinativas" referentes a relações jurídicas continuativas, como a que fixa pensão alimentícia. Ao contrário do que às vezes se afirma, esses casos, do ponto-de-vista em que nos situamos" nada têm de excepcionais. A situação disciplinada pela sentença pode variar, e tal variação acarretará eventualmente a incidência da norma de direito substantivo que rege a matéria, alterando a obrigação no seu valor ou até fazendo-a cessar. Mas a regra concreta formulada pelo juiz para a situação que constituiu o objeto de sua atividade cognitiva, essa permanece, como tal, imutável. Assim, se se julgou que A devia a B, a título de alimentos, a pensão x, o resultado do processo, com o encerramento deste, fica imune a ulteriores contestações, e A jamais poderá obter a restituição do que, em consequência, tiver pago a B, conquanto possa pleitear a formulação de nova regra concreta, se, pela modificação do estado de fato ("*verbi gratia*", cessação da necessidade de B, que nesse meio-tempo enriqueceu), outra situação jurídica substituir a preexistente.[300]

Em momento oportuno, retomar-se-á tais considerações para aprofundá-las, seja para analisar tais pontos sob a perspectiva de demandas tributárias, seja para avaliar os impactos no tempo de precedentes vinculantes para uma decisão submetida à coisa julgada.

Fixadas tais questões, com uma delimitação mais precisa dos limites da coisa julgada, resta clarificado o conceito de coisa julgada empregado na presente obra, permitindo que se siga para a formulação do segundo capítulo dessa obra.

---

300. BARBOSA MOREIRA, José Carlos. Ainda e sempre a coisa julgada. *In:* WAMBIER, Teresa Arruda Alvim; WAMBIER, Luiz Rodrigues. *Doutrinas Essenciais de Processo Civil.* v. 6. São Paulo: Revista dos Tribunais, 2011. p. 5. Também nesse sentido: BRAGA, Paulo Sarno; DIDIER JÚNIOR, Fredie; OLIVEIRA, Rafael Alexandria de. *Curso de direito processual civil.* v. 2, 10. ed. Salvador: JusPodivm, 2015. p. 636; THEODORO JUNIOR, Humberto. *Curso de direito processual civil:* teoria geral do Direito Processual Civil, processo de conhecimento e procedimento comum. v. 1, 58. ed. Rio de Janeiro: Forense, 2017. p. 1.430; TALAMINI, Eduardo. A coisa julgada no tempo (os "limites temporais" da coisa julgada). *Revista do advogado,* [s.l.], ano XXVI, n. 88, p. 58-60, nov. 2006.

2. PRECEDENTES VINCULANTES NO ORDENAMENTO JURÍDICO NACIONAL: *CIVIL LAW*, *COMMON LAW* OU UM *TERTIUM GENUS*?

2.1 *Common Law*: uma breve incursão histórica e características fundamentais

A comparação de famílias jurídicas é tão antiga como a própria existência do Direito. Exemplificando essa assertiva, René David lembra que

> [...] o estudo de 153 constituições que regeram cidades gregas ou bárbaras serviu de base do Tratado que Aristóteles escreveu sobre a Política; Sólon, diz-se, procedeu do mesmo modo para estabelecer as leis de Atenas, e os decênviros, segundo a lenda, só conceberam a Lei das XII Tábuas depois de uma pesquisa por eles levada a cabo nas cidades da Grande Grécia.[301]

Logo, a influência do direito comparado na formação de ordenamentos jurídicos também é milenar.

301. DAVID, René. *Os grandes sistemas do direito contemporâneo.* 4. ed. São Paulo: Martins Fontes, 2002. p. 1.

Atualmente, esse interesse é ainda mais perceptível, haja vista que o grande avanço tecnológico experimentado nas últimas décadas, conjugado com a globalização mundial e o consequente encurtamento das distâncias, torna o intercâmbio de informações – e aí incluído o intercâmbio de informações jurídicas –, muito mais fácil de ser promovido. Em outros termos, o mundo atual está cada vez menor e as barreiras cognitivas para a promoção de um diálogo entre diferentes sistemas jurídicos podem ser superadas com o clicar de um botão.[302]

Essa comparação de modelos jurídicos deve partir de uma perspectiva macrocomparativa e que, portanto, vai para além da restrita análise de específicos institutos jurídicos,[303] implicando também o estudo, ainda que sumário, das próprias sociedades que estão sendo comparadas e do sistema jurídico ali desenvolvido. Assim, "cabe aos comparatistas, por meio de estudos gerais que visem *à* estrutura das sociedades e direitos, criar as condições necessárias para um diálogo frutuoso".[304]

Daí, portanto, a necessidade de, neste Capítulo, se fixarem algumas premissas acerca da família do *Common Law*, de modo a contextualizar determinados institutos lá

---

302. Ressalte-se, todavia, que a inexistência de barreiras físicas e a franca disseminação do conhecimento a respeito de diferentes modelos jurídicos não resultam na afirmação (aparentemente óbvia, porém, falsa) de que a assimilação, ainda que parcial, de um sistema por outro constitui algo corriqueiro ou simples. Longe disso, já que conhecer o diferente não é sinônimo de aceitação e, muito menos, de **adequada** absorção, em especial sob uma adequada perspectiva metodológica. Em verdade, as diferenças macrocomparativas de modelos jurídicos são, em grande parte, as responsáveis por dificultar a correta realização em concreto de certos institutos de um sistema em outro ou, como tem ocorrido no Brasil e se pretende analisar criticamente nesta obra, têm redundado em uma deturpada apropriação/aproximação, a qual pode resultar em um verdadeiro "Frankstein" jurídico.

303. Logo, a comparação de modelos jurídicos não deve se limitar à comparação de normas ou de leis, impondo-se, em verdade, a comparação de racionalidades jurídicas, o que o René David trata como uma comparação de "famílias do direito" (Idem, p. 20).

304. DAVID, René. *Os grandes sistemas do direito contemporâneo*. 4. ed. São Paulo: Martins Fontes, 2002. p. 18.

empregados para, ulteriormente, verificar, macrocomparativamente,[305] a pertinência de tais institutos em um país como o Brasil, herdeiro do *Civil Law*,[306] inclusive para denunciar os eventuais equívocos (conceituais e metodológicos) daí decorrentes ou ainda, na linha professada por Barbosa Moreira, para evitar "um deslumbramento ingênuo que impele à imitação acrítica de modelos estrangeiros".[307]

2.1.1 Origem e evolução histórica do "*Common Law*"

Na Região da Inglaterra, durante séculos, vigorou um modelo jurídico calcado em normas não escritas, fundamentadas em práticas negociais rudimentares e em decisões de tribunais locais. Em 1066, todavia, quando a Inglaterra é conquistada pelos normandos, o direito anglo-saxão[308]

---

305. À esteira dos ensinamentos de Fernando Bronze, a análise macrocomparativa parte dos seguintes pressupostos: (i) a compreensão de que o homem, em relação ao outro, é um estar na vida em diálogo (modo-de-ser dialógico da pessoa humana); (ii) o Direito, enquanto projeto humano intersubjetivo, é um aspecto específico (jurídico) desse diálogo; (iii) o Direito comparado, por sua vez, é a comparação de diferentes projetos (específicos) de diálogos intersubjetivos (BRONZE, Fernando José Couto Pinto. *'Continentalização' do direito inglês ou 'insularização' do direito continental?* (Proposta para uma reflexão macrocomparativa do problema). Coimbra: Coimbra Editora, 1982. p. 38). Em suma, o Direito é a faceta normativa desse diálogo axiológico promovido entre os homens no mundo ou, como afirma Castanheira Neves, "não é mais do que a deliberada, ou conscientemente assumida, expressão normativa daquela axiologia da nossa existência comunitária." (NEVES apud BRONZE, op. cit., p. 54.).

306. Sua tradução para o português – *direito civil* – foi inicialmente empregada para, no Direito Romano, designar o Direito destinado aos cidadãos romanos. O *ius gentium*, por sua vez, era o Direito destinado aos estrangeiros, ainda que situados em solo romano. Em um momento histórico seguinte, "direito civil" passou a ser sinônimo de Direito Romano (em sentido amplo), em contraposição ao direito canônico. Nesse sentido: VIEIRA, Andréia Costa. *"Civil law" e "common law"* – os dois grandes sistemas legais comparados. Porto Alegre: Sergio Antonio Fabris Editor, 2007. p. 21.

307. BARBOSA MOREIRA, José Carlos. *Temas de direito processual civil:* oitava série. São Paulo: Saraiva, 2004. p. 7.

308. Segundo René David, "o uso da palavra **anglo-saxônico**, para designar o direito ou os ingleses e americanos de hoje, é justamente considerado como absurdo fora do continente europeu." (DAVID, op. cit., p. 356. Grifos do autor). E isso porque o direito anglo-saxônico é exatamente aquele que precedeu a formação da *Common Law* em terras inglesas, não havendo maiores similitudes entre esses modelos para além da coincidência geográfica.

começa a ser paulatinamente suplantado por um novo sistema de normas jurídicas frente aos costumes locais. Conforme relembra Rene David:

> A conquista normanda constitui, na realidade, um acontecimento capital na história do direito inglês, porque traz para a Inglaterra um poder forte, centralizado, rico de uma experiência administrativa posta à prova no ducado da Normandia. Com a conquista pelos normandos, a época tribal desaparece; o feudalismo instala-se na Inglaterra.[309]

A partir de então e até o início da dinastia Tudor, em 1485, inicia-se o período de gestação do *Common Law*.

É importante, nesse momento fazer, um parêntese para registrar que alguns marcos históricos aqui apontados, em especial as referências feitas a datas específicas, nada mais são do que apontamentos para tentar situar cronologicamente a formação da *Common Law*. Essa assertiva é importante, uma vez que não é demais ressaltar que as mudanças históricas não se realizam a solavancos nem como precisão temporal matemática, mas sempre de forma lenta, gradual e contínua. Aliás, em se tratando de *Common Law*, esse registro é ainda mais importante, pois, como bem pondera René David, essa família do direito "gosta de valorizar a continuidade histórica do seu direito; este surge-lhe como sendo produto de uma longa evolução que não foi perturbada por nenhuma revolução [...]."[310] Também nesse mesmo sentido, Teresa Arruda Alvim Wambier pondera que:

> ...a resposta simples à pergunta sobre como teria começado o *common law* seria a de que as coisas sempre foram como são. Esta resposta, na verdade, nada mais é do que um modo simples de se dizer que há, no *common law*, "um *continuum* histórico".

309. DAVID, René. *Os grandes sistemas do direito contemporâneo*. 4. ed. São Paulo: Martins Fontes, 2002. p. 357-358.

310. Idem, p. 355.

> Houve um desenvolvimento ininterrupto, tendo sido acumulada a experiência e a sabedoria de séculos.[311]

Dito isso, também é importante registrar que, embora não se confunda com o direito anglo-saxão, como já expressado anteriormente, é inegável que, inicialmente, essa nova família absorveu algumas de suas características, uma vez que, por se considerar herdeiro dos saxões, Guilherme I (1066-1087) acolheu certos costumes e decisões daquele povo, conservando as instituições saxônicas que se prestavam aos seus propósitos específicos.[312]

Ademais, é importante apontar que durante esse período embrionário, os primeiros juízes da *Common Law* também se valiam de regras de origem germânica em seus julgamentos, sendo correto afirmar que princípios provenientes do direito germânico também tiveram seu contributo para a construção da *Common Law*.[313] Em verdade, até o efetivo refinamento e a consolidação da *Common Law*, no século XV, diversos sistemas jurídicos coexistiram na Inglaterra. O Direito dominante na época de Henrique II (1154-1189), por exemplo, era composto por normas consuetudinárias, anglo-saxônicas e normandas, com certa influência de regras de Direito Romano e de Direito Canônico.

A influência, entretanto, do Direito romano-canônico foi sendo drasticamente reduzida ao longo dos anos. Assim, enquanto na França e na Itália o estudo do *Corpus Iuris*

---

311. WAMBIER, Teresa Arruda Alvim. Precedentes e evolução do Direito. *In:* WAMBIER, Teresa Arruda Alvim (coord.). *Direito jurisprudencial.* São Paulo: Revista dos Tribunais, 2012. p. 20.

312. TUCCI, José Rogério Cruz e. *Precedente judicial como fonte do direito.* São Paulo: Revista dos Tribunais, 2004. p. 152.

313. Nesse sentido, Roscoe Pound assevera que: "*the materials with wich the first commom-law judges wrought were germanic materials. The ideas from which and with wich they laid the foundations of the Anglo-American legal system were ideals of Germanic law.*" (POUND, Roscoe. *The spirit of the Common Law.* Abingdon: Routledge, 1988. p. 76).

Civilis suplantou a velha ordem jurídica, na Inglaterra, em razão da centralização pela jurisprudência como fonte de produção do Direito, não houve espaço para o desenvolvimento do Direito romano-canônico.[314]

Nesse sentido, apesar de os juristas ingleses terem conhecimento das *Institutas* de Justiniano, não aplicavam tal texto, pois consideravam o sistema da *Common Law* suficientemente adequado às necessidades e à realidade social de seu tempo, ao ponto, inclusive, do Rei Estefano I (1151-1154) ordenar o fechamento do curso de Direito voltado para estudar a compilação de Justiniano em Oxford e, em 1234, um *writ* de Henrique III (1216-1272) proibir o ensino do Direito Romano.[315] Por fim, René David conclui que:

> [...] a obrigação de se submeterem a quadros processuais rígidos foi a principal razão que, na Inglaterra, impediu uma recepção de conceitos do direito romano, na época em que os Tribunais de Westminster, exercendo a sua competência originária, adquiriram plenitude de jurisdição e tiveram de resolver, a maior parte das vezes, litígios de puro direito privado.[316]

Delimitadas tais questões acerca da fase de gestação do *Common Law*, é possível aduzir que a nova realidade jurídica erigida na Inglaterra após a conquista normanda foi obra dos Tribunais Reais de Justiça, popularmente conhecidos por Tribunais de *Westminster*.[317]

---

314. Daí Tucci afirmar que "o direito que começava a germinar na Britania era essencialmente autóctone, fundado na regra conhecida, na prática cotidiana e muito pouco influenciado pelo *ius romanorum*." (TUCCI, José Rogério Cruz e. *Precedente judicial como fonte do direito*. São Paulo: Revista dos Tribunais, 2004. p. 150).

315. Idem, p. 151.

316. DAVID, René. *Os grandes sistemas do direito contemporâneo*. 4. ed. São Paulo: Martins Fontes, 2002. p. 369.

317. Nesse sentido: Idem, p. 359.

Dessa forma, a primeira concepção da *Common Law* é a de "direito comum", ou seja, aquele proveniente de uma mesma fonte, isto é, as sentenças judiciais dos Tribunais de *Westminster*,[318] cortes constituídas pelo Rei e a ele subordinadas, que acabaram por suplantar os direitos costumeiros e particulares das tribos dos primitivos povos anglo-saxões. Daí, inclusive, que sobrevém a conclusão de que o *Common Law* não se confunde com o Direito anglo-saxônico, que em verdade o precedeu e pouco lhe influenciou, tampouco com um modelo consuetudinário de Direito, sinônimo de um sistema jurídico fragmentado, o qual se pretendeu superar pelo advento de um Direito comum, integrado por meios das decisões dos Tribunais de *Westminster*.

Por sua vez, no final do século XIV, existiam três tribunais reais que se orientavam pelas regras do *Common Law*, sendo eles: *Common Pleas*, *Kings's Bench* e *Exchequer*.[319] No entanto, em um primeiro momento, os Tribunais Reais não julgavam toda e qualquer ação, mas exerciam uma jurisdição de exceção e só eram acionados quando houvesse uma concessão real para esse fim.[320] De acordo com o *writ* solicitado, seguia-se um rito processual próprio e demasiadamente solene.[321]

---

318. Em oposição à ideia de direitos locais, circunscritos a determinadas regiões da Inglaterra de então. "A 'commune ley' ou 'common law' é, por oposição aos costumes locais, o direito comum a toda a Inglaterra." (DAVID, René. *Os grandes sistemas do direito contemporâneo*. 4. ed. São Paulo: Martins Fontes, 2002. p. 359).

319. Idem, p. 152.

320. Assim, "submeter o seu caso às jurisdições reais não é, até esta data, um direito para os particulares. É um privilégio, para o qual é necessário solicitar concessão, que a autoridade real apenas concede com perfeito conhecimento de causa. Aquele que quiser pedir justiça ao rei, dirige-se a um grande oficial da Coroa, o Chanceler, e pede-lhe a concessão de um *writ*, por força do qual as jurisdições reais poderão ser postas em funcionamento, mediante o pagamento de taxas à chancelaria." (Idem, p. 362).

321. "Enquanto no continente os juristas concentravam a sua atenção principalmente na determinação dos direitos e obrigações de cada um (regra substantiva do direito), os juristas ingleses concentravam a sua atenção nas questões de processo. [...]. A *Common Law*, nas suas origens, foi constituída por um certo número de processos (*forms of action*) nos termos dos quais podia ser proferida uma sentença: qual seria, quanto à substância, esta decisão, era algo incerto." (Idem, p. 364).

O *writ* se constituía em uma ordem dada pelo Rei às autoridades, a fim de respeitarem, em relação ao beneficiado que obtinha o remédio, sua situação jurídica, definida pelo julgamento em seu favor. Se não houvesse um *writ* determinado para a situação, não haveria a possibilidade de se dizer o direito em concreto. De outra banda, uma vez concedido o *writ*, era posteriormente formado um júri, composto por leigos, responsável por julgar as pretensões da pessoa beneficiada pelo remédio. Daí a afirmação de que na "*Common Law remedies preced rights*".[322-323]

---

322. Idem, p. 364.

323. Importa sublinhar que nesse mesmo período também se formou uma justiça paralela aos tribunais de *Westminster*, denominada *equity*. A utilização da *equity* só era possível quando inexistisse remédio na *Common Law* e era aplicada pelas *Courts of Chancery*, por meio da figura do Chanceler (*Counsellor*), cognominado *the keeper of the king's conscience*. A *equity*, portanto, foi um mecanismo criado para suplantar o Direito formado a partir da *Common Law* quando esse se apresentasse insuficiente ou incapaz de resolver uma demanda. Nesses casos, o Rei era chamado a intervir para, por meio da *equity*, dar uma dada solução à lide que lhe era posta. Assim, quando o "sistema da *Common Law* funcionava mal – ou porque os Tribunais Reais não podiam ser consultados, ou porque não podiam conceder a solução adequada solicitada por um pleiteante, ou porque não tinham meios para bem conduzir um processo, ou ainda porque chegavam a uma decisão contrária à equidade –, os particulares tinham, segundo as ideias da Idade Média, a possibilidade de pedir a intervenção do rei, fazendo apelo aos imperativos da sua consciência, para que tomasse uma decisão que impusesse uma solução exigida pela justiça. O direito não era um tabu. O rei, soberano justiceiro, devia assegurar aos seus súditos a justiça; a sua intervenção era legítima nos casos e que a técnica do direito era defeituosa." (Idem, p. 389). Na *equity*, portanto, competia ao Chanceler, na qualidade de um preposto do Rei, analisar o caso em concreto que, mesmo não sendo contemplado pela *Common Law*, merecia uma resolução justa. Uma vez iniciado um processo soba sua égide, competia ao Chanceler proferir uma decisão que resultaria em mandamentos/ordens (*equity acts in personam*) dirigidos ao réu. Ainda tratando da questão procedimental, insta destacar que o processo decorrente da *equity* era distinto daquele desenvolvido segundo as regras do *Common Law*. Na *equity* não havia a formação de um júri. O caso levado ao Tribunal era – repita-se – julgado pelo Chanceler, razão pela qual se atribuía uma grande importância para as provas produzidas ao longo do processo, em especial as provas documentais. Ademais, por assumir de forma solitária a tarefa de julgar, cabia ao Chanceler, na qualidade de presidente do processo, determinar a produção de certas provas, inclusive com aptidão para determinar a apresentação de documentos por uma das partes, o que, em um processo tipicamente adversarial como o da *Common Law*, era impensável. Todavia, essa distinção entre *equity* e *Common Law* chegou ao final entre os anos de 1873 e 1875, com o advento dos *Judicature Acts*. A partir de então todos os Tribunais

Assim, o *Common Law* é definido como um direito *laid down by the courts, rather than by legislature*, ou seja, preponderantemente criado (conteudisticamente falando) a partir de *cases* julgados pelos Tribunais de Westminster[324]

---

ingleses passaram a ter competência para decidir determinado caso convocando precedentes da *equity* ou do *Common Law*.

324. Tal fato leva Thomas da Rosa Bustamante a ponderar que a *Common Law* inglesa é a família jurídica que mais se aproxima do Direito Romano clássico, vigente entre os séculos II a.C. e III d.C., pois em ambos haveria a ausência de um corpo de normas jurídicas e a presença de um mecanismo de desenvolvimento gradual, lento e casuístico do Direito por uma "'casta de intérpretes autorizados' – em Roma, os jurisconsultos; na Inglaterra, os juízes." (BUSTAMANTE, Thomas da Rosa. *Teoria do precedente judicial*. São Paulo: Noeses, 2013. p. 5). De forma muito sumária, o Direito Romano vigente no período clássico foi marcado pela coexistência de diversas fontes do Direito, destacando-se os *rescripta* e os *decreta*, os quais integravam fontes do Direito de caráter jurisprudencial. Segundo Tucci, os *decreta*, os *rescripta* e as *epistolae* eram espécies de constituições imperiais que se revestiam de natureza decisória e respeitavam casos concretos. Os *decreta principum* eram as sentenças proferidas pelo imperador no exercício de sua jurisdição, em grau originário ou recursal. Já os *rescripta* e as *epistolae* (diferentes na forma, mas comuns na substância) também apresentavam natureza casuística, uma vez que eram as respostas dadas pelo *princeps* em atendimento às consultas suscitadas pelos magistrados ou pelo próprio litigante a respeito de dada questão controvertida, pertinente a um caso concreto (TUCCI, José Rogério Cruz e. *Precedente judicial como fonte do Direito*. 2. ed. Rio de Janeiro: GZ Editora, 2021. p. 56-57). Por isso afirma-se existir uma semelhança entre o *Common Law* e o Direito Romano clássico, já que nesse período histórico decisões proferidas em um caso tinham caráter fundamental na prática jurídica. Logo, "o direito inglês está, em diferentes aspectos, mais próximo que os direitos românicos do direito romano, do qual, de modo plenamente autônomo, reproduziu a evolução nas suas grandes linhas: importância primordial das formas de ação, caráter casuístico da regra de direito, desconfiança em face das fórmulas gerais e da sistematização." (DAVID, René. *Os grandes sistemas do direito contemporâneo*. 4. ed. São Paulo: Martins Fontes, 2002. p. 33). Também promovendo esse paralelo do *Common Law* com o Direito Romano clássico, Villey afirma que, nesse período histórico do Direito Romano, "os juristas romanos trabalham com a ajuda de um método casuístico (M. Kaser fala da 'estrutura casuística' do direito romano), procurando a cada vez a sentença, não tanto a que ditam as leis, mas aquela que a natureza das coisas impõe; e fazendo uso, bem mais que da estrita lógica estoica, da **controvérsia** praticada metodicamente entre as **opiniões** dos prudentes, geralmente segundo as vias da **dialética** aristotélica." (VILLEY, Michel. *A formação do pensamento jurídico moderno*. 2. ed. São Paulo: Martins Fontes, 2009. p. 502-503. Grifos do autor). Essa também é a opinião de Gustav Radbruch, quando professa que "o Direito inglês foi determinado pelo espírito e método do Direito romano. Justamente por conhecer o espírito e método do Direito romano, sem assimilar o conteúdo do Código Bizantino, o estudo inglês do Direito permaneceu afiliado ao pensamento jurídico da grande era clássica do Direito romano, mais do que ao Direito

e, em menor escala, por meio de leis (*statute law*). Logo, nessa família do Direito, o processo apresenta notória importância, na medida em que, por seu intermédio, torna-se possível a realização de justiça em concreto, valendo-se a máxima *justice before truth.*[325] Consequentemente, dada a importância do processo, há um grande zelo em oportunizar às partes a possibilidade de ampla realização probatória, bem como o cuidado em atribuir ao acusado um processo justo (*fair trail*), consistente na sua adequada condução (*due process of law*).

A partir desse modelo, afirma-se que o *Common Law* objetiva solucionar casos concretos de maneira independente da legislação, preocupando-se, sobretudo, com a segurança jurídica, a isonomia e o pragmatismo. Nesse sentido, Enry de Brancton, jurista inglês do período de consolidação dessa mundividência jurídica, já manifestava em seus escritos sua preocupação com julgamentos contraditórios. Em razão disso, começa a delinear-se a importância de ater-se, na decisão de casos similares, àqueles que já tinham sido anteriormente decididos mediante a convocação dos precedentes judiciais. "Precisamente por essa razão, que, desde a sua fase embrionária, a *Common Law* mostrou natural vocação para ser um sistema de *case law*."[326]

Assim, em razão da necessidade de se garantir a segurança jurídica e a isonomia para os litigantes, em um primeiro momento, as decisões judiciais na Inglaterra passaram a ser catalogadas pelos *case books* e, depois, pelos

---

continental fundado no *Corpus Iuris*. O senso jurídico inglês, assim como o romano clássico, não está em primeira linha fundamentado nas leis, mas em casos concretos. Ambos são juízos jurídicos de caso a caso, ambos são *case Law*." (RADBRUCH, Gustav. *O espírito do Direito inglês e a jurisprudência anglo-americana*. Rio de Janeiro: Lumen Juris, 2010. p. 32-33).

325. Nesse sentido: DAVID, op. cit., p. 407.

326. TUCCI, José Rogério Cruz e. *Precedente judicial como fonte do direito*. São Paulo: Revista dos Tribunais, 2004. p. 154.

year books, verdadeiros repositórios de "doutrina judicial", formados por excertos de argumentos dos litigantes e de decisões judiciais.

A origem dos *case books* se deu com um Tratado (*Treatise*), de autoria do juiz Bracton, obra que, em um primeiro momento, retratava alguns casos por ele selecionados. Nesse esteio, inicialmente, os Tratados de Bracton se limitavam a descrever os específicos casos coletados, compilando os procedimentos empregados, os fundamentos de acusação e de defesa e, ainda, o teor das decisões proferidas. Em um segundo momento, o *Treatise* passou a veicular uma análise crítica dos casos sob a ótica do juiz Bracton, o que teria sido a consolidação do modelo dos *cases books*. Não obstante, "o mais importante foi que Bracton conseguiu influenciar os juristas da época a fazerem uso dos casos já decididos ao pleitearem perante as Cortes de Justiça [...]. O julgador não era compelido a julgar da mesma forma, mas sentia-se influenciado a fazê-lo. Era quase o início da era do 'Case Law'".[327]

Por sua vez, "os Livros do Ano nasceram como forma e comentários de 'petições orais' endereçadas às Cortes, no reinado de Edward I."[328] Inclusive, com base nas lições de Richard Ward, Andréia Vieira ressalta que "os Livros do Ano começaram, provavelmente, como simples anotações de estudantes e iniciantes na carreira jurídica, para serem usados pelos advogados como guias de processo e procedimento",[329] sendo que a primeira versão impressa de um *Year Book* se deu em 1495.

Diante desse quadro e, em especial, considerando o método de estudo do Direito a partir de casos concretos, aliado à prática dos juízes ingleses em se reunirem para

327. VIEIRA, Andréia Costa. *"Civil law" e "common law"* – os dois grandes sistemas legais comparados. Porto Alegre: Sergio Antonio Fabris Editor, 2007. p. 112.

328. Idem, p. 113.

329. Ibidem.

debater os casos mais importantes e complexos a serem resolvidos,[330] construiu-se uma sensação gradual do caráter vinculativo dos precedentes.[331-332]

Nessa linha, em meados do século XVI, os *year books* foram substituídos por Relatórios de Casos (*Law Reports*), nos quais se realizava a transcrição textual do caso e do respectivo julgamento,[333] de modo que a solução dada ao caso reportado também resolvesse o novo e análogo caso a ser decidido. Atualmente, tais relatórios são desenvolvidos por um "Conselho Jurídico" formado por advogados e estudiosos do Direito. Esse Conselho é responsável por escolher os casos que serão reportados.

Dessa forma, o respeito aos precedentes judiciais começou a ganhar relevância, surgindo, assim, a teoria do *stare decisis*, que provém da expressão latina *stare decisis et non quieta movere* (respeitar as coisas decididas e não mexer no que está estabelecido).[334] Foi esse o cenário em que se deu o nascimento e a consolidação do *Common Law*.

---

330. "Os juízes tinham o hábito de reunir-se para discutir os casos mais importantes e os mais complexos. No início do século XV, essas reuniões eram frequentemente realizadas na chamada "Câmara Exchequer" ('*Exchequer Chamber*') e as Cortes desenvolveram a prática de enviar os casos mais complicados a essa Câmara." (Idem, p. 115).

331. "Nos séculos XVI e XVII, ficou estabelecido que as decisões tomadas pela Câmara Exchequer seriam precedentes vinculantes – ou seja, os juízes deveriam observar os princípios desenvolvidos no julgamento de um caso na Câmara Exchequer ao julgarem outro casos que envolvesse litigiosidade semelhante." (Idem, p. 115-116.).

332. Vinculação essa estabelecida em definitivo no século XIX.

333. "Até o século XVIII os '*Law Reports*' eram coletâneas particulares e, portanto, assegurava-se aos juízes ampla discricionariedade em acolher ou não determinado precedente judicial." (BUSTAMANTE, Thomas da Rosa. *Teoria do precedente judicial*. São Paulo: Noeses, 2013. p. 157).

334. "A princípio, o fato de que os mais antigos casos já relatados ainda estão vigentes hoje em dia dá a ideia de que o direito pregado pela '*Common Law*' é estático. Contudo, princípios estabelecidos de longa data geram talvez mais certeza de que leis recém-publicadas, mas não conhecidas pelo povo. Além disso, a descrição minuciosa dos fundamentos de uma sentença, aliada ao fato de que todos têm acesso a todas as minuciosidades dos casos relatados e de que, hoje em dia, praticamente todos os casos são relatados, trazem precisão à pesquisa e à aplicação de qualquer

2.1.1.1 O conceito de Direito no "Common Law"

O conceito de Direito está diretamente atrelado à ideia de justiça, fato esse que, em princípio, não parece ser algo exclusivo da família *Common Law*, mas também está presente na família do *Civil Law*.[335-336] Talvez a grande diferença desses modelos seja o método empregado para a realização em concreto desse valor, ou seja, aparentemente está no âmbito de realização prática do Direito, o que traz reflexos para a própria concepção de Direito e suas funções em dada comunidade histórica.

Diante do que foi abordado no tópico a respeito da formação histórica do *Common Law*, já é possível afirmar que essa família jurídica apresenta uma forma muito própria de organização e realização do Direito, focado na figura dos Tribunais e no papel das decisões judiciais como fontes jurídicas de índole material.

Trata-se de um Direito criado em concreto, por intermédio de um processo eminentemente adversarial. Assim, nesse modelo, o Direito não se resume a um corpo de leis[337]

---

ramo do direito. É, até certo ponto, uma forma de 'escrever equidade'. Pois, como lembra o Professor Richard Ward, nenhum código ou estatuto, por mais cuidadosa que tenha sido sua elaboração, poderia antecipar os problemas jurídicos que essas variações de fato promovem." (VIEIRA, op. cit., p. 119).

335. No idioma grego, *v.g.*, existe apenas uma palavra para designar o Direito e o justo: *díkaion*.

336. Nas palavras de Michel Villey, "o direito clássico é, acima de tudo, **obra da doutrina que busca o justo** segundo a natureza, mais precisamente, resultante do trabalho dos jurisprudentes." (VILLEY, Michel. *A formação do pensamento jurídico moderno*. 2. ed. São Paulo: Martins Fontes, 2009. p. 72. Grifos nossos).

337. Leis essas que, sob uma perspectiva do *Civil Law*, devem redundar, sempre que possível, em normas gerais, abstratas, prospectivas e ahistóricas. Para esta família jurídica há a prevalência de um pensamento axiomático e lógico-dedutivo, em detrimento do método casuístico-dialético. O Direito e, consequentemente, a ideia de justiça, consistiriam em regras previamente existentes, sendo dedutivamente capturáveis (deduzidas) a partir dos princípios da razão pura, os quais formam, de modo lógico e ordenado, o sistema jurídico, este último delineado com ares de uma cientificidade físico-matemática.

criadas pelo poder político (ideológico-partidário),[338] pois, para essa mundividência, o Direito forma-se a partir da prática jurisdicional, tendo por escopo a material resolução de casos concretos. Configura, então, um Direito prático, estável, mas conteudisticamente elástico, empírico-forense "e, portanto, conformador de um pensamento jurídico antiaxiomático, antissilogístico e marcadamente casuístico".[339]

Importante, aqui, abrir um parêntese para explicar que a afirmação de que o Direito no *Common Law* é casuístico deve ser ponderada criticamente, sob pena de eventualmente redundar na falsa ideia de que esse modelo promoveria uma fragmentação do Direito, de modo que cada caso tivesse uma resposta única e não replicável para a solução de casos análogos.

Longe disso, até porque, como visto em tópico anterior, a origem do *Common Law* vem exatamente no sentido de unificar um direito até então costumeiro e, portanto, fragmentado. Logo, o termo casuístico aqui empregado implica reconhecer que o Direito nessa família é um direito problematizado, ou seja, substancialmente criado a partir da resolução de casos concretos, passível de uma universalização (*ratio decidendi*) que, posteriormente, poderá servir de parâmetro para a solução de um caso problematicamente análogo. De forma sumária, o casuísmo aqui mencionado não redunda na desintegração do Direito, mas sim na sua

338. No *Civil Law* compete ao poder político dar sentido valorativo à norma, o que leva Antonio Castanheira Neves a afirmar que "a *voluntas* (legislativa) é uma irredutível dimensão constitutiva do direito em todo o pensamento jurídico moderno." (NEVES, Antonio Castanheira. *Instituto dos assentos*. Coimbra: Coimbra Editora, 2014. p. 526). Ainda segundo o citado autor "a única demanda conteudística que a lei do modernismo faz é o de que a sua substância seja tão generalizante quanto à vontade geral que expressa." (Idem, p. 547).

339. BRONZE, Fernando José Couto Pinto. *"Continentalização" do direito inglês ou "insularização" do direito continental?* (Proposta para uma reflexão macrocomparativa do problema). Coimbra: Coimbra Editora, 1982. p. 132.

conteudística integração entre o presente (caso decidendo) e o passado (precedente).

Fechado o parêntese e retomando a concepção de Direito na família do *Common Law,* Roscoe Pound aduz que a ideia clássica de justiça nesse sistema "consiste em aplicar a razão e a experiência" para solucionar os litígios levados aos Tribunais.[340] Isso torna possível a aproximação da justiça ali buscada com a ideia de uma a sabedoria prática, de um bem agir em concreto, da **prudência**, ou seja, da *phrónesis* aristotélica,[341] assim entendida:

> A "phrónesis" "versa sobre coisas humanas, e coisas que podem ser objeto de deliberação; pois dizemos que essa é acima de tudo a obra do homem dotado de sabedoria prática: deliberar bem. Mas ninguém delibera a respeito de coisas invariáveis, nem sobre coisas que não tenham uma finalidade, essa finalidade; um bem que se possa alcançar pela ação. De modo que delibera bem no sentido irrestrito da palavra aquele que, baseando-se no cálculo, é capaz de visar a melhor, para o homem, das coisas alcançáveis pela ação.[342]

---

340. "*Law has lived and grown through juristic activity. It has been liberalizes by ideas of natural right or justice or reasonabless or utility, leading to criteria by which rules and principles and standards might be tested, not by ideas of force and command and the sovereign will as the ultimate source of authority.*" (POUND, Roscoe. *The spirit of the Common Law*. Abingdon: Routledge, 1988. p. 239).

341. Para Villey, todavia, o filósofo grego a influenciar o *Common Law* seria Platão e a ideia de justiça por ele formulada em *A República*. Isso porque, ao dissertar a respeito da *polis* ideal, Platão defende que a justiça não estaria sujeita a fórmulas escritas, uma vez que toda lei escrita se revela injusta na sua aplicação, porque o mundo dos homens, ao qual deve se aplicar o Direito, está em constante movimento, o qual não é acompanhado pela rigidez da lei positivada. Ainda segundo Villey, o jurista concebido por Platão para esse modelo de Direito também se aproximaria do jurista do *Common Law*, uma vez que seu papel não se limitaria à aplicação (lógico-subsuntiva) da lei, indo para muito além disso: "assim como o médico procura o remédio mais útil, o jurista está à procura da melhor solução." (VILLEY, Michel. *A formação do pensamento jurídico moderno*. 2. ed. São Paulo: Martins Fontes, 2009. p. 25).

342. ARISTÓTELES. Ética a Nicômaco; Poética. Seleção de textos de José Américo Motta Pessanha. 4. ed. São Paulo: Nova Cultural, 1991. (Os Pensadores; v. 2). E-book. Disponível em: https://edisciplinas.usp.br/pluginfile.php/4977081/mod_resource/content/1/Etica%20a%20Nicomaco%20%28Aristoteles%29.pdf. Acesso em: 5 fev. 2020.

Desse modo, os juízes do *Common Law*, por não serem meros aplicadores autômatos do Direito, mas sim construtores da ordem jurídica, conformariam o valor justiça[343] no âmbito da realização prática do Direito, i.e., por intermédio das suas decisões, utilizando-se, para tanto, da razão e da experiência ou, ainda, da prudência, para dar a cada qual o que lhe é devido: *suum cuique tribuere*.

É óbvio que creditar todo o alicerce do *Common Law* unicamente à prudência dos seus julgadores seria uma ingenuidade. Em verdade, esse embasamento teórico-filosófico é um dos pilares (e não o único) desse modelo, o qual também se ampara em (i) uma cultura muito bem sedimentada do *stare decisis*, na medida em que desenvolvida ao longo de séculos de história de Direito naquele ambiente, bem como (ii) uma **metodologia** jurídica própria (que será mais bem detalhada adiante) e que atua como um indutor a retroalimentar o modelo do *stare decisis*. Há, portanto, amarras institucionais no sentido de induzir – ainda que de forma contrafática – a prudência intencionada por essa família jurídica.

De forma muito sumária, é possível afirmar que nessa família jurídica o Direito não é visto como um objeto estático, passível de observação e compreensão por um observador externo. Em verdade, é algo construído pelos seus próprios operadores por meio de uma prática recorrente, a qual é responsável por permanentemente sedimentar uma *ratio ius*, bem como respostas materialmente válidas para um caso concreto, respostas essas que vão se repetindo continuamente/historicamente na solução de novos casos sempre que esses sejam problematicamente análogos ao primeiro, tido então como precedente.

---

343. Construída histórico-culturalmente por intermédio de um *continuum* prático.

2.1.1.2 Fontes do direito

Tratar das fontes do Direito é, em última análise, "saber de que modo se constitui e manifesta o direito positivamente vigente numa determinada comunidade histórica – ou seja, de que modo o direito se objectiva aí **como direito.**"[344] Em suma, é conhecer os mecanismos empregados pelo Direito para que ele se manifeste como tal em determinado tempo, ou seja, para que dado valor se torne o "normativo juridicamente vinculante de uma certa comunidade".[345]

Tanto no *Common Law* quanto no *Civil Law*, os mecanismos de criação do Direito não se diferem, sendo eles: precedentes,[346] a lei, os costumes e a doutrina. A grande diferença, todavia, reside na proeminência atribuída a cada um desses mecanismos em ambas as famílias jurídicas,[347] bem como o aparato metodológico para o emprego de tais mecanismos, conforme se detalhará a seguir.

2.1.1.2.1 Os precedentes

Em se tratando de *Common Law*, é sabido que o Direito vinculante no seio de dada comunidade histórica é aquele materialmente criado judicativamente, i.e., estruturado e realizado a partir do caso concreto (*case law*). As decisões judiciais, portanto, são responsáveis pelo preenchimento conteudístico do Direito, o qual é tratado como um irromper de valores jurídicos que vão sendo (re)significados em

---

344. NEVES, Antonio Castanheira. *Digesta:* escritos acerca do Direito, do pensamento jurídico, da sua metodologia e outros. v. 2. Coimbra: Coimbra Editora, 1995. p. 7. Grifos do autor.

345. Idem, p. 8.

346. Embora no *Civil Law*, em verdade, a atuação judicial no processo de formação do Direito está mais atrelada à figura da jurisprudência, que se difere do instituto do precedente, o que será mais bem desenvolvido a seguir.

347. Nesse esteio: VIEIRA, Andréia Costa. *"Civil law" e "common law"* – os dois grandes sistemas legais comparados. Porto Alegre: Sergio Antonio Fabris Editor, 2007. p. 219.

determinado momento histórico, e não como fruto imediato do poder político-ideológico-partidário de ocasião.[348]. Há, pois, uma **indução** da normatividade vinculante, e não a sua dedução.

Assim, no *Common Law*, o Direito nasce a partir do caso em concreto, o qual promove uma primeira tensão dialética, mais precisamente aquela existente entre os litigantes em dada relação processual e que pode ser chamada de **interpessoal**, pois decorrente do conflito de interesses das partes envolvidas na lide.[349] Por sua vez, desse entrechoque se destaca uma intencionalidade jurídica problematizante, que ficará encarregada de suscitar uma segunda tensão dialética, **interfundamentos**, na medida em que fruto do confronto entre o caso decidendo e o sistema-fundamento.[350] O problema a ser solucionado promove uma mediação – a ser conduzida pelo julgador – entre a normatividade intencionada (sistema-fundamento, com ênfase nos precedentes) e a normatividade em concreto (juízo decisório).

No aludido ponto se encontra outra diferença importante do precedente no *Common Law*, em oposição ao seu papel no *Civil Law*. Nesta última família jurídica a decisão

348. Por isso Castanheira Neves afirma que o direito judicial, ou seja, realizado a partir da atividade judicativa, é uma experiência de "*índole essencialmente* **prudencial** (remete-nos ao concreto **juízo** normativo)", diferentemente do que ocorre no modelo da *Civil Law*, no qual a lei é a fonte primária do Direito, o que automaticamente implica a existência de uma experiência jurídica "de índole **estatal** (remete-nos ao **poder** político)." (NEVES, Antonio Castanheira. *Digesta:* escritos acerca do Direito, do pensamento jurídico, da sua metodologia e outros. v. 2. Coimbra: Coimbra Editora, 1995. p. 28-29. Grifos do autor).

349. Em um modelo judicativo, como no caso da *Common Law*, a permanente (re) construção do Direito se dá por intermédio de "uma *práxis* de rosto humano, na medida em que, no seu âmbito, é sempre do mérito problemático do conhecido que se avança para a aquisição do mérito problemático do desconhecido ou do menos bem conhecido, através de uma troca de razões [...]." (BRONZE, Fernando José Couto Pinto. A metodonomologia (para além da argumentação). *StvdiaIvridica 90 – ad honorem 3,* Boletim da Faculdade de Direito, Coimbra, p. 353, [199-]).

350. Aqui entendido pelo conjunto formado pelos precedentes, leis e doutrina, embora, no *Common* Law, com proeminência para a figura dos precedentes.

judicial tende sempre a resultar em um enunciado normativo (juízo hipotético-condicional), que se desprenderá do caso assim que ele tiver sido formalmente encerrado.[351-352] Já no *Common Law*, embora também se valorize a normatividade vinculante abstraída do caso (*ratio decidendi*), não se ignora as particularidades fáticas do que foi julgado em sua inteireza problematizante, bem como a mediação então empregada para se alcançar o juízo decisório apto a solucionar o problema jurídico do caso em julgamento.

Em um genuíno modelo de *stare decisis* há, sim, um processo de abstração da decisão a ser ulteriormente convocada como precedente, o que se dá por intermédio da fixação da *ratio*. Ocorre que, embora isso possa ser paradoxal para os adeptos do *Civil Law*, tal abstração caminha lado a lado com as circunstâncias fáticas do caso decidido e que redundou no precedente. Não há, pois, uma dissociação da *ratio* e do caso.

Ademais, o precedente não nasce com tal *status*, o qual só é adquirido na prática, quando convocado para a resolução de um caso. Isso se dá mediante uma comparação **analógico-problemática** entre o caso a ser decidido e aquele chamado de precedente. Nesse sentido, Brumbaugh, citado por Edward D. Re, afirma que "as decisões não são proferidas para que possam servir de precedentes no futuro, mas antes, para solver as disputas entre os litigantes. Sua

---

351. As súmulas vinculantes são o maior exemplo disso, conforme será tratado mais adiante. As ementas também são um importante retrato dessa afirmação.

352. Daí também a influência para o legislador prescrever, no art. 504 do Código de Processo Civil brasileiro, que apenas a parte dispositiva da sentença, i.e., seu enunciado normativo, faz coisa julgada. Nesse sentido:
"Art. 504. Não fazem coisa julgada:
I - os motivos, ainda que importantes para determinar o alcance da parte dispositiva da sentença;
II - a verdade dos fatos, estabelecida como fundamento da sentença." (BRASIL. Lei n. 13.105, de 16 de março de 2015. *Código de Processo Civil. Brasília: Presidência da República, [2015a]. Disponível em: https://www.planalto.gov.br/ccivil_03/_ato2015-2018/2015/lei/l13105.htm. Acesso em: 20 fev. 2023).*

utilização em casos posteriores é uma decorrência incidental".[353] Logo, o método de convocação de um precedente (comparação de casos) atua como um importante limitador para evitar a citada dissociação, na medida em que impede a existência de uma pretensa autonomia da "norma jurídica decisória" em face do caso julgado.

Assim, no sistema de *Common Law* atribui-se uma enorme importância à figura do julgador, a quem compete o mister de criar e recriar em concreto o Direito (ativismo judicial[354]) ou, como prefere Castanheira Neves, a quem compete a tarefa de "reelaborar dogmático-sistematicamente essa normatividade".[355] Diferentemente, no modelo do *Civil Law* o protagonista do Direito é o legislador, a quem compete preencher o Direito de conteúdo por intermédio da lei.

No *Common Law*, portanto, o Direito se abre para o novo por intermédio do caso em concreto, "isto porque a experiência problemática, enquanto também experiência histórica, vem sempre a alargar-se e aprofundar-se, em termos de exigir novas perguntas (problemas) e outro sentido para as respostas (implicadas em novas intenções que, entretanto, e através dos novos problemas, se vão assumindo)".[356] Tal franqueamento, por conseguinte, se dá pela mediação judicativa produzida em concreto, sem que isso resulte na perda da sua autonomia, já que

---

353. RE, Edward D. *Stare decisis*. *Revista de Informação Legislativa*, [s.l.], v. 31, n. 122, p. 283, abr./jun. 1994.

354. Termo esse que é mal-empregado no Brasil, já que revestido de um viés pejorativo, pois indevidamente equiparado com um voluntarismo jurídico, essa sim uma enfermidade do sistema nacional, a ser mais bem explicada adiante.

355. NEVES, Antonio Castanheira. *Digesta:* escritos acerca do Direito, do pensamento jurídico, da sua metodologia e outros. v. 2. Coimbra: Coimbra Editora, 1995. p. 33.

356. NEVES, Antonio Castanheira. *Metodologia jurídica* – problemas fundamentais. Coimbra: Coimbra Editora, 1993. p. 157.

> [...] nos juízos decisórios jurisdicionais vai sempre pressuposta e intencionalmente invocada uma normativa validade que se não pretende alterar ou substituir por outra que programaticamente se institua, pois visa-se tão-só afirmá-la, mediante uma determinação constitutivo-concretizadora, nos casos da sua problemática realização.[357]

A história jurídica preteritamente contada e retratada pelos precedentes atuam como constrangimentos institucionais para as novas decisões.

Não se trata, portanto, de um modelo sistemático, hermeticamente fechado,[358] como funciona em países do *Civil Law*, e da famosa alegoria da estrutura piramidal do sistema jurídico.[359] Em verdade, se for para empregar algum tipo de alegoria, seria possível comparar tal sistema como uma teia de aranha ou, como prefere Guido Soares, uma *colcha de retalhos*,[360] na qual se encontrarão pontas sempre abertas para receber o novo (retratado pelos novos casos a serem julgados e a permanente (re)construção do Direito), mas limitada por um núcleo (jurídico-valorativo) duro

---

357. NEVES, Antonio Castanheira. *Digesta:* escritos acerca do Direito, do pensamento jurídico, da sua metodologia e outros. v. 2. Coimbra: Coimbra Editora, 1995. p. 32.

358. Ainda tratando da abertura do Direito para o novo em um ordenamento de índole jurisdicional, Castanheira Neves professa que "a irredutível abertura do sistema impõe ainda que a realização do direito interrogue continuamente e se faça intérprete, no seu juízo normativo concreto, do *consensus* jurídico-comunitário das intenções axiológico-normativas da 'consciência jurídica geral', com as suas expectativas jurídico-sociais de validade e justiça e daí também quer a indispensável e responsável mediação do 'intérprete', quer o momento filosófico-jurídico de toda a realização do direito." (Idem, p. 80).

359. Não é demais lembrar que o processo de sistematização do Direito europeu continental se deu com o renascimento da cultura helenística no século XVI, sendo este considerado um acontecimento capital para a história do Direito. "Uma das grandes realizações dos juristas do século XVI foi, com efeito, a construção de **sistemas** científicos do direito. [...] Será esse o empreendimento que levará às **codificações** modernas, isto é, a uma mutação radical da **forma** do direito, que passará a se apresentar numa ordem lógica [...]." (VILLEY, Michel. *A formação do pensamento jurídico moderno*. 2. ed. São Paulo: Martins Fontes, 2009. p. 553-554. Grifos do autor).

360. Nesse sentido: SOARES, Guido Fernando Silva. *Common Law:* introdução ao Direito dos EUA. 2. ed. São Paulo: Revista dos Tribunais, 2000. p. 54.

(equivalente ao centro da teia ou da colcha de retalhos), onde as novas decisões vão buscar a razão (substancial) para o seu advento.

Não é isso, todavia, o que ocorre no tradicional modelo do *Civil Law*. Aqui, a abertura do Direito para o novo não se dá em concreto, mediante a realização de determinado caso. No *Civil Law* tradicional, o Direito é hermeticamente fechado ou autopoiético e só admite o novo por intermédio da lei, enunciado mínimo de caráter abstrato e ahistórico.[361] Esse enclausuramento do Direito, fruto de uma racionalidade físico-matemática, seria o responsável por manter a pretensa pureza do jurídico no ato da sua aplicação. Por conseguinte, não respeita, necessariamente, uma intencionalidade jurídica que vai se desenvolvendo historicamente, mas que em verdade já nasce pronta e acabada.[362]

Diante desse quadro, ainda que singelo, é possível constatar a importância do papel dos precedentes como fonte do Direito no *Common Law*. No caso da Inglaterra, mais particularmente, os precedentes com maior ascendência

361. Fazendo uma análise histórica do *Civil Law* e tratando do momento de aproximação da virada do Direito Medieval para o Direito Moderno, Wieacker aduz que esse caráter ahistórico do Direito traduzia uma pretensão de imutabilidade para o Direito, na medida em que "a pretensão moderna de conhecimento das leis naturais é agora estendida à natureza da sociedade, ou seja, ao direito e ao Estado; também para estes devem ser formuladas leis com a imutabilidade das deduções matemáticas. E tal como a conexão lógica das leis naturais produz o sistema do mundo físico, que atinge seu auge nos *Principia mathematica* de Newton, também as leis naturais do mundo social produzem um sistema fechado da sociedade, um 'direito natural'." (WIEACKER, Franz. *História do direito privado moderno.* 4. ed. Lisboa: Fundação Calouste Gulbenkian, 2010. p. 288).

362. E, não necessariamente, em consonância com os valores jurídicos veiculados pela lei velha, revogada. Assim, não é raro que uma nova lei apresente um potencial quase revolucionário, na medida em que pode veicular valores completamente opostos à lei derrogada, de acordo com a conveniência político-partidária de momento.

para atuar como fonte do Direito são aqueles oriundos da alta justiça,[363] composta pelos Tribunais Superiores.[364]

Importante destacar que, apesar de o precedente ser considerado como fonte do Direito e, por conseguinte, implicar o seu respeito na hipótese de julgamentos de casos análogos e ulteriores ao seu advento, a sua vinculação, de forma mais rigorosa sob o ponto de vista formal, só ocorreu na Inglaterra a partir da primeira metade do século XIX,[365] sendo sistematizado com base em três regras:

---

363. Na Inglaterra, a jurisdição se divide em "alta justiça" e "baixa justiça". A primeira delas profere decisões que serão ulteriormente convocadas como precedentes para a resolução de casos semelhantes. Já a baixa justiça é composta por "jurisdições inferiores ou organismos 'quase-judiciários', mas estes não participam do 'poder judiciário' e as sentenças que proferem têm seu interesse limitado à espécie por eles julgada." (VIEIRA, Andréia Costa. *"Civil law" e "common law"* – os dois grandes sistemas legais comparados. Porto Alegre: Sergio Antonio Fabris Editor, 2007. p. 417).

364. Depois do *Judicature Acts* de 1873-1875, os Tribunais até então existentes foram unificados e resultaram no *Supreme Court of Judicature*, o qual, por sua vez, se subdivide em *High Court of Justice, Crown Court* e *Court of Appeal*. A *High Court of Justice* é formada por três Seções, quais sejam, o Banco da Rainha, a Chancelaria e a Seção da Família, e é composta por no máximo setenta e cinco *puisne judges*, denominados *Justices*, além dos presidentes de cada uma das seções há pouco descritas. Referidos juízes são indicados pela Rainha dentre advogados ingleses. A *Crown Court*, por sua vez, é responsável pelo julgamento de questões de natureza criminal. Dependendo do crime em apreço, o julgamento poderá ser procedido por um *Justice* da *High Court*, por um "juiz de circuito" (aquele que exerce em tempo integral a judicatura) ou, ainda, por um *recorder* (advogado que exerce temporariamente as funções de juiz). Por fim, a *Court of Appeal* constitui um segundo grau de jurisdição dentro do *Supreme Court of Judicature*. Referido tribunal é composto por dezesseis *Lords Justices* e é presidido pelo *Master of Rolls*. Os recursos submetidos a esse tribunal são julgados, em princípio, por um colegiado composto por três juízes. Ainda em sede de Tribunais Superiores, é possível também destacar a existência da Câmara dos Lordes. Referida Câmara julga não mais que quarenta recursos no ano (tais recursos são excepcionais, só sendo possível sua interposição após uma autorização nesse sentido), os quais são interpostos contra decisões proferidas pela *Court of Appeal* (excepcionalmente, é possível interpor um recurso diretamente da *High Court* para a Câmara dos Lordes). Referido recurso é julgado pelo Comitê de Apelação (*Appellate Committee*), o qual é integrado pelo Presidente da Câmara dos Lordes (*Lorde Chanceler*), pelos *Lords of Appeal in Ordinary* (que não ultrapassam o número de onze Lordes) e por Lordes que ocuparam anteriormente determinadas funções judiciárias prescritas em lei. Nesse sentido: Idem, p. 417-419.

365. Segundo René David, "a tendência legalista do século XIX, à qual se liga na França a escola da exegese, conduziu, na Inglaterra, à submissão a uma regra mais

(i) as decisões proferidas pela Câmara dos Lordes vinculam todos os demais níveis de jurisdição, exceto a própria Câmara;

(ii) as decisões da *Court of Appeal* vinculam todas as jurisdições hierarquicamente inferiores e, com exceção de questões criminais, também a própria *Court of Appeal*; e, por fim,

(iii) embora não sejam vinculativas, as decisões exaradas pela *High Court of Justice* apresentam grande grau de persuasão para as instâncias jurisdicionais inferiores, bem como para a própria *High Court* e para a *Crown Court*.

Não obstante, apesar da existência de uma vinculação aos precedentes oriundos dos Tribunais Superiores, é importante registrar que isso não se dá *a priori*, uma vez que um precedente veiculado por um Tribunal Superior apresenta um possível, mas não um necessário, caráter vinculante. Isso porque um precedente não atua como se lei fosse, ou seja, sua validade (materialmente falando) não se dá de forma prévia, geral e abstrata, mas sim de forma individual, concreta e histórica. Em outros termos, "a força gravitacional do precedente não pode ser apreendida por nenhuma teoria que considere que a plena força do precedente está em sua força de promulgação, enquanto peça de legislação."[366] A força vinculante do precedente sempre se dá de forma restrospectiva, e não prospectivamente.

Dessa feita, um dado precedente veiculado por um Tribunal Superior na Inglaterra só terá um caráter vinculante

---

estrita do precedente. O estabelecimento, pelos *'Judicature Acts'*, de uma hierarquia judiciária mais sistemática e o melhoramento da qualidade das compilações jurisprudenciais contribuíram para produzir o mesmo resultado." (DAVID, René. *Os grandes sistemas do direito contemporâneo*. 4. ed. São Paulo: Martins Fontes, 2002. p. 428).

366. DWORKIN, Ronald. *Levando os direitos a sério*. São Paulo: Martins Fontes, 2002. p. 176.

depois de submetido a uma concreta analogia problemática com o caso a ser decidido e apenas na hipótese de se constatar que os casos em questão (precedente e decidendo) apresentam mais pontos de encontro do que de desencontros.[367] **Só aí há motivo para justificar (materialmente falando) a convocação da** *ratio decidendi* do precedente para a realização do caso em julgamento.

Em suma, "o juiz não esclarece, no acórdão, qual é a '*ratio decidendi*'; esta será determinada posteriormente por um outro juiz, que examinará se o acórdão é ou não um precedente aplicável ao litígio que estiver julgando."[368] Aliás, precisar os contornos da *ratio decidendi* de um precedente é um exercício tormentoso, uma vez que a própria forma como uma decisão é exarada na Inglaterra, *v.g.*, acaba por criar obstáculos para esse fim. Lá o juiz não tem a obrigação de justificar sua decisão. O ato jurisdicional da sentença resume-se à proclamação do resultado do julgamento, de forma semelhante com o que ocorre na parte dispositiva das sentenças proferidas pelo Poder Judiciário brasileiro.[369] Nesse país, portanto, não há acórdãos, o que dificulta ainda mais a delimitação da *ratio decidendi* no julgamento de um caso em concreto.[370]

---

367. Essa analogia problemática se radica "na comparação de dois *relata* particulares: do mérito problemático-jurídico do caso concretamente decidendo e da relevância, também problemático-jurídica, do constituído e/ou constituendo critério/fundamento [no modelo da *Commom Law* retratado pela figura do precedente] susceptível de assimilar a *quaestio disputata*." (BRONZE, Fernando José C. Pinto. A metodonomologia (para além da argumentação). StvdiaIvridica 90 – ad honorem 3, *Boletim da Faculdade de Direito*, Coimbra, p. 366, [199-].

368. DAVID, René. *Os grandes sistemas do direito contemporâneo*. 4. ed. São Paulo: Martins Fontes, 2002. p. 430.

369. Nesse sentido: Idem, p. 430.

370. WAMBIER, Teresa Arruda Alvim. Precedentes e evolução do Direito. *In:* WAMBIER, Teresa Arruda Alvim (coord.). *Direito jurisprudencial*. São Paulo: Revista dos Tribunais, 2012. p. 43.

Ressalte-se, entretanto, que nos Tribunais Superiores ingleses há, em regra, a exposição das razões de determinada decisão, retratada pelo comentário veiculado pelo julgador.[371] Não se pode olvidar, porém, que os citados comentários estão repletos de *dicta*, ou seja, de manifestações do julgador que não necessariamente influenciam no resultado da demanda.

Assim, para a devida delimitação da *ratio decidendi*, mister se faz o desenvolvimento de um trabalho árduo, decorrente de uma análise crítica (i) das particularidades fáticas do caso decidido, (ii) da parte dispositiva da decisão e, ainda, (iii) dos comentários do julgador.

2.1.1.2.2 A lei

A lei (*statute law*[372]) também é tratada como fonte do Direito nos países adeptos da *Common Law*, mas não com a mesma relevância atribuída aos precedentes e muito menos com a força que ela (lei) apresenta nos países adeptos do *Civil Law*.

---

371. Segundo explica Teresa Arruda Alvim Wambier, "em algumas decisões da extinta *House of Lords* se notava algum desejo de que houvesse acórdãos (*single collective judgments*), escritos por um juiz, auxiliado por outros, como se fosse um trabalho em equipe. A mesma tendência se fez ver na *Court of Appeal*. No âmbito criminal, há *single majority judgments* (acórdãos em que consta a posição da maioria). Há a possibilidade de se dar publicidade aos votos vencidos. O modelo da *US Supreme Court* é o de um *single majority judgment* (= acórdão de que consta a posição que prevaleceu), com espaço para declaração de outros votos no mesmo sentido e para votos vencidos." (WAMBIER, op. cit., p. 45).

372. "Na *Common Law*, aquilo que, entre os civilistas, denomina-se 'lei' – a norma de direito escrita pelo Legislativo – recebe nomes distintos. Assim, na *Common Law*, é chamada de estatuto (*Statute Law*) – de onde provém a expressão direito estatutário. Também é chamada de 'Atos do Parlamento' (*Act of Parliement*), dentre outras expressões consagradas no direito inglês e norte-americano. Dessa forma, considera-se *Statute Law* as leis ordinárias (federais, estaduais ou municipais), as constituições (federais, estaduais ou municipais), os regulamentos administrativos (federais, estaduais ou municipais), os Atos do Parlamento em geral (*Acts of Parliement*, como são chamados na Inglaterra) e, inclusive, os tratados internacionais." (VIEIRA, Andréia Costa. *"Civil law" e "common law"* – os dois grandes sistemas legais comparados. Porto Alegre: Sergio Antonio Fabris Editor, 2007. p. 136-137).

Isso porque, na qualidade de um modelo de *case law*, o *Common Law* não converge para atribuir à lei o papel de fonte material precípua do Direito, a ponto de Cracknell afirmar que

> [...] se se pudesse revogar todos os estatutos, seria ainda possível estabelecer o direito em prática no sistema da *Common Law* através dos precedentes, ainda que isso não fosse viável. O contrário, contudo, não seria possível, uma vez que revogados os precedentes vinculantes, os estatutos restariam como várias leis sem conexão ou até mesmo sem nexo.[373]

Em verdade, determinada lei só é efetivamente realizada no *Common Law* depois de submetida ao crivo do Poder Judiciário, a quem ficará o encargo de lhe atribuir um sentido material. Isso porque, segundo René David,

> [...] as disposições da lei inglesa acabam rapidamente sendo submersas por uma massa de decisões jurisprudenciais, **cuja autoridade se substitui à dos textos legais**; o espírito geral da lei arrisca-se a ser esquecido e a finalidade que ela procurava atingir perde-se de vista, no emaranhado das decisões que se destinam a resolver, cada uma delas, um ponto de pormenor particular.[374]

É bem verdade que, em tempos atuais e em determinados nichos do Direito, o regime do *Common Law* tem atribuído à lei um papel mais relevante do que no passado.[375] Mesmo nessas situações específicas, todavia, a lei

---

373. CRACKNELL apud VIEIRA, Andréia Costa. *"Civil law" e "common law"* – os dois grandes sistemas legais comparados. Porto Alegre: Sergio Antonio Fabris Editor, 2007. p. 139.

374. DAVID, René. *Os grandes sistemas do direito contemporâneo.* 4. ed. São Paulo: Martins Fontes, 2002. p. 431. Grifos nossos.

375. Reforçando esse ponto, Mancuso afirma que "não se pode esquecer nem minimizar o fato de que, no berço histórico da *equity* e dos *binding precedents* – a Inglaterra – vigora desde 1999, o Código de Processo Civil, à semelhança do que se passou nos Estados Unidos, desde 1847, com o *Field Code*, e, a partir de 1938, com as *Federal Rules of Civil Procedure*, e suas alterações, inclusive advinda em 2006." (MANCUSO, Rodolfo de Camargo. *Sistema brasileiro de precedentes:* Natureza. Eficácia. Operacionalidade. 3. ed. Salvador: JusPodivm, 2019. p. 63).

se apresenta de uma forma diferente daquela conhecida pelo *Civil Law*.

No *Common Law*, a lei não apresenta o mesmo caráter generalizante do *Civil Law*, em especial no *Common Law* inglês, berço dessa família jurídica. Ao contrário, sua estrutura é modelada a partir de uma significativa concretude. E dificilmente a roupagem do *statute law* seria diferente disso, haja vista ser essa a estrutura secularmente desenvolvida nessa família jurídica, na qualidade de um direito judicial. Assim, "o legislador inglês procura colocar-se tanto quanto possível no plano da regra jurisprudencial, considerada como a única regra normal em direito inglês".[376]

Ademais, convém repetir, uma lei, no *Common Law*, só ganha relevância material para o ordenamento jurídico então vigente depois de submetida ao crivo da atividade judicial e de ser por ela absorvida, competindo ao juízo a tarefa de dar-lhe um substancial sentido. Em suma, a lei torna-se relevante depois de digerida pela atividade jurisdicional e transformada em precedente.

Convém ainda registrar uma diferença do papel da lei no Direito inglês e no Direito estadunidense. Apesar de se integrar a um modelo de *Common Law*, o uso da legislação nos Estados Unidos da América é muito mais comum do que na Inglaterra.[377] Essa maior atuação da lei por lá decorre de uma questão histórica: a instituição dos Estados Unidos da América foi fundada em um texto legal, a sua Constituição, considerada como "o próprio ato de fundação do seu país e não apenas a sua carta política".[378]

---

376. DAVID, op. cit., p. 442.

377. Não se ignora – repita-se – que assim como ocorre nos demais países da família do *Common Law*, a lei ganha relevância depois de submetida à realização por parte dos juízes e, consequentemente, depois de resultarem em precedentes.

378. Idem, p. 494.

Em outros termos, "a Constituição dos Estados Unidos é a expressão autorizada do contrato social que une os cidadãos e legitima as autoridades instituídas. É a lei fundamental (*Grundgesetz*) que estabelece as próprias bases da sociedade".[379] Nesse sentido, a existência de uma Constituição escrita já denota uma grande diferença entre os modelos estadunidense e inglês.

Como desdobramento dessas questões e, em especial, da posição privilegiada da Constituição estadunidense, registre-se a existência, naquele país, de um controle de constitucionalidade exercido pelo Poder Judiciário,[380] o que é inconcebível para os ingleses.

Apesar da importância da Constituição estadunidense, não se pode olvidar que a relevância não é do texto constitucional propriamente dito, mas sim dos valores ali identificados e (re)construídos em concreto, mediante a realização de casos por intermédio de decisões judiciais, a ponto de se afirmar que "a Constituição dos Estados Unidos, declarou o juiz Hughes, é o que dizem os juristas".[381] Não é por acaso que a Constituição estadunidense é classificada como sintética,[382] possuindo apenas sete artigos e vinte e sete emendas, cujo teor vai se adaptando à realidade social em que se encontra inserido por meio das decisões judiciais.[383]

---

379. DAVID, René. *Os grandes sistemas do direito contemporâneo*. 4. ed. São Paulo: Martins Fontes, 2002. p. 497.

380. Regra essa deflagrada quando do julgamento do célebre caso *Marbury v. Madison* (1803), absorvida pelo constituinte brasileiro e que redundou na técnica de controle difuso de constitucionalidade.

381. DAVID, op. cit., p. 498.

382. Paulo Bonavides prefere nominar esse tipo de Constituição como "concisa", em oposição as Constituições analíticas, que o citado professor chama de "prolixas". Nesse sentido: *Curso de direito constitucional*. 29ª ed. São Paulo: Malheiros, 20214. p. 91-92.

383. Idem, p. 91.

Retoma-se, aqui, a típica característica do *Common Law*, qual seja, do Direito sendo criado e recriado por intermédio da decisão judicial. Assim, "todo o desenvolvimento do direito dos Estados Unidos, a distinção do direito federal e do direito dos Estados e a própria história dos Estados Unidos foram comandados pela interpretação dada pelo Supremo Tribunal a certas fórmulas da Constituição dos Estados Unidos".[384]

Logo, mesmo nos Estados Unidos da América, onde a lei apresenta uma relevância maior enquanto fonte do Direito, essa importância é bastante diminuta quando comparada com a força dos precedentes nesse mesmo ordenamento jurídico *vis a vis* a relevância da lei nos países adeptos do *Civil Law.*

2.1.1.2.3 Os costumes

Não é incomum ouvir que o Direito existente nos países adeptos do *Common Law* seria um direito consuetudinário, ou seja, baseado nos costumes locais de dada comunidade histórica. Trata-se, entretanto, de um provável equívoco decorrente de uma indevida interpretação a respeito da origem histórica dessa família jurídica.

Como visto em tópicos anteriores, quando se tratou da formação histórica do *Common Law*, constatou-se que, durante séculos, vigorou, na região da Inglaterra, um modelo jurídico calcado em normas não escritas, especialmente fundamentadas em práticas negociais rudimentares (costumes) e em decisões de tribunais locais.

Em 1066, entretanto, quando a Inglaterra é conquistada pelos normandos, o Direito anglo-saxão até então existente cede espaço para um novo modelo jurídico que começa a frutificar, modelo esse centrado nos seguintes pilares:

---

384. DAVID, op. cit., 498.

(i) a decisão judicial como fonte material do Direito; (ii) a junção dos momentos de criação (preenchimento de conteúdo) e realização do Direito; e, ainda, (iii) a importância dos Tribunais e do julgador nesse processo.

Como também visto em tópicos anteriores, referido modelo não é calcado nas práticas sociais reiteradas, porém fragmentadas, de determinadas comunidades, como ocorre em um sistema consuetudinário, mas sim em práticas autonomamente judicativas, integradas, construídas e, portanto, pensadas em concreto mediante a realização de certo caso. A intencionalidade axiologicamente jurídica daí depreendida não é simultaneamente vinculada a dada prática social,[385] tal qual gêmeos siameses, mas construída, humano-culturalmente, quando a atividade judicativa é interpelada a materialmente resolver certo problema de convivência humana.

É bem provável que, para uma racionalidade normativo-legalista, afeta ao pensamento abstrato, ahistórico e prospectivo, a existência de modelos realizados historicamente no plano da concretude e, portanto, com um nítido caráter retrospectivo, como ocorre com o Direito consuetudinário e com o Direito judicial, leve a uma equiparação, ou, o que é ainda pior, a uma indevida sinonímia, como se a existência de um mesmo racional histórico-concreto-retrospectivo fosse motivo suficiente para tanto. Ignora, todavia, que a par dessa similitude, existem diferenças gritantes, em especial no que diz respeito ao conceito de Direito implicado nesses dois modelos jurídicos (Direito

385. Tratando dessa simultaneidade entre uma prática social e uma normatividade jurídica no Direito consuetudinário, Castanheira Neves professa que "a normatividade jurídica é o sentido de uma certa prática social e nessa mesma prática social se sustenta e manifesta esse sentido de normatividade jurídica. O que também é significa que é a própria prática social, em que a normatividade jurídica se manifesta, a realizar *uno actu* a positivação dessa mesma normatividade." (NEVES, Antonio Castanheira. *Digesta:* escritos acerca do Direito, do pensamento jurídico, da sua metodologia e outros. v. 2. Coimbra: Coimbra Editora, 1995. p. 18).

consuetudinário e Direito judicial) e, consequentemente, a metodologia jurídica daí decorrente.

Daí René David afirmar, de forma categórica, que "o direito inglês não é um direito consuetudinário. O costume geral imemorial do reino, sobre o qual teoricamente está fundada a *common law*, sempre foi uma simples ficção".[386] Ainda para René David, essa indevida associação entre *Common Law* e Direito consuetudinário "advém para muitos juristas do continente europeu da admissão da alternativa: ou o direito é um direito escrito, fundado sobre códigos, ou não é um direito escrito e, por conseguinte, é consuetudinário".[387]

Tais assertivas, contudo, não implicam a negativa quanto ao papel dos costumes como fonte do Direito na família do *Common Law*. Em verdade, os costumes também são tratados como fonte do Direito nessa família, mas uma fonte secundária, haja vista que seu uso é bem restrito, pois o costume só é considerado válido para fins jurídicos quando qualificado como um costume "imemorial". Por sua vez, um dado costume é considerado imemorial se já existia desde o ano de 1189. "A prova de tal antiguidade não é hoje, de fato, exigida, mas o costume não será considerado juridicamente obrigatório, na Inglaterra, se se provar que não podia existir já em 1189".[388]

Percebe-se, pois, que o fato de o Direito precursor do *Common Law*, i.e., o Direito anglo-saxão, ter sido um direito primordialmente consuetudinário não foi motivo suficiente para transformar os costumes na principal fonte do Direito nessa família jurídica. Ao contrário, a ideia de um Direito judicial foi o responsável por **unificar** o ordenamento

---

386. DAVID, René. *Os grandes sistemas do direito contemporâneo*. 4. ed. São Paulo: Martins Fontes, 2002. p. 437.

387. Idem, p. 441.

388. Idem, p. 437.

jurídico na Inglaterra e, por conseguinte, suplantar os diferentes direitos locais e **fragmentados** – o Direito consuetudinário – até então existente.[389]

2.1.1.2.4 A doutrina e a razão

Por fim, a doutrina e a razão também são comumente apontadas como fontes do Direito no *Common Law*, entretanto, tal assertiva merece mais reflexões.

A doutrina, mais especificadamente, sempre apresentou um papel secundário na história do *Common Law*. Isso porque os adeptos desse modelo, em especial os ingleses, não julgavam necessária a existência de um ensino acadêmico (teórico) para a formação de um jurista, o qual, em verdade, demandaria uma formação prática.

O Direito, por ser um exercício prático, se aprendia fazendo, ou seja, no cotidiano dos escritórios de advocacia e das próprias cortes de justiça. Daí o estudante do *Common Law* concentrar seus estudos na análise de casos concretos e nas variantes daí decorrentes, como a relevância e a pertinência daquele caso no seu atual contexto histórico, o raciocínio desenvolvido pelos julgadores para chegarem à determinada resolução, bem como a justiça ou não da decisão tomada em concreto.

Aqui, portanto, "o direito se deve menos aos professores e mais aos juízes".[390-391] Nesse sentido, as primeiras aulas a respeito do *Common Law* somente foram

389. Idem, p. 441.

390. DAVID, René. *Os grandes sistemas do direito contemporâneo*. 4. ed. São Paulo: Martins Fontes, 2002. p. 444.

391. Também nesse diapasão, Guido Soares lembra que "na Inglaterra, o papel da Universidade sempre foi insignificante na formação do direito ou na formulação de teorias generalizantes. A prova é que os estudos de Filosofia do Direito, tanto na Inglaterra como nos EUA, se denominam 'Jurisprudence', ou seja, abstrações a partir de casos julgados!" (SOARES, Guido Fernando Silva. *Common Law:* introdução ao Direito dos EUA. 2. ed. São Paulo: Revista dos Tribunais, 2000. p. 53).

registradas em 1758, em Oxford, ministradas por *Sir* William Blackstone. Em contrapartida, no sistema do *Civil Law*, o *corpus iuiris civilis* e o direito canônico começaram a ser ministrados ainda no século XII.[392]

Não obstante, também é comum ouvir que a razão constitui uma importante fonte do Direito nos países que adotam o *Common Law*, uma vez que nesse modelo judicial o juiz não apenas declara, mas cria a "lei" ao decidir um caso concreto. Ademais, em um modelo judicial, não existe uma ideia de completude do ordenamento jurídico. Referido ordenamento é constantemente (re)construído em concreto, como um *continuum* prático que se processa historicamente, ou seja, "surge como um produto da História, se se considerarem especialmente suas categorias, os seus conceitos e o papel eminente que aí se reconheceu à jurisprudência. 'A vida do direito – escreveu Holmes – não foi orientada pela lógica; foi escrita pela experiência'."[393]

Dessa feita, a razão do juiz no instante da realização do Direito ou, melhor dizendo, a sua prudência para a realização da justiça, tornar-se-ia uma importante "fonte" do Direito, na medida em que acaba por "estabelecer regras novas, cada vez mais precisas, em vez de aplicar uma regra preexistente".[394]

Destarte, as afirmações alhures devem ser refletidas com mais acuidade, na medida em que creditar à razão

---

392. Em todo caso, René David bem lembra para "se desconfiar das fórmulas." (DAVID, op. cit., p. 444). Isso porque, atualmente, a doutrina tem apresentado uma relevância cada vez maior no *Common Law*. Ainda segundo o citado professor, "os estudantes do direito recebem cada vez mais frequentemente uma formação nas universidades. Conhecem mais o direito através dos cursos ou das obras dos seus mestres, de tratados ou manuais (*text books*), que através de coletâneas para práticos [...]." (Idem, p. 445).

393. Idem, p. 445.

394. DAVID, René. *Os grandes sistemas do direito contemporâneo*. 4. ed. São Paulo: Martins Fontes, 2002. p. 440.

do julgador o papel de uma fonte autônoma do Direito no *Commom Law* é, em última análise, apequenar as demais fontes aqui citadas, em especial os precedentes. Andréia Costa Vieira chega a afirmar que tratar a razão como uma fonte autônoma do Direito é, em verdade, uma "ficção da *Common Law*", ou, ainda, "uma construção romântica" a respeito dessa família jurídica.[395]

Não seria metodologicamente adequado creditar unicamente à razão do juiz o papel de fonte do Direito, uma vez que, como visto anteriormente, no modelo do *Common Law* predomina a figura dos precedentes (*case law*) e, consequentemente, toda a racionalidade jurídica daí desdobrada e que direciona, inclusive metodologicamente, o uso prático da razão.

Ademais, a razão aqui mencionada "predomina nos costumes, nas decisões jurisprudenciais, na doutrina, e no próprio direito estatutário",[396] ou seja, em todas as fontes do Direito do *Common Law*, quando convocadas para a realização de um caso decidendo. Assim, mais do que uma fonte autônoma do Direito, a dita razão seria uma técnica (método) empregada pelos utentes do *Common Law* ao tratar do caso sob julgamento. Por outro giro verbal, a ideia de razão estaria atrelada à ideia de prudência, não sendo ela necessariamente uma fonte autônoma do Direito, mas sim um dos métodos empregados para a sua realização judicativa.

2.1.1.3 Método jurídico no Common Law

Nas duas famílias jurídicas até então macrocomparadas (*Common Law* e *Civil Law*), a ideia de Direito e, por conseguinte, a finalidade (ainda que aparente) a ele atribuída se estreitam à ideia de justiça e de outros valores

395. VIEIRA, Andréia Costa. *"Civil law" e "common law"* – os dois grandes sistemas legais comparados. Porto Alegre: Sergio Antonio Fabris Editor, 2007. p. 142.

396. Idem, p. 142.

próprios do Direito construídos historicamente. Entretanto, um dos grandes diferenciais entre essas duas mundividências é quanto à adoção dos correspondentes métodos jurídicos[397] para cada uma delas.

Dessa feita, como também já fora afirmado anteriormente, no *Common Law*, o Direito não se resume a um conjunto de normas válidas (formalmente falando) em determinado tempo e espaço, mas vai para além disso. A lei (*statute law*) é mais um critério jurídico para a resolução de conflitos de interesses e a fonte material precípua do Direito, nesse modelo, forma-se a partir do caso em concreto, ou, mais precisamente, a partir da resolução/realização do caso decidendo.

Trata-se, pois, de um Direito produzido historicamente, de forma sincrônica, como desdobramento de uma tarefa prática, e não como a fixação de um axioma. Em outros termos, o Direito nesse sistema é tido como

> [...] objectivo, histórico, concreto, prático, profissional e técnico-empírico-forense, cujos princípios não são puros enlaces conceituais em sentido axiomático, mas antes princípios de protecção jurídica – porque ligados às *actions* – princípios práticos, desenvolvidos indutivamente a partir do caso e do problema, ao estilo da tópica.[398]

---

397. A ideia de metodologia jurídica aqui empregada vai para além – ao menos, assim se pretende – de uma simples técnica jurídica ou, como prefere Castanheira Neves, de "um receituário de regras instrumentais" (NEVES, Antonio Castanheira. *Metodologia jurídica* – problemas fundamentais. Coimbra: Coimbra Editora, 1993. p. 16), mas compreende uma "reconstrução crítico-reflexiva" (Idem, p. 16) do Direito. Trata-se, em verdade, de pensar criticamente a realização do Direito para que ele (Direito) realmente possa ser um mecanismo possível de resolução dos problemas de convivência humana. Assim, a metodologia jurídica "ocupa-se da racionalizada realização judicativo-decisória da constituenda juridicidade vigente" (BRONZE, Fernando José Couto Pinto. A metodonomologia (para além da argumentação). StvdiaIvridica 90 – ad honorem 3, *Boletim da Faculdade de Direito*, Coimbra, p. 361, [199-]), tratando-se, pois, de ser a "'autorreflexão' da jurisprudência." (NEVES, op. cit., p. 17). Em suma, é a reflexão crítico-racional sobre a prática jurídica, i.e., sobre a realização prática do Direito.

398. BRONZE, Fernando José Couto Pinto. *'Continentalização' do direito inglês ou 'insularização' do direito continental?* (Proposta para uma reflexão macrocomparativa do problema). Coimbra: Coimbra Editora, 1982. p. 169.

Logo, é possível afirmar que o Direito, no *Common Law*, adota uma racionalidade prático-problemática, e não lógico-dedutiva. O Direito é continuamente elaborado, decorrente de um sistema aberto, isto é, que se encontra em um permanente estado de adaptação,[399] cuja fundamentação (axiológica) é preenchida em concreto, diante do caso decidendo.[400] Em suma, é possível então afirmar que o raciocínio jurídico no *Common Law* pode ser caracterizado como "casuístico, indutivo, particularista, um raciocínio '*from case to case*'".[401]

Sendo assim, resta claro que o *prius* metodológico do *Common Law* é o **caso em concreto,**[402]

> [...] uma vez que na busca do precedente ajustado ao caso decidendo não se perde nunca de vista a individualidade histórico-concreta dos dois casos (o precedente e o decidendo), inquirindo-se se não são os mesmos princípios normativos (se é a mesma *ratio decidendi*) intervenientes na constituição do problema de ambos os casos, que permitam dizê-los juridicamente análogos.[403]

O Direito nasce daí, portanto. Isso significa que é axiologicamente (re)criado a partir do caso em concreto e da resposta atribuída pelo julgador à sua intencionalidade problematizante, conforme bem delimita por Gustav Radbruch:

---

399. Nesse diapasão: RADBRUCH, Gustav. *O espírito do direito inglês e a jurisprudência anglo-americana.* Rio de Janeiro: Lumen Juris, 2010. p. 34.

400. Nesse mesmo esteio: BRONZE, op. cit., p. 132.

401. BUSTAMANTE, Thomas da Rosa. *Teoria do precedente judicial.* São Paulo: Noeses, 2013. p. 11.

402. Em um direito formado judicialmente, como ocorre no *Common Law*, "o juízo decisório (o juízo jurídico) é o *punctum crucis* da metodologia jurídica, é o seu problemático objeto intencional." (NEVES, Antonio Castanheira. *Metodologia jurídica* – problemas fundamentais. Coimbra: Coimbra Editora, 1993. p. 33).

403. BRONZE, BRONZE, Fernando José Couto Pinto. *'Continentalização' do direito inglês ou 'insularização' do direito continental?* (Proposta para uma reflexão macrocomparativa do problema). Coimbra: Coimbra Editora, 1982. p. 159.

> O pensamento inglês não tem a tendência de suplantar os fatos por meio da razão; ele busca a razão nas coisas, a razão é a sua "natureza da coisa". Esse senso inglês para os fatos também não costuma fundamentar conclusões na expectativa de fatos futuros; ao contrário, **ele deixa que os fatos venham até ele para então decidir oportunamente na sua presença.** Ele não confia na fantasia nem no cálculo de situações futuras. **A situação real é sempre bem diferente; ao contrário, ele espera até que a própria situação traga ou force a decisão.**[404]

Daí se afirmar que, no *Common* Law, o Direito é um irromper de valores jurídicos vigentes em dada comunidade histórica,[405] nascendo, desse modo, de forma indutiva[406] a partir do caso em julgamento, e não contrário. E se o caso em concreto é indispensável para a construção desses valores, é natural que, ao se convocar um precedente para a resolução de um novo caso, se leve em consideração não só a juridicidade vinculante dele extraída, mas também o seu substrato fático, com todas as particularidades relevantes para a configuração da citada normatividade vinculante.

Em outros termos, a referida juridicidade não existe de forma autônoma ou desprendida do caso, ou seja, não se perfaz na forma de um juízo hipotético-condicional de caráter abstrato. Ela só faz sentido quando caminha conjuntamente com o caso, com quem mantém uma relação umbilical.

---

404. RADBRUCH, Gustav. *O espírito do Direito inglês e a jurisprudência anglo-americana.* Rio de Janeiro: Lumen Juris, 2010. p. 34. Grifos nossos.

405. Por isso Fernando Bronze aduz que "o pensamento jurídico inglês opera assim através de uma **valoração jurídica** de casos." (BRONZE, op. cit, p. 159. Grifos do autor).

406. O método é o indutivo-tópico, segundo Fernando Bronze (Idem, p. 163-164). No mesmo sentido, ao comparar o modelo do *Common Law* com o Direito Romano clássico, Thomas da Rosa Bustamante assevera que no *Common Law* predomina um modelo de pensamento tópico, segundo o qual "ao invés de procurar – dedutivamente – a resposta para cada problema jurídico em um sistema de regras prévias estabelecidas pelo legislador, o juiz do Common Law' e o jurista romano parecem recorrer a um sistema de 'topoi' que podem ser livremente empregados pelo aplicador do Direito: no *Common Law*, os precedentes; em Roma, as 'responsa' dos juristas autorizados." (BUSTAMANTE, Thomas da Rosa. *Teoria do precedente judicial.* São Paulo: Noeses, 2013. p. 11).

Assim, apenas depois de absorvidas as circunstâncias fáticas de um precedente, será possível compará-lo analógico-problematicamente ao caso *sub judice* e, havendo aproximação fática, então convocar a *ratio decidendi* do precedente para a material resolução do caso decidendo.

As particularidades dos casos (precedente e decidendo) são fundamentais para, analogicamente, aproximá-los ou distanciá-los. Essa comparação problematizante, por sua vez, permitirá dizer se a *ratio decidendi* do caso precedente poderá ou não ser convocada para a realização do caso em julgamento. É também essa comparação histórico-concreta que permite afastar um precedente, com base no *distinguishing*, ou superá-lo, com fundamento no *overruling*.

Em síntese, trata-se de um modelo de comparação[407] de casos em concreto em que o Direito se realiza **pelo** e **no** caso em concreto. Daí se afirmar que no *Common Law* há o emprego de um discurso do particular (caso decidendo) para outro particular (caso precedente). Assim, no *Common Law:*

> [...] quando se puder concluir pelo parentesco tipológico dos dois casos (isto é, quando o "problema particular [do] caso precedente [tiver sido] constituído também com fundamento nas mesmas intenções ou princípios normativos [do caso decidendo]"), "o fundamento jurídico da decisão do precedente, a sua *ratio decidendi*, passa a ser o critério normativo do caso decidindo". De modo que a "a identidade aqui em causa" (a identidade existente entre o caso precedente e o caso decidendo) é "analógico-concreta" [...].[408]

---

407. Por isso Lord Goff, juiz da *House of Lords*, afirmava que "os juristas da *Common Law* tendem a proceder por analogia, movendo-se gradualmente de caso em caso *["from case to case"*], evitando, com isso, generalizações amplas e abstratas, e buscando encontrar os princípios de justiça a partir da solução de casos concretos." (apud BUSTAMANTE, Thomas da Rosa. *Teoria do precedente judicial.* São Paulo: Noeses, 2013. p. 104).

408. BRONZE, Fernando José Couto Pinto. *'Continentalização' do direito inglês ou 'insularização' do direito continental?* (Proposta para uma reflexão macrocomparativa do problema). Coimbra: Coimbra Editora, 1982. p. 210.

Nesse sentido, resta claro que o acento tônico não está no resultado (enunciado) obtido com o julgamento do caso precedente, mas sim no processo de desenvolvimento do juízo decisório (enunciação) a justificar a tomada de decisão. Daí, inclusive, a importância do papel desempenhado pelo julgador, a quem compete a tarefa de recontar o Direito vigente, sem perder a oportunidade de recriá-lo em concreto, de modo a prestigiar a sua autonomia axiomático-normativa (estabilizada), sem, todavia, fechar suas portas para o novo, de modo a sincronicamente acompanhar a evolução da comunidade histórica em que o Direito está inserido.

Ressalte-se, entretanto, que a sobredita tensão dialética do Direito então vigente com o novo Direito não é ilimitada, estando aí, *v.g.*, um dos importantes papéis desempenhados pelos precedentes, em especial aqueles tidos como obrigatórios, os quais, segundo Fernando Bronze, acabam, nesse cenário, apresentando uma "função compensadora".[409]

Tais precedentes visam a compensar o poder criativo do juiz de modo a garantir uma segurança substancial para o ordenamento jurídico. A unidade do Direito (*ius*, não *legis*), no modelo do *Common Law*, é preservado pelo precedente sem que, todavia, isso implique a existência de uma sistematicidade pronta e pré-definida de forma abstrata e geral.

A unidade do Direito é aqui construída caso a caso (*case to case*), em concreto, pautada por uma racionalidade material (conteudística).[410] Não há, pois, que se falar em completude do sistema, o que leva a concluir que aqui as lacunas jurídicas não são um problema, já que:

---

409. BRONZE, Fernando José Couto Pinto. *'Continentalização' do direito inglês ou 'insularização' do direito continental?* (Proposta para uma reflexão macrocomparativa do problema). Coimbra: Coimbra Editora, 1982. p.158.

410. Idem, p. 159.

> [...] se a juridicidade se revela assim uma intenção de radical historicidade e como tal terá de ser necessariamente entendida, já por isso é forçoso reconhecer que não é o sistema positivo o titular definidor da juridicidade, antes, pelo contrário, terá de ver-se nele apenas a precipitação explícita, mas histórica e a compreender inserindo-a no ritmo histórico, de uma juridicidade que o transcende e que ao realizar-se historicamente do mesmo passo continuamente o supera.[411]

E por se tratar de um *continuum* prático, o modelo do *Common Law* – como visto anteriormente – não pode ser representado pela figura de uma pirâmide ou qualquer outra alegoria que o represente como um sistema hermeticamente fechado pela lei. O Direito não é visto como algo pronto, completo, acabado e, portanto, passível de ser previamente aprendido por intermédio de leis e Códigos. Em verdade, o jurista inglês:

> [...] se volta contra a *proleptic Law* (a lei antecipadora), contra a presunção do legislador de prever futuros acontecimentos, apesar de incomensuráveis, e de querer interferir neles com regras precipitadas, razão pela qual a maioria dos juristas ingleses é contra a codificação, contra o compêndio de âmbitos completos do Direito em amplos códigos, e a favor de uma criação jurídica motivada por um caso concreto e que instaure o novo Direito somente para esses casos ou similares.[412]

Assim, talvez a melhor figura a ilustrar o ordenamento jurídico nessa família jurídica seja, como já citado, o de uma colcha de retalhos ou de uma teia de aranha, que vai sendo costurada ou tecida de forma contínua, espraiando seu conteúdo para resolver axiologicamente os "novos" problemas de convivência humana que vão concretamente sendo apresentados ao Estado-Juiz. É importante perceber que essa

411. NEVES, Antonio Castanheira. *Metodologia jurídica* – problemas fundamentais. Coimbra: Coimbra Editora, 1993. p. 228.

412. RADBRUCH, Gustav. *O espírito do direito inglês e a jurisprudência anglo-americana*. Rio de Janeiro: Lumen Juris, 2010. p. 34.

"colcha" parte de um núcleo duro (valores jurídicos construídos historicamente/precedentes), que direciona os próximos "gomos" desse ordenamento, de modo a lhe dar uma unidade.

2.1.1.4 O "Common Law" na Inglaterra e nos Estados Unidos da América: encontros e desencontros

Apesar de partilharem a mesma linhagem, o *Common Law*, o Direito desenvolvido na Inglaterra e aquele irrompido nos Estados Unidos apresenta singularidades, as quais serão aqui pontuadas de forma muito sumária.

2.1.1.4.1 A origem do Common Law nos Estados Unidos da América

Apesar de algumas celeumas a respeito do nascimento histórico do *Common Law* nos Estados Unidos da América, admite-se o ano de 1608 como o marco inicial dessa família em terra estadunidense, haja vista que foi nessa data que ocorreu o julgamento do *Calvin's case*, oportunidade em que a *Court of King's Bench* tratou a respeito da extensão e eficácia do Direito inglês para a as suas colônias.[413]

Nessa oportunidade, se concluiu que (i) o direito inglês acompanhava seus súditos quando esses se instalavam em nações "não civilizadas" (como se acreditava ser o caso das colônias inglesas), (ii) desde que as regras daí decorrentes fossem condizentes com as condições de vida nestas colônias.

---

413. Aliás, convém aqui abrir um parêntese para ilustrar a importância da jurisprudência inglesa nos EUA, já que "só em 1789 foi publicado o primeiro volume de relatório de casos das decisões norte-americanas. Até então, os princípios legais desenvolvidos em precedentes obrigatórios eram quase inteiramente importados da Inglaterra. Quase nada era estudado ou aplicado dos casos julgados nas antigas colônias. Em geral, as leis e os princípios legais desenvolvidos nas colônias eram considerados 'leis inferiores' e, por isso, grandemente subestimados." (VIEIRA, Andréia Costa. *"Civil law" e "common law"* – os dois grandes sistemas legais comparados. Porto Alegre: Sergio Antonio Fabris Editor, 2007. p. 190).

Ressalte-se, todavia, que essa última restrição foi um problema para o emprego do *Common Law* inglês nos EUA do século XVII. Isso porque o *Common Law* demandava uma experimentação prática, inclusive com a *expertise* dos juristas para a sua realização em concreto. Logo, ela tornava-se "inaplicável nos territórios em que praticamente não existe, qualquer que seja a variedade do seu povoamento, nenhum jurista e em que não há preocupação de os mandar vir ou instruir".[414] Ademais, René David lembra que "a *Common Law* não agrada muito aos colonos; em muitos casos eles foram obrigados a emigrar porque eram perseguidos, e estão poucos preparados para ver nesta *Common Law*, como os juristas ingleses, o baluarte das liberdades do indivíduo".[415]

Assim, em um primeiro momento, o *Common Law* inglês sofreu certas restrições em terras estadunidenses, de modo que o Direito então vigente apresentava um caráter bastante rudimentar, a ponto de, em algumas colônias, ser "baseado na Bíblia, reduzindo-se, geralmente, ao poder arbitrário dos magistrados".[416-417]

414. DAVID, René. *Os grandes sistemas do direito contemporâneo*. 4. ed. São Paulo: Martins Fontes, 2002. p. 450.

415. Idem, p. 450.

416. Idem, p. 450.

417. René David lembra que, em resposta a esse Direito primitivo adotado nos EUA, adveio um processo de codificação, mas diferente daquele eclodido na Modernidade. Segundo o citado catedrático, "os códigos sumários que são então redigidos, de 1634 (Massachusetts) a 1682 (Pensilvânia), não têm, bem entendido, nada a ver com a técnica moderna de codificação. O seu principal interesse reside, sem dúvida, mais do que no seu conteúdo, na própria ideia que os inspira: os colonos da América, no século XVII, consideram favoravelmente a lei escrita, contrariamente aos ingleses que, na mesma época, veem na lei um perigo de arbítrio e uma ameaça para as suas liberdades." (Idem, p. 451.). Andréia Vieira acrescenta outro motivo para esse processo de codificação. Segundo a mencionada professora, "com toda influência e religiosidade do puritanismo na política das ex-colônias norte-americanas, pode ser dito que a 'codificação' de princípios de direito foi feita também com base na ideia de ter-se uma 'palavra escrita', reunida em livros e capítulos, como na bíblia." (VIEIRA, Andréia Costa. *"Civil law" e "common law"* – os dois grandes sistemas legais comparados. Porto Alegre: Sergio Antonio Fabris Editor, 2007. p. 191-192).

Todavia, com o avanço da sociedade e da economia estadunidense no século XVIII, as regras do *Common Law* passaram a ser mais condizentes com as condições de vida nos EUA, de modo que essa família jurídica deu um passo importante, mas não definitivo, para ocupar seu espaço como o modelo jurídico eleito pela sociedade da época. Mais do que isso, nesse cenário o *Common Law* passou a ser tratado como um mecanismo para a "proteção das liberdades públicas contra o absolutismo real",[418] além, também, de "ser considerado como um elo entre tudo o que é inglês na América, em face das ameaças vindas da Louisiana e do Canadá Francês",[419] ou seja, em face da ameaça francesa à consolidação inglesa nos EUA. Até a sua efetiva sedimentação em terras estadunidenses, porém, o *Common Law* percorreu caminhos sinuosos.

A forma descentralizada da colonização inglesa, a inexistência de uma dominação religiosa contundente do povo colonizado, as ideias liberais e democráticas que serviram de alicerce para a formação do EUA, bem como a sua estrutura territorial de proporções continentais fizeram com que o *Common Law* tivesse mais dificuldade para se sedimentar e, também por isso tudo, viesse a apresentar características peculiarmente estadunidenses.

Somado a tudo isso, convém registrar outro grande perigo enfrentado para a sua consolidação: a independência da então colônia inglesa para a formação dos Estados Unidos da América. Referido processo de independência, marcado por uma forte guerra e um sentimento de repulsa pela figura do colonizador, foram importantes para tentar afastar os então colonos de tudo aquilo que era inglês, inclusive do modelo jurídico britânico.

---

418. DAVID, op. cit., p. 451.

419. Idem, p. 451.

Outro importante aspecto decorre do fato de os Estados Unidos terem sido um país receptor de imigrantes, sobretudo egressos da França e da Espanha. Diversos estados da Federação foram, *v.g.*, antigas colônias da Coroa espanhola. Outros, como o Texas e a Califórnia, foram conquistados por colonizadores cujo Direito era vinculado à família do *Civil Law*. Era natural, por conseguinte, que esses estados da Federação estivessem sob a influência do *Civil Law*.

Somadas a tais fatores, a anexação do Canadá pela Inglaterra e, ainda, a aquisição pelos americanos da Louisiana junto à França[420] acabaram por implicar mais do que uma influência, mas uma particular aproximação política (e de ideais) com os franceses, os quais passaram a ser vistos como aliados, e não mais como inimigos dos EUA.[421] Essa aproximação com a França afastou ainda mais os estadunidenses dos seus colonizadores.

Com a aproximação e uma influência cada vez maior dos franceses, os EUA pareciam caminhar para um processo natural de codificação,[422-423] processo que seria ainda

---

420. Ao tratar da situação da Louisiana, Guido Soares chega a afirmar que referido Estado Federado representa um "inteiro sistema da *civil law* incrustado na federação dos EUA." (SOARES, Guido Fernando Silva. *Common Law*: introdução ao Direito dos EUA. 2. ed. São Paulo: Revista dos Tribunais, 2000. p. 60).

421. A forma de colonização da Inglaterra não foi a mesma realizada por outros países, como Espanha e Portugal. A filosofia descentralizadora que orientava a política colonizadora inglesa no final do mercantilismo monetarista, aliado ao envio para os EUA de minorias políticas, religiosas e mercadores, resultaram em um solo fértil para o desenvolvimento dos ideais liberais pregados por Rousseau e pelos revolucionários na França. As autonomias locais ensejaram o nascimento da confederação americana e, posteriormente, da Federação, desdobrando-se na Constituição de 1776.

422. Bentham, inclusive, chegou oferecer aos EUA os seus serviços para a elaboração de um código.

423. "Com a independência política recentemente adquirida, harmonizava-se, e era necessário tornar popular, a ideia de autonomia do direito americano. O ideal republicano e o sentimento do direito natural deviam, por outro lado, fazer ver com bons olhos a codificação; parecia normal que as Declarações dos Direitos e a Constituição dos Estados Unidos (promulgada em 17 de setembro de 1787) fossem completadas pelos códigos." (DAVID, René. *Os grandes sistemas do direito contemporâneo*. 4. ed. São Paulo: Martins Fontes, 2002. p. 452).

reforçado pelos seguintes fatores: (i) necessidade de impor rapidamente um modelo político-administrativo-social-judicial para consolidar a vitória revolucionária – o que, ao menos aparentemente, funcionaria mais rapidamente por meio da codificação –; (ii) a já citada influência do puritanismo e do modelo "codificado" dessa doutrina religiosa; e, ademais, (iii) a também comentada existência de um obstáculo natural – a grande extensão territorial dos EUA – *vis a vis* das rudimentares técnicas de comunicação à época, o que dificultava enormemente a propagação e a unidade de um Direito por meio da congregação de múltiplas decisões judiciais.[424]

Todos os sobreditos elementos foram importantes fatores a suscitar uma aproximação do Direito estadunidense com o modelo codificado desenvolvido em França e, "até meados do século XIX, poder-se-á hesitar sobre o desfecho da luta que vai travar-se na América entre aqueles que preferem o *Common Law* e os defensores da codificação".[425]

Após, todavia, um ardoroso embate, o *Common Law* se sobrepôs ao modelo francês.[426] Referida vitória se deve, dentre outros fatores menos importantes, à origem inglesa dos seus colonos e, consequentemente, seu apego, ainda que inconsciente, à tradição, ao modelo já existente,[427] à

424. Tratando desse último fator, i.e., a extensão continental do território estadunidense, Andréia da Costa Vieira pondera que, "possivelmente, em razão de enormes distâncias entre as cidades das colônias e dos precários meios de comunicação da época, os precedentes obrigatórios em uma colônia não se tornavam obrigatórios nas demais. Não havia um direito comum a todos os colonos, como existia um direito comum a todos os ingleses. Em área geográfica, a Inglaterra representava bem menos que qualquer colônia norte-americana. Por isso, muito mais fácil manter uma '*common law*' na Inglaterra do que nas ex-colônias." (VIEIRA, Andréia Costa. *"Civil law" e "common law"* – os dois grandes sistemas legais comparados. Porto Alegre: Sergio Antonio Fabris Editor, 2007. p. 190).

425. Idem, p. 190.

426. Exceção feita ao então território de *New Orleans*, hoje Estado da Louisiana, que absorveu o regime codificador.

427. O qual foi sedimentado no território estadunidense, seja pela força do colonizador, seja em razão de um natural continuísmo histórico.

facilidade do idioma comum, à influência de doutrinas jurídicas inglesas de peso e, além disso, à existência de algumas escolas de Direito que se debruçavam sobre o estudo do *Common Law*.

Ressalte-se, entretanto, que esse flerte com o modelo romano-germânico decorrente da aproximação com a França, o sentimento de repulsa das coisas advindas do ex-colonizador e, também, as diferenças históricas, políticas e sociais entre os EUA e a Inglaterra deixaram marcas próprias no modelo jurídico estadunidense, o que leva René David a afirmar que "o direito dos Estados Unidos não pode ser o direito inglês; ele está dele separado por toda a distância que se separa a vida e a civilização americanas da vida e da civilização inglesas".[428]

Logo, o *Common Law* estadunidense apresenta particularidades, fazendo com que esse herdeiro do direito inglês esteja "marcado por características que lhe imprimem uma considerável originalidade; e estas características muitas vezes, aproximam-no dos direitos da família romano-germânica, pelos quais se deixou seduzir num determinado momento da sua história".[429-430] Tais singularidades serão mais bem detalhadas a seguir.

2.1.1.4.2 A estrutura do Common Law nos EUA

Apesar das particularidades já apresentadas na formação histórica e no desenvolvimento do *Common Law* nos

---

428. DAVID, René. *Os grandes sistemas do direito contemporâneo*. 4. ed. São Paulo: Martins Fontes, 2002. p. 455.

429. DAVID, René. *Os grandes sistemas do direito contemporâneo*. 4. ed. São Paulo: Martins Fontes, 2002, p. 455.

430. E essa diferença também se deu sob uma perspectiva estrutural. Talvez a maior dessas diferenças, inclusive, seja a dicotomia entre direito federal e direito dos Estados, a qual existe apenas nos EUA. Destarte, tais diferenças não foram suficientes para afastar o Direito estadunidense da família do *Common Law*. Nesse sentido: Idem, p. 457 e 459-460.

Estados Unidos, é possível concluir que referido país pertence à citada família jurídica. Dessa feita, o Direito estadunidense é pautado por um modelo de *case law*.

Assim, a fonte precípua desse Direito, tanto no aspecto formal como (especialmente) no âmbito material são os precedentes. Lá, assim como na Inglaterra, o Direito é criado pelas decisões judiciais. Logo, o *statute law* só é considerado válido (materialmente válido) depois de filtrado e realizado em concreto por meio das decisões judiciais.[431] O Direito, portanto, também é visto de forma problemática, como um *continuum* prático que se realiza em concreto.

Existem, todavia, algumas questões de ordem estrutural a promover distinções importantes entre o *Common Law* estadunidense e o *Common Law* inglês, o que leva Andréia da Costa Vieira defender que o direito estadunidense seria uma:

> ...revolução dentro do sistema legal da *Common Law*, uma vez que os princípios constitucionais da Inglaterra – até então mantidos sob a forma de princípios gerais do direito, precedentes e estatutos esparsos – encontram-se nos Estados Unidos da América sob a forma de uma Constituição Federal escrita, emendada e consolidada em um corpo único.[432-433]

---

431. Tratando do tema, René David pondera que "as regras formuladas pelo legislador, por mais numerosas que sejam, são consideradas como uma certa dificuldade pelo jurista que não vê nelas o tipo **normal** da regra de direito; estas regras só são verdadeiramente assimiladas ao sistema de direito americano quando tiverem sido interpretadas e aplicadas pelos tribunais e quando se torna possível, em lugar de se referirem a elas, referirem-se às decisões judiciárias que as aplicaram. Quando não existe precedente, o jurista americano dirá naturalmente: 'There is no Law on the point', mesmo se existir, aparentemente, uma disposição de lei que a preveja." (Idem, p. 459). Por sua vez, ao tratar do *Roman-Dutch Law* da África do Sul na qualidade de um exemplo de como o *statute law* é abordado em um país do *Common Law*, Gustav Radbruch traça uma interessante imagem para sublinhar o ponto aqui defendido. Aludido jurista afirma que "o *Roman-Dutch Law* na África do Sul vai sendo, aos poucos, formado com uma camada de precedentes vinculantes, como um telhado de palha com uma coberta de musgo, e o teor legal, com isso, cada vez mais vai perdendo sua força normativa imediata." (RADBRUCH, Gustav. *O espírito do Direito inglês e a jurisprudência anglo-americana*. Rio de Janeiro: Lumen Juris, 2010. p. 36).

432. *In: "Civil law" e "common law"* – os dois grandes sistemas legais comparados. Porto Alegre: Sergio Antonio Fabris Editor, 2007. p. 204.

433. Em uma primeira análise, a forma codificada da Constituição estadunidense pode de fato parecer uma "revolução" quando comparada com a Carta Magna

Talvez a maior diferença estrutural entre esses modelos seja aquela decorrente da distinta organização política desses países: enquanto a Inglaterra é uma monarquia parlamentarista, os EUA são moldados pela existência de um Estado federado submetido a um regime presidencialista.

A distinção existente nos EUA entre Estados-membros e Estados Federados acaba, de plano, por resultar em uma distinção de feixes de competência legislativa. Determinados assuntos são tratados legalmente no âmbito federal, enquanto outros temas são restritos ao ambiente legislativo dos Estados-membros.

O grande problema, todavia, é como efetivar essa distinção de competência no campo da realização prática do Direito, i.e., no ambiente jurisprudencial, em especial em um país vinculado à família do *Common Law*. Isso suscita a seguinte dúvida levantada por René David: "esta '*common law*', na concepção americana, será concebida no quadro da federação ou no quadro dos Estados?"[434]

Esse questionamento foi respondido pela decisão veiculada no emblemático caso *Erie Railroad Corporation vs. Tompkins*, de 1938, que assim concluiu: "*there is no federal general 'common law'*". Assim, o *Common Law*, nos EUA, é formado pelas decisões dos Estados Federados, o que

inglesa. Ao realizar, entretanto, uma análise mais profunda da Constituição estadunidense, percebe-se que a diferença – ainda que real – não é tão gritante assim. Isso porque a Constituição dos EUA se resume à existência de 07 (sete) artigos e 26 (vinte e seis) emendas, as quais prescrevem valores jurídicos essenciais para a existência do Estado Federado norte-americano. Exatamente por estar muito distante de uma Constituição analítica como, *v.g.*, a brasileira, bem como pelo fato de estar inserida em um modelo de *Common Law* – ainda que com particularidades, se comparado com a sua origem inglesa –, os mandamentos da Carta Magna estadunidense são preenchidos e atualizados em concreto, mediante a resolução de casos. Em suma, os valores previstos na Constituição dos EUA só são efetivamente juridicizados (para empregar um termo típico do *Civil Law*) depois de (re)criados em concreto por meio das decisões judiciais

434. DAVID, René. *Os grandes sistemas do direito contemporâneo.* 4. ed. São Paulo: Martins Fontes, 2002. p. 461.

parece ser algo natural para aquele país, haja vista o grande valor atribuído ao seu federalismo e, consequentemente, o respeito à autonomia dos seus Estados.[435]

Em princípio, essa autonomia judicativa poderia redundar no advento de diferentes precedentes para questões análogas, de modo a criar uma forte sensação de insegurança jurídica, o que estaria em total descompasso com os valores tutelados pelo *Common Law,* em especial pela ideia de um Direito **comum**, construído historicamente, de modo a responder sincronicamente e com uniformidade os anseios jurídicos de dada comunidade.

Essa pretensa insegurança, porém, não passa de uma conclusão precipitada, uma vez que descompassada da realidade estadunidense. Assim, mister se faz registrar que, apesar dos diferentes Estados possuírem autonomia legislativa e, ainda, os diferentes Tribunais Estaduais também criarem autonomamente seus precedentes, há uma contundente unidade no Direito estadunidense, fruto de uma questão **cultural** ou, como prefere René David, preponderantemente oriunda de um "estado de espírito dos juristas americanos".[436]

Isso porque, ainda segundo o citado catedrático, determinado Tribunal nos EUA, ao julgar um caso, leva em consideração os precedentes veiculados para casos semelhantes e que foram objeto de julgamentos de Tribunais de outros Estados da Federação. Há, pois, um senso institucional de

---

435. O que, aliás, é reforçado pelo disposto na Emenda X da Constituição estadunidense, que assim prevê: "Os poderes não delegados aos Estados Unidos pela Constituição, nem por ela negados aos Estados, são reservados aos Estados ou ao povo." (ESTADOS UNIDOS DA AMÉRICA. A Constituição dos Estados Unidos da América. Disponível em: http://www.uel.br/pessoal/jneto/gradua/historia/recdida/ConstituicaoEUARecDidaPESSOALJNETO.pdf. Acesso em: 20 fev. 2023).

436. DAVID, René. *Os grandes sistemas do direito contemporâneo*. 4. ed. São Paulo: Martins Fontes, 2002. p. 469.

pertencimento dos diferentes juízes a algo comum,[437] bem como a sua consciência de serem roteiristas de uma única histórica (*chain novel*). Assim, "as decisões elaboradas em um outro Estado permitem-lhe [ao jurista] mais do que encontrar uma solução razoável que o litígio comporta. Permitem-lhe [ao jurista] ver a solução que deve ser dada ao litígio, salvo circunstâncias particulares que justifiquem na espécie uma distinção".[438]

Percebe-se, então, que em razão do modo como o Direito foi historicamente construído nos Estados Unidos desde a sua época de colônia, i.e., com a valorização do caso em concreto e da convocação do precedente para a sua resolução, a autonomia quanto à competência jurisdicional nesse país se tornou uma autonomia moderada ou, empregando um termo mais adequado ao que se pretende aqui expressar, a liberdade judicativa estadunidense resultou em uma **autonomia institucionalmente compromissada**[439] por parte dos diferentes Tribunais dos seus mais variados Estados Federados.[440]

Dessa feita, a unidade do Direito nos EUA é uma unidade problematizada, que eclode da base dessa comunidade, consolida-se de forma horizontal para além das fronteiras dos Estados Federados e se impõe de forma vertical e ascendente à Federação.

---

437. Daí MacComirck conceituar o Direito como um "ordenamento normativo **institucional**" (BARBIERI, Catarina Helena Cortada; MACEDO JÚNIOR, Ronaldo Porto (org.). *Direito e interpretação* – racionalidades e instituições. São Paulo: Saraiva, 2011. p. 31. Grifo nosso).

438. DAVID, op. cit. p. 471. (acréscimos nosso).

439. O compromisso é com o modelo do *Common Law* e com as implicações metodológicas daí decorrentes.

440. "Mais importante que estes fatores institucionais é, sem dúvida, o estado de espírito que reina entre os juristas dos Estados Unidos. Estes aceitam bem, desde que certos princípios sejam respeitados, que as leis (*statutes*) possam ser diferentes, mas não admitem que uma interpretação diversa possa ser dada à *common law.*" (Idem, p. 470).

Não obstante, a referida unidade e, consequentemente, a citada **autonomia compromissada** é reforçada no âmbito acadêmico, já que, nas faculdades de Direito, são estudados casos levando-se em conta a intencionalidade problemática dele advinda e, ainda, a resposta materialmente atribuída por dado Tribunal, independentemente da sua origem, ou seja, independentemente de o precedente formado ter sido veiculado por um órgão federal ou por um Tribunal do Estado A, B ou C. Nesse esteio, esse modelo de ensino acaba por promover uma cultura de que, nos EUA, o respeito é devido aos precedentes judiciais, independentemente da sua origem.

Outra questão estrutural importante que diferencia o *Common Law* estadunidense do *Common Law* inglês é a dimensão atribuída ao Direito Constitucional nesses dois regimes. Além de ser positivado[441] por meio de uma Constituição escrita,[442] o Direito Constitucional nos EUA apresenta grande importância, por ser o ponto de intersecção entre os diferentes Estados Federados, ou seja, é por meio do Direito Constitucional que se promove a congregação federativa estadunidense.[443] Isso, por sua vez, é irrelevante em um regime unitário, como o inglês.

Em verdade, a Constituição estadunidense, além de congregar seus Estados Federados, teve a função histórica de consolidar um regime governamental após um

---

441. "Na Inglaterra o termo 'direito constitucional' refere-se ao conjunto de princípios fundamentais e estruturais, não escritos, que constituem o Estado de Direito. Não há uma constituição escrita e é exatamente neste aspecto que o direito constitucional inglês começa a se diferenciar do direito constitucional norte-americano." (VIEIRA, Andréia Costa. *"Civil law" e "common law"* – os dois grandes sistemas legais comparados. Porto Alegre: Sergio Antonio Fabris Editor, 2007. p. 195).

442. O que também se repete no âmbito dos Estados Federados, cada qual com uma Constituição própria.

443. "Com a adoção da Constituição Federal, os Estados independentes da América consolidaram sua união federativa, formando os Estados Unidos da América. A união dos Estados – que se deu primeiro com o propósito de vencer a guerra contra a Inglaterra – consolidou-se na formação de uma república federativa." (VIEIRA, op. cit., p. 198.).

movimento revolucionário[444] e, como consequência natural, delimitar os direitos essenciais (*Bill of Rights*) para garantir a sedimentação de uma nova sociedade que se afigurava com a independência.

2.1.1.4.3 Os precedentes nos EUA

Apesar das particularidades do Direito estadunidense, é inegável, como já visto anteriormente, que referido direito integra a família do *Common Law*. Logo, os precedentes também são considerados fontes materiais do Direito. Em verdade, assim como ocorre na Inglaterra, é fonte precípua desse Direito. Também nos EUA, o Direito vigente em certa comunidade histórica é aquele criado (formal e materialmente) por intermédio da resolução de casos (*case law*). A decisão judicial, portanto, é a responsável pelo preenchimento conteudístico do Direito estadunidense.

Tais assertivas, por sua vez, não redundam na afirmação de que o tratamento dispensado aos precedentes nos Estados Unidos é um espelho fidedigno daquele atribuído na Inglaterra, ao ponto de René David, inclusive, afirmar que a "regra americana do *stare decisis não funciona nas mesmas condições e não tem o mesmo rigor que a atual regra inglesa do precedente*.[445] E isso porque, em razão de questões próprias dos EUA, em especial por conta da já citada distinção entre direito federal e direito estadual,[446] existem determinadas particularidades que merecem destaque.

---

444. E, com isso, evitando novas revoluções, estabilizando as mudanças pretendidas pelo movimento político vencedor.

445. DAVID, René. *Os grandes sistemas do direito contemporâneo*. 4. ed. São Paulo: Martins Fontes, 2002. p. 489.

446. "Tudo se encontra complicado, nos Estados Unidos, pelo novo elemento introduzido pela estrutura federal do país. Certamente, aspira-se a que o direito assegure a segurança das relações jurídicas e, neste aspecto, parece desejável uma rigorosa regra do precedente. Mas é também necessário evitar que se estabeleçam, entre o direito aplicado nos diversos Estados, diferenças irredutíveis; por isso, é conveniente um enfraquecimento da regra. Em presença destas exigências contraditórias, concebe-se

Talvez uma das mais importantes diferenças seja o fato de os "Supremos Tribunais (Supremo Tribunal dos Estados Unidos e Supremos Tribunais dos Estados) não se considera[re]m nunca vinculados aos seus próprios precedentes".[447] Ao que parece, essa característica dos Supremos Tribunais estadunidenses tem uma dúplice função.

A primeira delas, em especial no que diz respeito ao trabalho desenvolvido pela *Supreme Court*, diz respeito à necessidade de as decisões judiciais servirem de instrumento de abertura para os novos anseios de uma dada comunidade histórica e, consequentemente, de atualização da rígida Constituição Federal dos Estados Unidos. Nesse diapasão, René David pondera que

> [...] a possibilidade que teve o Supremo Tribunal dos Estados Unidos de efetuar mudanças de jurisprudência revelou-se fundamental. Permitiu ao Supremo Tribunal adaptar a sua interpretação da Constituição dos Estados Unidos às correntes de pensamentos e às necessidades econômicas do mundo moderno; assegurou, por isso mesmo, a estabilidade das instituições políticas americanas, permitindo aos Estados Unidos viver sob o domínio de uma Constituição que só pode ser modificada com extrema dificuldade.[448]

A segunda função tem a ver, mais uma vez, com a estrutura federada dos EUA; tem a ver com a paradoxal necessidade de se manter uma unidade entre esses Direitos de âmbitos distintos (federal e estadual) e, ainda, entre os Direitos dos diferentes Estados Federados. Como as Cortes Estaduais criam, em concreto, direito, as Cortes Superiores têm o condão de eventualmente "alinhar o direito de

---

que os juristas americanos tenham evitado uma tomada de posição muito precisa. Conforme os casos, porão em destaque o rigor ou a flexibilidade necessária do direito jurisprudencial." (Idem. p. 490).

447. Idem, p. 478.

448. Idem, p. 491.

um Estado com a corrente dominante que prevaleceu noutros Estados, restabelecendo assim a unidade da *common law* nos Estados Unidos".[449]

Registre-se, entretanto, que essa flexibilização nem de perto se assemelha à falta de unidade das decisões judiciais no Brasil. Longe disso, até porque:

> [...] os Supremos Tribunais dos Estados, preocupados em não comprometer a segurança das relações jurídicas, apenas admitem com extrema dificuldade desvios na sua jurisprudência. A sua atitude está bastante próxima daquela que inspirou a jurisprudência inglesa antes de ser abertamente afirmada, no século XII, a estrita necessidade de aderir aos precedentes.[450]

Em suma, ainda que possa ser paradoxal, há nos EUA uma maior flexibilização na doutrina do *stare decisis*, sem que, entretanto, se perca de vista que o modelo lá vigente é um modelo de *case law*, ou seja, de um Direito que se apresenta como um *continuum* prático de uma intencionalidade jurídica vigente em dada comunidade histórica, o qual é criado substancialmente por meio de precedentes.

2.1.1.4.4 A lei nos Estados Unidos da América

O emprego da legislação no Direito estadunidense é muito mais comum do que na Inglaterra.[451] Como já pontuado, um dos fatores para essa maior relevância do *statute law* nos EUA decorre de uma questão histórica: a instituição desse país está fundada em um texto legal, qual seja, a sua Constituição, diploma esse que, como visto, não é

449. DAVID, René. *Os grandes sistemas do direito contemporâneo.* 4. ed. São Paulo: Martins Fontes, 2002. p. 490.

450. Idem, p. 491.

451. Convém novamente sublinhar, entretanto, que assim como ocorre nos demais países da família do *Common Law*, a lei só ganha sentido de forma substancial depois de submetida à realização prática por parte dos juízes.

apenas a carta política daquela nação, mas o próprio ato da sua fundação.

Nesse sentido, a existência de uma Constituição escrita já denota, como visto no tópico anterior, uma grande diferença entre os modelos estadunidense e inglês. "A Constituição dos Estados Unidos é, **do ponto de vista jurídico**, e não somente político, algo de muito sério".[452] Daí a existência de um controle de constitucionalidade exercido pelo Poder Judiciário nos EUA, o que – repita-se – é inconcebível para os ingleses.

Ressalte-se, todavia, que a importância da Constituição dos EUA não é do texto legislado propriamente dito, nem da sua interpretação em abstrato, i.e., independentemente do caso decidendo, mas sim da sua realização em concreto por intermédio das decisões judiciais.

Por isso, a relevância da Carta Magna nos EUA não é axiomática, mas sim prudencial. A sua construção e reconstrução em concreto, por meio do juízo decisório, permite que uma Constituição secular, rígida e escrita, perdure por tanto tempo sem corriqueiras alterações. Mais do que isso, permite que ela permaneça atual em um mundo cada vez mais complexo, servindo de critério válido – materialmente válido – para a resolução dos problemas de convivência enfrentados pela comunidade estadunidense.

É por isso, pois, que "todo o desenvolvimento do direito dos Estados Unidos, a distinção do direito federal e do direito dos Estados e a própria história dos Estados Unidos foram comandados pela interpretação dada pelo Supremo Tribunal a certas fórmulas da Constituição dos Estados Unidos";[453] foram comandadas, em suma, pela realização

452. DAVID, René. *Os grandes sistemas do direito contemporâneo*. 4. ed. São Paulo: Martins Fontes, 2002. p. 496. Grifos nossos.

453. Idem, p. 498.

em concreto e, por conseguinte, sincrônica, da Constituição dos EUA face às intencionalidades jurídicas emanadas da comunidade estadunidense em diferentes períodos históricos.

É a partir desse lugar que as leis são vistas como fonte do Direito nos EUA, ou seja, a partir da sua consolidação por meio da realização em concreto de problemas apresentados ao Poder Judiciário estadunidense. Se o próprio ato de fundação do país (Constituição) ganha sentido em concreto, por meio de decisões judiciais, é natural que isso ocorra para os demais dispositivos legais existentes.

2.2 A racionalidade de precedentes no Brasil: Civil Law, Common Law ou "tertium genus"?

Feita a sobredita análise, ainda que superficial, da família do *Common Law* e de institutos comumente encontrados nos diferentes sistemas jurídicos, já é possível traçar um paralelo entre um genuíno modelo de *stare decisis* e a sua pretensa aproximação com o sistema jurídico brasileiro, herdeiro do *Civil Law*, e, por conseguinte, da mundividência jurídica daí decorrente.

Para tanto, mister se faz, neste momento, promover uma análise histórica do sistema processual brasileiro do século passado até o presente momento, para se averiguar se de fato houve uma real aproximação, ou não, de um modelo de precedentes no País, o que perpassa por analisar criticamente alguns dos institutos processuais inseridos no ordenamento nacional ao longo desse período e que, aparentemente, fomentariam a sua aproximação com um modelo de *stare decisis*.

2.2.1 Um breve histórico da evolução do sistema jurídico-processual brasileiro para um pretenso modelo de valorização dos precedentes

Importante desde já ressaltar que, na qualidade de herdeiros do *Civil Law*, o sistema jurídico brasileiro tem na lei a sua fonte jurídica primária, atribuindo, originalmente, à jurisprudência[454] – e não aos precedentes – o papel de ser uma das fontes secundárias do Direito.

Partindo ainda da ideia de jurisprudência, o sistema jurídico nacional previa, em princípio, mecanismos processuais específicos para a sua uniformização e que, predominantemente, eram retratados pela figura dos recursos. No CPC/1939, por exemplo, se destacavam institutos como os embargos de nulidade[455] e infringentes,[456] o recurso de revista[457] e, ainda, um instituto prescrito no art. 861 daquele

454. O termo jurisprudência é aqui empregado como o conjunto reiterado de decisões judiciais que, se debruçando sobre uma mesma questão judicializada, converge para uma resposta comum para tal *quaestio*. Há, aqui, uma preocupação com a reiteração **quantitativa** de decisões em um mesmo sentido, cabendo a essa massa decisória - e não a um precedente específico - refletir a posição do Poder Judiciário nacional para determinada questão jurídica. Registre-se, todavia, que a diferença entre precedentes e jurisprudência não é apenas quantitativa, mas também qualitativa, haja vista as diferentes metodologias classicamente empregadas (subsunção *vs.* comparação analógico-problemática) quando da convocação de tais instrumentos. Nesse sentido: TARUFFO, Michele. Precedente e jurisprudência. *Revista de Processo*, [s.l.], v. 36, n. 199, p. 139-155, set. 2011.

455. Assim previstos no art. 833 do CPC/1939: "Art. 833. Além dos casos em que os permitem os arts. 783, § 2º, e 839, admitir-se-ão embargos de nulidade e infringentes do julgado quando não fôr unânime a decisão proferida em grau de apelação, em ação rescisória e em mandado de segurança. Se o desacôrdo fôr parcial, os embargos serão restritos à matéria objeto de divergência.
Parágrafo único. Além de outros casos admitidos em lei, serão embargáveis, no Supremo Tribunal Federal, as decisões das Turmas, quando divirjam entre si, ou de decisão tomada pelo Tribunal Pleno."

456. Análogo ao extinto embargos infringentes do CPC/1973 e atualmente transformado em técnica recursal, nos termos do art. 942 do CPC/2015.

457. Assim capitulado no Estatuto Processual de 1939: "Art. 853. Conceder-se-á recursos de revista nos casos em que divergirem, em suas decisões finais, duas ou mais câmaras, turmas ou grupos de câmaras, entre si, quanto ao modo de interpretar o direito em tese. Nos mesmos casos, será o recurso extensivo à decisão final de

Codex[458] e que, em certa medida, pode ser considerado um antepassado do atual Incidente de Resolução de Demandas Repetitivas (IRDR).[459] *Não obstante, existia ainda a figura do recurso extraordinário que, por sua própria finalidade, também cumpria o papel de uniformização da jurisprudência.*[460]

Nesse período, a processualística brasileira ainda é fortemente influenciada pela já mencionada segunda fase histórica do Processo Civil, chamada de autonomista, científica ou técnica, a qual trata a atividade jurisdicional como ato de aplicação em concreto do direito legislado, mediante o emprego de um silogismo lógico-subsuntivo.[461] Daí, portanto, a ideia de que a uniformização da jurisprudência se dava por meio da atividade jurisdicional[462] em âmbito recursal, na medida em que os casos iam escalando o funil piramidal da organização judiciária brasileira.

Não obstante, em 1963, adveio Emenda Regimental que veiculou o instituto da **súmula de jurisprudência**

---

qualquer das câmaras, turmas ou grupos de câmaras, que contrariar outro julgado, também final, das câmaras cíveis reunidas."

458. "Art. 861. A requerimento de qualquer de seus juízes, a Câmara, ou turma julgadora, poderá promover o pronunciamento prévio das Câmaras reunidas sobre a interpretação de qualquer norma jurídica, se reconhecer que sobre ela ocorre, ou poderá ocorrer, divergência de interpretação entre Câmaras ou turmas."

459. Prescrito no art. 976 do CPC/2015: "Art. 976. É cabível a instauração do incidente de resolução de demandas repetitivas quando houver, simultaneamente:
I - efetiva repetição de processos que contenham controvérsia sobre a mesma questão unicamente de direito;
II - risco de ofensa à isonomia e à segurança jurídica."

460. Levando em consideração que, nos termos do art. 101, inciso III, da Constituição Federal de 1937, competia ao Supremo Tribunal Federal "julgar, em recurso extraordinário, as causas decididas pelas Justiças locais em única ou última instâncias," o que, logicamente, levava a um afunilamento interpretativo do direito então vigente por parte do STF.

461. Trazendo pertinentes críticas a tal modelo: TARUFFO, Michele. *A motivação da sentença civil.* São Paulo: Marcial Pons, 2015. p. 149 e ss.

462. Tradicionalmente entendida como meio de **aplicação** (lógico-subsuntiva) do direito positivo ao caso em concreto, o que a tornaria incapaz – ao menos essa era a pretensão – de prejudicar a *voluntas* legislativa positivada na lei.

dominante no País e, mais adiante, em 1965, sobrevém a Emenda Constitucional n. 16, a qual prevê a Ação Direta de Inconstitucionalidade e o instituto da avocatória. Aqui começa um processo, ainda que incipiente, de "codificação" das decisões judiciais,[463] sob as rédeas do Supremo Tribunal Federal. O motivo para tanto, todavia, não era de promover uma pretensa aproximação da família do *Common Law*, assim como tampouco era, precipuamente, tentar promover uma resposta ao problema da massificação das relações processuais e a consequente necessidade de se reduzir o estoque de processos com trâmite pelo Poder Judiciário. Não se pode perder de vista que, nesse momento histórico, o País estava sob o julgo de uma ditadura militar e que, portanto, para o então *establishment* brasileiro, era muito mais fácil tentar controlar um específico órgão do Poder Judiciário, o STF, do que todos os órgãos jurisdicionais espalhados pelo Brasil, personificados pelas pessoas de diferentes juízes com diferentes matizes ideológicas.

Sem embargo, em 1973, é publicado um novo Código de Processo Civil, sob a batuta de Alfredo Buzaid, Código esse que, segundo Ricardo de Barros Leonel, foi um "verdadeiro monumento à concepção científica do Direito processual",[464] ou, com prefere Carlos Alberto Alvaro de Oliveira, foi "o último herdeiro brasileiro da tradição codificadora".[465] O surgimento de um novo *Codex*, entretanto, não altera a realidade das coisas vigentes até então: a

---

463. Isto é, de reducionismo da decisão judicial a enunciados sintético-prescritivos de caráter geral, abstrato e ahistórico, com o fito de, tal como a lei, prospectar comportamentos sociais.

464. LEONEL, Ricardo de Barros. Código de Processo Civil de 2015 em perspectiva. *In:* BEDAQUE, José Roberto dos Santos; SICA, Heitor Vitor Mendonça; YARSHELL, Flávio Luiz (org.). *Estudos de Direito Processual Civil em homenagem ao professor José Rogério Cruz e Tucci.* Salvador: JusPodvim, 2018. p. 696.

465. OLIVEIRA, Carlos Alberto Alvaro de. Processo civil brasileiro e codificação. *In:* MARTINS-COSTA, Judith; VARELA, Laura Beck (org.). *Código* – dimensão histórica e desafio contemporâneo (estudos em homenagem ao Professor Paolo Grossi). Porto Alegre: Sergio Antonio Fabris Editor, 2013. p. 151.

uniformização da jurisprudência ainda era procedimentalmente condensada pela via recursal, cabendo ao STF um papel, até então ainda incipiente, de normatização das decisões judiciais.

Com a evolução da sociedade, inclusive a brasileira, em tempos de pós-modernidade, novas questões passaram a incomodar o Direito. Logo, a mundividência jurídica herdada dos Modernos não era mais suficiente para resolver os problemas de uma sociedade cada vez mais plural, complexa, tecnológica, marcada por relações jurídicas de massa e por um Poder Judiciário cada vez mais franqueado ao cidadão, em especial após o advento da Carta Magna de 1988.[466]

Essa nova realidade social, aliada à recém-implementada ordem constitucional, a qual gravita em torno de uma Constituição Federal marcadamente principiológica, ou seja, repleta de normas de conteúdo aberto, faz com que a atividade jurisdicional deixe de ser vista por alguns como um simples silogismo lógico-subsuntivo ou, ainda que sujeita a tal metódica, com margem para diferentes interpretações jurídicas em concreto, o que redunda em um caleidoscópico interpretativo no âmbito da realização prática do Direito.[467]

466. Tratando da influência da CF/88 para o acesso à justiça no Brasil: BAHIA, Alexandre Gustavo Melo Franco; NUNES, Dierle; PEDRON, Flávio Quinaud. *Teoria geral do processo*. Salvador: JusPodivm, 2020. p. 364.

467. A segurança jurídica estática e previamente almejada pelo legislador estava sendo contaminada pelas diferentes interpretações (não raramente opostas, marcadas pelo **livre** convencimento motivado) dadas no âmbito da realização prática do Direito. Em outros termos, "a lógico-dedutiva aplicação da lei, que, decorrentemente, se lhes impunha [juízes e Tribunais], não era bastante para garantir a desejável uniformidade da jurisprudência, pois, aquando da referida operação, e em virtude do carácter geral e abstracto da norma aplicanda, esta última tinha que ser interpretada, o que [...] era susceptível de originar a inaceitável solução, em termos diferentes, de casos normativamente semelhantes." (BRONZE, Fernando José Couto Pinto. *Lições de introdução ao direito*. 2. ed. Coimbra: Coimbra Editora, 2010. p. 702).

Tais fatos, imersos em um Judiciário cada vez mais sobrecarregado e marcado pela ideia do já criticado **livre** convencimento motivado, traz enormes dificuldades para a uniformização da jurisprudência por meio dos recursos, uma vez que os Tribunais não conseguem dar vazão à infinidade de casos que batem às suas portas, grande parte deles com respostas antagônicas para questões similares.

Nesse momento, portanto, o CPC/1973 começa a sofrer inúmeras reformas legislativas[468] e, dentre elas, é possível constatar um novo movimento, com o fito de promover a uniformização da jurisprudência no País a partir de uma verticalização, de cima para baixo, nesse processo, o qual é sublinhado com a Emenda Constitucional n. 45/2004 e alguns institutos daí decorrentes.

Nessa virada histórica, a processualística brasileira já está se acostumando com a existência, *v.g.*, do efeito *erga omnes* e vinculante das decisões proferidas em sede de controle concentrado de constitucionalidade, independentemente de resolução do Senado. Aqui também já se

---

468. O que, diga-se de passagem, começa a afetar a sua sistematicidade, conforme bem detectado pela Exposição de Motivos do CPC/2015, *in verbis*: "[...]. Não há fórmulas mágicas. O Código vigente, de 1973, operou satisfatoriamente durante duas décadas. A partir dos anos noventa, entretanto, sucessivas reformas, a grande maioria delas lideradas pelos Ministros Athos Gusmão Carneiro e Sálvio de Figueiredo Teixeira, introduziram no Código revogado significativas alterações, com o objetivo de adaptar as normas processuais a mudanças na sociedade e ao funcionamento das instituições. A expressiva maioria dessas alterações, como, por exemplo, em 1994, a inclusão no sistema do instituto da antecipação de tutela; em 1995, a alteração do regime do agravo; e, mais recentemente, as leis que alteraram a execução, foram bem recebidas pela comunidade jurídica e geraram resultados positivos, no plano da operatividade do sistema. O enfraquecimento da coesão entre as normas processuais foi uma consequência natural do método consistente em se incluírem, aos poucos, alterações no CPC, comprometendo a sua forma sistemática. A complexidade resultante desse processo confunde-se, até certo ponto, com essa desorganização, comprometendo a celeridade e gerando questões evitáveis (= pontos que geram polêmica e atraem atenção dos magistrados) que subtraem indevidamente a atenção do operador do direito. [...]." (BRASIL. Senado Federal. Código de processo civil e normas correlatas. Brasília: Senado Federal: Coordenação de Edições Técnicas, 2016a. p. 26. Disponível em: https://www2.senado.leg.br/bdsf/bitstream/handle/id/517855/CPC_9ed_2016.pdf. Acesso em: 20 fev. 2023).

discute a possibilidade de os sobreditos efeitos do controle concentrado se estenderem ao controle difuso, em razão de uma transubjetivação das lides. Também se observa a existência de súmulas e jurisprudência dominante impeditivas de recursos e, ainda, a dispensa do reexame necessário no caso de decisões pautadas em jurisprudência do STF ou em súmula daquele Tribunal ou de outro Tribunal Superior competente.

O ordenamento processual também se depara com a figura da súmula vinculante, repercussão geral em sede de recurso extraordinário, julgamento de recursos especiais sob o rito de repetitividade, além do advento de um órgão de controle externo do Poder Judiciário, o Conselho Nacional de Justiça (CNJ),[469] o qual, calcado em uma racionalidade tipicamente neoliberal, tem como um dos objetivos primordiais fixar e fiscalizar metas de produtividade do Poder Judiciário (maior quantidade de resolução de processos, com menor tempo possível) na busca pela eficiência e pela "duração razoável do processo", a qual tem um papel fundamental para esse movimento reformista.

2.2.2 Uma análise crítica do abrasileirado modelo de "precedentes"

Diante desse quadro, resta claro que a "aproximação" de um modelo de *Common Law* é apenas aparente, na medida em que os institutos desenvolvidos para tanto e anteriormente referidos têm menos o escopo de buscar uma unidade substancial do Direito no âmbito da sua realização prática e mais a promoção de barreiras ao acesso às instâncias recursais[470] e, com isso, diminuir a quantidade

469. Para outra perspectiva dessa reconstrução histórica da evolução do sistema processual brasileiro e sua pretensa aproximação de um modelo de precedentes: TARANTO, Caio Márcio Gutterres. *Precedente judicial:* autoridade e aplicação na jurisdição constitucional. Rio de Janeiro: Forense, 2010. p. 23 e ss.

470. Isso torna parte desses institutos mais um mecanismo processual para

de casos analisados, em especial pelos Tribunais Superiores. Tais institutos, portanto, estão muito mais próximos de se afigurarem como novas técnicas de uniformização de **jurisprudência** do que verdadeiros mecanismos processuais para a formação de **precedentes**. O relevante é cumprir as metas do CNJ e encerrar o maior número de processos com o menor esforço processual possível, o que não é necessariamente sinônimo de, sob uma perspectiva microscópica, realizar o direito material conflituoso e, por conseguinte, colocar fim às lides subjacentes dessas relações processuais, nem também, sob uma perspectiva macroscópia, integrar o direito em torno de uma unidade de caráter substancial.

Não obstante, a eleição feita pelos Tribunais Superiores de alguns poucos exemplares de casos para julgamento, sem que haja, na prática, um critério claro para justificar tal escolha, também acaba por prestigiar ainda mais o litigante contumaz, que pode centrar todas as suas forças em

---

vaticinar a criticada jurisprudência defensiva dos Tribunais Superiores. Ilustrando tal assertiva, convém destacar o seguinte julgado do STF: "QUESTÃO DE ORDEM. RECONHECIMENTO, PELO SUPREMO TRIBUNAL FEDERAL, DA PRESENÇA DA REPERCUSSÃO GERAL EM DETERMINADO PROCESSO. PRELIMINAR FORMAL E FUNDAMENTADA DE REPERCUSSÃO GERAL NOS OUTROS RECURSOS QUE TRATEM DO MESMO TEMA. EXIGIBILIDADE. 1. Questão de ordem resolvida no sentido de que **o reconhecimento, pelo Supremo Tribunal Federal, da presença da repercussão geral da questão constitucional em determinado processo não exime os demais recorrentes do dever constitucional e processual de apresentar a preliminar devidamente fundamentada sobre a presença da repercussão geral** (§ 3º do art. 102 da Constituição Republicana e § 2º do art. 543-A do CPC). 2. Agravo regimental desprovido." (STF; Questão de ordem no Ag. Reg. no Recurso Extraordinário com Agravo 663.637 Minas Gerais. Relator: Min. Ayres Britto, 12 de setembro de 2012. Grifos nossos). Em sentido análogo, mas no particular âmbito do processo penal: STF. Agravo de Instrumento 664.567 RS. Relatora: Min. Ellen Gracie, 10 de junho de 2010.; STF; 2ª Turma. Ag. Reg. no Recurso Extraordinário com Agravo 1.154.030 SP. Relator: Min. Gilmar Mendes, 24 de abril de 2019; STF. ARE 1.161.942 AgR RN. Relatora: Min. Cármen Lúcia, 6 de junho de 2019. Tais decisões destacam que a repercussão geral, ao invés de servir como um mecanismo para a racionalização dos julgamentos do STF, de modo a potencializar a função desse Tribunal na qualidade de Corte Constitucional, acaba, em verdade, atuando como mais um pressuposto formal de recursos, de modo a evitar o julgamento de mérito de questões levadas ao conhecimento daquele Tribunal.

pouquíssimos casos, em detrimento do litigante ocasional[471] e que está no outro polo da demanda. Tal fato só potencializa a natural deficiência técnica, jurídica e econômica deste último em face do primeiro.

Ademais, a concentração dessas técnicas de uniformização no âmbito dos Tribunais Superiores resulta em um indevido esvaziamento da atividade jurisdicional de primeira instância e Tribunais locais,[472] transformando-os em mero aplicadores das "leis" prescritas pelos Tribunais superiores[473] ou, ainda, em mero rito de passagem para se alcançar os Tribunais Superiores.

---

471. Em matéria tributária, por exemplo, é comum a escolha de *leading cases* sem maior expressão econômica e/ou jurídica, de empresas de pequeno ou médio porte, representadas por patronos com pouca *expertise* no Direito Tributário. São esses os litigantes que enfrentarão, do outro lado, as Procuradorias Públicas, com profundo conhecimento técnico-jurídico no âmbito tributário e dotadas de todo o aparato estatal em seu favor.

472. Barbosa Moreira também denuncia essa limitação à atividade jurisdicional desempenhada pelos juízes de primeira instância, ponderando que tal sistemática pode ser extremamente prejudicial à renovação jurisprudencial, renovação esta que, em determinadas situações, é clamada pela nova realidade histórico-social. Assim se manifesta o citado processualista: "[...] as incessantes mutações da sociedade são captadas mais depressa e mais intensamente pelos órgãos judiciais de nível inferior, convocados a lidar antes dos outros com os conflitos de interesses que as novas condições sociais, políticas, econômicas, culturais vão desenhando. As grandes inflexões jurisprudenciais da história de nosso direito [...]começaram com certeza por decisões de juízos de primeiro grau; só mais tarde é que receberam a chancela dos tribunais. Bloquear, de forma direta ou indireta, na produção dos órgãos situados na base da pirâmide judiciária, os eventuais desvios das teses firmadas em grau superior significa, em certos casos, barrar precocemente um movimento, talvez salutar, de renovação da jurisprudência." (BARBOSA MOREIRA, José Carlos. Súmula, jurisprudência, precedente: uma escalada e seus riscos. *Revista Dialética de Direito Processual*, São Paulo, n. 27, p. 57, jun. 2005).

473. Também criticando a indevida atribuição de uma função normativa ao Supremo Tribunal de Justiça português, lá decorrente da criação dos "assentos", Fernando Bronze pondera que a adoção desse instituto implica um "menoscabo das diferenças entre a função jurisdicional e a função legislativa e pressupor um ordenamento de direito exclusivamente pensado (não problemático-concretamente, mas) em termos ainda 'peremptórico-axiomáticos' [...]." (BRONZE, Fernando José Couto Pinto. *'Continentalização' do direito inglês ou 'insularização' do direito continental?* (Proposta para uma reflexão macrocomparativa do problema). Coimbra: Coimbra Editora, 1982. p. 217). No mesmo diapasão, Fábio Cardoso Machado, analisando as súmulas vinculantes no Brasil, pondera que elas são "verdadeiras

Sem embargo, tais técnicas processuais tampouco têm redundado em um prestígio de caráter substancial aos valores jurídicos que se almeja tutelar, i.e., unidade jurisdicional, segurança jurídica e igualdade de tratamento para diferentes jurisdicionados que se encontrem em situações análogas. Isso se deve, em grande parte, a um problema metodológico, fruto da herança cultural de um *Civil Law* modernista, ou seja, ainda marcado pelo ranço de enxergar o Direito como o conjunto de enunciados prescritivos mínimos a serem aplicados lógico-subsuntivamente no plano concreto. Tal mundividência é incapaz de perceber que, embora integrantes de um mesmo mundo (o Direito), os planos legislativo e judicativo demandam metódicas distintas. Logo, uma decisão judicial não pode ser tratada como se fosse uma peça de lei, i.e., não pode ser vista como um enunciado prescritivo mínimo, de caráter prospectivo, a ser **aplicado** pelo método lógico-subsuntivo.

Em outros termos, a uniformidade intencionada por um precedente não é aquela previamente estabelecida, fixada no presente, porém voltada para o futuro, mas sim uma uniformidade posterior ou retrospectiva, típica uniformidade da atividade jurisdicional.

Assim, esses meios metodologicamente inadequados de uniformização da jurisprudência no Brasil são incapazes de, em uma última análise, promover uma unidade **substancial** do Direito.

Acontece que a sobredita unidade é ínsita (ou deveria ser) de qualquer mundividência jurídica que o veja como

normas jurídicas de sentido abstrato e aplicação geral", o que, segundo tal autor, comprometeria "a independência funcional da jurisdição, pois esta passaria a assumir a tarefa que não é sua, para a qual não tem legitimidade e não está institucionalmente destinada." (MACHADO, Fábio Cardoso. Da uniformização jurídico-decisória por vinculação às súmulas de jurisprudência: objeções de ordem metodológica, sociocultural e político-jurídica. *In*: MACHADO, Fábio Cardoso; MACHADO, Rafael Bicca (org.). *A reforma do Poder Judiciário*. São Paulo: Quartier Latin, 2006. p. 271).

uma ordem específica ou autônoma, "pois o direito, na sua específica existência objectiva e no desempenho da sua vocação normativa, não pode deixar de se constituir e de se realizar como uma **ordem** – e uma ordem só pode se manifestar segundo um princípio de unidade".[474-475] É exatamente isso: a ideia de ordem está atrelada à ideia de unidade. Logo, por ser uma ordem, o Direito está ligado a uma racionalidade que lhe é própria e lhe caracteriza como tal, impedindo, por conseguinte, o seu uso em prol do arbítrio.[476]

Em uma primeira acepção, a ideia de ordem jurídica remete à sua perspectiva formal ou estrutural. A existência prévia dessa estrutura e da unidade jurídica dela depreendida é um dos elementos (talvez o mais imediatamente percebido) capaz de permitir que os destinatários do Direito confiem na resposta que a ordem jurídica dará aos casos submetidos à sua apreciação.[477] Posto que o Direito é também algo secularmente ligado ao valor justiça, essa acepção de ordem jurídica acaba por promover uma junção, ainda no estrito plano formal, entre segurança jurídica e justiça. Nesse instante, segurança jurídica e a justiça "tendem a

474. NEVES, Antonio Castanheira. *Instituto dos assentos*. Coimbra: Coimbra Editora, 2014. p. 232. Grifos do autor.

475. Daí, inclusive, Daniel Mitidiero concluir que a eficácia vinculante de um precedente não decorre da prévia previsão legal de tipos formais, mas sim da "força institucionalizante da interpretação jurisdicional, isto é, da força institucional da jurisdição como função básica do Estado" (*In: Precedentes:* da persuasão à vinculação. 2ª ed. São Paulo: Revista dos Tribunais, 2017. p. 84.), conclusão com a qual se coaduna.

476. Nesse sentido: NEVES, Antonio Castanheira. *Metodologia jurídica* – problemas fundamentais. Coimbra: Coimbra Editora, 1993. p. 34 e s.s.; BRONZE, Fernando José Couto Pinto. *A metodonomologia entre a semelhança e a diferença* (reflexão problematizante dos polos da radical matriz analógica do discurso jurídico). Coimbra: Coimbra Editora, 1994. p. 113 e ss.

477. Tem-se, nesse momento, uma primeira dimensão do valor segurança jurídica e dos demais valores que o circundam (confiança, determinação, estabilidade, previsibilidade e continuidade).

coincidir num momento formal – no momento de ordem, enquanto ordem".[478-479]

Acontece que a exigência de uma ordem e, por conseguinte, de uma unidade mínima não estabelece, por si só, o tipo de ordem que deve pautar o Direito: se uma que seja previamente dada e formalmente unitária, gravitando em torno da figura da lei, ou outra que se constitui na prática, como uma continuidade histórica.

No *Civil Law* concebido pelos Modernos – e que até hoje influencia as famílias jurídicas herdeiras dessa linhagem, dentre elas a brasileira –, a unidade do Direito está atrelada à sua unicidade a partir da lei, ou seja, à concepção de ser a lei a fonte jurídica primária. A unidade do Direito, portanto, ainda é vista como sinônimo de uma única lei em determinado tempo e espaço, redundando, daí, o advento dos Códigos para os Estados Nacionais.

Essa lei unitária é então manejada pelos juízes diante de um caso em concreto e a unidade do Direito, garantida por haver uma única lei (geral e abstrata), oriunda de uma única fonte (o Poder Legislativo), não pode ser maculada pela contingência do caso em concreto. Por isso, cabe aos juízes aplicar o direito pelo método lógico-subsuntivo, para que não haja qualquer interferência subjetiva sua (do juiz) no Direito previamente (im)posto. Aos Tribunais Superiores, por seu turno, cabe o papel de realizar um último filtro formal, de modo a impedir que essa unidade formal do Direito se perca, corrigindo eventuais transgressões a essa metódica.[480]

---

478. NEVES, Antonio Castanheira. *Metodologia jurídica* – problemas fundamentais. Coimbra: Coimbra Editora, 1993. p. 234.

479. Desse modo, "a segurança basta-se com esse momento – ou com as notas formais que dela se podem obter: determinação, previsibilidade, estabilidade, continuidade – e não assim a justiça, a qual exige um momento material (axiológico material) de validade." (Idem, p. 234).

480. Na tradição do *Civil* Law, os tribunais superiores surgem, em um primeiro momento, como tribunais de cassação, ou seja, como garantes dessa unidade formal do

Apesar da evolução do *Civil Law* ao redor do mundo e aqui no país, tal acepção tradicional (e ultrapassada) ainda demarca a criação dos sobreditos institutos de uniformização jurisprudencial no Brasil, o que, por sua vez, dificulta sobremaneira sua conciliação com um regime metodologicamente adequado de precedentes. Isso porque esse viés normativo-sumular atribuído aos precedentes à brasileira não garante a unidade material do Direito, mas apenas uma replicação do caráter formal (geral, abstrato e ahistórico) da ordem jurídica centrada na figura da lei, agora potencializada pela cultura da ementa e/ou das súmulas.[481]

Acontece que esse enclausuramento das decisões judiciais em fórmulas sumulares (súmulas, fixação de teses, ementas, dispositivos), ou seja, o seu reducionismo a enunciados prescritivos mínimos e dissociados das circunstâncias fáticas que lhe originaram, dá margem a diferentes interpretações no momento da realização prática de tais enunciados, assim como acontece com a própria lei.

Por outro giro verbal, a partir do momento em que a decisão "normatizada" perde a referência com o caso em concreto que lhe motivou, torna-se possível a sua indevida convocação para a resolução de situações fáticas que apresentam mais pontos de distinção do que de convergência ou,

---

Direito. Nas palavras de Robespierre, o Tribunal de Cassação deveria ser "menos juiz dos cidadãos do que protetor das leis." (ROBESPIERRE, Maximilien François Marie Isidore apud NEVES, Antonio Castanheira. *Digesta:* escritos acerca do Direito, do pensamento jurídico, da sua metodologia e outros. v. 2. Coimbra: Coimbra Editora, 1995. p. 184).

481. Ao comparar o modelo dos precedentes vinculantes ao regime dos assentos portugueses, Castanheira Neves sublinha essa replicação quando afirma que os assentos "acrescentam ao direito legislado, geral e abstratcto, não um direito materialmente determinado e concretamente realizado [existente no modelo dos precedentes vinculantes], mas um outro direito, agora judicial, duplicadamente geral e abstracto." (NEVES, Antonio Castanheira. *Instituto dos assentos.* Coimbra: Coimbra Editora, 2014. p. 92). Também fazendo uma crítica a essa cultura das ementas: RAMIRES, Maurício. *Crítica à aplicação de precedentes no Direito brasileiro.* Porto Alegre: Livraria do Advogado Editora, 2010. p. 46 e ss.; ROSSI, Júlio César. *Precedente à brasileira:* a jurisprudência vinculante no CPC e no novo CPC. São Paulo: Atlas, 2015. p. 240.

ainda mais grave, permite que situações fáticas análogas sejam julgadas de forma diametralmente opostas, pois é muito mais fácil para o intérprete se distanciar de um sentido hermenêutico, construído no plano abstrato, do que de um sentido prático, revestido de circunstâncias concretas (ainda que universalizáveis).[482] Tais problemas redundam em outro: insegurança jurídica, exatamente aquela insegurança que, aparentemente, os institutos de uniformização de jurisprudência desenvolvidos no País "visam" a combater.

Importante, aqui, repisar o que já foi anteriormente afirmado: segurança jurídica e justiça não são valores opostos ou inconciliáveis. Retoma-se, então, o tema de forma muito sumarizada: segurança jurídica não deve ser sinônimo de uma segurança **através** do Direito, quer dizer, que garanta uma planificação prévia de ações, mas deve efetivamente ser caracterizada como segurança **do** Direito,[483] ou seja, como algo que suscite a manutenção dos "vectores irredutíveis da normatividade jurídica".[484]

Percebe-se, pois, que a segurança **do** Direito diz respeito à ideia de estabilização histórico-cultural de determinada intenção jurídica de índole material, intenção essa que é criada e recriada historicamente. O Direito é

---

482. Sem contar a existência de outro grave problema: o de súmulas que, por serem cridas em momentos distintos das sessões de julgamento em que o caso que lhe dá origem é julgado, não necessariamente refletem a realidade do caso que motivou a sua existência (súmula). Daí, inclusive, a preocupação do legislador, retratada no disposto no art. 489, § 1º, incisos V e VI, do CPC. Criticando esse divórcio entre o teor de uma súmula e os casos que lhe deram origem no específico âmbito do processo administrativo tributário: DANIEL NETO, Carlos Augusto; RIBEIRO, Diego Diniz. A aplicabilidade da prescrição intercorrente da Lei n. 9.873/1999 às multas aduaneiras: análise crítica dos argumentos do debate. *Direito Tributário Atual*, [s.l.], v. 50, p. 76-111, 2022.

483. Tratando do tema no âmbito do *Common Law* inglês: RADBRUCH, Gustav. *O espírito do Direito inglês e a jurisprudência anglo-americana*. Rio de Janeiro: Lumen Juris, 2010. p. 59.

484. BRONZE, Fernando José Couto Pinto. As margens e o rio (da retórica à metodonomologia). *Boletim da Faculdade de Direito*, Coimbra, v. LXXIII, p. 112-113, 1997.

um produto humano-cultural e intencionalmente histórico, razão pela qual a sua estabilização conteudística e, consequentemente, sua unidade material, não quer e nem deve significar imutabilidade.

Essa acepção de segurança jurídica, consentânea com a historicidade do Direito, parte de um modelo jurídico que vê na atividade jurisdicional um caráter normativo-constituinte, exatamente como ocorre naqueles países herdeiros da família do *Common Law*. Nesse universo, busca-se a **persistência de uma mesma intencionalidade axiológico-normativa constantemente reafirmada e (re)construída pela tensão dialética entre o caso decidendo e o sistema-fundamento**.

Não é essa, todavia, a segurança jurídica alcançada pelas técnicas brasileiras de uniformização de jurisprudência, que perseguem uma segurança de caráter prospectivo, i.e., uma segurança **através** do Direito.[485] E aí, mais uma vez, tais técnicas acabam por potencializar[486] os problemas que retoricamente almejam solucionar, na medida em que fomentam insegurança jurídica e desigualdade no tratamento de jurisdicionados em situações análogas.

Aliás, a existência de um tratamento igualitário entre jurisdicionados que se encontrem em situações análogas é outra questão extremamente relevante para o Direito, dado que o seu descrédito pode redundar em um ceticismo em relação à própria jurisdição[487] como técnica racional de

485. Nesse sentido: NEVES, Antonio Castanheira. *Instituto dos assentos*. Coimbra: Coimbra Editora, 2014. p. 39; MACHADO, Fábio Cardoso. Da uniformização jurídico-decisória por vinculação às súmulas de jurisprudência: objeções de ordem metodológica, sociocultural e político-jurídica. *In*: MACHADO, Fábio Cardoso; MACHADO, Rafael Bicca (org.). *A reforma do Poder Judiciário*. São Paulo: Quartier Latin, 2006. p. 258.

486. Esse tipo de situação é elevada à enésima potência quando os Tribunais Superiores tomam circunstanciais decisões influenciadas (positiva ou negativamente) por um componente eminentemente "político", termo aqui empregado em um sentido ideológico-partidário.

487. E em relação aos seus órgãos. A crise de confiança atualmente enfrentada pelo Poder Judiciário junto a parcela da população é um bom exemplo disso.

resolução de problemas de convivência humana e, por conseguinte, em uma desconfiança em relação ao próprio Direito. No específico ambiente tributário, a questão agrega outra dimensão: o risco de tratamentos jurisdicionais indevidamente desiguais pode implicar enorme prejuízo à livre-concorrência e redundar em sérios impactos econômicos.

O problema é que também aqui a influência do *Civil Law* desenvolvido na Modernidade pontua a previsão dos institutos de uniformização de jurisprudência para fins de se perseguir um ideal de igualdade.[488] Assim, a igualdade projetada

488. A ideia de igualdade perante a lei surge na Modernidade com o fito de extirpar os privilégios concedidos no regime anterior. No modelo pretérito, a estratificação social e a desigualdade dela decorrente eram contempladas e até mesmo sustentadas expressamente pelo Direito. Os variados estratos sociais se submetiam a diferentes regimes jurídicos. O antigo regime não partilhava o valor igualdade – não nos termos em que contemplado pelos modernistas – e resultava num **particularismo jurídico**, o que se dava não só por conta da pluralidade de fontes jurídicas, mas também em razão da "ausência de um direito igual para todos os membros da comunidade" (MARQUES, Mário Alberto Pedrosa Reis. Um olhar sobre a construção do "sujeito de direito". Estudos em Homenagem ao Professor Doutor Manoel Henrique Mesquita. Stvdia Ivridica - *Boletim da Faculdade de Direito*, Coimbra, p. 95, 1995). A intenção dos Modernos, portanto, foi romper com esse paradigma do *ancien régime* e, ao mesmo tempo, permitir a estruturação de um novo modelo social, político e econômico; um modelo que valorizasse o "homem adulto proprietário" (Idem, p. 104). Assim, na Modernidade a igualdade foi construída para um sujeito idealizado, intencionalmente ahistórico e universal, sujeito este que, por ser absolutamente igual ao outro, é capaz de com ele se relacionar livremente por intermédio do contrato. A igualdade, aqui, não foi concebida para uma pessoa histórico-concreta, i.e., um ser humano de carne e osso. Politicamente, essa concepção de igualdade foi sustentada pela figura do contrato social que, nos dizeres de Rousseau, era a "forma de associação que defenda[ia] e proteja[gia] com toda a força comum a pessoa e os bens de cada associado e pela qual cada um, unindo-se a todos, não obedeça[ia], contudo, senão a si mesmo e permaneça[ia] tão livre como antes." (ROUSSEAU, Jean-Jacques. *O contrato social.* 5. ed. Portugal: [s.n.], 2003. p. 39). A adesão dos associados ao pacto e o tratamento geral de todas as vontades unitariamente agrupadas, i.e., do todo formado a partir desse contrato socialmente estabelecido, permitia, para tal perspectiva, um tratamento radicalmente igualitário para a totalidade dos integrantes do pacto social. Nos dizeres de Rousseau, "o pacto social estabelece[ia] entre os cidadãos uma tal igualdade que todos se comprometem[iam] com as mesmas condições e todos devem[iam] gozar idênticos direitos. Assim, pela natureza do pacto, todo o acto de soberania, que o mesmo é dizer, todo o acto autêntico da vontade geral, obriga[va] ou confere[ia] direitos igualmente a todos os cidadãos, de forma que o soberano conhece[sse] apenas o corpo da nação e não distingue[isse] nenhum dos que a compõem." (Idem, p. 39). Esse modelo,

por tais institutos é pautada por decisões revestidas com um traje de caráter formal, normativo-legalista,[489-490] a serem ulteriormente aplicadas para casos supostamente idênticos.[491]

Acontece que, em um regime metodologicamente adequado de precedentes, busca-se alcançar não uma igualdade formal perante a lei (*ratio legis*), mas, para além dela, uma **igualdade material perante o Direito (*ratio ius*)**.[492] Isso porque só no âmbito da concretude, dos problemas histórico-reais, torna-se possível realizar a igualdade que precipuamente interessa ao Direito: uma igualdade verdadeiramente substancial. Só nessa seara é possível outorgar ao homem a **igualdade de chances**[493] em relação ao outro, de modo a lhe

---

calcado na *volonté général*, foi o pressuposto de ordem substancial para a construção dessa concepção de igualdade. O outro pressuposto, de ordem metódica, foi o racionalismo formal típico da Modernidade. Nesse sentido: NEVES, Antonio Castanheira. *Instituto dos assentos.* Coimbra: Coimbra Editora, 2014. p. 157.

489. Importante aqui abrir um parêntese para afirmar que esta obra não tem a pretensão de negar uma igualdade delineada em termos legais, uma vez que é "importante a definição, ao nível da normatividade abstracta, de um estatuto jurídico da igualdade. Simplesmente, já não poderá considerar-se essa definição, de uma igualdade jurídica abstracta, como fim último que a si se baste, mas tão só como um primeiro relativo momento, como um instrumento e ponto de apoio para uma igualdade material que há-de conseguir-se para além daquela através da complementar intervenção das outras duas dimensões." (NEVES, Antonio Castanheira. *Instituto dos assentos.* Coimbra: Coimbra Editora, 2014. p. 141-142).

490. Mais uma vez refletindo acerca dos assentos, Castanheira Neves assim também conclui ao dizer que "os assentos, pretendendo garantir a igualdade mediante a fixação prévia e uniformemente abstracta das soluções jurídicas, só têm em vista a igualdade de mera legalidade ou a igualdade no sentido jurídico-formal." (Idem, p. 148).

491. Como se a racionalidade por trás de um modelo de precedentes fosse pautada pela **identidade**, e não pela **proximidade** de casos, fruto, pois, de uma comparação analógico-problemática e não de uma subsunção.

492. A igualdade jurídica exigida por uma *ratio ius* está "bem longe de se bastar com a igualdade passiva (de mero **destinatário** ou de 'espectador') de uma aplicação normativa de todo pré-determinada, já que aponta para uma igualdade activa (verdadeiramente de **sujeito** ou de 'protagonista') na constituição-realização histórica da normatividade do direito e que este, por sua vez, há-de possibilitar." (Idem, p. 127-128).

493. "Não se trata, pois, de impor, numa intenção de extremo igualitarismo, uma igualação, nivelação e uniformidade social que para todos e para cada um se traduzisse no mesmo indiferenciado 'modo de existência humana' (*Dahrendorf*), como

permitir realizar-se enquanto pessoa ético-social[494] e, ainda, possibilitar-lhe a realização em concreto da justiça.

Não é esta – repita-se – a igualdade delineada pelas leis que pautam as técnicas de uniformização de jurisprudência desenvolvidas no País. Tal igualdade é de caráter formal e não leva em conta a individualidade do histórico e do concreto. Configura-se, portanto, como um instrumento insuficiente e anacrônico diante da atual realidade, a qual é pautada pela pluralidade; esse modelo de igualdade (formal) não é capaz de dialogar com a diferença e, consequentemente, fazer justiça em concreto.

Mas não é só. Existem ainda outros problemas, de ordem **metodológica**, a prejudicar um regime de precedentes adequado no País.[495] Nesse sentido, outro equívoco detectado é no próprio desenho legislativo dos institutos de

---

expressão e resultado isso de um totalitarismo social que significaria realmente o radical sacrifício da liberdade, e em último termo da própria cultura e da história [...], mas sim de igualdade de **chance** real, de iguais condições de possibilidade ou de oportunidade socialmente oferecidas, e garantidas em termos realmente eficazes. Igualdade, portanto, como igualdade nas oportunidades sociais de existência e não como igualdade de existência socialmente possível – só que igualdade, naquele sentido, não apenas formal ou abstractamente postulada, mas igualdade nas condições concretas da sua efetividade." (Idem, p. 131. Grifos do autor).

494. Nesse sentido: NEVES, Antonio Castanheira. *Instituto dos assentos.* Coimbra: Coimbra Editora, 2014. p. 157.

495. Nesse mesmo diapasão, Thomas da Rosa Bustamante conclui que: "O ponto mais importante para estabelecer a diferença entre os sistemas continentais e o 'common law' **não** *é a denominada doutrina do 'efeito vinculante' dos precedentes judiciais. [...]. Parece implausível sustentar, portanto, a ideia anacrônica de que os juízes do 'civil law' não estão acostumados a pautar as suas decisões por precedentes judiciais. A ênfase que o direito comparado muitas vezes coloca nessa ideia gera uma perigosa distração. Por isso, alguns teóricos contemporâneos sustentam que a comparação adequada para verificar a correção ou incorreção da conclusão de que o* método judicial – e em especial a forma de se entender e aplicar os precedentes – é diferente no 'common law' e no 'civil law' deveria ser uma comparação entre a atitude de ambos frente ao precedente, bem como a atividade judicial do juiz que se encontra na posição de estender ou restringir uma regra jurisprudencial por analogia ou pela técnica do 'distinguish'." (BUSTAMANTE, Thomas da Rosa. A dificuldade de se criar uma cultura argumentativa do precedente judicial e o desafio do novo CPC. *In:* DIDIER JÚNIOR, Fredie *et al.* (org.). *Precedentes.* Salvador: JusPodivm, 2015. p. 289. Grifo do autor, sublinhado nosso).

uniformização da jurisprudência, bem como em seu uso em concreto [(in)adequação do método], levando a um distanciamento (e não aproximação) de um regime de precedentes como existente nas famílias do *Common Law*.[496]

Nessa perspectiva, um dos problemas capitais do abrasileirado modelo de precedentes provém da indevida premissa de que determinado julgado, a depender de certas características formais, nasce **predestinado** a ser um precedente. Humberto Theodoro Júnior, Dierle Nunes e Alexandre Bahia também denunciam esse equívoco quando assim professam:

> Precisamos perceber e estabelecer bases científicas para a mixagem brasileira (convergência), com a construção de uma teoria dos precedentes que compreenda e critique a tendência dos Tribunais, especialmente superiores, de produzir decisões "em grau zero", como se o próprio direito, tradição e história de aplicação do instituto jurídico sob comento ou aplicação, no caso concreto, pudessem ser desprezados pelo voluntarismo (decisionismo) do julgador.[497]

Acontece que, como já visto em tópicos anteriores, em um típico modelo de precedentes, determinado caso é tratado como tal **em concreto**, ou seja, apenas quando, após uma comparação analógico-problemática com o caso a ser decidido, percebe-se que há mais pontos de encontro do

---

496. Tal afirmação não configura uma opinião uníssona (longe disso!), sendo possível encontrar, na doutrina, quem defenda que o ordenamento jurídico nacional traçou um caminho adequado de valorização de precedentes. Nesse sentido: ARAÚJO, Juliana Furtado Costa. O precedente no novo Código de Processo Civil e suas implicações tributárias. *In:* ARAÚJO, Juliana Costa Furtado; CONRADO, Paulo César (org.). *O novo CPC e seu impacto no Direito Tributário.* São Paulo: Fiscosoft, 2015. p. 101-126.

497. THEODORO JÚNIOR, Humberto; NUNES, Dierle; BAHIA, Alexandre Gustavo Melo Franco. Breves considerações sobre a politização do Judiciário e sobre o panorama de aplicação do direito brasileiro – análise de convergência entre o "*civil law*" e o "*common law*" e dos problemas de "padronização decisória". *Revista de Processo,* São Paulo, v. 35, n. 189, p. 25, nov. 2010. No mesmo diapasão é a opinião de Lenio Streck e Georges Abboud, ao afirmarem que, em um sistema de *common law*, "o precedente não nasce como precedente e ele não é previamente definido textualmente." (STRECK, Lenio; ABBOUD, Georges. O NCPC e os precedentes – afinal, do que estamos falando? *In:* DIDIER JÚNIOR, Fredie *et al.* (org.). *Precedentes.* v. 3. Salvador: JusPodivm, 2015. p. 176).

que desencontros entre tais casos, o que permite convocar a *ratio decidendi* do caso (agora sim) precedente para a realização do caso decidendo.

Assim, a vinculatividade de um precedente não é prévia e nem sintetizada em termos gerais e abstratos, mas desenvolvida em concreto. Nesse momento de realização prática do direito é que o precedente adquire uma "vinculação normativa".[498] Em outros termos, dado precedente é **o ponto de partida, mas não necessariamente o ponto de chegada para a realização de um caso em concreto**. É apenas no instante do julgamento do caso decidendo que a sua vinculação se constrói e se (re) afirma. Trata-se, portanto, de uma vinculação inquirida pelo caso decidendo e que pode ser por ele flexibilizada, "já porque vinculante não é todo o conteúdo do precedente ou do 'pré-juízo', mas unicamente a sua *ratio decidendi*".[499]

O problema aqui denunciado decorre, mais uma vez, da cultura jurídica nacional – apegada ao *Civil Law* modernista e eminentemente formalista – de acreditar que a norma jurídica – no caso, a norma jurídica veiculada com o "precedente" do Tribunal Superior – seja capaz de resolver, de forma prévia, geral e abstrata, todos os problemas vindouros em dada comunidade histórica.[500]

Além dos notórios problemas dessa "crença" exclusiva no direito legislado e nos métodos daí decorrentes, o pretenso modelo de *stare decisis* que está sendo desenvolvido

498. BRONZE, Fernando José Couto Pinto. *A metodonomologia entre a semelhança e a diferença* (reflexão problematizante dos polos da radical matriz analógica do discurso jurídico). Coimbra: Coimbra Editora, 1994. p. 591.

499. NEVES, Antonio Castanheira. *Digesta:* escritos acerca do Direito, do pensamento jurídico, da sua metodologia e outros. v. 2. Coimbra: Coimbra Editora, 1995. p. 37.

500. Tal problema também é abordado por Lenio Streck e Georges Abboud, quando assim professam: "Assim, se no passado se acreditava que a lei conteria a infinidade de solução dos casos, atualmente, essa mística tem sido depositada nas decisões dos tribunais superiores. Nesse sentido, a aposta é de que o STJ e o STF poderiam criar superdecisões que, por si só, trariam a solução pronta (norma) para deslindar uma multiplicidade de casos." (STRECK; ABBOUD, op. cit., p. 182).

no País é agravado por uma ilusão: acreditar que o precedente nasce pronto para esse mister, o que implicaria a sua imutabilidade e, consequentemente, a sua capacidade de, com pretensa segurança, resolver **todos** (!) os casos vindouros e "idênticos" àquele tido como precedente.

Ignora-se, portanto, a capacidade do precedente ser aperfeiçoado em concreto quando convocado para o julgamento de outro caso, o que é perfeitamente possível em um regime de *stare decisis*. Primeiro, porque, repita-se, não se está diante de **identidade** de casos, a implicar a subsunção do caso decidendo ao caso precedente, mas sim de uma **comparação** analógico-problemática. Jamais haverá uma integral identidade entre os casos precedente e decidendo, mas apenas uma aproximação (similitude) em razão da sua análoga problematização, o que só é possível de ser constatado mediante a comparação em concreto desses casos (precedente e decidendo). Isso porque, "*à exceção das analogias matemáticas, que operam no homogêneo e no continuum* de unidade qualitativo, todas as analogias da experiência, operam no heterogêneo."[501] E, exatamente por operar no heterogêneo, um precedente pode ser completado e aperfeiçoado em concreto pelo juiz do caso decidendo.

E isso porque, ao realizar a citada comparação analógico-problemática, é possível que o juiz do novo caso a ser decidido perceba que o caso precedente, embora se aproxime do caso decidendo, não responde, por si só, outras questões postas pelo novo caso, o que demandará uma **expansão** – não ruptura – do precedente. Nessa oportunidade, o juiz do caso decidendo poderá convocar o caso precedente, mas atualizando-o a partir das questões relevantes e inauguralmente postas pelo novo caso a ser decidido. Em outras palavras:

---

501. SILVESTRE, Ana Carolina de Faria. *A decisão judicial enquanto realização metodonomológica comprometida com a justiça prático-prudencialmente assumida:* ***o juízo, a decisão judicativa e a justiça à luz da proposta metodológica de Castanheira Neves.*** Coimbra: Coimbra editora, 2011. p. 26. Mimeo.

> [...] jamais o precedente será anunciado de forma completa e única. É a partir das distinções, das ampliações e das reduções que os precedentes são dinamicamente refinados pelo Judiciário (sempre a partir das contribuições de todos os sujeitos processuais), à luz de novas situações e contextos, a fim de se delimitar a abrangência da norma extraída do precedente. Se, de um lado, é verdade que o precedente originário estabelece o primeiro material jurisprudencial (não se ignora o texto legal e a doutrina) sobre o qual se debruçarão os intérpretes dos casos subsequentes, com o passar do tempo, uma linha de precedentes se formará a partir daquele primeiro precedente, confirmando-o, especificando-o e conferindo-lhe estabilidade, e a técnica da distinção (*distinguishing*) desempenha uma importante função no amadurecimento dos precedentes e, porque, também não, dos padrões decisórios e do direito jurisprudencial como um todo.[502]

O Direito, inclusive em um modelo de precedentes, não é uma história pronta e acabada, contada em um único instante. Pelo contrário, é algo que vai sendo escrito e reescrito diariamente, por intermédio do julgamento de casos.

Não obstante, esse método abrasileirado de realização de precedentes tem levado a outro problema não menos importante: o de se convocar o precedente – aquele "nascido" com essa prévia atribuição – como se fosse norma jurídica, redundando na sua **aplicação** para o caso decidendo.[503-504]

---

502. HORTA, André Frederico; NUNES, Dierle. Aplicação de precedentes e 'distinguishing' no CPC/2015: uma breve introdução. *In:* CUNHA, Leonardo Carneiro da; MACÊDO, Lucas Buril de; ATAÍDE JR., Jaldermiro Rodrigues da (org.). *Precedentes Judiciais no NCPC.* Salvador: JusPodivm, 2015. p. 309. (Coleção Novo CPC e novos temas). Grifos dos autores.

503. Acontece que "inexiste aplicação mecânica ou subsuntiva na solução dos casos mediante a utilização do precedente judicial. Isso porque não existe uma prévia e pronta regra jurídica apta a solucionar por efeito cascata diversos casos futuros. Nem tudo que estiver contido numa decisão vinculante (seja uma súmula, um acórdão jurisprudencial ou um precedente) é efetivamente vinculante, da mesma forma que o fato de estar previamente delimitado aquilo que é vinculante (por exemplo uma SV) nunca será dispensável a interpretação do julgador para precisar seu sentido perante o caso em concreto. Mesmo a SV é passível de exame de seu 'DNA'." (STRECK, Lenio; ABBOUD, Georges. O NCPC e os precedentes – afinal, do que estamos falando? *In:* DIDIER JÚNIOR, Fredie *et al.* (org.). *Precedentes.* v. 3. Salvador: JusPodivm, 2012. p. 178).

504. Tratando do tema no âmbito do *Comon* Law, Edward D. Re aduz que "os precedentes não se devem aplicar de forma automática. O precedente deve ser analisado

Essa aplicação muitas vezes não transpõe sequer a leitura da ementa do julgado ou, o que é ainda pior, da súmula (vinculante ou não) que ele (precedente) deu origem. Isso, diga-se de passagem, rotineiramente ocorre na prática forense.[505]

É com base na sobredita metodologia abrasileirada e torta que, por exemplo, o Parecer PGFN/CRJ n. 492/2011,[506] vaticinado pelas decisões pretorianas veiculadas nos temas

---

cuidadosamente para determinar se existem similaridades de fato e de direito para e para determinar a posição atual da Corte com relação ao caso anterior." (RE, Edward D. *Stare decisis. Revista de Informação Legislativa,* [s.l.], v. 31, n. 122, p. 283, abr./jun. 1994).

505. Aliás, foi detectando esse tipo de problema e, aparentemente, com o objetivo de evitá-lo que o CPC/2015 prescreveu o método (analógico-problemático) a ser empregado pelo juiz quando sua decisão estiver fundamentada em precedentes e súmulas, conforme disposto no art. 489, § 1º, inciso V, do CPC, *in verbis*:
"Art. 489. São elementos essenciais da sentença:
[...].
§ 1º Não se considera fundamentada qualquer decisão judicial, seja ela interlocutória, sentença ou acórdão, que:
[...].
V - se limitar a invocar precedente ou enunciado de súmula, sem identificar seus fundamentos determinantes nem demonstrar que o caso sob julgamento se ajusta àqueles fundamentos; [...]." (BRASIL. Lei n. 13.105, de 16 de março de 2015. *Código de Processo Civil. Brasília: Presidência da República, [2015a]. Disponível em: https://www.planalto.gov.br/ccivil_03/_ato2015-2018/2015/lei/l13105.htm. Acesso em: 21 fev. 2023).*

506. É o que conclui o trecho a seguir, transcrito do referido Parecer: "O que de fato importa que se tenha em mente, todavia, é que **a necessidade de prévio pronunciamento judicial** para que se tenha reconhecida a cessação da eficácia da decisão transitada em julgado em face da alteração das circunstâncias fáticas ou jurídicas sob as quais o juízo de certeza nela contido se formou *é excepcional, apenas se impondo quando expressamente exigida por lei específica.* [...] Assim, inexistindo específica previsão legal a exigir o prévio ajuizamento da ação revisional, a cessação da eficácia vinculante da decisão transitada em julgado se opera automaticamente, **como mera e natural decorrência lógica do que se entende por limites objetivos da coisa julgada.** Aplicando-se esses conceitos ao universo do Direito Tributário, tem-se que, ante a inexistência de lei específica prevendo o oposto, a cessação da eficácia vinculante da decisão tributária transitada em julgado face ao advento de nova circunstância jurídica – mais precisamente, face ao advento de precedente definitivo e objetivo do STF em sentido diverso do nela sufragado –, opera-se de modo automático, **independentemente do prévio ajuizamento de qualquer ação, muito menos da revisional de que trata o art. 471, inc. I do CPC.** (Disponível em: https://www.gov.br/pgfn/pt-br/acesso-a-informacao/atos-da-pgfn-1/pareceres-da-pgfn-aprovados-pelo-ministro-da-fazenda/2011/PARECER%20CRJ%20492-2011.pdf/view. Acesso em: 21 fev. 2023. Grifos no original).

881 e 885,[507] ao tratar da aptidão de uma decisão do Supremo Tribunal Federal para rescindir coisa julgada inconstitucional, defende que basta o simples advento da decisão pretoriana para interromper, **imediata** e **automaticamente**, os efeitos da decisão revestida pela coisa julgada aparentemente tida como inconstitucional, independentemente, pois, da existência do devido processo legal e de uma comparação analógico-problemática entre o caso pretoriano e o caso a ser rescindido. Essa comparação, como tratar-se-á no próximo capítulo, caberia ao Poder Judiciário, na qualidade de parte isenta e equidistante dos interessados na lide, bem como por se tratar do responsável por promover o devido processo legal substantivo em concreto.

Não é demais repisar, nesse momento, que um precedente não atua como se lei fosse, ou seja, sua validade (materialmente falando) não se dá de forma prévia, geral e abstrata, mas sim de forma individual, concreta e histórica. Logo, um precedente não nasce com tal *status*, mediante uma imposição prévia por parte dos Tribunais Superiores, mas ganha tal condição quando convocado em concreto por parte dos diferentes realizadores do Direito que, ao assim fazerem, promovem um diálogo entre o caso *sub judice* e o possível caso precedente. "Reduzir o precedente à norma consiste em excluir os elementos do julgamento que lhe dão nota de identidade na própria ordem jurídica, e que os torna relevante para o Direito ao lado das normas legislativas e constitucionais".[508]

Acontece que, no Brasil, os instrumentos de uniformização de jurisprudência aqui adotados têm, *per si*, uma característica comum: a de partir do pressuposto de que um específico tipo legal de decisão judicial já nasce apto a

---

507. As quais serão analisadas ulteriormente com o vagar e aprofundamento necessários.

508. LOPES FILHO, Juraci Mourão. O novo *Código de* Processo Civil e a sistematização em rede dos precedentes judiciais. *In:* DIDIER *JÚNIOR*, Fredie *et al.* (org.). *Precedentes.* Salvador: JusPodivm, 2015. p. 155.

ser um precedente e, por conseguinte, vincular, normativamente e de forma prospectiva, condutas.[509]

Isso se deve, repita-se, à cultura jurídica desenvolvida no Brasil, ainda fruto do *Civil Law* codificado. Essa cultura é replicada nos bancos universitários e, consequentemente, empregada cotidianamente na práxis forense. Assim, caminhar para uma efetiva e metodologicamente adequada valorização de precedentes no Brasil demandaria não apenas alterações legislativas, mas, em especial, uma mudança cultural[510] e, por conseguinte, metodológica, o que se faz de forma lenta e gradual.

Diante de todas essas considerações, resta claro que os instrumentos processuais desenhados pelo legislador para aparentemente promover uma intersecção entre o *Civil Law* brasileiro e um regime de precedentes, típico da família do *Common Law*, não têm cumprido com o seu papel. Trata-se, em verdade, de um abrasileirado e equivocado modelo, que tem redundado em uma nova "família jurídica" ou em um *tertium genus*.

2.2.3 Ainda os precedentes no Brasil: proposta para a construção de um modelo

Como visto no tópico imediatamente anterior, o ordenamento jurídico nacional passou por inúmeras alterações

509. Daí Cássio Scarpinella Bueno afirmar que não há, no Brasil, um genuíno modelo de precedentes, mas sim um sistema próprio. Logo, ainda segundo o citado Professor, "se o Código de Processo Civil os tivesse nominado de **antecedentes andaria muito bem**, não obstante a maior dificuldade de legitimá-los à luz do que não é (e continua a não ser) tipicamente brasileiro" (BUENO, Cássio Scarpinella. *Curso sistematizado de direito processual civil*. v. 2, 8. ed. São Paulo: Saraiva, 2019. p. 387).

510. Isso fica bem ilustrado pela seguinte passagem doutrinária: "[...] o uso do precedente é mais uma técnica do que uma ciência. É tão difícil aprendê-lo por meio da leitura de uma discussão da doutrina quanto o é aprender a andar de bicicleta através do estudo de um livro sobre mecânica, acrescendo que o assunto é muito mais controverso." (FARNSWORTH, Edward Allan *apud* BRAGA, Paulo Sarno; DIDIER JÚNIOR, Fredie; OLIVEIRA, Rafael Alexandria de. *Curso de direito processual civil*. v. 2, 10. ed. Salvador: JusPodivm, 2015. p. 486).

legislativas com o fito de albergar um suposto modelo de precedentes vinculantes no País, com especial ênfase para os precedentes veiculados pelos Tribunais Superiores.[511]

Apesar das críticas aqui feitas ao modelo abrasileirado, é inegável que valorizar precedentes parece ser algo ínsito da cultura humana e da sua dimensão histórica, o que, por conseguinte, se reflete no Direito, i.e., na qualidade de resposta criada culturalmente para resolver materialmente os necessários problemas de convivência humana.

Assim, o ser humano e a sua principal característica – a humanidade – é permanentemente (re)construída pelo próprio homem ao longo da história. Nesse caminhar histórico para a frente do homem, na busca por si mesmo, é comum que se mantenha um olho no passado, repetindo, portanto, o que já foi feito – ainda que com inovações –, de modo a recriar o passado no tempo presente. Isso nos remete a uma unidade do homem[512] enquanto ser cultural e, por isso, a uma sensação de segurança. "Em inúmeras circunstâncias, fora do Direito como também dentro, o fato de algo ter sido feito antes, fornece, por si só, um motivo para ser feito de novo daquela maneira".[513] A somatória de experiências pretéritas, marcadas por acertos e, em especial, por erros, pode ser uma infindável fonte de conhecimento.

Assim, por conta dessa característica do ser humano e por ser o Direito um produto humano-cultural, torna-se

511. Por mais paradoxal que seja falar no advento de uma cultura de precedentes por intermédio de determinações legais. Isso, inclusive, fica ainda mais claro quando se observa o processo histórico de formação do *Common Law* na Inglaterra, o qual perdurou por um longo período com o fito de substituir um Direito fragmentado e consuetudinário em favor de um Direito comum, formado a partir das decisões dos Tribunais.

512. A história do homem enquanto ser cultural é criada e recriada em concreto; é constantemente contada com foco no seu protagonista: o ser humano. É este ser e sua humanidade que dão unidade a tal história.

513. SHAUER, Frederick. Precedente. *In:* DIDIER JÚNIOR, Fredie *et al.* (coord.). *Precedentes*. Salvador: JusPodivm, 2015. p. 50.

quase natural ou reflexivo observar a perseguição dos seus operadores em busca de uma continuidade de valores – no caso, de valores jurídicos, construídos historicamente –, o que remete, consequentemente, às já citadas ideias de justiça material, unidade do Direito e segurança jurídica. Nesse sentido, a expressão jurídica do homem acaba por refletir a sua expressão sociocultural alhures referida. Logo, "confiar em um precedente é parte da vida de um modo geral".[514]

Registre-se, mais uma vez, que uma das facetas fundamentais do precedente é o seu natural caráter retrospectivo. Em princípio, o tempo do precedente é o presente-passado, já que convocado, em concreto, para julgar determinado caso presentemente submetido à apreciação jurisdicional, mas que, necessariamente, movimenta e convoca casos e as correspondentes resoluções que lhes foram atribuídas em um momento pretérito. Embora paradoxal,[515] ao reconstruir o passado em tempo presente, a decisão judicativa poderá vincular orientações para o futuro, denotando uma faceta prospectiva.[516]

A conformação de um regime de precedentes a partir de uma ideia de historicidade denota, portanto, a importância dos diferentes momentos temporais: passado, presente e futuro. A diferença é que, nesse modelo, a preocupação com o tempo futuro é reflexa ou mediata. Importa, imediatamente, o tempo presente, i.e., resolver materialmente o caso concreto que se afigura perante os Tribunais,

---

514. Idem, p. 50.

515. O Direito, enquanto produto humano-cultural e, portanto, reflexo do seu criador, é paradoxal, assimétrico e distante de precisões científico-matemáticas.

516. Conforme Shauer, "um sistema de precedentes, assim, envolve a responsabilidade especial que acompanha o poder de comprometer o futuro antes de chegarmos lá." (Idem, p. 51.), mas ciente que "adotar uma estratégia dependente de precedentes é inerentemente avesso ao risco, no sentido de abandonar a possibilidade do resultado ideal em todos os casos em troca de diminuir a possibilidade de resultados ruins em alguns casos" (Idem, p. 70.).

o que se dá, metodologicamente, com um necessário olhar no passado.

Diante desse quadro, é lógico que a busca pela racionalização da atividade jurisdicional no País, com a valorização dos precedentes, é medida salutar. O que é inadequado, como já desenvolvido anteriormente, é empregar uma típica racionalidade legalista, própria da família do *Civil Law*, sem qualquer filtro e um mínimo de absorção/adequação de uma metódica oriunda do *Common Law*, sob pena de, em verdade, se promover não um efetivo intercâmbio de famílias jurídicas, mas sim uma neocodificação das decisões judiciais, com a imputação, aos Tribunais Superiores, de uma competência que não lhe é própria: a de legislar.

Assim, compete agora fixar algumas balizas necessárias para uma verdadeira efetivação (metodologicamente adequada) de um modelo de precedentes no Brasil.

2.2.3.1 O que faz de uma decisão um precedente?

Um dos pontos fundamentais em um modelo de precedentes é identificar quando determinada decisão poderá ser convocada como tal, i.e., como um precedente. Nesse sentido, para que de fato se caminhe para um modelo capaz de verdadeiramente valorizar precedentes é fundamental identificar o que é um precedente.

De forma muito simplista, uma decisão poderá ser convocada como um precedente sempre que houver uma similitude[517] fático-jurídica entre o caso-precedente e o caso a

---

517. **Similitude** analógico-problemática, e não **identidade** lógico-subsuntiva, repita-se. Não há, pois, a necessidade de que o caso a ser decidido seja idêntico ao caso tido como precedente, o que, em verdade, seria impossível, na medida em que "nenhum evento é exatamente igual ao outro" (SHAUER, Frederick. Precedente. *In:* DIDIER JÚNIOR, Fredie *et al.* (coord.). *Precedentes.* Salvador: JusPodivm, 2015. p. 56). O próprio ser humano – destinatário substancial do Direito –, quando se vê diante do espelho pela manhã, observa o reflexo de outro ser, diferente daquele que se deitou na noite anterior. Logo, "para uma decisão ser um precedente para outra não se exige

ser decidido[518] e, ainda, desde que no tempo presente – de resolução do novo caso – permaneça a relevância da *ratio decidendi* veiculada no precedente, sob pena da sua superação (*overruling*) a ser expressamente justificada pela nova decisão judicial.

Isso pressupõe a contextualização dessa *ratio* no momento da sua convocação para a realização do caso decidindo, já que, dependendo do novo contexto, caberá ao julgador, de forma material e argumentativamente fundamentada, ou seja, suportando um pesado ônus argumentativo de caráter conteudístico, superar o então precedente para proferir um novo julgamento e, por conseguinte, veicular uma nova *ratio decidendi*. Surge, assim, a figura do *overruling*, cuja convocação – repita-se – **impõe** um necessário ônus argumentativo de índole material, isso porque "regras podem ser quebradas, contudo, justificar a infringência da norma é mais difícil do que tomar o mesmo curso da conduta almejada pela ou na ausência dela."[519-520]

Nesse sentido, o modelo de precedentes é uma contínua (re)construção histórica em concreto de intencionalidades

---

que os fatos da anterior e da posterior sejam absolutamente idênticos. Caso isso fosse exigido, não haveria precedente para coisa alguma." (Idem, p. 56). Em verdade, se a busca fosse por "identidade", ao invés de promover uma integração do Direito, o regime de precedente serviria como estímulo para a sua desintegração, já que cada novo caso, por ser único, também demandaria uma resposta única e inédita (nesse sentido: HORTA, André Frederico; NUNES, Dierle. Aplicação de precedentes e 'distinguishing' no CPC/2015: uma breve introdução. *In:* CUNHA, Leonardo Carneiro da; MACÊDO, Lucas Buril de; ATAÍDE JR., Jaldermiro Rodrigues da (org.). *Precedentes judiciais no NCPC*. Salvador: JusPodivm, 2015. p. 301-333. (Coleção Novo CPC e novos temas)). Daí, inclusive, o art. 926 do CPC falar em **integridade** das decisões dos Tribunais ao invés de hiperintegração ou desintegração.

518. Não havendo a citada similitude, a hipótese será de distinção (*distinguishing*) entre os casos precedente e decidendo. Referido instituto foi contemplado pelo CPC/2015, conforme se observa dos seus artigos 489, § 1°, inciso VI, e 1.037, §§ 9°, 10 e 12.

519. SHAUER, Precedente. *In:* DIDIER JÚNIOR, Fredie *et al.* (coord.). *Precedentes.* Salvador: JusPodivm, 2015. 60.

520. A superação de um precedente também foi objeto de disposição no CPC/2015, mais precisamente dos artigos 489, § 1°, inciso VI, e 927, §§ 3° e 4°.

jurídicas propensas à realização de justiça, a qual é constrangida sistematicamente pela *ratio* do precedente e por todas as implicações daí decorrentes, mas aberta ao novo pela intencionalidade problemática do caso a ser decidido.[521] Há, portanto, uma limitação, capaz de manter a autonomia do Direito enquanto resposta possível aos necessários problemas de convivência humana, sem, todavia, engessá-lo ao novo, o qual toca o Direito por intermédio do caso concreto e de seu julgamento.

Assim, como visto anteriormente, no *Common Law,* o Direito nasce a partir do caso em concreto, o qual promove uma primeira tensão dialética (de caráter pessoal), mais precisamente aquela existente entre as pessoas envolvidas no processo (os litigantes). Por sua vez, desse entrechoque, destaca-se uma intencionalidade jurídica interrogante, que ficará encarregada de suscitar uma segunda tensão dialética (interfundamentos), agora existente entre o caso decidendo e o sistema-fundamento. O problema a ser solucionado promove uma mediação – conduzida pelo julgador – entre a normatividade intencionada (sistema-fundamento, incluído aí os precedentes) e a normatividade em concreto (juízo decisório).

Ao oferecer tratamento jurídico semelhante para casos análogos se está, em última análise, ofertando um tratamento substancialmente igualitário aos diferentes jurisdicionados, o que contribui para evitar o arbítrio, bem como para realizar justiça em concreto. Essa afirmação, em princípio, parece irrefutável. É exatamente aí, todavia, que reside um dos problemas do regime de precedentes: "a dificuldade em negar que casos semelhantes devem ser julgados semelhantemente é precisamente o problema. A declaração é tão abrangente que chega a ser quase

521. "Regras jurídicas de categorização são como passageiros em um trem. De um modo importante, os passageiros estão se movendo, mas, de modo igualmente importante, os passageiros estão parados." (Idem, p. 65).

inexpressiva. A questão complexa é o que queremos dizer com 'semelhança'".[522]

A apresentação dessa dificuldade, todavia, não deve resultar no advento de uma fórmula geral e abstrata como resposta, o que se oporia à própria forma de ser (prático-constituenda) de um modelo de *stare decisis*. Tal dúvida, entretanto, não impede a busca por parâmetros que irão guiar – e não se impor lógico-subsuntivamente – o juiz no caso a ser decidido em comparação com o caso tido como precedente.

Nesse sentido, a saída mais condizente com esse modelo consiste em apurar, em concreto, quais são as intencionalidades interrogantes dos casos analisados, ou seja, quais são os problemas materialmente capturados dos casos em comparação e que, portanto, conformam a resposta já conferida anteriormente pelo precedente e que seria eventualmente convocada para solucionar o caso decidendo.

Ademais, é indispensável, como já dito, a promoção de reflexões jurídicas metodologicamente adequadas à cultura dos precedentes,[523] com especial acento tônico no caso em concreto. A questão do método, aliás, é aspecto fundamental para o desenvolvimento de um verdadeiro modelo de precedentes.

Tais questões são aqui repisadas para fins de fixação da premissa metodológica firmada neste estudo e, por conseguinte, para tentar, no tópico seguinte, desenvolver mecanismos no sentido de adequadamente aproximar o regime brasileiro de um modelo de precedentes.

---

522. Idem, p. 77.

523. O que alguns autores chamam de "preocupação científica de consolidação de uma 'teoria dos precedentes' para o nosso país." (BAHIA, Alexandre Gustavo Melo Franco; NUNES, Dierle; PEDRON, Flávio Quinaud. *Teoria geral do processo.* Salvador: JusPodivm, 2020. p. 669).

2.2.3.2 Para a existência de um modelo de precedentes no Brasil: mudanças estruturais e culturais

É importante, neste momento, deixar claro que um modelo de precedentes não surge da noite para o dia com o simples advento de inovações legislativas, por mais "revolucionárias" que possam ser as mudanças intentadas pela legislação.

Dessa feita, se de fato se pretende promover uma adequada aproximação de um *stare decisis*, é indispensável repensar velhos dogmas e promover algumas mudanças estruturais e culturais profundas no sistema jurídico nacional, sob pena de se vaticinar o já denunciado e equivocado modelo abrasileirado de precedentes. Dentre as inúmeras alterações necessárias, destacam-se, aqui, ainda que sumariamente, algumas delas, consideradas essenciais.

A primeira delas é no sentido de promover uma alteração na forma de composição dos Tribunais Superiores, em especial do Supremo Tribunal Federal, de modo a diminuir[524] a existência de interferências político-ideológica-partidárias[525] na nomeação dos Ministros e nos julgamentos por eles promovidos que, no modelo abrasileirado de precedentes (súmula vinculante, repercussão geral, recursos repetitivos, incidente de resolução de demandas repetitivas etc.), têm uma importância vital na construção material do Direito, em especial do Direito Constitucional brasileiro.

---

524. Não se defende aqui uma posição ingênua de que uma nomeação desse jaez está imune ao componente político. O que se propõe aqui são medidas com o intuito de, em alguma medida, diminuir o impacto desse elemento.

525. O termo político aqui empregado não é, portanto, aquele desdobrado do pensamento aristotélico, ou seja, com a intenção de "significar a existência comunitária da *polis* e a intencionar sua axiologia fundamental e a institucionalização cultural da sua *praxis*, mas sim enquanto intenção e a acção específicas do imediato finalismo estratégico ou de oportunidade ideológico-social e actuado por um poder organizado de governo." (NEVES, Antonio Castanheira. *Apontamentos complementares de teoria do Direito (sumários e textos)*. Coimbra: Universidade de Coimbra, 1998. p. 32).

A ideia, com isso, é blindar ainda mais tais Tribunais de ingerências políticas[526] e pressões sociais, fortalecendo sua independência jurídica no momento da realização do Direito, bem como para tornar ainda mais perceptível, à população, que tal independência é efetiva, e não meramente simbólica.

Ressalte-se, ainda, que essa blindagem não deve ser apenas externa, mas também interna,[527] de modo a reduzir certos vieses que se iniciam dentro dos próprios Tribunais Superiores, por intermédio dos seus integrantes. Para tanto, algumas medidas seriam salutares, por exemplo:

(i) na hipótese de decisões concedidas monocraticamente[528-529] por um Ministro, a necessidade

---

526. Ainda que ingenuamente alguém acredite que o atual modelo é capaz de garantir a autonomia dos Tribunais Superiores em face do poder político-partidário, resta claro que há na sociedade uma impressão de submissão, o que abala a confiança no Poder Judiciário como um todo e, por conseguinte, do próprio modelo jurisdicional de resolução de conflitos. Nesse sentido, buscar outros modelos de composição para o STF teria por objetivo não só garantir a sua efetiva independência política, mas também promover, na comunidade, a sensação de que tal independência é real.

527. Tratando da força política dentro do próprio STF: ARGUELHES, Diego Werneck; RIBEIRO, Leandro Molhano. Ministrocracia: o Supremo Tribunal individual e o processo democrático brasileiro. *Novos Estudos CEBRAP*, [s.l.], v. 37, p. 13-32, 2018.

528. Atualmente, são a maioria nos Tribunais Superiores, o que implica o desvirtuamento do modelo colegiado de decisões em Tribunais. Nesse sentido, segundo informação obtida no sítio eletrônico do próprio STF, em 2022 o Tribunal proferiu 82.577 decisões, sendo **apenas** 15.649 colegiadas, ou seja, o equivalente a aproximadamente 19% (dezenove) do total de decisões veiculadas. (Disponível em: https://www.stf.jus.br/arquivo/cms/presidenciaSTFPublicacoes/anexo/2020_01_24_13.08_RelatoriodeAtividades2019_completo.pdf. Acesso em: 21 dez. 2023.) Por sua vez, no mesmo ano de 2022, o STJ proferiu 588.413, sendo que apenas 115.240 dos casos, o equivalente a aproximadamente 20% (vinte por cento) do total, foram resolvidos de forma colegiada. Nesse diapasão: (Disponível em: https://processo.stj.jus.br/processo/boletim. Acesso em: 21 dez. 2023.

529. Com o objetivo de fomentar a colegialidade, com ênfase naqueles casos urgentes, se observa a recente alteração no Regimento Interno do STF, por meio da Emenda Regimental n. 58, de 19.12.2022, que inseriu os incisos IV e V no seu art. 21, *verbis*:
"Art. 21. São atribuições do Relator:
[...].

de tal decisão ser automaticamente incluída em pauta na sessão imediatamente subsequente, para apreciação do órgão colegiado;[530]

(ii) na hipótese de retirada de processos de pauta em razão de pedidos de vista, a obrigatoriedade da sua reinclusão em até duas sessões subsequentes, sob pena da sua automática reinclusão na terceira sessão posterior a tal pedido, independentemente da apresentação do voto-vista,[531] com a possibilidade de apenas mais uma vista, necessariamente coletiva, após a concessão da primeira e única vista individual;

(iii) a inércia do Plenário em se manifestar quanto à existência de repercussão geral de um recurso extraordinário implicaria a sua inadmissibilidade, e não o contrário, como ocorre atualmente; e, ainda

IV - submeter ao Plenário ou à Turma, nos processos da competência respectiva, medidas cautelares necessárias à proteção de direito suscetível de grave dano de incerta reparação, ou ainda destinadas a garantir a eficácia da ulterior decisão da causa;
V - determinar, em caso de urgência, as medidas do inciso anterior, *ad referendum* do Plenário ou da Turma;
[...].
§ 5º A medida cautelar concedida nos termos do inciso V produzirá efeitos imediatos e será automaticamente inserida na pauta da sessão virtual subsequente, para julgamento do referendo pelo colegiado competente." (Disponível em: https://www.stf.jus.br/arquivo/cms/legislacaoRegimentoInterno/anexo/RISTF.pdf. Acesso em: 17 maio 2023).

530. Acerca da importância da decisão colegiada como balanceadora da influência de posturas ideológicas individuais: ELLMAN, Lisa M. *et al.* Are judges political? An empiral analysis of the Federal Judiciary. Washington: Brookings Institution Press, 2006; BAUM, Lawrence. *Judges and their audiences:* a perspective of judicial behavior. Princeton: Princeton University Press, 2008.

531. O que, em alguma medida, também foi contemplado pela Emenda Regimental 58/2022 já referida, que alterou o Regimento Interno do STF para assim estabelecer: "Art. 134. O ministro que pedir vista dos autos deverá apresentá-los, para prosseguimento da votação, no prazo de 90 (noventa) dias, contado da data da publicação da ata de julgamento.
[...].
§ 5º Vencido o prazo previsto no *caput*, os autos estarão automaticamente liberados para a continuação do julgamento." (Disponível em: https://www.stf.jus.br/arquivo/cms/legislacaoRegimentoInterno/anexo/RISTF.pdf. Acesso em: 17 maio 2023).

(iv) medidas normativas estabelecendo critérios objetivos para a formação de pautas pelos Presidentes de Tribunais Superiores, de modo a diminuir a particular escolha de quais casos serão ou não submetidos a julgamento pelo Tribunal.[532]

As medidas mencionadas talvez não sejam, por si só, suficientes para o intuito aqui professado, mas já seriam o início para a promoção de um debate necessário acerca do papel exercido pelos Tribunais Superiores no País.

Em verdade, em paralelo a tais medidas, a mais importante mudança a ser promovida seria no sentido de induzir os Tribunais Superiores no Brasil a de fato se portarem como tais e, no particular caso do STF, que este de fato atuasse como uma Corte Constitucional, o que perpassa por uma redução drástica da quantidade de casos julgados por esses órgãos.[533-534]

---

532. De modo a evitar o que Conrado Hübner Mendes vem denunciando como um “compasso lotérico” para a formação de pautas, que estaria em sintonia com a jocosa máxima, também apresentada pelo citado Professor, do “devo, não nego, julgo quando quiser.” Nesse sentido: MENDES, Conrado Hübner. O que o STF pode fazer contra o morticínio? *Folha de São Paulo*, 23 de março de 2021. Disponível em: https://www1.folha.uol.com.br/colunas/conrado-hubner-mendes/2021/03/o-que-o-stf-pode-fazer-hoje-contra-o-morticinio.shtml. Acesso em: 24 mar. 2021.

533. A título de exemplo, em dezembro de 2023, o STF possuía como ativo em seu acervo aproximadamente 24.000 casos, distribuídos entre os seus Ministros, sendo aproximadamente 57% (cinquenta e sete por cento) desse montante decorrente da interposição de recursos e o percentual restante oriundo de ações de competência originária da Corte. Nesse sentido: https://transparencia.stf.jus.br/extensions/acervo/acervo.html. Acesso em: 21 dez. 2023. Por sua vez, o STJ encerrou o ano de 2022 com 267.358 (duzentos e sessenta e sete mil, trezentos e cinquenta e oito) processos ativos em seu acervo, tendo baixado definitivamente no mesmo período 406.012 (quatrocentos e seis mil e doze processos). Nesse diapasão: https://processo.stj.jus.br/processo/boletim. Acesso em: 21 dez. 2023.

534. A título de comparação, a Suprema Corte dos EUA, entre os anos de 2007 e 2019, proferiu 991 decisões, o que implica uma média de 76 casos julgados por ano no período. Nesse sentido: BALLOTPEDIA. Supreme Court cases, October term 2019-2020. Disponível em: https://ballotpedia.org/Supreme_Court_cases,_October_term_2019-2020. Acesso em: 22 dez. 2020. Em regra, tal Tribunal recebe algo entre 7.000 e 8.000 casos por ano, sendo que aproximadamente apenas 80 casos são de fato admitidos e julgados por aquela Corte. Neste diapasão: SUPREME COURT OF

Em outros termos, tais tribunais não devem atuar como se fossem uma terceira instância recursal, o que não só desvaloriza a própria atuação desses órgãos como responsáveis por atribuir uma unidade substancial ao Direito, mas também redunda em uma desvalorização das decisões tomadas pelos demais órgãos do Poder Judiciário, os quais acabam se tornando mero rito de passagem para se alcançar os Tribunais Superiores.

Assim, é indispensável que o STF julgue apenas questões constitucionais realmente sensíveis, o que fortaleceria a sua atuação na qualidade de Corte Constitucional, de modo a evitar que toda e qualquer questão que, em alguma medida, toque disposições constitucionais,[535] chegue a tal Tribunal.

Para que de fato o STF atue como uma Corte Constitucional, mister se faz o emprego de mecanismos que lhe permitam escolher os casos que pretende julgar, com prevalência daqueles onde são abordados valores sensíveis tutelados em nossa *Magna Lex*. Para tanto, o STF deve atribuir melhor destinação metódica ao instituto da repercussão geral, que pode, em certa medida, cumprir com a finalidade aqui indicada, já que delimitar a relevância da dimensão social, econômica, política e/ou jurídica de um caso apresenta tamanha amplitude que, em última análise, seria um mecanismo hábil para o filtro aqui citado.

THE UNITED STATES. The Supreme Court at Work. Disponível em: https://www.supremecourt.gov/about/courtatwork.aspx. Acesso em: 21 fev. 2023.

535. Um caso que ilustra o que se quer aqui indicar é aquele retratado na ADPF n. 398 que, em um primeiro momento, foi recebida e processa pelo STF, cujo objeto seria identificar se haveria ou não ofensa a preceito fundamental a entrada em cinemas com bebidas e alimentos comprados em outros estabelecimentos. Em 08.2022 a ADPF teve seu seguimento negado, por uma questão de ordem processual. Todavia, o pano de fundo da discussão ilustra bem o ponto aqui desenvolvido. É óbvio que existiam valores constitucionais relevantes a serem discutidos em tal demanda, como a livre-iniciativa, a isonomia e o acesso à cultura. Não obstante, diante do grande volume de casos anualmente julgados pelo STF, também parece óbvio que existem outras demandas faticamente mais relevantes para proporcionar o debate acerca de tais valores jurídicos (Supremo Tribunal Federal. Arguição de Descumprimento de Preceito Fundamental 398. Relator: Min. Edson Facchin, 31 de agosto de 2022. Acesso em: 21 fev. 2023).

Essa mesma metódica também deve ser empregada pelo STJ, para que tal Tribunal também se preocupe apenas com as questões federais relevantes.[536] A preocupação, portanto, deve estar na qualidade das decisões a serem proferidas, e não na sua quantidade.[537]

Outra mudança importante perpassa pela alteração nos critérios de admissão de profissionais do Direito no ingresso de carreiras públicas, em especial para o exercício da atividade jurisdicional.[538] O cenário atual é marcado pelo ingresso de profissionais capacitados tecnicamente, mas não raramente carentes de uma efetiva experiência no âmbito da realização prática do Direito.[539] Assim, é fundamental pensar um novo modelo, que cobre não só a capacidade

---

536. É com esse objetivo que o recém-criado filtro de relevância para recursos especiais, promulgado pela Emenda Constitucional n. 125 e ainda pendente de regulamentação legal, deve ser visto. Agora, de acordo com o § 2º do art. 105, da Constituição Federal, o recurso especial só será admitido se o recorrente demonstrar "a relevância das questões de direito federal infraconstitucional discutidas no caso". Referida disposição constitucional aguarda regulamentação para que comece a ter eficácia.

537. É o que, segundo José Rogério Cruz e Tucci, estaria abrangido pela "dimensão estrutural" dos precedentes. Isso faz com que o autor afirme que, "no âmbito do *common law*, como visto, uma única decisão pode perfeitamente produzir eficácia de *biding precedent*." (*In: Precedente judicial como fonte do direito.* 2ª ed. Rio de Janeiro: GZ Editora, 2021. p. 196.).

538. Recentemente, o CNJ veiculou a Resolução n. 531, de 14.11.2023, o qual cria o Exame Nacional da Magistratura, um exame unificado para todos aqueles que pretendem ingressar em uma das carreiras da magistratura federal, estadual, trabalhista e militar. Trata-se de uma prova objetiva cuja aprovação, embora não seja classificatória, terá um caráter eliminatório, tornando-se pré-requisito para que o candidato possa prestar os concursos organizados pelos diferentes Tribunais para um vaga como juiz. Dentre os objetivos visados com essa prova destaca-se a "uniformização de nível, valorizando o raciocínio, a resolução de problemas e a vocação para a magistratura, mais do que a mera memorização de conteúdo" (Disponível em: https://www.cnj.jus.br. Acesso em 03.06.2024.). Apesar da louvável intenção do CNJ em buscar um magistrado mais vocacionado e mais preparado para resolver problemas práticos, a forma como esse objetivo é perseguido continua sendo a mesma: mediante a aplicação de uma prova de caráter dogmático que, em regra, se presta muito mais a avaliar a técnica do candidato do que sua experiência prática.

539. Isso – importa frisar – não é necessariamente reflexo da idade cronológica dos funcionários recém-admitidos na carreira pública, mas sim da ausência de experiência prática no âmbito profissional, ou seja, de atuação prática do direito.

técnica, mas que também prestigie a experiência prática[540] dos juízes, de modo a sobrevalorizar a *phronesis*, e não só a *techné* e a *epistmé* aristotélicas.

Além disso, também é imprescindível a promoção de uma mudança nos bancos universitários das faculdades de Direito, de modo que os alunos, desde o primeiro ano letivo, se familiarizem com a racionalidade e a metodologia própria de um modelo pautado pela análise de casos.[541] O estudante do Direito não pode se limitar a ver na lei o único critério jurídico de resolução de problemas de convivência humana. Logo, não pode se limitar a uma análise lógico-subsuntiva do Direito. Mister se faz, portanto, dividir o espaço, tomado pela análise dos vade-mécuns, com o estudo das decisões judiciais, em especial de precedentes dos Tribunais Superiores.

Isso pressupõe superar o dogma de que a atividade jurisdicional não é fonte material do Direito e que essa capacidade criativa, decorrente da atividade judicativa, resultaria em um "ativismo judicial".[542] Importante, nesse momento, repisar um importante ponto: criatividade judicativa não é sinônimo de discricionariedade julgadora e, muito menos, de arbítrio judicial, aqui denominado de "voluntarismo jurídico". O juiz em concreto está atrelado aos fatos. Nesse diapasão, essa pretensa "criatividade" está circunscrita à parcela fática do problema que lhe é apresentado para resolução, impondo, pois, um primeiro limite.

---

540. Um dos caminhos possíveis para induzir tal experiência seria no sentido de aumentar o tempo de experiência profissional previamente exigida dos candidatos. Desse modo, o tempo seria um importante filtro para selecionar aqueles candidatos de fato vocacionados para a carreira pública e efetivamente treinados pela prática jurídica. Com esse cenário buscar-se-ia minimizar o ingresso em carreiras públicas de profissionais sem experiência prática ou – o que é pior – cuja experiência se limita a assinaturas em petições quaisquer durante o exíguo prazo de prática jurídica atualmente exigido pelos concursos.

541. No mesmo sentido: LIMA, Tiago Asfor Rocha. *Precedentes judiciais civis no Brasil*. São Paulo: Saraiva, 2013.

542. Repita-se: termo aqui empregado em um sentido pejorativo, no mesmo sentido que vem sendo utilizado no cotidiano forense brasileiro.

Ademais, como já visto, em um modelo sério de precedentes, esse mesmo juiz está atrelado aos precedentes, ou seja, à comparação fática do caso em julgamento com casos análogos, o que resulta em um segundo e claro limite à possível "liberdade" judicativa. Em um regime de precedentes, o que já foi decido preteritamente pelo próprio Poder Judiciário é sempre um balizador a constranger a liberdade judicativa. O juiz do novo caso é um dos autores de uma história que já vem sendo contada há séculos, motivo pelo qual não pode simplesmente ignorar o enredo até então desenvolvido. Ele até pode alterar o caminho da trama, desde que o faça mediante o emprego de um ônus argumentativo de caráter substancial, demonstrando, pois, existirem razões importantes para promover eventual *overruling*, o que será mais bem tratado adiante.

Retomando aqui as sugestões de mudanças, ter-se-á, ainda, que romper com dogmas eternizados na cultura jurídica, dentre os quais a ideia de que os Tribunais Superiores não analisam questões de fato, mas apenas questões de direito.[543-544] Isso porque, em um modelo de precedentes, o caso em sua inteireza apresenta enorme relevância.

Desse modo, a adoção de medidas que visem, em última análise, a valorizar precedentes implica o fortalecimento do próprio Poder Judiciário e da atividade por ele exercida: a jurisdição. A partir do momento em que casos semelhantes são substancialmente realizados (respondidos) de forma análoga, i.e., com base na mesma *ratio decidendi*, há maior

---

543. A súmula 279 do Supremo Tribunal Federal e a súmula 7 do Superior Tribunal de Justiça são verdadeiros exemplos dessa racionalidade: "Súmula 279 do STF. Para simples reexame de prova não cabe recurso extraordinário."; "Súmula 7 do STJ. A pretensão de simples reexame de prova não enseja recurso especial."

544. Como se fosse possível o exercício de atividade jurisdicional (resolutiva de problemas) sem que haja uma análise da circunstância fática subjacente. Tratando dessa equivocada cisão entre questões de fato e de direito, por todos: NEVES, Castanheira. *Questão-de-facto* – questão-de-direito ou o problema metodológico da juridicidade. Coimbra: Almedina, 1967.

confiança da sociedade de que a atividade jurisdicional não é fruto de arbítrios ou voluntarismos e tampouco está sujeita a pressões externas das mais variadas naturezas.[545] Tal fato gerará uma confiança institucional. Em outros termos, e para empregar expressão utilizada por Lenio Streck e Georges Abboud, essa unidade judicativa faz com que o jurisdicionado tenha a sensação de estar participando de um "jogo limpo".[546]

2.2.3.3 Para a existência de um modelo de precedentes no Brasil: o contributo do CPC/2015 para um regime metodologicamente adequado

Apesar do ceticismo já relatado quanto à aptidão da lei, *per se*, em instaurar um verdadeiro regime de precedentes no Brasil, não há dúvidas de que as mudanças alhures indicadas (estruturais e culturais) apresentam uma difícil e demorada sedimentação. Resta, então, de forma mais imediata, valer-se de algumas disposições do CPC/2015 que, se convocadas sob uma perspectiva metodologicamente adequada, podem, em alguma medida, contribuir para o desenvolvimento de um modelo que de fato valorize o precedente como elemento unificador (substancialmente falando) do Direito.[547]

---

545. Pressões político-ideológico-partidárias, sociais, econômicas, moralistas, religiosas, dentre outras.

546. "Exigir coerência e integridade quer dizer que o aplicador **não pode dar o drible da vaca hermenêutico** na causa ou no recurso, do tipo 'segundo minha consciência, decido de outro modo'. O julgador não pode tirar da manga do colete um argumento que seja incoerente com aquilo que antes se decidiu. Também o julgador não pode quebrar a cadeia discursiva 'porque quer' (ou 'porque sim')." (STRECK, Lenio; ABBOUD, Georges. O NCPC e os precedentes – afinal, do que estamos falando? *In:* DIDIER JÚNIOR, Fredie *et al.* (org.). *Precedentes.* v. 3. Salvador: JusPodivm, 2015. p. 176).

547. Registre-se, desde já, que este livro não considera o CPC/2015 como o baluarte de um modelo de precedentes no País, primeiro porque a aproximação de um modelo perene de *stare decisis* não ocorrerá de forma abrupta, mas deve ser fruto de um processo histórico, o que se dá gradualmente. Ademais, tal *Codex* replica erros conceituais e metodológicos desse abrasileirado modelo de precedentes,

Tendo no horizonte o sobredito ponto, convém desde já dar uma interpretação ao art. 927 do Código de Processo Civil,[548] que promova a sua adequação a um regime de precedentes.

Pois bem. Tal prescritivo legal traz um rol de tipos formais de manifestações jurisdicionais aptas a introduzir precedentes vinculantes no Brasil.[549] Nos termos do citado dispositivo, qualquer um dos tipos de manifestação jurisdicional elencadas no art. 927 do CPC apresenta, **formalmente**, um caráter vinculante. Assim, o primeiro esclarecimento necessário é que a vinculação delimitada por tal regra é "apriorística e superável, pois ela deve ser conjugada com os elementos materiais de coerência e justificação".[550]

Logo, uma decisão emanada de um Tribunal, em especial de um Tribunal Superior e, ainda, sob um daqueles ritos estabelecidos em lei, deve ser considerada um primeiro

---

embora, por mais paradoxal que possa parecer, também veicula dispositivos que, se bem empregados, podem ofertar algum contributo para o início de uma correção de rumo, conforme tratar-se-á mais detidamente a seguir.

548. "Art. 927. Os juízes e os tribunais observarão:
I - as decisões do Supremo Tribunal Federal em controle concentrado de constitucionalidade;
II - os enunciados de súmula vinculante;
III - os acórdãos em incidente de assunção de competência ou de resolução de demandas repetitivas e em julgamento de recursos extraordinário e especial repetitivos;
IV - os enunciados das súmulas do Supremo Tribunal Federal em matéria constitucional e do Superior Tribunal de Justiça em matéria infraconstitucional;
V - a orientação do plenário ou do órgão especial aos quais estiverem vinculados. [...]." (BRASIL. Lei n. 13.105, de 16 de março de 2015. Código de Processo Civil. Brasília: Presidência da República, [2015a]. Disponível em: https://www.planalto.gov.br/ccivil_03/_ato2015-2018/2015/lei/l13105.htm. Acesso em: 21 fev. 2023).

549. Em verdade, nem todas as manifestações jurisdicionais descritas no art. 927 do CPC são verdadeiramente precedentes. É o caso, *v.g.*, das súmulas e súmulas vinculantes que, embora apresentem um caráter formalmente vinculante, não se enquadram no conceito de precedente (decisão) aqui defendido.

550. LOPES FILHO, Juraci Mourão. O novo Código de Processo Civil e a sistematização em rede dos precedentes judiciais. *In:* DIDIER JÚNIOR, Fredie *et al.* (org.). *Precedentes*. Salvador: JusPodivm, 2015. p. 163.

sinal – e não o definitivo – para a acomodação de um precedente enquanto importante critério de resolução de casos.

Fortalecendo a perspectiva aqui defendida para o art. 927 do CPC, ganha vital importância o quanto estabelecido nos arts. 6º, 9º, 10, 489, § 1º, incisos V e VI, e 926, todos do Código de Processo Civil[551] e, acima disso, os valores jurídicos daí decorrentes. É o que se pretende demonstrar a seguir.

2.2.3.3.1 O princípio da cooperação

O art. 6º não é o único, mas talvez seja o principal (e mais direto) vetor normativo para a conformação do princípio da cooperação, o qual prestigia a participação efetiva (substancial) das partes no processo e, acima disso, a **corresponsabilidade** dos atores processuais na construção da melhor decisão judicial possível para o caso em

551. "Art. 6º Todos os sujeitos do processo devem cooperar entre si para que se obtenha, em tempo razoável, decisão de mérito justa e efetiva.
[...]
Art. 9º Não se proferirá decisão contra uma das partes sem que ela seja previamente ouvida.
Parágrafo único. O disposto no *caput* não se aplica:
Art. 10. O juiz não pode decidir, em grau algum de jurisdição, com base em fundamento a respeito do qual não se tenha dado às partes oportunidade de se manifestar, ainda que se trate de matéria sobre a qual deva decidir de ofício.
[...]
Art. 489. São elementos essenciais da sentença:
[...]
§ 1º Não se considera fundamentada qualquer decisão judicial, seja ela interlocutória, sentença ou acórdão, que:
[...]
V - se limitar a invocar precedente ou enunciado de súmula, sem identificar seus fundamentos determinantes nem demonstrar que o caso sob julgamento se ajusta àqueles fundamentos;
VI - deixar de seguir enunciado de súmula, jurisprudência ou precedente invocado pela parte, sem demonstrar a existência de distinção no caso em julgamento ou a superação do entendimento.
[...]
Art. 926. Os tribunais devem uniformizar sua jurisprudência e mantê-la estável, íntegra e coerente." (BRASIL, op. cit.).

julgamento.[552] Isso remete a uma ideia de "comunidade de trabalho" no âmbito do processo, o que também é chamado por alguns autores de "policentrismo judicial".[553]

Aprofundando um pouco a análise desse vetor e, para tanto, convocando as lições de Miguel Teixeira de Sousa,[554] o princípio da cooperação pode ser observado tanto sob a perspectiva das partes como também do Poder Judiciário.

Pela perspectiva da parte, tal princípio se desdobraria nas seguintes frentes: (i) **dever de litigar com boa-fé**;[555] (ii) **dever de colaborar com a descoberta da verdade**,[556] o que se reflete na atuação das partes na produção de provas e escorreita apreensão dos fatos em litígio; e, ainda (iii) **dever de satisfação do direito material reconhecido judicialmente**.[557]

Por sua vez, sob a perspectiva do órgão jurisdicional, o princípio da cooperação apresentaria quatro facetas, sendo elas: (i) **dever de prevenção**,[558] competindo ao magistrado alertar as partes sobre eventuais deficiências ou insuficiências nas suas alegações e/ou pedidos, de modo a prestigiar a ideia da primazia da decisão de mérito; (ii) **dever de esclarecimento**,[559]

---

552. O que não quer significar decisão perfeita, a qual é impossível de ser alcançada, uma vez que o mister judicativo é um trabalho realizado por seres humanos (falíveis) e para seres humanos (também falíveis e, em especial, com posições estrategicamente antagônicas em uma lide).

553. BAHIA, Alexandre Gustavo Melo Franco *et al.* **Novo CPC** – fundamentos e sistematização. 2. ed. Rio de Janeiro: Forense, 2015. p. 74.

554. TEIXEIRA DE SOUSA, Miguel. Aspectos do Novo Processo Civil Português. *Revista de Processo*, São Paulo, ano 22, n. 86, p. 174-184, abr./jun. 1997.

555. Como tradicionalmente prevê disposições processuais, tal como aquela estampada no art. 77 do CPC.

556. Não só para as partes efetivamente aptas a figurarem no processo, como, *v.g.*, prevê o art. 379 do CPC, mas também para aqueles que não necessariamente deveriam integrar a lide, nos termos do inovador art. 339 do citado *Codex*.

557. Nos termos, *v.g.*, do art. 77, inciso IV, do CPC.

558. Como prevê o art. 321 do CPC.

559. Nos termos, por exemplo, do inovador art. 357, § 3º, do CPC.

não só para prestigiar o advento de uma decisão de mérito em si, mas aquela decisão de mérito mais rente possível da realidade sob julgamento e construída com a efetiva e democrática participação das partes, de modo a redundar na **melhor/mais pertinente** decisão de mérito possível; (iii) **dever de diálogo**,[560] de modo a potencializar o contraditório, a ampla defesa e a produção democrática de decisões judiciais, o que, por sua vez, seria desdobramento do direito das partes efetivamente influenciarem o convencimento do julgador; e, por fim, (iv) o **dever de auxílio**,[561] no sentido de o magistrado contribuir com as partes na remoção de óbices processuais sanáveis e, com isso, chegar a uma resolução de mérito para a demanda e também nivelar eventuais desigualdades entre os litigantes.

Diante desse quadro, é importante frisar que o princípio da cooperação não pode ser visto sob uma perspectiva romanceada, partindo do pressuposto de que todos os atores do processo, de forma genuinamente altruísta, trabalharão comunitariamente em favor de promover a melhor solução jurídica para determinada lide. Isso porque, como bem destaca Humberto Theodoro Júnior e outros autores,

> [o] sistema processual brasileiro é um ambiente no qual prevalecem os **interesses não cooperativos** de todos os sujeitos processuais. O juiz imerso na busca por otimização numérica de seus julgados e as partes (e seus advogados) no âmbito de uma litigância estratégica (agir estratégico) com a finalidade de obtenção de êxito.[562]

Logo, para a devida implementação do princípio da cooperação no âmbito da realização prática do Direito, mister se faz o advento de medidas contrafáticas de caráter normativo, que sejam capazes de constranger minimamente

560. Exatamente na linha prevista nos artigos 9º, 10 e 1.023, § 2º, todos do CPC.

561. A parte final do art. 321 do CPC, ao prescrever que o magistrado deve indicar com precisão o que deve ser corrigido ou completado, é um bom exemplo disso.

562. BAHIA, Alexandre Gustavo Melo Franco *et al. Novo CPC* – fundamentos e sistematização. 2. ed. Rio de Janeiro: Forense, 2015. p. 69. Grifos dos autores.

tais atitudes.[563] Daí a importância de disposições legais como aquelas prescritas pelo CPC/2015 e exemplarmente indicadas anteriormente neste tópico da obra.

Não obstante, para além de tais previsões normativas, também é necessário o advento de mudanças culturais, o que deve moldar o ensino jurídico brasileiro. Assim, desde cedo, deve ser professado que as partes em um processo não podem mais se limitar a narrar fatos e realizar pedidos para, em contrapartida, receberem jurisdição (*da mihi factum, dabo tibi jus*). Pelo contrário: devem, em suas manifestações, trazer **todos** os fundamentos fático-jurídico-probatórios para contribuir materialmente com a melhor decisão possível a ser realizada pelo órgão julgador.[564]

Por sua vez, a efetivação desse princípio também deve partir de uma consciente ruptura com a autocrática e embolorada ideia de que o juiz (solipsista) é o único responsável e, principalmente, capacitado a "dizer" o Direito (*iura novit curia*). Tal efetivação, portanto, deve sublinhar a substancial participação e, por conseguinte, responsabilidade dos envolvidos na lide na formação da decisão judicial a ser apresentada ao final do processo, o que está em perfeita sintonia com um Estado **Democrático** de Direito.[565] Isso também se perfaz no âmbito das relações processuais.[566]

---

563. No mesmo diapasão: Idem, p. 69.

564. É com base nesta ideia que o art. 378 do CPC deve ser lido, *in verbis:* "Art. 378. Ninguém se exime do dever de colaborar com o Poder Judiciário para o descobrimento da verdade."

565. "O processo, na perspectiva de um modelo constitucional, '**inaugura uma visão garantística**' dos direitos fundamentais, limitando a atuação daqueles que dele (do processo) participam de forma equivocada e inaugurando uma hermenêutica processual condicionada à Constituição e à ideia de Estado Democrático de Direito, à luz da comparticipação e do policentrismo." (HORTA, André Frederico; NUNES, Dierle. Aplicação de precedentes e 'distinguishing' no CPC/2015: uma breve introdução. *In:* CUNHA, Leonardo Carneiro da; MACÊDO, Lucas Buril de; ATAÍDE JR., Jaldermiro Rodrigues da (org.). *Precedentes judiciais no NCPC*. Salvador: JusPodivm, 2015. p. 306. (Coleção Novo CPC e novos temas). Grifos dos autores).

566. Repita-se: isso demanda não só mudanças legislativas, mas também uma mudança cultural acerca do papel do processo e dos atores processuais nessa relação,

Logo, a conteudística prestação da atividade jurisdicional não deve estar mais adstrita à exclusiva atividade do magistrado na qualidade de protagonista do processo, mas também depende de uma atuação efetiva das partes litigantes, no sentido de se valer da relação processual para se aproximar o máximo possível de um esgotamento quanto ao debate a respeito do caso, analisando-se todos os ângulos da questão *sub judice*.

A metódica alhures, por sua vez, contribuirá para a melhora da prestação jurisdicional e, com isso, para a qualificação das decisões que ulteriormente serão convocadas

---

de modo a minimizar resistências contra essa nova perspectiva, resistências essas que são sintetizadas, *v.g.*, pelos seguintes enunciados elaborados pela Escola Nacional de Formação e Aperfeiçoamento de Magistrados (Enfam) a respeito do art. 10 do CPC, a seguir transcritos:
"01) Entende-se por 'fundamento' referido no art. 10 do CPC/2015 o substrato fático que orienta o pedido, e não o enquadramento jurídico atribuído pelas partes.
[...].
3) É desnecessário ouvir as partes quando a manifestação não puder influenciar na solução da causa.
[...].
5) Não viola o art. 10 do CPC/2015 a decisão com base em elementos de fato documentados nos autos sob o contraditório.
6) Não constitui julgamento surpresa o lastreado em fundamentos jurídicos, ainda que diversos dos apresentados pelas partes, desde que embasados em provas submetidas ao contraditório." (ENFAM – Escola Nacional de Formação e Aperfeiçoamento de Magistrados. Enunciados aprovados. Disponível em: https://www.enfam.jus.br/wp-content/uploads/2015/09/ENUNCIADOS-VERSÃO-DEFINITIVA-.pdf. Acesso em: 21 fev. 2023). Como se observa, a magistratura nacional, ou melhor, parte considerável dela, ainda não é capaz de abdicar de velhas perspectivas, como aquela retratada no brocardo *da mihi factum, dabo tibi jus* (o Enunciado 1 antes transcrito ilustra bem isso). Ao que parece, parcela dos juízes brasileiros não quer deixar de ter monopólio do "poder" em "dizer" o Direito, na medida em que tentam esvaziar de conteúdo o disposto no citado art. 10 do CPC por intermédio dos enunciados alhures transcritos. Aliás, tal postura só reforça as assertivas anteriormente desenvolvidas: a falta de uma cultura jurídica de precedentes a ser desenvolvida nos bancos universitários inviabiliza uma real adoção de um modelo sério de *stare decisis*. No mesmo sentido: NUNES, Dierle; DELFINO, Lúcio. Enunciado da Enfam mostra juízes contra o contraditório do novo CPC. *Consultor Jurídico*, 3 de setembro de 2015. Disponível em: https://www.conjur.com.br/2015-set-03/enunciado-enfam-mostra-juizes-contraditorio-cpc. Acesso em: 28 dez. 2020; STRECK, Lenio Luiz. A alegoria do novo CPC e o filme *Os deuses devem estar loucos:* imperdível. *Consultor Jurídico*, 3 de setembro de 2015. Disponível em: https://www.conjur.com.br/2015-set-03/senso-incomum-alegoria-ncpc-deuses-estar-loucos-imperdivel. Acesso em: 28 dez. 2020.

como precedentes, fato esse que, a médio e longo prazo, tende a racionalizar o ordenamento jurídico, na medida em que fomenta uma segurança jurídica de caráter substancial por meio da atividade jurisdicional.

2.2.3.3.2 A motivação estruturada das decisões judiciais

O art. 93, inciso IX, da Constituição Federal,[567] traz em seu bojo uma garantia fundamental ao estabelecer que todas as decisões[568] deverão ser fundamentadas, sob pena de nulidade.[569] Assim, toda e qualquer decisão proferida no âmbito judicial deve ser fundamentada, ou seja, deve ser justificada em concreto pelo julgador, o que vai para muito além de uma simples coerência lógica da decisão em si considerada (coerência interna). Essa é **uma** das exigências constitucionais para a existência de uma decisão motivada, a qual também pressupõe respostas para **todos** os fundamentos invocados pelas partes (contraditório substancial), bem com a sua **integridade** para com o ordenamento jurídico (incluindo-se aí precedentes).[570] "Com isso o princípio assegura não só a transparência da atividade judiciária, mas também viabiliza que se exercite o adequado controle de todas e quaisquer decisões jurisdicionais".[571]

---

567. "Art. 93. [...].
IX – todos os julgamentos dos órgãos do Poder Judiciário serão públicos, e fundamentadas todas as decisões, sob pena de nulidade, podendo a lei limitar a presença, em determinados atos, às próprias partes e a seus advogados, ou somente a estes, em casos nos quais a preservação do direito à intimidade do interessado no sigilo não prejudique o interesse público à informação; [...]."

568. Inclusive as administrativas, nos termos do inciso X do art. 93 da *Magna Lex*.

569. A citada norma constitucional é alçada ao *status* de cláusula pétrea, nos termos do art. 60, § 4º, inciso IV, da *Magna Lex*.

570. Aprofundando-se no tema a partir de uma distinção entre "motivação" e fundamentação" de decisões judiciais: BAHIA, Alexandre Gustavo Melo Franco; NUNES, Dierle; PEDRON, Flávio Quinaud. *Teoria geral do processo*. Salvador: JusPodivm, 2020. p. 432 e ss.

571. BUENO, Cássio Scarpinella. *Curso sistematizado de direito processual civil*. v. 1, 9. ed. São Paulo: Saraiva, 2018. p. 133.

Por sua vez, quando se fala em controle das decisões de caráter jurisdicional por meio da sua motivação, se faz menção não só a um controle exterior ao processo,[572] mas também a um controle interno, o que se dá pela ideia de recorribilidade.[573] Isso quer dizer, portanto, que a motivação de determinada decisão viabiliza (para além de uma perspectiva estritamente formal) o acesso efetivo e dialético às instâncias recursais. Em contrapartida, decisão imotivada (sem fundamento) implica a negativa de atividade jurisdicional de caráter substancial e, por óbvio, de acesso também materialmente falando ao grau recursal.

Ainda quando se fala em decisão motivada, "exige-se também que a motivação seja completa, sem omitir pontos cuja solução pudesse conduzir o juiz a concluir diferentemente".[574] Em outros termos, a decisão tem de expressar, claramente e de forma analítica, todos os motivos determinantes para a realização do direito litigioso em determinado sentido, sob pena de nulidade.

Apesar da existência dessa garantia fundamental e, como tal, da necessidade de que ela seja realizada de modo a obter a sua máxima efetividade,[575] a motivação das decisões

572. A isso Michele Taruffo chama de uma "controlabilidade difusa da Administração da Justiça", ou seja, que "exprime a exigência geral e constante de controlabilidade sobre o modo com que os órgão estatais exercem o poder que o ordenamento confere-lhes, sendo sob esse perfil a obrigatoriedade da motivação da sentença uma manifestação específica de um 'princípio da controlabilidade' mais geral que parece essencial à moderna noção de Estado de direito [...]." (TARUFFO, Michele. *A motivação da sentença civil*. São Paulo: Marcial Pons, 2015. p. 340).

573. O princípio da motivação é um instrumento "que se põe a serviço da já trabalhada ideia de recorribilidade – só é possível recorrer, convenhamos, de decisão judicial cujos fundamentos sejam conhecidos, permitindo-se, assim, o controle da atividade jurisdicional." (CONRADO, Paulo César. *Introdução à teoria geral do processo civil*. 2. ed. São Paulo: Max Limonad, 2003. p. 71-72).

574. DINAMARCO, Cândido Rangel. *Instituições de direito processual civil*. v. 1, 6. ed. São Paulo: Malheiros, 2009. p. 249.

575. Pois, como professa Paulo Bonavides, "os direitos fundamentais, em rigor, não se interpretam: concretizam-se." (BONAVIDES, Paulo. *Curso de direito constitucio-*

judiciais tem sido muito maltratada no âmbito da pragmática processual brasileira, o que é fruto de velhos dogmas processuais, sendo eles: (i) o *iura novit curia*, (ii) o *da mihim factum, dabo tibi ius* e (iii) o livre convencimento motivado.[576] Essa tríade conforma um modelo jurisdicional ultrapassado, calcado na figura do juiz solipsista, autocrático e, consequentemente, acostumado a promover decisões adjudicadas para fins de resolução de litígios, em total aversão a um modelo coparticipativo, democrático e plural de jurisdição.[577]

Segundo a tradição do *iura novit curia*, o juiz é um ser onisciente, apto a conhecer todo o Direito,[578] motivo pelo qual bastaria às partes narrarem fatos e formularem pedidos para que ele, magistrado, cartesianamente aplicasse o direito legislado em concreto (*da mihim factum, dabo tibi ius*) ou, com prefere Carneluti, para que o magistrado declarasse a certeza de um direito subjetivo previamente existente, mas até então discutível.[579] Tudo isso pautado pela ideia do livre convencimento motivado que, embora textualmente ausente nas disposições do CPC/2015, continua a conformar o ideário da magistratura brasileira.

---

nal. 29. ed. São Paulo: Saraiva, 2014. p. 624).

576. Fazendo uma análise crítica a respeito do livre convencimento motivado no Brasil, comparando-o a uma "anarquia interpretativa": THEODORO JÚNIOR, Humberto; NUNES, Dierle; BAHIA, Alexandre Gustavo Melo Franco. Breves considerações sobre a politização do Judiciário e sobre o panorama de aplicação do direito brasileiro – análise de convergência entre o "*civil law*" e o "*common law*" e dos problemas de "padronização decisória". *Revista de Processo,* São Paulo, v. 35, n. 189, p. 9-52, nov. 2010.

577. Em suma, "não se pode mais acreditar no papel da magistratura como um papel-missão de, com sensibilidade, captar valores uniformemente compartilhados pela sociedade, insculpidos na Constituição. Ao contrário, o juiz forma sua decisão conjuntamente com os demais participantes a partir do processo e não apesar deles." (BAHIA, Alexandre Gustavo Melo Franco; NUNES, Dierle; PEDRON, Flávio Quinaud. *Teoria geral do processo.* Salvador: JusPodivm, 2020. p. 125).

578. O que, sob uma perspectiva tradicional, se resumiria a conhecer a lei em sentido estrito.

579. CARNELUTTI. Francesco. *Como se faz um processo.* Belo Horizonte: Editora Líder, 2008. p. 100.

Nesse quadro do livre convencimento motivado, o juiz pode decidir uma demanda, ainda que em contraposição às provas e aos fundamentos desenvolvidos pelas partes no processo, desde que o faça por meio de uma decisão formalmente justificada. Nesse plano o juiz não precisa dialogar e, por conseguinte, responder a cada um dos fundamentos trazidos pelas partes ao longo do processo. Basta que ele desenvolva o seu fundamento – trajado pela vestimenta da autoridade – e que tal justificativa dê suporte às conclusões alcançadas em sua decisão para que ela seja considerada "motivada". Logo, a presença das partes e as considerações por elas desenvolvidas são apenas um pretexto para o advento da adjudicada decisão judicial ou, o que em certas situações é ainda pior, para o voluntarismo jurídico.

Tais problemas são notórios no âmbito pragmático do Direito e, talvez com o fito de combatê-los, o legislador, de forma bem-intencionada,[580] prescreveu o disposto no art. 489, § 1°, do CPC/2015,[581] o qual traz um rol exemplificativo de decisões carentes de motivação e que muito comumente

---

580. O que não necessariamente implica efetividade no âmbito prático, haja vista que, conforme já dito anteriormente, a ruptura com dogmas seculares não se faz apenas mediante alterações legislativas, mas também em sintonia com alterações culturais e estruturais.

581. "Art. 489. São elementos essenciais da sentença:
[...].
§ 1° Não se considera fundamentada qualquer decisão judicial, seja ela interlocutória, sentença ou acórdão, que:
I - se limitar à indicação, à reprodução ou à paráfrase de ato normativo, sem explicar sua relação com a causa ou a questão decidida;
II - empregar conceitos jurídicos indeterminados, sem explicar o motivo concreto de sua incidência no caso;
III - invocar motivos que se prestariam a justificar qualquer outra decisão;
IV - não enfrentar todos os argumentos deduzidos no processo capazes de, em tese, infirmar a conclusão adotada pelo julgador;
V - se limitar a invocar precedente ou enunciado de súmula, sem identificar seus fundamentos determinantes nem demonstrar que o caso sob julgamento se ajusta àqueles fundamentos;
VI - deixar de seguir enunciado de súmula, jurisprudência ou precedente invocado pela parte, sem demonstrar a existência de distinção no caso em julgamento ou a superação do entendimento."

são encontradas no cotidiano forense. Tal dispositivo, por seu turno, é fortemente marcado pelas ideias de cooperação e dialeticidade substancial (*substantive due process*), contribuindo, portanto, para a conformação de um modelo verdadeiramente democrático de processo e de jurisdição.

Outro ponto marcante desse dispositivo é a preocupação para que a decisão judicial esteja simbioticamente vinculada ao fato que está sendo julgado, de modo que o *decisum* efetivamente desempenhe o papel que lhe cabe: o de resolver problemas de convivência humana (e não o de prospectar teses).

Para tanto, é indispensável que as decisões judiciais demandem mais atenção ao relatório, para bem precisar o fato que está sendo julgado e as circunstâncias que lhe permeiam. Isso faz com que, na hipótese de essa decisão vir a ser ulteriormente convocada como um precedente, os atores processuais do novo processo sejam capazes de promover uma adequada comparação entre o caso sob julgamento e aquele convocado como precedente, seja para convocar a sua *ratio*, seja para promover um acertado *distinguishing*.[582]

Ademais, para uma aproximação metodologicamente adequada do regime brasileiro com um modelo de *stare decisis*, torna-se muito relevante o disposto nos incisos V e VI do mencionado § 1º do art. 489 do CPC. Segundo tais prescritivos, ao se convocar um precedente ou uma súmula como fundamento de uma decisão, caberá ao juiz[583] a tare-

582. Tal modelo, por sua vez, se contrapõe fortemente a regras como aquela disposta no art. 38 da Lei n. 9.099/1995, que prevê a possibilidade de dispensa de relatório nas sentenças proferidas nos Juizados Especiais Cíveis.

583. O recorte aqui feito é centrado na figura do julgador, porque dentro de um tópico que aborda a motivação das decisões judiciais. Todavia, o direcionamento trazido pelo dispositivo legal em apreço também se destina às partes, sempre que essas convocam um enunciado sumular como fundamento para suas razões. Nessa situação, as partes devem cumprir com o ônus argumentativo de justificar o porquê aquela súmula, ou melhor, os precedentes que lhe deram origem, se aproximam do seu caso, então sob julgamento.

fa de promover uma comparação analógico-problemática entre os casos (precedente e decidendo) ou, para empregar termos mais próximos da redação veiculada pelo próprio CPC, identificar os fundamentos determinantes do precedente e demonstrar que o caso (fato) sob julgamento se ajusta àqueles fundamentos.

Referido dispositivo, em verdade, apresenta uma função mais propedêutica do que inovadora. Parece, mais uma vez, tratar-se de uma resposta do legislador para distorções ocorridas no âmbito da realização prática do Direito, tais como: (i) uma indevida "normatização" das decisões judiciais a gerar, inclusive, o que já foi aqui chamado de "codificação das decisões judiciais"; e, ainda, (ii) para evitar a aplicação lógico-subsuntiva de "precedentes" judiciais, como se peça de lei fossem, o que se realiza sem um maior ônus argumentativo de caráter substancial e, por conta disso, muitas vezes de forma equivocada. Logo, o citado prescritivo legal também tem sua relevância por atribuir ao precedente a natureza que lhe é própria: a de expressão de uma atividade jurisdicional e não legislativa.

Essa exigência metodológica quanto à fundamentação de decisões judiciais com base em precedentes implica notório ônus argumentativo aos atores do processo, na medida em que a decisão pautada em um precedente não se pode limitar à transcrição da ementa do julgado então ventilado ou de uma súmula qualquer, competindo àquele que invoca tais referenciais o encargo de promover uma substancial comparação analógico-problemática[584] entre o eventual precedente e o caso decidendo, de modo a demonstrar, em concreto, a necessidade (ou não) de convocação da sua *ratio decidendi*. Em outros termos:

584. Ou promover o "cotejo analítico" entre os casos, para empregar uma expressão mais afeta ao nosso tradicional *Civil Law*.

> Súmulas e precedentes, da mesma forma que normas, não são "trunfos" de que o magistrado possa se valer para não ter o trabalho de fundamentar adequadamente. Ao contrário, no caso destes últimos, a questão é ainda mais complexa, pois se as normas são gerais e abstratas, precedentes e súmulas não são. Eles são decorrentes diretos – e só fazem sentido assim – dos casos que lhes deram origem. Não é constitucionalmente adequado (seja aqui no Brasil, seja em qualquer país de *common law* que se vale de precedentes) querer aplicá-los sem buscar-lhes o sentido nos casos originais.[585]

Registre-se, ainda, que ao promover essa comparação, as partes e o juiz devem levar em consideração todas as questões importantes para a formação da *ratio decidendi* do caso tido como precedente, estando aí incluídas as questões de ordem fática que o aproximam do caso a ser decidido. Repita-se: um regime de precedentes está baseado na comparação de casos, o que se dá no plano em concreto, ou seja, no âmbito de similitude **fático**-jurídica. Portanto, o acento tônico nessa comparação está nos **fatos** dos casos aproximados, e não nas disposições normativas debatidas. Por isso a convocação, ou mesmo o afastamento, de um precedente pressupõe, em regra, um pesado "ônus argumentativo".[586]

---

585. BAHIA, Alexandre Gustavo Melo Franco; NUNES, Dierle; PEDRON, Flávio Quinaud. *Teoria geral do processo.* Salvador: JusPodivm, 2020. p. 417-418).

586. Não é bem isso, todavia, o que pensa Fredie Didier Júnior. Segundo o citado autor, a argumentação para a convocação de um precedente estaria sujeita ao que ele chama de "princípio da inércia argumentativa". Assim, na hipótese de convocação de um precedente para a realização de um novo caso concreto no mesmo sentido (*ratio*) do precedente convocado, a carga argumentativa do aplicador seria fraca, o que, todavia, não isentaria o magistrado do mandamento prescrito no art. 489, § 1º, do CPC. Por sua vez, em se tratando de hipóteses de distinção (*distinguishing*) ou de superação (*overruling*) do precedente, tal carga argumentativa seria forte, de modo a justificar a razão para o julgador se afastar do precedente convocado. Nesse sentido: BRAGA, Paulo Sarno; DIDIER JÚNIOR, Fredie; OLIVEIRA, Rafael Alexandria de. *Curso de direito processual civil.* v. 2, 10. ed. Salvador: JusPodivm, 2015. p. 474-475. Com a devida vênia a tal posicionamento, o que se defende neste livro é que a carga argumentativa é, *a priori*, forte em ambos os casos, i.e., seja para a convocação da *ratio* de um precedente, seja para afastar tal fundamento (em razão da distinção ou da superação). E isso porque, diferentemente do que conclui o citado Autor, o disposto no art. 489, §1º do CPC, ou seja, a necessidade quanto a uma motivação estruturada, não vale apenas para a hipótese de distinção ou superação (inciso VI) de um precedente, mas também para o caso de convocação da *ratio decidendi*

Diante do afirmado até aqui, resta claro que o tratamento metodologicamente adequado ao art. 489 do CPC não pressupõe apenas a existência em si do dispositivo legal. Além disso, é fundamental romper com certos dogmas jurídico-processuais, o que exige – repita-se – uma mudança cultural, sob pena de o citado dispositivo legal continuar sendo interpretado a partir da concepção de Direito (e da matriz metódica daí decorrente) existente por trás do CPC/1973, para o qual a atividade judicativa era uma atividade silogística. Um exemplo da dificuldade aqui apontada está retratado no enunciado Enfam n. 8:[587] "Os enunciados das súmulas devem reproduzir os fundamentos determinantes do precedente."

Segundo o enunciado alhures transcrito, as súmulas devem ir além de representar um veículo sintético acerca da "tese" firmada com o julgamento de uma determinada demanda, mas também devem trazer em seu bojo – ainda que de forma sumarizada, como é próprio das súmulas – os fundamentos determinantes[588] do precedente que lhe deu origem. Diante desse quadro, pergunta-se: o que esse enunciado propõe seria o equivalente à ementa de um julgado? E, em caso positivo, a simples convocação de uma ementa na resolução de um caso concreto é suficiente para permitir a sua comparação fática com o caso precedente, bem como para precisar a *ratio decidendi* desse precedente?

Tais questionamentos são retóricos e tem por fito demonstrar a subversão promovida por tal enunciado Enfam, uma vez que, segundo tal verbete, não competiria ao

de determinado precedente (inciso V). Em **ambas as situações** o legislador acertadamente exige o desenvolvimento de uma comparação analógico-problemática entre os casos confrontados, o que, em regra, implicará maior ônus argumentativo.

587. Disponível em: https://www.enfam.jus.br/wp-content/uploads/2015/09/ENUNCIADOS-VERSÃO-DEFINITIVA-.pdf. Acesso em: 21 fev. 2023

588. Expressão essa que, na linha da processualística tradicional, é lida como disposições normativas, e não como o contexto **fático**-jurídico do caso, como se fosse possível fazer a já criticada cisão entre questões de fato e de direito.

magistrado ir à origem da súmula por ele convocada como fundamento da sua decisão, i.e., se inteirar dos precedentes que dão fundamento à súmula para analisá-los de forma integral, com especial ênfase para as suas circunstâncias fáticas, de modo a verificar se tais precedentes possuem ou não mais pontos de encontros do que desencontros com o caso decidendo. Ao contrário, competiria à súmula já detalhar previamente, em seu enunciado, os motivos determinantes para a sua criação, de modo que, ao ser convocada em concreto, possa ser **aplicada** (lógico-subsuntivamente) sem maior esforço argumentativo. Trata-se de uma nítida subversão do art. 489, § 1º, inciso V, do CPC.[589]

Daí porque, novamente, afirma-se que as disposições do CPC/2015 aqui analisadas são apenas um pequeno contributo para um regime metodologicamente adequado de precedentes, o que – repita-se – depende sobremaneira de mudanças estruturais e culturais.

---

589. Em sentido oposto, i.e., entendendo pela adequação do enunciado: BUENO, Cássio Scarpinella. *Curso sistematizado de direito processual civil*. v. 2, 8. ed. São Paulo: Saraiva, 2019. p. 393. Segundo o autor, tal entendimento estaria em aparente sintonia com o disposto no art. 926, § 2º do CPC, *in verbis*: "Art. 926 [...]. § 2º Ao editar enunciados de súmula, os tribunais devem ater-se às circunstâncias fáticas dos precedentes que motivaram sua criação." Uma interpretação possível para o citado prescritivo legal e que justificaria o entendimento do supracitado Professor seria no sentido de que o legislador, ao prescrever que as súmulas devem atentar-se às circunstâncias fáticas do caso, teria estabelecido que o próprio enunciado sumular deve conter, ainda que resumidamente, o teor de tais circunstâncias. Não é esse, todavia, o entendimento defendido no presente livro. Em princípio, quer parecer que, ao promover aludido prescritivo, o legislador procurou, por meio do mandamento legal, dar uma resposta a um problema cotidianamente enfrentado com o advento de súmulas: a existência de enunciados que, quando veiculados, se mostram muito distantes da realidade fática que lhe deu origem, transformando-o em um ato muito mais legal do que judicativo. Tal preocupação é muito pertinente, já que o procedimento para a veiculação de súmulas é realizado *interna corporis* pelos Tribunais, com exceção das súmulas vinculantes do STF, ou seja, sem que haja a democrática e legitimadora participação/fiscalização das partes ou interessados na formação do enunciado. Nesse sentido: MARINONI, Luiz Guilherme. *Precedentes obrigatórios*. 2. ed. São Paulo: Revista dos Tribunais, 2011. p. 216. Logo, o que referido mandamento legal faz é sublinhar que uma súmula nunca pode ser lida/interpretada sozinha, cabendo ao seu intérprete sempre se socorrer do precedente que lhe originou.

2.2.3.3.3 Uniformidade, estabilidade, coerência e integridade das decisões judiciais: o art. 926 do CPC

Outra importante disposição normativa para uma verdadeira aproximação de um modelo de precedentes é a do art. 926 do CPC,[590] dispositivo que, na concepção da presente obra, apresenta uma relevância muito mais significativa do que o art. 927 do mesmo *Codex*.[591]

A preocupação por trás do citado art. 926 é a de que as decisões judiciais tenham uma unidade de conteúdo, e não apenas de forma. Daí o legislador falar em **uniformidade**, **estabilidade**, **coerência** e **integridade**. Tais valores jurídicos partem de uma premissa única: a decisão judicial é fonte material do Direito e, como tal, gera expectativa jurídica aos jurisdicionados, servindo, pois, como instrumento de orientação de condutas.

Partindo dessa premissa, o citado artigo do CPC estabelece que os Tribunais deverão promover tais valores, o que poderia levar à falsa conclusão de que **apenas** as instâncias recursais seriam responsáveis por fomentar a uniformização, a estabilidade, a coerência e a integridade das manifestações jurisdicionais. Em verdade, tal preocupação deve ser de todo o Poder Judiciário,[592] na qualidade de um organismo único, e não de forma fragmentada.

---

590. "Art. 926. Os tribunais devem uniformizar sua jurisprudência e mantê-la estável, íntegra e coerente."

591. Prescritivo sobre o qual pesam algumas críticas, sendo a mais importante delas o equívoco em estabelecer, *a priori*, que certos tipos formais de decisões constituem precedentes antes mesmo da existência da própria decisão em concreto, com especial ênfase para as manifestações dos Tribunais Superiores, os quais no Brasil atuam, preponderantemente, como mais uma instância recursal (sujeitas, portanto, a todas as mazelas daí decorrentes, em especial a quantidade avassaladora de processos a serem julgados) do que Cortes responsáveis por unificar substancialmente o Direito no País. Daí, inclusive, Cássio Scarpinella Bueno criticamente tratar os tipos formais de decisões elencadas no art. 927 do CPC como verdadeiros "indexadores jurisprudenciais e os 'precedentes' no sistema jurídico nacional como decisões paradigmáticas" (BUENO, Cássio Scarpinella. *Curso sistematizado de direito processual civil*. v. 2, 8. ed. São Paulo: Saraiva, 2019. p. 378-404).

592. Nesse sentido: BUENO, Cássio Scarpinella. *Curso sistematizado de direito processual civil*. v. 2, 8. ed. São Paulo: Saraiva, 2019. p. 377.

Não se olvida, todavia, que, diante da forma de organização do Poder Judiciário, natural haver maior incidência de divergências no âmbito da primeira instância judicial e, na medida em que tais divergências se afunilam nas instâncias recursais, que os Tribunais consolidem uma das respostas até então atribuídas ao direito conflituoso em detrimento das demais.

Acontece que, uma vez sedimentada a questão em um Tribunal, os órgãos jurisdicionais de primeira instância a ele vinculados devem cristalizar essa posição nas decisões de casos análogos que irão resolver ulteriormente, o que deve ser feito não apenas quando tais órgãos se depararem com um daqueles "indexadores jurisprudenciais" prescritos no art. 927 do CPC, mas sempre que for possível precisar o posicionamento consolidado do Tribunal ao qual está organizacionalmente vinculado. E isso se deve a uma razão muito simples: decisão judicial é fonte material do Direito e, como tal, deve contribuir para fomentar a sua unicidade (e não a sua fragmentação). É a partir de tal perspectiva, portanto, que o art. 926 do CPC estabelece o "dever de uniformização" das decisões judiciais.

Percebe-se, pois, que de acordo com a visão aqui defendida, a ideia de uniformidade não se resume a um mandamento *interna corporis* de dado Tribunal[593-594] (vinculação horizontal), o que, inclusive, poderia ser resolvido por meio de técnicas processuais, como o antigo incidente de uniformização de jurisprudência (art. 476 e ss. do CPC/1973). A ideia de uniformidade anda lado a lado com a ideia de integridade, mais bem detalhada a seguir, o que pressupõe um senso de institucionalidade de todos aqueles que integram

---

593. Fazendo essa interpretação mais restritiva quanto ao dever de uniformização: BRAGA, Paulo Sarno; DIDIER JÚNIOR, Fredie; OLIVEIRA, Rafael Alexandria de. *Curso de direito processual civil*. v. 2, 10. ed. Salvador: JusPodivm, 2015. p. 474.

594. Tal assertiva, entretanto, não se contrapõe àqueles que, de forma mais estrita, defendem que os **Tribunais** devem manter **sua** jurisprudência uniforme. Não há dúvida de que um Tribunal deve ser o primeiro órgão a promover deferência à sua própria jurisprudência, seja em respeito ao disposto no art. 926 do CPC, seja para servir de exemplo aos demais órgãos jurisdicionais a ele vinculados. Tal mandamento, todavia, é **uma** das facetas do dever de uniformidade que, como visto alhures, não se resume a tal obrigação.

o Poder Judiciário e, por consequência, uma vinculação que também se dê no plano vertical.

Outro importante valor estampado no art. 926 do CPC é a **estabilidade** das decisões judiciais. Registre-se, desde já, que estabilidade não é sinônimo de imutabilidade, mas sim uma tendência de permanência. "A possibilidade de mudança do entendimento é inerente ao sistema de precedentes judiciais. O dever de estabilidade da jurisprudência não impede a alteração do entendimento; **ele impede alteração injustificada desse entendimento.** A modificação do entendimento pode revelar-se um imperativo de justiça. Este é o ponto".[595]

Isso porque, como já foi defendido, o Direito está a serviço de dada comunidade histórica e, como tal, tende a ser desenvolvido/alterado em sincronia com a realidade social na qual está inserido. Tal fato, entretanto, não exclui o dever de promover a estabilidade do Direito, inclusive quando criado judicialmente. A forma de realizar esse dever, por seu turno, se desdobra em duas frentes. A primeira delas diz respeito ao pesado ônus argumentativo que cabe ao realizador do Direito quando convoca a *ratio* de um precedente para justificar sua tomada de decisão ou, ainda, quando esse mesmo sujeito se afasta de um precedente, seja por conta da distinção (*distinguishing*[596-597]), seja em razão da superação(*overruling*).[598-599-600]

---

595. BRAGA; DIDIER JÚNIOR; OLIVEIRA, op. cit., p. 495. Grifos dos autores. No mesmo diapasão: FINE, Toni M. *Introdução ao sistema jurídico anglo-americano.* São Paulo: Martins Fontes, 2011. p. 83-84.

596. Fredie Didier Júnior faz uma interessante análise da polissemia do termo, o qual pode ser empregado tanto para representar um **método** (*distinguish*-método) como também para significar o **resultado** do emprego de tal metódica (*distinguish*-resultado). O primeiro sentido seria o equivalente à técnica de confronto entre precedentes, decorrente da comparação analógico-problemática entre eles, de modo a aproximá-los ou distingui-los. Por sua vez, o segundo significado seria o fruto ou o resultado dessa técnica, retratada pela própria decisão que afasta a *ratio* de um precedente em determinado caso sob julgamento (BRAGA, Paulo Sarno; DIDIER JÚNIOR, Fredie; OLIVEIRA, Rafael Alexandria de. *Curso de direito processual civil.* v. 2, 10. ed. Salvador: JusPodivm, 2015. p. 491).

597. Distinção essa que pode ser feita por qualquer órgão jurisdicional, mesmo na hipótese de o precedente afastado ter um caráter vinculante (art. 927 do CPC), desde que, por óbvio, tal distinção seja motivada em concreto, nos termos do art. 489, § 1º,

inciso VI, do CPC. No mesmo sentido é o teor do enunciado 306, do Fórum Permanente dos Processualistas Civis, *in verbis*: "O precedente vinculante não será seguido quando o juiz ou tribunal distinguir o caso sob julgamento, demonstrando, fundamentadamente, tratar-se de situação particularizada por hipótese fática distinta, a impor solução jurídica diversa." (Disponível em: https://institutodc.com.br/wp-content/uploads/2017/06/FPPC-Carta-de-Florianopolis.pdf. Acesso em: 21 fev. 2023).

598. Importante registrar que a superação de um precedente não pode ser algo corriqueiro, sob pena de um indevido esvaziamento da ideia de estabilidade do Direito criado judicialmente. Na Inglaterra, por exemplo, a possibilidade de superação de um precedente foi cogitada, mas não realizada em concreto, no caso *Bright v. Hutton*, no longínquo ano de 1852, mas só foi de fato perpetrada pela primeira vez em 1968, com base no disposto no *Practice Statement of Judicial Precedent*, de 1966, o qual passou a autorizar o emprego do *overruling* (TUCCI, José Rogério Cruz e. *Precedente judicial como fonte do Direito*. 2. ed. São Paulo: Revista dos Tribunais, 2004. p. 158-159 e p. 167). Apesar da sua previsão em 1966, até o ano de 1991 o instituto só havia sido aplicado em oito oportunidades (CROSS, Rupert; HARRIS, J. W. *Precedent in English law*. 4. ed. Oxford: Clarendon Press, 1991. p. 135). Já a Suprema Corte estadunidense, entre os anos de 1789 e 2009, superou precedentes em apenas 210 oportunidades (GERHARDT, Michael. *The power of precedent*. Oxford: Oxford University Press, 2011. p. 206). Tais números demonstram o rigor com que a mudança de um precedente é encarada em países adeptos do *Common Law*, bem com desnudam a constrangedora diferença quando se analisa o emprego do instituto no âmbito dos Tribunais Superiores no Brasil. Em verdade, a crítica que recai naquele modelo é exatamente por conta de um apego (às vezes excessivo) à tradição e à manutenção de um *status quo*, bem diferente do que ocorre por aqui. Tratando desse conservadorismo no *Common Law*: RADBRUCH, Gustav. *O espírito do Direito inglês e a jurisprudência anglo-americana*. Rio de Janeiro: Lumen Juris, 2010. p. 36.

599. A superação de um precedente também não pode ser fruto da simples mudança de opinião de um membro de um Tribunal, bem como não pode decorrer da simples alteração da composição do órgão, sob pena de, nos termos professados por Teresa Arruda Alvim Wambier, "inviabiliza[r] de modo definitivo a uniformização, já que impossibilita estabilização" do Direito (WAMBIER, Teresa Arruda Alvim. Precedentes e evolução do Direito. *In:* WAMBIER, Teresa Arruda Alvim (coord.). *Direito jurisprudencial*. São Paulo: Revista dos Tribunais, 2012. p. 56). Tampouco é isso o que acontece no âmbito dos Tribunais brasileiros, em especial nos Tribunais Superiores. Para ilustrar a assertiva alhures, convém analisar caso bastante emblemático em matéria tributária: a discussão quanto à (não) incidência de Imposto sobre Produtos Industrializados (IPI) na importação de bens industrializados, para fins de revenda no mercado interno. É bem verdade que essa questão foi pacificada pelo STF quando do julgamento do RE n. 946.648, submetido à repercussão geral (tema 906) e que redundou na seguinte tese: "é constitucional a incidência do Imposto sobre Produtos Industrializados – IPI no desembaraço aduaneiro de bem industrializado e na saída do estabelecimento importador para comercialização no mercado interno." (Supremo Tribunal Federal. Recurso Extraordinário n. 946.648 SC. Relator: Min. Marco Aurélio, 9 de fevereiro de 2021a.). Acontece que, antes de essa questão chegar ao STF, ela foi enfrentada pelo STJ sob uma perspectiva infraconstitucional. Em um primeiro momento, em sessão realizada em **11 de junho de 2014**, por meio de **Embargos de Divergência** em Recurso Especial n. 1.398.721/SC, o STJ entendeu pela impossibilidade de incidência de IPI na hipótese de importação de bens industrializados para simples revenda (Superior Tribunal de Justiça. **Embargos de Divergência no Recurso Especial n. 1.398.721/SC**. Embargos de Divergência em Recurso Especial. Relator: Min. Napoleão Nunes Maia Filho, 14 de outubro de 2015c.). Por sua vez, em **14 de outubro de 2015**, em **novos Embargos de**

Divergência, agora julgados sob o rito da repetitividade (tema 912), o STJ reviu a posição anterior do Tribunal para fixar a seguinte tese: "os produtos importados estão sujeitos a uma nova incidência do IPI quando de sua saída do estabelecimento importador na operação de revenda, mesmo que não tenham sofrido industrialização no Brasil." (Superior Tribunal de Justiça. *Informativo de Jurisprudência*, [s.l.], n. 574, 26 de novembro a 18 de dezembro de 2015d.). Apenas **dezesseis meses** depois do primeiro julgamento o STJ superou o precedente por ele anteriormente firmado, o que se deu com base em um único "motivo": a mudança na composição do Tribunal no instante do segundo julgamento. É óbvio que a mudança de composição de um Tribunal não configura justificativa suficiente para vaticinar um *overruling*, até porque a estabilidade que se almeja é em relação à posição da **instituição**, independentemente de quem sejam os seus integrantes que, **episodicamente**, compuseram o julgamento que redundou no precedente. Em suma, o entendimento que deve prevalecer é o do Tribunal, e não dos seus integrantes, ainda que parte desses indivíduos tenham um posicionamento pessoalmente divergente do precedente firmado. Nesse sentido: SCHAUER, Frederick. *Thinking like a lawyer.* Nova Deli: Universal, 2010. p. 41.

600. Em verdade, a superação de um precedente deve ser justificada a partir do novo contexto jurídico e/ou econômico e/ou político e/ou social no qual o Direito (e, por óbvio, o precedente a ser superado) está inserido. Um exemplo que bem ilustra essa situação em matéria tributária é a discussão quanto à extensão da regra imunizante prevista no art. 150, inciso VI, alínea "d", da Constituição Federal, ou seja, que garante a imunidade de "livros, jornais, periódicos e o papel destinado a sua impressão". O entendimento histórico do Supremo Tribunal para a questão era no sentido de promover uma interpretação restritiva a tal garantia constitucional, o que, *v.g.*, se observa na decisão veiculada no RE n. 203.859-8/SP, julgado em dezembro de 1996, oportunidade em que o STF discutiu a possibilidade de estender os efeitos da citada regra imunizante para insumos importados empregados na impressão de jornais, mais precisamente uma solução alcalina que era adicionada à tinta impressa no papel de jornais. A posição do Ministro Sepúlveda Pertence, retratada em seu voto vista e no sentido de negar a imunidade almejada, ilustra bem a então vigente posição do Tribunal: "[...] a interpretação obviamente literal não esgota o trabalho hermenêutico, mas marca, sim, de regra, o limite dentro do qual podem ser exploradas as possibilidades hermenêuticas de um texto." (Supremo Tribunal Federal. Tribunal Pleno. Recurso Extraordinário 203.859-8 SP. Relator: Min. Carlos Velloso, 11 de dezembro de 1996). Por sua vez, em março de 2017, ou seja, transcorrido mais de 20 anos do sobredito julgado pretoriano, e devidamente sedimentado o avanço tecnológico com a figura do *e-book*, o STF mais uma vez debateu a técnica hermenêutica cabível para a imunidade capitulada no já referido art. 150, inciso VI, alínea "d" da *Magna Lex* (RE n. 330.817/RJ), oportunidade em que, por meio de uma junção de técnicas hermenêuticas (histórica, teleológica e sistemática) atribuiu ao dispositivo uma **interpretação extensiva**, em oposição ao precedente até então vigente do Tribunal, i.e., que vaticinava uma **interpretação restritiva** à norma imunizante. Nessa oportunidade, estendeu tal imunidade para os chamados *e-books*, bem como para os suportes exclusivamente utilizados para fixá-lo, posição essa que é bem sintetizada nos seguintes trechos do voto do Relator do caso, Ministro Dias Toffoli, *in verbis*: "Como se vê, o argumento de que a vontade do legislador histórico foi restringir a imunidade ao livro editado em papel não se sustenta em face da **própria interpretação histórica e teleológica do instituto** e, mesmo que se parta da premissa de que o legislador constituinte de 1988 teria querido restringir a imunidade, é de se invocar, ainda, a **interpretação evolutiva**, método interpretativo específico das normas constitucionais apontado em obra doutrinária pelo Ilustre Ministro **Roberto Barroso** [...]. Nesse contexto moderno, contemporâneo, portanto, a teleologia da regra de imunidade igualmente alcança os aparelhos leitores de livros eletrônicos (ou **e-readers**) **confeccionados exclusivamente para esse fim**, ainda que, eventualmente, estejam equipados

O segundo desdobramento advindo do dever de estabilidade é que, sempre que possível, a mudança deve vir acompanhada de sinais prévios[601] (*signaling*). Isso faz, inclusive, com que parte da doutrina defenda a necessidade de um "julgamento-alerta".[602-603] Outra técnica já mais

---

com funcionalidades acessórias ou rudimentares que auxiliam a leitura digital, tais como dicionários de sinônimos, marcadores, escolha do tipo e do tamanho da fonte etc." (Supremo Tribunal Federal. **Recurso Extraordinário 330.817/RJ.** Relator: Min. Dias Toffoli, 20 de março de 2018. Grifos no original). Embora as situações fáticas dos casos aqui mencionados sejam diferentes (solução alcalina para aplicação na tinta empregada na impressão de jornais *versus* e-books e seus suportes), é possível afirmar que o STF, em outro contexto social e tecnológico, superou a posição até então consagrada na sua jurisprudência quanto à técnica hermenêutica adequada para a interpretação da regra imunizante prescrita no art. 150, inciso VI, alínea "d" da Constituição Federal, deixando para trás a interpretação restritiva em favor de uma de caráter extensivo, de modo a acomodar, nesse novo padrão interpretativo, fatos não alcançados pelo legislador de 1988 (a difusão de ideias por meio digital, por exemplo). Para chegar a esse novo entendimento, é curioso notar o percurso histórico-evolutivo feito no precedente, o que se deu em três frentes: (i) em relação às disposições das diferentes Constituições quanto à imunidade de livros, jornais, periódicos e papéis; (ii) em relação à evolução jurisprudencial do STF para a matéria; e, por fim, (iii) em relação à própria evolução do livro em si considerado. Essa linha evolutiva traçada pelo Relator tem o claro intuito de demonstrar que o contexto histórico-econômico-social-tecnológico em que realizada a Constituição Federal no âmbito do RE n. 330.817/RJ era muito diferente quando comparado com o momento histórico em que proferida a outra decisão pretoriana aqui citada, ou seja, tinha a clara intenção de justificar o *overruling* promovido. É bem verdade que, em um modelo metodologicamente adequado de *stare decisis*, é importante que o Tribunal expressamente declare que está superando um entendimento anteriormente firmado, **o que não foi feito no aludido caso**. Aliás, criticando a possibilidade de superação tácita de precedentes (*implied overruling*): BRAGA, Paulo Sarno; DIDIER JÚNIOR, Fredie; OLIVEIRA, Rafael Alexandria de. *Curso de direito processual civil*. v. 2, 10. ed. Salvador: JusPodivm, 2015. p. 494; NEVES, Marcelo. A "desrazão" sem diálogo com a "razão": teses provocatórias sobre o STF. *Consultor Jurídico*, 18 de outubro de 2014. Disponível em: https://www.conjur.com.br/2014-out-18/desrazao-dialogo-razao-teses-provocatorias-stf. Acesso em: 11 jan. 2020.

601. Daí o disposto, *v.g.*, no art. 927, § 2º, do CPC, *in verbis*: "Art. 927 [...]. §2º A alteração de tese jurídica adotada em enunciado de súmula ou em julgamento de casos repetitivos poderá ser precedida de audiências públicas e da participação de pessoas, órgãos ou entidades que possam contribuir para a rediscussão da tese."

602. Nesse sentido: CABRAL, Antonio do Passo. A técnica do julgamento-alerta na mudança de jurisprudência consolidada. *Revista de Processo*, São Paulo, v. 221, p. 13-48, jul. 2013.

603. Um exemplo de julgamento-alerta no âmbito do Supremo Tribunal Federal ocorreu no julgamento da Ação Direta de Inconstitucionalidade (ADI) n. 5.127. Nessa oportunidade, a Confederação Nacional das Profissões Liberais (CNPL) questionou a inconstitucionalidade do art. 76 da Lei n. 12.249/2010, incluído por emenda parlamentar ao projeto de conversão da Medida Provisória n. 472/2009, que extinguiu a profissão de técnico em contabilidade. Um dos pontos levantados seria a impossibilidade daquilo

comumente empregada no ordenamento jurídico nacional é a possibilidade de modulação de efeitos das decisões judiciais,[604] sendo uma das hipóteses para a sua convocação exatamente no caso de *overruling* de um precedente.[605-606]

---

que a doutrina chama de "contrabando legislativo" (MARRAFON, Marco Aurélio; ROBL FILHO, Ilton Norberto. Controle de constitucionalidade no projeto de lei de conversão de medida provisória em face dos 'contrabandos legislativos': salvaguarda do Estado Democrático de Direito. *In:* FELLET, André; NOVELINO, Marcelo (org.). *Constitucionalismo e democracia.* Salvador: JusPodivm, 2013. p. 236-237), prática configurada pela inserção de dispositivo legal totalmente estranho ao objeto da lei, ou seja, quando inexiste **pertinência temática** entre a inserção feita e o teor da legislação. Nessa oportunidade, o STF julgou a ADI improcedente, mas sinalizou ao Poder Legislativo que, em caso futuros, não mais toleraria o chamado "contrabando legislativo", o que redundou na seguinte decisão: "O Tribunal, por maioria, julgou improcedente o pedido formulado na ação direta **com cientificação do Poder Legislativo de que o Supremo Tribunal Federal afirmou, com efeitos 'ex nunc'**, não ser compatível com a Constituição a apresentação de emendas sem relação de pertinência temática com media provisória submetida a sua apreciação [...]" (Supremo Tribunal Federal. Ação Direta de Inconstitucionalidade n. 5.127 DF. Relatora: Min. Rosa Weber, Relator para o Acórdão: Min. Edson Fachin, Tribunal Pleno, julgado em 15 de outubro de 2015e. Grifos nossos).

604. A respeito do tema: RIBEIRO, Diego Diniz; DELIGNE, Maysa de Sá Pittondo. A modulação de efeitos em matéria tributária e sua realização em favor da Fazenda Pública. *In:* CONRADO, Paulo Cesar; ARAÚJO, Juliana Furtado Costa (org.). *Processo tributário analítico.* v. IV. São Paulo: Noeses, 2018. p. 97-132; RIBEIRO, Diego Diniz. A modulação de efeitos no controle de constitucionalidade em matéria tributária e a jurisprudência do STF. *Revista Dialética de Direito Tributário*, v. 178, p. 25-44, 2010; ROCHA JÚNIOR, Luis Clovis Machado da. *A superação da regra da invalidade ex tunc do ato inconstitucional:* critérios formais e materiais para a modulação dos efeitos temporais. 2009. 216 f. Dissertação (Mestrado) – Universidade Federal do Rio Grande do Sul, Porto Alegre, 2009; DERZI, Misabel de Abreu Machado. *Modificações da jurisprudência no Direito Tributário.* São Paulo: Noeses, 2009; ÁVILA, Humberto. *Segurança jurídica:* entre permanência, mudança e realização no Direito Tributário. São Paulo: Malheiros, 2011; JANCKESKI, Célio Armando. A Declaração da Inconstitucionalidade com efeitos limitados, a supremacia constitucional e o Direito Tributário. *Revista Dialética de Direito Tributário,* São Paulo, n. 157, p. 17-25, out. 2008; PIMENTA, Paulo Roberto Lyrio. A modulação da eficácia temporal da decisão de inconstitucionalidade da lei tributária em controle difuso. *In:* ROCHA, Valdir de Oliveira (coord.). *Grandes questões atuais do Direito Tributário.* São Paulo: Dialética, 2008. p. 417-435; VELLOSO, Andrei Pitten. A temerária "modulação" dos efeitos da pronúncia de inconstitucionalidade em matéria tributária. *Revista Dialética de Direito Tributário*, São Paulo, n. 157, p. 7-16, out. 2008; ABRAHAM, Marcus. Modulação dos efeitos em caso de alteração da jurisprudência tributária dominante. *Revista Dialética de Direito Tributário*, São Paulo, n. 193, p. 80-92, out. 2011; BENDER, Paul. The retroactive effect of an overruling constitutional decision: Mapp v. Ohio. *Penn Law Review,* [s.l.], v. 110, p. 650-683, 1962; FRIEDMANN, Wolfgang. Limits of judicial lawmaking and prospective overruling.

Tais técnicas contribuem para que a mudança/atualização do direito judicial ocorra de forma fluida, i.e., sem rupturas abruptas e, portanto, conflitantes com o dever de estabilidade dos precedentes judiciais.

Concluindo esse ponto, é importante ainda frisar que a estabilidade almejada não é apenas do precedente em si considerado, mas também dos **efeitos** jurídicos decorrentes de tal *decisum*. Quer-se preservar, em última análise, que todos os efeitos jurídicos advindos do precedente superado não sejam simplesmente apagados do dia para a noite e, se necessário, que tais efeitos possam até se sujeitar a um período de transição, de modo que a mudança jurisprudencial, **excepcional** e **justificadamente promovida**, seja mais bem acomodada pela sociedade. Isso porque uma decisão judicial, em especial quando molda um precedente vinculante, gera uma expectativa legítima daqueles que se encontram em situação fática análoga ao que foi decidido,

---

The Modern Law Review, [s.l.], v. 29, n. 6, p. 593-607, 1966; STEINER, Eva. *Comparing the prospective effect of judicial rulings across jurisdictions*. Switzerland: Springer International Publishing, 2015.

605. No caso de alteração de **jurisprudência dominante** dos Tribunais Superiores ou de alteração de casos julgados sob o rito da repetitividade, assim prevê o art. 927, § 3º, do CPC: "Art. 927. [...]. § 3º Na hipótese de alteração de jurisprudência dominante do Supremo Tribunal Federal e dos tribunais superiores ou daquela oriunda de julgamento de casos repetitivos, pode haver modulação dos efeitos da alteração no interesse social e no da segurança jurídica." (BRASIL. Lei n. 13.105, de 16 de março de 2015. Código de Processo Civil. Brasília: Presidência da República, [2015a]. Disponível em: https://www.planalto.gov.br/ccivil_03/_ato2015-2018/2015/lei/l13105.htm. Acesso em: 17 fev. 2023).

606. A modulação de efeitos, no caso de *overruling*, não se daria apenas naqueles casos em que o precedente superado estivesse transvestido de um dos tipos formais do art. 927 do CPC. Tal possibilidade de modulação também é viável, por exemplo, quando a posição jurisprudencial superada é conformada por decisões proferidas separadamente, mas em um mesmo sentido, por **todas** as turmas de uma dada Seção de Tribunal Superior. Nesse sentido: RIBEIRO, Diego Diniz. A modulação de efeitos no controle de constitucionalidade em matéria tributária e a jurisprudência do STF. *Revista Dialética de Direito Tributário*, v. 178, p. 32, 2010; BRAGA, Paulo Sarno; DIDIER JÚNIOR, Fredie; OLIVEIRA, Rafael Alexandria de. *Curso de direito processual civil*. v. 2, 10. ed. Salvador: JusPodivm, 2015. p. 503.

não podendo o Poder Judiciário simplesmente ignorar a confiança gerada por meio das suas próprias decisões.[607]

Outro importante valor veiculado no citado art. 926 do CPC é a **coerência**, o qual pode ser analisado sob o ponto de vista (i) formal e (ii) material.[608]

A perspectiva formal do valor coerência está relacionada a uma faceta mais lógica do teor da decisão, ou seja, tem por fito evitar que as premissas e as conclusões de uma mesma decisão sejam contraditórias entre si. Há, assim, uma maior aproximação com a ideia de congruência, exigência essa com a qual o Processo Civil brasileiro está bastante familiarizado.[609]

Outra faceta dessa coerência formal diz respeito à própria fundamentação da decisão em si considerada,[610] i.e.,

---

607. Tratando do assunto no específico âmbito tributário: FERRAZ JUNIOR, Tércio Sampaio. Irretroatividade e jurisprudência judicial. *In:* FERRAZ JUNIOR, Tercio Sampaio; CARRAZZA, Roque Antonio; NERY JUNIOR, Nelson (org.). *Efeito 'ex nunc' e as decisões do STJ*. Barueri: Manole, 2008. p. 1-32; NERY JUNIOR, Nelson. Boa-fé objetiva e segurança jurídica – eficácia da decisão judicial que altera jurisprudência anterior do mesmo tribunal superior. *In:* FRRAZ JUNIOR, Tercio Sampaio; CARRAZZA, Roque Antonio; NERY JUNIOR, Nelson (org.). *Efeito 'ex nunc' e as decisões do STJ.* Barueri: Manole, 2008. p. 75-107; CARRAZZA, Roque Antonio. Segurança jurídica e eficácia temporal das alterações jurisprudenciais. *In:* FRRAZ JUNIOR, Tercio Sampaio; CARRAZZA, Roque Antonio; NERY JUNIOR, Nelson (org.). *Efeito 'ex nunc' e as decisões do STJ.* Barueri: Manole, 2008. p. 35-74.

608. No mesmo sentido: BRAGA, Paulo Sarno; DIDIER JÚNIOR, Fredie; OLIVEIRA, Rafael Alexandria de. *Curso de direito processual civil.* v. 2, 10. ed. Salvador: JusPodivm, 2015. p. 479.

609. Daí, *v.g.*, uma das funções dos embargos de declaração, i.e., a de servir para esclarecer contradições de uma determinada decisão e, por conseguinte, garantir sua congruência.

610. Além de classificar coerência das decisões em formal e substancial, Paulo Sarno Braga, Fredie Didier Júnior e Rafael Oliveira também classificam esse dever de fundamentação em (i) interno e (ii) externo. Para os referidos Professores, essa relação entre motivação e coerência das decisões seria uma espécie de coerência interna que, embora relacionada com uma das dimensões da congruência da decisão, não se restringiria a isso e não se confundiria, portanto, com a chamada coerência formal. Nessa linha: BRAGA, Paulo Sarno; DIDIER JÚNIOR, Fredie; OLIVEIRA, Rafael Alexandria de. *Curso de direito processual civil.* v. 2, 10. ed. Salvador: JusPodivm, 2015. p. 481.

analisada sob uma perspectiva interna, ainda sem dialogar com outras decisões proferidas em casos análogos, o que teria maior relação com os incisos de I a IV do § 1º do art. 489 do CPC. Apesar de parecer simples, essa perspectiva, quando pensada em um contexto de *stare decisis* e, por conseguinte, da necessidade de identificação de *rationes decidendi*, ganha complexidade quando sua análise se dá no âmbito de órgãos colegiados, em especial nos Tribunais Superiores, muito mais suscetíveis a um agir estratégico dos seus integrantes.[611]

Não é raro que, em casos difíceis de serem resolvidos (*hard cases*), ou então com forte apelo popular,[612] os diferentes Ministros apresentem votos distintos com variadas razões de decidir, o que implica uma enorme dificuldade em precisar a *ratio decidendi* do julgado.[613] Nesse tipo de situação,

611. Fazendo uma interessante crítica acerca desse agir estratégico no âmbito do Supremo Tribunal Federal: ARGUELHES, Diego Werneck; RIBEIRO, Leandro Molhano. Ministrocracia: o Supremo Tribunal individual e o processo democrático brasileiro. *Novos Estudos CEBRAP*, [s.l.], v. 37, p. 13-32, 2018.

612. Potencializado pela transmissão das sessões de julgamento do STF pela TV Justiça que, em princípio, deveria ser visto como algo positivo, para fins de publicização e controle da atividade da Corte, mas que, em verdade, tem surtido um efeito reverso, o que se deve a uma indevida espetacularização dessa atuação jurisdicional. Aprofundando nessa crítica, Marcelo Neves assim observa: "Um aspecto que se aponta como positivo consiste na publicidade e transparência que decorreria da transmissão televisiva das sessões do pleno por meio da TV Justiça. Em princípio, não caberia nenhuma restrição a essa opção, pois ela teria a finalidade de abrir o STF à esfera pública. Parece-me, porém, que a transmissão ao vivo dessas sessões, na forma atual, serve menos à transparência do que à espetacularização. Além disso, a prática institucional de votos longuíssimos lidos perante as câmeras televisivas sobrecarrega temporalmente um órgão já exposto a uma extrema pressão temporal. Não se trata de uma sessão de trabalho produtiva e eficiente, mas antes de uma boa diversão para o público. Por fim, o próprio custo da TV-Justiça como um todo deveria ser questionado em um país com amplas demandas em áreas carentes de recurso." (NEVES, Marcelo. A "desrazão" sem diálogo com a "razão": teses provocatórias sobre o STF. *Consultor Jurídico*, 18 de outubro de 2014. Disponível em https://www.conjur.com.br/2014-out-18/desrazao-dialogo-razao-teses-provocatorias-stf. Acesso em: 11 jan. 2020).

613. Um caso exemplar disso é o julgamento realizado pelo STF no âmbito da ADI n. 2.588, em que se discutia a possibilidade de incidência de Imposto sobre a Renda (IR) e Contribuição Social sobre o Lucro Líquido (CSLL) na hipótese de lucros obtidos por empresas controladas ou coligadas no exterior, independentemente da

a coerência formal restaria indevidamente limitada à parte dispositiva do julgado, mas não abrangeria as razões de decidir, o que é o oposto daquilo considerado metodologicamente adequado em um verdadeiro modelo de precedentes. Tal ponto é muito bem detectado por Marcelo Neves:

> Na perspectiva do desenho institucional formal, o fato de que cada voto é elaborado separadamente e constitui parte do acórdão torna altamente improvável qualquer aprendizado colegiado. A esse respeito, o que conta é o dispositivo. Em casos de alta relevância constitucional, a decisão é tomada por unanimidade, mas os fundamentos são diversos e, às vezes, contraditórios. Não há *ratio decidendi* comum. Configura-se um decisionismo em relação à maioria convergente em torno do dispositivo. Em matéria de declaração de inconstitucionalidade, que exige maioria absoluta do pleno, é comum alcançar-se essa maioria quanto ao ***dispositivo***, sem que isso ocorra em relação aos ***fundamentos***. Nesse sentido, a construção de precedentes fica prejudicada e, portanto, o aprendizado constitucional bloqueado. Muitas vezes, a própria ementa não consegue expressar o fundamento e resultado da decisão, dadas as incongruências argumentativas no procedimento decisório.[614]

Apesar dessas considerações críticas relevantes, o valor de coerência previsto no já citado art. 926 do CPC apresenta ainda outra importante faceta, de nítido caráter substancial e que tem a ver com a necessidade de os Tribunais respeitarem as suas próprias decisões anteriormente proferidas (dever de **autorreferência**[615]), bem como as decisões de outros Tribunais, aos quais estão vinculados. Esse dever de coerência, portanto, estaria contido no âmbito do dever de integridade, o qual será desenvolvido adiante.

---

disponibilidade desses valores por parte da controlada ou coligada no Brasil. Até hoje há uma enorme celeuma acerca da *ratio* deste julgado, inclusive do seu resultado (Supremo Tribunal Federal. Ação Direta de Inconstitucionalidade n. 2.588 DF. Relatora: Min. Ellen Gracie, 25 de agosto de 2014).

614. NEVES, Marcelo. A "desrazão" sem diálogo com a "razão": teses provocatórias sobre o STF. Consultor Jurídico, 18 de outubro de 2014. Disponível em https://www.conjur.com.br/2014-out-18/desrazao-dialogo-razao-teses-provocatorias-stf. Acesso em: 11 jan. 2020.

615. BRAGA, Paulo Sarno; DIDIER JÚNIOR, Fredie; OLIVEIRA, Rafael Alexandria de. *Curso de direito processual civil.* v. 2, 10. ed. Salvador: JusPodivm, 2015. p. 480.

Ainda tratando de coerência, só que agora de índole substancial, Humberto Ávila a subdivide em duas frentes: (i) fundamentação por suporte; e (ii) fundamentação por justificação recíproca.[616]

A **fundamentação por suporte** diz respeito ao fato de que uma fundamentação será mais coerente quanto mais bem suportada for por outro enunciado. Parte-se do pressuposto, portanto, de que uma fundamentação não surge do nada, mas é fruto de um permanente processo de (re) construção a partir de outras fundamentações previamente estabelecidas.[617] Empregando as lições de Ricardo Guastini, o sobredito Professor gaúcho assim professa:

> Uma norma possui significado fundante para outra ou quando é mais geral, de modo que as outras normas possam ser qualificadas como "expressão", "especificação" ou "aplicação" daquela, ou quando estabelece um fim abrangente de outras normas, de modo que essas normas possam ser qualificadas como "realização" daquela.[618]

---

616. ÁVILA, Humberto. *Teoria dos princípios:* da definição à aplicação dos princípios jurídicos. 7. ed. São Paulo: Malheiros, 2007. p. 130-133.

617. O que vale, inclusive, para casos de *first impression*, pois ainda que a situação fática sob julgamento seja nova, o problema jurídico dela decorrente já foi anteriormente abordado no julgamento de algum outro caso, ou seja, porque inexiste um caso jurídico totalmente novo. Para ilustrar tal afirmação, imagine o seguinte exemplo hipoteticamente criado: ao acordar em certa manhã, a humanidade percebe que a Terra foi invadida por marcianos. Depois de algum tempo, se estabelece contato com tais extraterrestres e se descobre, em verdade, que se trata de um êxodo, já que Marte teria sido invadido por jupterianos, que estariam matando ou escravizando os seres que lá se encontravam por não partilharem de uma mesma convicção religiosa. Imagine, ainda, que um desses marcianos venha pedir asilo na Terra, mais especificadamente no Brasil, o que lhe é negado administrativamente. Tal negativa, por seu turno, motiva o imaginário marciano a intentar uma ação judicial para ver reconhecido o aludido direito. Apesar de a situação fática aqui delineada ser completamente nova, o problema jurídico dela decorrente já não teria sido previamente abordado pelo Direito em outras oportunidades, como no caso, *v.g.*, de estrangeiros que pedem abrigo no País para fugir de guerras ou perseguições de diferentes naturezas? O problema por trás dos fatos aqui desenvolvidos hipoteticamente não tocaria valores jurídicos já sedimentados no Direito, como, *v.g.*, dignidade da pessoa humana, justiça e igualdade? Não há dúvida de que sim e, desse modo, o problema jurídico decorrente desse hipotético caso não é novo para os Tribunais brasileiros, ainda que a situação fática sob julgamento seja completamente inédita. Em sentido aparentemente oposto, ou seja, admitindo a existência de casos absolutamente novos: DERZI, Misabel Abreu Machado. *Modificações da jurisprudência no direito tributário.* São Paulo: Noeses, 2009. p. 529.

618. ÁVILA, Humberto. *Teoria dos princípios:* da definição à aplicação dos princípios jurídicos. 7. ed. São Paulo: Malheiros, 2007. p. 123.

Fazendo um paralelo dessas lições com a ideia de coerência no âmbito de decisões judiciais, é possível dizer que um *decisum* é substancialmente coerente quando se integra a precedentes preteritamente produzidos para expressá-los,[619] especificá-los[620] ou simplesmente aplicá-los.[621]

---

619. Como no caso Medida Cautelar para suspensão de liminar n. 1.248/RJ, oportunidade em que o Supremo Tribunal Federal derrubou liminar concedida pela Presidência do Tribunal de Justiça do Rio de Janeiro, impedindo, pois, que o Município do Rio de Janeiro promovesse busca e apreensão de revistas em quadrinhos expostas na Bienal do Livro daquela cidade e que veiculavam imagens de um beijo entre pessoas do mesmo sexo biológico. Nessa oportunidade, o STF se socorreu da *ratio decidendi* exarada na ADI n. 132, que reconheceu a possibilidade da união estável homoafetiva. Ao assim fazer o STF "expressou" a *ratio* lá formada (vedação de discriminação em virtude de afeição sexual) para justificar a decisão que estava sendo tomada na aludida medida cautelar, ainda que as situações fáticas comparadas fossem particularmente distintas (Supremo Tribunal Federal. Medida cautelar para suspensão de liminar n. 1.248 Rio de Janeiro. Relator: Min. Dias Toffoli, em 8 de setembro de 2019).

620. A título de exemplo, convém destacar decisão do Supremo Tribunal Federal no âmbito do RE n. 816.134. Nesse caso, o STF debateu a abrangência do teor da sua súmula vinculante n. 08 ("São inconstitucionais o parágrafo único do artigo 5º do Decreto-Lei nº 1.569/1977 e os artigos 45 e 46 da Lei nº 8.212/1991, que tratam de prescrição e decadência de crédito tributário"). Mais detalhadamente, a discussão submetida ao Pretório Excelso foi no sentido de avaliar se o teor da citada súmula vinculante também valeria para créditos não tributários quando cobrados mediante execução fiscal (multa por infração à norma capitulada na CLT). Assim decidiu o STF: "Agravo regimental em recurso extraordinário. Prescrição. Multa por infração à norma celetista. Crédito não tributário. Artigo 5º, parágrafo único DL nº 1.569/77. Declaração de inconstitucionalidade. Súmula Vinculante nº 8. Alcance. Matéria constitucional. Devolução dos autos ao TST, sob pena de supressão de instância. **1. O parágrafo único do art. 5º do Decreto-Lei nº 1.569/77 foi declarado inconstitucional por esta Corte apenas na parte em que se refere à suspensão da *prescrição* dos *créditos tributários*, por se exigir, quanto ao tema, lei complementar. 2. O Supremo Tribunal Federal não declarou a inconstitucionalidade da suspensão da *prescrição* de *créditos* não *tributários* decorrente da aplicação do caput art. 5º do Decreto-Lei nº 1.569/77. O tema ainda se encontra em aberto para discussão no âmbito do STF.** 3. Afastada, no caso concreto, a aplicação da Súmula Vinculante nº 8, os autos devem retornar ao Tribunal Superior do Trabalho para que esse emita juízo sobre o art. 5º do Decreto-Lei nº 1.569/77, considerada a hipótese de execução de crédito não tributário, sob pena de supressão de instância. 4. Agravo regimental provido para dar parcial provimento ao recurso extraordinário, no sentido de determinar o retorno dos autos ao Tribunal de origem para que prossiga no julgamento do feito, como de direito." (Supremo Tribunal Federal (Primeira Turma). Recurso Extraordinário 816.084 AgR DF. Relator: Min. Marco Aurélio, Relator p/ Acórdão: Dias Toffoli, julgado em 10 de março de 2015. Grifos nossos).

621. É o caso, *v.g.*, da decisão proferida pelo STF no âmbito da Reclamação n. 23.646. Nessa oportunidade, questionou-se a nulidade de decisão proferida pelo Tribunal de Justiça de São Paulo (TJ/SP) que, por meio de órgão fracionário, reconheceu inconstitucionalidade de lei municipal em ofensa ao disposto no art. 97 da CF (cláusula de reserva de plenário) e, no que particularmente interessa aqui, em contraposição à súmula vinculante n. 10 ("Viola a cláusula de reserva de plenário (CF, artigo 97) a decisão de órgão fracionário de Tribunal que, embora não declare

Por sua vez, a **fundamentação por justificação recíproca**:

> [...] ocorre nas situações que há uma relação entre dois elementos, de tal modo que o primeiro elemento pertence a uma premissa da qual o segundo elemento decorre logicamente, ao mesmo tempo que o segundo elemento faz parte de uma premissa da qual o primeiro elemento também decorre logicamente.[622]

Trata-se de um modelo circular e não simplesmente linear de interpretação,[623] o que remete à já citada ideia de autorreferência.

Por fim, mas não menos importante, é o valor estampado no art. 926 do CPC que trata da **integridade** das decisões judiciais. Ao prescrever a necessidade quanto à integridade dessas decisões, almeja-se buscar uma solução intermediária entre a hiperintegração e a desintegração do Direito.

Há desintegração do Direito quando se fala em uma atividade jurisdicional casuística, i.e., quando se aduz que cada caso é singular e, por conta disso, também merece uma resposta única, impossível de se sujeitar a qualquer grau de universalização. Tal perspectiva retira qualquer sentido de unidade do Direito, além de ser um verdadeiro convite à discricionaridade. Aqui não se obtém um padrão normativo (*ratio decidendi*) da decisão proferida, uma vez que ela só é pertinente de forma exclusiva para o caso em que veiculada.

Por sua vez, em sentido diametralmente oposto, há uma hiperintegração do Direito por meio das decisões judiciais quando se procura reduzir tais manifestações

---

expressamente a inconstitucionalidade de lei ou ato normativo do poder público, afasta sua incidência, no todo ou em parte"). Na aludida Reclamação, o STF entendeu que era o caso de aplicação da citada súmula vinculante e, por conseguinte, das *rationes* dos precedentes que lhe deram origem (Supremo Tribunal Federal. Reclamação n. 23.646 São Paulo. Relator Min. Edson Facchin, 8 de novembro de 2016).

622. ÁVILA, Humberto. *Teoria dos princípios:* da definição à aplicação dos princípios jurídicos. 7. ed. São Paulo: Malheiros, 2007. p. 132.

623. Idem, p. 133.

jurisdicionais a enunciados sintéticos, gerais e abstratos (tese), de modo a abarcar aprioristicamente a maior quantidade de situações fáticas hipoteticamente previstas nesse enunciado. Daí a existência de institutos como as súmulas, súmulas vinculantes, ementas e enunciados de teses, os quais são passíveis de inúmeras críticas,[624] em especial no que diz respeito à pseudofunção de aproximação de um modelo de *stare decisis*. Nesse sentido:

> Ao contrário do que se passa no 'common law', a utilização, no Brasil, dos precedentes e, em maior medida, do direito jurisprudencial na aplicação do direito é fruto de um discurso de matriz neoliberal, que privilegiava a sumarização da cognição, a padronização decisória superficial e uma justiça de números (fora do paradigma constitucional) desse mesmo direito jurisprudencial que dá origem ao que se pode chamar de **hiperintegração** do direito.
>
> A expressão denota o tratamento igualitário a casos substancialmente distintos, como se fossem (mas não são) objetos subsumíveis à mesma regra geral.[625]

Há, todavia, uma integração do Direito, em especial daquele realizado judicialmente, quando ele (Direito) é visto como um *continuum* prático, partindo, pois, de uma perspectiva que prestigia um senso de historicidade. Tal qual a já citada *chain novel* dworkiniana,[626] em um modelo íntegro de jurisdição a decisão judicial é vista como mais uma página de um romance que vem sendo construído ao longo de séculos de história do Direito.

---

624. Criticando um pretenso efeito integrativo das súmulas: MARINONI, Luiz Guilherme. *Precedentes obrigatórios*. 2. ed. São Paulo: Revista dos Tribunais, 2011. p. 309-312.

625. HORTA, André Frederico; NUNES, Dierle. Aplicação de precedentes e 'distinguishing' no CPC/2015: uma breve introdução. *In:* CUNHA, Leonardo Carneiro da; MACÊDO, Lucas Buril de; ATAÍDE JR., Jaldermiro Rodrigues da (org.). *Precedentes Judiciais no NCPC*. Salvador: JusPodivm, 2015. p. 328. Grifos dos autores.

626. DWORKIN, Ronald. *Uma questão de princípio*. São Paulo: Martins Fontes, 2001. p. 221 e ss.

Logo, aquele autor que acresce uma nova página a esse romance não pode simplesmente ignorar o que foi escrito até então, já que o "respeito aos precedentes envolve o ato de segui-los, distingui-los ou revogá-los, jamais ignorá-los".[627] Há, portanto, o dever de trazer as decisões passadas no momento presente, i.e., no instante de proferir uma resposta para o novo caso que lhe é posto, em um permanente processo de construção e reconstrução do direito.[628]

Em suma, a nova decisão proferida, universalizável,[629] é substancialmente integrada no cipoal de decisões até então existentes; isso, inclusive, garante um tratamento materialmente igualitário para diferentes jurisdicionados que estejam em situações análogas (jamais idênticas). "De algum modo, a integridade refere-se a um freio ao estabelecimento de dois pesos e duas medidas nas decisões judiciais, constituindo-se em uma garantia contra arbitrariedades interpretativas, vale dizer, coloca efetivos freios às atitudes solipsistas-voluntaristas."[630]

Essa preocupação com o passado se dá, inclusive, na hipótese em que se promove uma alteração no rumo da estória que está sendo contada (*overruling*), i.e., para o caso de se entender que o contexto no qual a obra está inserida é outro. Mesmo nessa situação, há um compromisso com o passado, o que se externa pelo pesado ônus argumentativo a justificar a mudança de rumo que está sendo tomada em tempo presente.

---

627. BRAGA, Paulo Sarno; DIDIER JÚNIOR, Fredie; OLIVEIRA, Rafael Alexandria de. *Curso de direito processual civil*. v. 2, 10. ed. Salvador: JusPodivm, 2015. p. 480.

628. No mesmo sentido: BARBOZA, Estefânia Maria de Queiroz. *Precedentes judiciais e segurança jurídica:* fundamentos e possibilidades para a jurisdição constitucional brasileira. São Paulo: Saraiva, 2014. p. 289.

629. Nesse sentido: MACCORMICK, Neil. *Rhetoric and the rule of law* – a theory of legal reasoning. Oxford: Oxford University Press, 2005. p. 104.

630. STRECK, Lenio Luiz. Disposições gerais: art. 926. *In:* STRECK, Lenio Luiz *et al.* (coord.). *Comentários ao código de processo civil.* São Paulo: Saraiva, 2016. p. 1.186. Também estabelecendo uma relação entre integridade das decisões e uma igualdade entre os jurisdicionados: FINE, Toni M. *Introdução ao sistema jurídico anglo-americano.* São Paulo: Martins Fontes, 2011. p. 78.

Em outros termos, é preciso ter, no horizonte, que a atividade jurisdicional e a criação do Direito daí decorrente não são atos de caráter **pessoal**, mas sim atos **institucionais**, i.e., do poder estatal personificado, circunstancialmente, pela pessoa do magistrado. Daí Teresa Arruda Alvim Wambier professar ser "relevante observar-se que esta liberdade [jurisdicional] não é DO JUIZ: é do **Judiciário**".[631]

Percebe-se, com tais assertivas, haver uma estreita relação entre integridade e autorreferência, o que remete, por sua vez, a uma relação entre integridade e coerência. Daí, inclusive, Fredie Didier Júnior defender o emprego do termo **consistência**, de MacCormick, como o mais adequado para representar os deveres de coerência e integridade.[632-633]

Em verdade, mais do que uma aproximação, entre coerência e integridade há uma relação de continência, estando a ideia de coerência, mais precisamente, de coerência substancial, contida pelo valor integridade, sendo este último, portanto, mais abrangente.

Essa relação de continência se observa nas hipóteses em que há necessidade de promover um diálogo entre decisões de diferentes Tribunais, em especial de distintos Tribunais Superiores. Explica-se.

---

631. WAMBIER, Teresa Arruda Alvim. A vinculatividade dos precedentes e o ativismo judicial –paradoxo apenas aparente? *In:* DIDIER *JÚNIOR*, Fredie *et al.* (org.). *Precedentes.* Salvador: JusPodivm, 2015. p. 264. Comentário nosso, grifos da autora.

632. BRAGA, Paulo Sarno; DIDIER JÚNIOR, Fredie; OLIVEIRA, Rafael Alexandria de. *Curso de direito processual civil.* v. 2, 10. ed. Salvador: JusPodivm, 2015. p. 478.

633. MacCormick desenvolveu a teoria dos "Três C's (consequências, coerência e consistência) como critérios interpretativos do Direito, com o fito de delimitar este processo de interpretação e, consequentemente, limitar subjetivismos. Particularmente a respeito da *consistência*, tal critério seria mais um limite à possibilidade de fundamentação (*justificability*). Assim, para tal Autor, uma interpretação consistente é aquela que encontra a maior proximidade possível com o texto normativo (legal ou **judicativo**), mas sempre levando em consideração a intencionalidade problemática do caso concreto. Trata-se de um permanente processo dialético, em que a realidade fática do caso e o conjunto de decisões até então proferidas, em especial em casos análogos, não podem ser ignoradas.

Não é raro, por exemplo, que em matéria tributária uma mesma lide chegue ao conhecimento do Superior Tribunal de Justiça, sob o enfoque da legislação federal, bem como ao Supremo Tribunal Federal, sob a perspectiva de normas constitucionais.

Também pode acontecer de, nessa particular situação, em um primeiro momento, a questão a ser resolvida em dado sentido no STJ e o STF, por sua vez, não conhecer da discussão com base em um juízo de prelibação. Tampouco é incomum que, anos depois de consolidado o entendimento do STJ em um sentido, o STF resolva rever a sua posição quanto à inadmissibilidade recursal (juízo de prelibação), para, agora em sede de delibação, conhecer o mérito da lide e, ao assim fazer, decidir em sentido diametralmente oposto do que fora julgado pelo STJ. Destacam-se, aqui, dois casos, em matéria tributária, que ilustram bem essa questão.

O primeiro deles gravitou em torno da discussão quanto à possibilidade da revogação da isenção da Contribuição para o Financiamento da Seguridade Social (Cofins), concedida às sociedades civis de profissão regulamentada, veiculada pela Lei Complementar n. 70/91 revogada por meio da Lei n. 9.430/1996. Essa questão foi objeto da súmula 276 do STJ,[634] publicada em 2 de junho de 2003 e cancelada em 20 de novembro de 2008.

Durante anos, o STF **não conheceu** os recursos extraordinários interpostos para debater essa questão ao fundamento de ofensa reflexa à Carta Republicana. Esse mesmo STF, todavia, em 17 de setembro de 2008, i.e., depois de cinco anos de existência da súmula 276 do STJ, resolveu rever a sua posição e conhecer o mérito da questão, o que fez por intermédio do julgamento do Recurso Extraordinário

634. "As sociedades civis de prestação de serviços profissionais são isentas da Cofins, irrelevante o regime tributário adotado."

n. 377.457/PR,[635] com repercussão geral. Nessa oportunidade, o STF concluiu em sentido diametralmente oposto ao que fora decidido pelo STJ, ou seja, admitiu como válida a revogação da citada isenção tributária, com o fundamento de que a Lei Complementar n. 70/1991 seria formalmente complementar, mas materialmente ordinária, o que permitiria, portanto, a sua revogação por Lei Ordinária.

Importante destacar que nessa oportunidade, inclusive, o STF discutiu a possibilidade de modular os efeitos da decisão então proferida, o que foi rejeitado por maioria de votos. Ao suscitar tal questão, o Ministro Celso de Mello aduziu exatamente a questão aqui posta: (i) a existência de uma súmula do STJ em sentido oposto ao que estava sendo decidido pelo STF e que, por conseguinte, gerou uma expectativa legítima a ser tutelada; e (ii) o fato de o STF, durante anos, não conhecer da questão por entender tratar-se de ofensa reflexa à *Magna Lex*. Isso, por conseguinte, vaticinaria a posição tomada pelo STJ e potencializaria a confiança depositada pelos jurisdicionados em tal entendimento.

A posição prevalecente no Tribunal, todavia, foi aquela capitaneada pelo Ministro Gilmar Mendes e que se resume à seguinte "fundamentação" externada em debates:

> Ministro Gilmar Mendes:
>
> Na verdade, manifesto-me no sentido de não acolher o pedido de modulação. Entendo que a matéria já era jurisprudência do Supremo Tribunal Federal – aí temos essas divergências já na ADC 1.
>
> Ministro Marco Aurélio:
>
> O relator sinalizou, mas não estava em jogo. A matéria de fundo discutida não era essa. O que lançado ficou como opinião do relator.

---

635. Supremo Tribunal Federal (Tribunal Pleno). Recurso Extraordinário n. 377.457/PR. Relator Min. Gilmar Mendes, 17 de setembro de 2008.

> Ministro Gilmar Mendes:
>
> E também temos uma doutrina bastante rica, nessa perspectiva, a partir do nosso clássico e saudoso Geraldo Ataliba, quanto à lei complementar, quando dizia que não havia essa ontologia da lei complementar, mas era preciso que a Constituição assim definisse, portanto, se houvesse, de alguma forma, um excesso legislativo abarcando matérias que não comportavam esse conceito. E me parece que essa é a dogmática mais compatível com a sistemática geral.
>
> De modo que me manifesto no sentido contrário à modulação.[636]

E, em outro momento dos debates, assim conclui o Ministro Gilmar Mendes:

> É muito delicado esse argumento contra a jurisprudência do STJ, embora se trate do STJ, porque, na verdade, como nós falamos por último, sempre podemos ter esse tipo de dissenso; podemos dizer que uma matéria estava pacificada nas demais instâncias e o Supremo reverteu o entendimento. E estaremos, então, condenados, sempre, a fazer a modulação de efeitos, o que me parece bastante delicado nessa hipótese.[637]

Da análise desses excertos, é possível promover algumas reflexões. A primeira delas é a dificuldade, já mencionada, de distinguir o que é *ratio decidendi* daquilo que é *obter dictum*, o que é amplamente acentuado nos Tribunais brasileiros, em especial no STF, haja vista que a coerência formal dos julgados do Pretório gravita ao redor da sua parte dispositiva, e não necessariamente em torno da sua fundamentação.[638]

No caso em questão, o Ministro Gilmar Mendes justificou a negativa de modulação referida com base em um *obiter dictum* externado no âmbito do julgamento da ADC n.

---

636. Supremo Tribunal Federal (Tribunal Pleno). Recurso Extraordinário n. 377.457/PR. Relator Min. Gilmar Mendes, 17 de setembro de 2008.

637. Idem.

638. Em especial nos *hard cases*.

1,[639] ou seja, com base em uma manifestação que **não** foi objeto de deliberação do colegiado e, por óbvio, não poderia refletir a posição daquele órgão para a questão tratada no seio do RE n. 377.457/PR. Ao ser confrontando, nesse ponto, pelo Ministro Marco Aurélio, o Ministro Gilmar Mendes não refutou a objeção levantada, limitando-se a fazer menção a lições doutrinárias, como se a posição da doutrina – e não as manifestações do STF – pudessem servir de vetor para orientar a conduta de jurisdicionados.

Em verdade, o excerto que efetivamente justificaria a posição tomada pelo STF no sentido de negar a modulação de efeitos no RE n. 377.457/PR é no sentido de que a eficácia das decisões do STF não poderia ficar subjugada ao teor das manifestações previamente apresentadas pelo STJ.

Tal argumento, todavia, mostra-se falacioso, pois parte da equivocada premissa de que, se eventualmente tivesse modulado os efeitos da decisão proferida no RE n. 377.457/PR, o STF **sempre** estaria vinculado a agir da mesma forma quando suas decisões, ulteriores às do Tribunal da Cidadania, viessem contrapô-las. Tal conclusão é falaciosa porque ignora uma importante circunstância fática que permeou o caso retratado no RE n. 377.457/PR: a questão ali analisada

639. Assim ementada: "Ação Declaratória de Constitucionalidade. Artigos 1º, 2º, 9º (em parte), 10 e 13 (em parte) da Lei Complementar nº 70, de 30.12.91. COFINS. - A delimitação do objeto da ação declaratória de constitucionalidade não se adstringe aos limites do objeto fixado pelo autor, mas estes estão sujeitos aos lindes da controvérsia judicial que o autor tem que demonstrar. - Improcedência das alegações de inconstitucionalidade da contribuição social instituída pela Lei Complementar nº 70/91 (COFINS). Ação que se conhece em parte, e nela se julga procedente, para declarar-se, com os efeitos previstos no parágrafo 2º do artigo 102 da Constituição Federal, na redação da Emenda Constitucional nº 3, de 1993, a constitucionalidade dos artigos 1º, 2º e 10, bem como das expressões 'A contribuição social sobre o faturamento de que trata esta lei não extingue as atuais fontes de custeio da Seguridade Social' contidas no artigo 9º, e das expressões 'Esta lei complementar entra em vigor na data de sua publicação, produzindo efeitos a partir do primeiro dia do mês seguinte nos noventa dias posteriores, aquela publicação,...' constantes do artigo 13, todos da Lei Complementar nº 70, de 30 de dezembro de 1991." (Supremo Tribunal Federal (Tribunal Pleno). Ação Declaratória de Constitucionalidade 1/DF - Distrito Federal. Relator: Moreira Alves, 1º de dezembro de 1993).

não vinha sendo conhecida no mérito pelo próprio STF ao fundamento de implicar ofensa reflexa à Constituição Federal o que, por vias transversas, reforçava a confiança do jurisdicionado quanto à definitividade do teor da jurisprudência sumulada pelo STJ.

O segundo caso bastante emblemático é o retratado no RE n. 574.706,[640] por meio do qual se reconheceu a inconstitucionalidade quanto à inclusão do ICMS na base de cálculo das contribuições para o Programa de Integração Social (PIS) e para a Cofins. Aqui também havia posição consolidada do Superior Tribunal de Justiça pela juridicidade dessa inclusão, posição essa retratada em súmulas[641] e em precedente vinculante daquele Tribunal (recurso especial julgado sob o rito da repetitividade[642]). Também, durante

---

640. Assim ementado: "RECURSO EXTRAORDINÁRIO COM REPERCUSSÃO GERAL. EXCLUSÃO DO ICMS NA BASE DE CÁLCULO DO PIS E COFINS. DEFINIÇÃO DE FATURAMENTO. APURAÇÃO ESCRITURAL DO ICMS E REGIME DE NÃO CUMULATIVIDADE. RECURSO PROVIDO. 1. Inviável a apuração do ICMS tomando-se cada mercadoria ou serviço e a correspondente cadeia, adota-se o sistema de apuração contábil. O montante de ICMS a recolher é apurado mês a mês, considerando-se o total de créditos decorrentes de aquisições e o total de débitos gerados nas saídas de mercadorias ou serviços: análise contábil ou escritural do ICMS. 2. A análise jurídica do princípio da não cumulatividade aplicado ao ICMS há de atentar ao disposto no art. 155, § 2º, inc. I, da Constituição da República, cumprindo-se o princípio da não cumulatividade a cada operação. 3. O regime da não cumulatividade impõe concluir, conquanto se tenha a escrituração da parcela ainda a se compensar do ICMS, não se incluir todo ele na definição de faturamento aproveitado por este Supremo Tribunal Federal. O ICMS não compõe a base de cálculo para incidência do PIS e da COFINS. 3. Se o art. 3º, § 2º, inc. I, in fine, da Lei n. 9.718/1998 excluiu da base de cálculo daquelas contribuições sociais o ICMS transferido integralmente para os Estados, deve ser enfatizado que não há como se excluir a transferência parcial decorrente do regime de não cumulatividade em determinado momento da dinâmica das operações. 4. Recurso provido para excluir o ICMS da base de cálculo da contribuição ao PIS e da COFINS." (Supremo Tribunal Federal (Tribunal Pleno). Recurso Extraordinário 574.706 PR. Relatora: Cármem Lúcia, julgado em 15 de março de 2017.).

641. "Súmulas 68. A parcela relativa ao ICM inclui-se na base de cálculo do PIS." e "Súmula 94. A parcela relativa ao ICMS inclui-se na base de cálculo do Finsocial."

642. Recurso Especial n. 1.144.469/PR, assim ementado: "RECURSO ESPECIAL DO PARTICULAR: TRIBUTÁRIO. RECURSO REPRESENTATIVO DA CONTROVÉRSIA. ART. 543-C, DO CPC. PIS/PASEP E COFINS. BASE DE CÁLCULO. RECEITA OU FATURAMENTO. INCLUSÃO DO ICMS. 1. A Constituição Federal de 1988

somente veda expressamente a inclusão de um imposto na base de cálculo de um outro no art. 155, §2º, XI, ao tratar do ICMS, quanto estabelece que este tributo: 'XI - não compreenderá, em sua base de cálculo, o montante do imposto sobre produtos industrializados, quando a operação, realizada entre contribuintes e relativa a produto destinado à industrialização ou à comercialização, configure fato gerador dos dois impostos'. 2. A *contrario sensu* é permitida a incidência de tributo sobre tributo nos casos diversos daquele estabelecido na exceção, já tendo sido reconhecida jurisprudencialmente, entre outros casos, a incidência: 2.1. Do ICMS sobre o próprio ICMS: repercussão geral no RE n. 582.461 / SP, STF, Tribunal Pleno, Rel. Min. Gilmar Mendes, julgado em 18.05.2011. 2.2. Das contribuições ao PIS/PASEP e COFINS sobre as próprias contribuições ao PIS/PASEP e COFINS: recurso representativo da controvérsia REsp. n. 976.836 - RS, STJ, Primeira Seção, Rel. Min. Luiz Fux, julgado em 25.8.2010. 2.3. Do IRPJ e da CSLL sobre a própria CSLL: recurso representativo da controvérsia REsp. n. 1.113.159 - AM, STJ, Primeira Seção, Rel. Min. Luiz Fux, julgado em 11.11.2009. 2.4. Do IPI sobre o ICMS: REsp. n. 675.663 - PR, STJ, Segunda Turma, Rel. Min. Mauro Campbell Marques, julgado em 24.08.2010; REsp. Nº 610.908 - PR, STJ, Segunda Turma, Rel. Min. Eliana Calmon, julgado em 20.9.2005, AgRg no REsp. n. 462.262 - SC, STJ, Segunda Turma, Rel. Min. Humberto Martins, julgado em 20.11.2007. 2.5. Das contribuições ao PIS/PASEP e COFINS sobre o ISSQN: recurso representativo da controvérsia REsp. n. 1.330.737 - SP, Primeira Seção, Rel. Min. Og Fernandes, julgado em 10.06.2015. 3. Desse modo, o ordenamento jurídico pátrio comporta, em regra, a incidência de tributos sobre o valor a ser pago a título de outros tributos ou do mesmo tributo. Ou seja, é legítima a incidência de tributo sobre tributo ou imposto sobre imposto, salvo determinação constitucional ou legal expressa em sentido contrário, não havendo aí qualquer violação, a priori, ao princípio da capacidade contributiva. 4. Consoante o disposto no art. 12 e §1º, do Decreto-Lei n. 1.598/77, o ISSQN e o ICMS devidos pela empresa prestadora de serviços na condição de contribuinte de direito fazem parte de sua receita bruta e, quando dela excluídos, a nova rubrica que se tem é a receita líquida. 5. Situação que não pode ser confundida com aquela outra decorrente da retenção e recolhimento do ISSQN e do ICMS pela empresa a título de substituição tributária (ISSQN-ST e ICMS-ST). Nesse outro caso, a empresa não é a contribuinte, o contribuinte é o próximo na cadeia, o substituído. Quando é assim, a própria legislação tributária prevê que tais valores são meros ingressos na contabilidade da empresa que se torna apenas depositária de tributo que será entregue ao Fisco, consoante o art. 279 do RIR/99. 6. Na tributação sobre as vendas, o fato de haver ou não discriminação na fatura do valor suportado pelo vendedor a título de tributação decorre apenas da necessidade de se informar ou não ao Fisco, ou ao adquirente, o valor do tributo embutido no preço pago. Essa necessidade somente surgiu quando os diversos ordenamentos jurídicos passaram a adotar o lançamento por homologação (informação ao Fisco) e/ou o princípio da não cumulatividade (informação ao Fisco e ao adquirente), sob a técnica específica de dedução de imposto sobre imposto (imposto pago sobre imposto devido ou 'tax on tax'). 7. Tal é o que acontece com o ICMS, onde autolançamento pelo contribuinte na nota fiscal existe apenas para permitir ao Fisco efetivar a fiscalização a posteriori, dentro da sistemática do lançamento por homologação e permitir ao contribuinte contabilizar o crédito de imposto que irá utilizar para calcular o saldo do tributo devido dentro do princípio da não cumulatividade sob a técnica de dedução de imposto sobre imposto. Não se trata em momento algum de exclusão do valor do tributo do preço da mercadoria ou serviço. 8. Desse modo, firma-se para efeito de recurso repetitivo a tese de que: 'O valor do ICMS, destacado na nota, devido e recolhido pela empresa compõe seu faturamento, submetendo-se à tributação pelas

anos, o STF se furtou de apreciar essa questão ao fundamento de tratar-se de ofensa reflexa à *Magna Lex*.

Em 8 de outubro de 2014, entretanto, o Plenário do Supremo Tribunal Federal reviu essa posição e, no âmbito do

---

contribuições ao PIS/PASEP e COFINS, sendo integrante também do conceito maior de receita bruta, base de cálculo das referidas exações'. 9. Tema que já foi objeto de quatro súmulas produzidas pelo extinto Tribunal Federal de Recursos - TFR e por este Superior Tribunal de Justiça - STJ: Súmula n. 191/TFR: 'É compatível a exigência da contribuição para o PIS com o imposto único sobre combustíveis e lubrificantes'. Súmula n. 258/TFR: 'Inclui-se na base de cálculo do PIS a parcela relativa ao ICM'. Súmula n. 68/STJ: 'A parcela relativa ao ICM inclui-se na base de cálculo do PIS'. Súmula n. 94/STJ: 'A parcela relativa ao ICMS inclui-se na base de cálculo do FINSOCIAL'. 10. Tema que já foi objeto também do recurso representativo da controvérsia REsp. n. 1.330.737 - SP (Primeira Seção, Rel. Min. Og Fernandes, julgado em 10.06.2015) que decidiu matéria idêntica para o ISSQN e cujos fundamentos determinantes devem ser respeitados por esta Seção por dever de coerência na prestação jurisdicional previsto no art. 926, do CPC/2015. 11. Ante o exposto, DIVIRJO do relator para NEGAR PROVIMENTO ao recurso especial do PARTICULAR e reconhecer a legalidade da inclusão do ICMS na base de cálculo das contribuições ao PIS/PASEP e COFINS. RECURSO ESPECIAL DA FAZENDA NACIONAL: TRIBUTÁRIO. RECURSO REPRESENTATIVO DA CONTROVÉRSIA. ART. 543-C, DO CPC. PIS/PASEP E COFINS. BASE DE CÁLCULO. INCLUSÃO DOS VALORES COMPUTADOS COMO RECEITAS QUE TENHAM SIDO TRANSFERIDOS PARA OUTRAS PESSOAS JURÍDICAS. ART. 3º, § 2º, III, DA LEI Nº 9.718/98. NORMA DE EFICÁCIA LIMITADA. NÃO APLICABILIDADE. 12. A Corte Especial deste STJ já firmou o entendimento de que a restrição legislativa do artigo 3º, § 2º, III, da Lei n.º 9.718/98 ao conceito de faturamento (exclusão dos valores computados como receitas que tenham sido transferidos para outras pessoas jurídicas) não teve eficácia no mundo jurídico já que dependia de regulamentação administrativa e, antes da publicação dessa regulamentação, foi revogado pela Medida Provisória n. 2.158-35, de 2001. Precedentes: AgRg nos EREsp. n. 529.034/RS, Corte Especial, Rel. Min. José Delgado, julgado em 07.06.2006; AgRg no Ag 596.818/PR, Primeira Turma, Rel. Min. Luiz Fux, DJ de 28/02/2005; EDcl no AREsp 797544 / SP, Primeira Turma, Rel. Min. Sérgio Kukina, julgado em 14.12.2015, AgRg no Ag 544.104/PR, Rel. Min. Humberto Martins, Segunda Turma, DJ 28.8.2006; AgRg nos EDcl no Ag 706.635/RS, Rel. Min. Luiz Fux, Primeira Turma, DJ 28.8.2006; AgRg no Ag 727.679/SC, Rel. Min. José Delgado, Primeira Turma, DJ 8.6.2006; AgRg no Ag 544.118/TO, Rel. Min. Franciulli Netto, Segunda Turma, DJ 2.5.2005; REsp 438.797/RS, Rel. Min. Teori Albino Zavascki, Primeira Turma, DJ 3.5.2004; e REsp 445.452/RS, Rel. Min. José Delgado, Primeira Turma, DJ 10.3.2003. 13. Tese firmada para efeito de recurso representativo da controvérsia: 'O artigo 3º, § 2º, III, da Lei n.º 9718/98 não teve eficácia jurídica, de modo que integram o faturamento e também o conceito maior de receita bruta, base de cálculo das contribuições ao PIS/PASEP e COFINS, os valores que, computados como receita, tenham sido transferidos para outra pessoa jurídica'. 14. Ante o exposto, ACOMPANHO o relator para DAR PROVIMENTO ao recurso especial da FAZENDA NACIONAL." (Superior Tribunal de Justiça. Recurso Especial n. 1.144.469/PR. Rel. Ministro Napoleão Nunes Maia Filho, 10 de agosto de 2016).

RE n. 240.785,[643] conheceu da matéria para julgar inconstitucional as normas que admitem a inclusão do ICMS na base de cálculo do PIS e da Cofins, i.e., em sentido diametralmente oposto à jurisprudência do STJ.

Acontece que, embora julgado pelo **Pleno** do Tribunal, tal caso não foi submetido à repercussão geral, ou seja, não redundou em precedente *formalmente* vinculante, nos termos do art. 927 do Código de Processo Civil.[644] Assim, a questão foi novamente levada ao Plenário do STF (RE n. 574.706), mas para que agora fosse julgada sob o rito de repercussão geral, ou seja, para gerasse um precedente formalmente vinculante, oportunidade em que, como visto alhures, o STF validou, por maioria de votos, a posição já anteriormente externada quando do julgamento do RE n. 240.785.

Tal alteração jurisprudencial, inclusive, resultou na oposição de embargos de declaração para fins de se modular os efeitos da decisão proferida, o que de fato ocorreu. Assim, o entendimento então firmado pelo STF só passou a ter vigência a partir de 15 de março de 2017, i.e., da data de julgamento do mérito do RE n. 574.706,[645] exceção feita às ações

---

643. "TRIBUTO – BASE DE INCIDÊNCIA – CUMULAÇÃO – IMPROPRIEDADE. Não bastasse a ordem natural das coisas, o arcabouço jurídico constitucional inviabiliza a tomada de valor alusivo a certo tributo como base de incidência de outro. COFINS – BASE DE INCIDÊNCIA – FATURAMENTO – ICMS. O que relativo a título de Imposto sobre a Circulação de Mercadorias e a Prestação de Serviços não compõe a base de incidência da Cofins, porque estranho ao conceito de faturamento." (Supremo Tribunal Federal (Tribunal Pleno). Recurso Extraordinário 240.785 - MG. Relator: Ministro Marco Aurélio, 8 de outubro de 2014).

644. Isso, inclusive, foi reforçado pelo Ministro Ricardo Lewandowski, em sede de debates, *in verbis*: "[...]. Eu apenas observo que se trata de um recurso extraordinário, sem repercussão geral, de interesse apenas subjetivo, *inter partes*, portanto, sem qualquer efeito *erga omnes*. Faltam três votos a serem proferidos, o julgamento já se iniciou em 99 – uma observação que retiro da tira de julgamento –, mas eu ouço o eminente Relator." (Supremo Tribunal Federal (Tribunal Pleno). Recurso Extraordinário 574.706 PR. Relatora: Cármem Lúcia, julgado em 15 de março de 2017).

645. Esse foi o teor da ementa do julgamento dos embargos de declaração em referência: "EMBARGOS DE DECLARAÇÃO EM RECURSO EXTRAORDINÁRIO COM REPERCUSSÃO GERAL. EXCLUSÃO DO ICMS DA BASE DE CÁLCULO DO PIS E CONFINS. DEFINIÇÃO CONSTITUCIONAL DE FATURAMENTO/RECEITA.

judiciais e aos procedimentos administrativos existentes até a data da sessão em que proferido o julgamento de mérito.[646]

Tais casos ilustram bem que, em situações fáticas como as aqui tratadas,[647] embora não haja incoerência por parte do STF em relação à sua própria jurisprudência, há sim uma mácula ao valor integridade, na medida em que o Pretório Excelso, na condição de um dos órgãos do Poder Judiciário, não pode se colocar em uma postura de **absoluta** sobreposição. Uma decisão proferida por um dos órgãos jurisdicionais é, em última análise, uma decisão do próprio Poder Judiciário e, como tal, não pode ser simplesmente ignorada.

PRECEDENTES. AUSÊNCIA DE OMISSÃO, CONTRADIÇÃO OU OBSCURIDADE DO JULGADO. PRETENSÃO DE REDISCUSSÃO DA MATÉRIA. IMPOSSIBILIDADE JURÍDICA. MODULAÇÃO DOS EFEITOS. ALTERAÇÃO DE JURISPRUDÊNCIA COM EFEITOS VINCULANTES E ERGA OMNES. IMPACTOS FINANCEIROS E ADMINISRTATIVOS DA DECISÃO. MODULAÇÃO DEFERIDA DOS EFEITOS DO JULGADO, CUJA PRODUÇÃO HAVERÁ DE SE DAR DESDE 15.3.2017 – DATA DE JULGAMENTO DE MÉRITO DO RECURSO EXTRAORDINÁRIO 574.706 E FIXADA A TESE COM REPERCUSSÃO GERAL DE QUE "O ICMS NAO COMPÕE A BASE DE CÁLCULO PARA FINS DE INCIDÊNCIA DO PIS E DA COFINS" -, RESSALVADAS AS AÇÕES JUDICIAIS E PROCEDIMENTOS ADMINISTRATIVOS PROTOCOLADAS ATÉ A DATA DA SESSÃO EM QUE PROFERIDO O JULGAMENTO DE MÉRITO. EMBARGOS PARCIALMENTE ACOLHIDOS." (Supremo Tribunal Federal (Tribunal Pleno). Embargos de Declaração no Recurso Extraordinário 574.706 Paraná. Relatora: Cármem Lúcia, 13 de maio de 2021).

646. A questão, todavia, que distingue esse caso daquele outro anteriormente analisado (revogação da isenção de Cofins para as sociedades civis de profissão regulamentada) decorre do fato de que, entre a posição consolidada pelo STJ (súmulas 68 e 94 e REsp n. 1.144.469/PR) e o advento de precedente vinculante do STF em sentido oposto (RE n. 574.706), houve, em 2014, manifestação do **Plenário** do STF (RE n. 240.785), órgão máximo do Tribunal, indicando a mudança do seu entendimento para a questão. Isso configurou um importante sinal (*signaling*) do STF ou, até mesmo, um julgamento-alerta. Tanto é verdade que o simples início do julgamento do RE n. 240.785 já serviu para orientar a conduta da União, que passou a indicar a tese da não inclusão do ICMS na base de cálculo do PIS e da Cofins no Anexo de Riscos Fiscais nas Leis de Diretrizes Orçamentárias. Daí, inclusive, a posição por nós defendida no sentido que eventual modulação de efeitos no âmbito do RE n. 574.706 deveria ter como corte temporal a data de 8 de outubro de 2014, ou seja, data do julgamento do RE n. 240.785. Nesse sentido: RIBEIRO, Diego Diniz; DELIGNE, Maysa de Sá Pittondo. A modulação de efeitos em matéria tributária e sua realização em favor da Fazenda Pública. *In:* CONRADO, Paulo Cesar; ARAÚJO, Juliana Furtado Costa (org.). *Processo tributário analítico*. v. IV. São Paulo: Noeses, 2018. p. 97-132.

647. Casos em que o STF não conhece da questão em juízo de prelibação, o que implica, por via transversa, vaticinar a jurisprudência consagrada de outros Tribunais.

Isso deveria valer não só para aqueles casos em que o STF deixa de analisar uma lide por alguma questão de ordem processual e, ulteriormente, resolve avançar no julgamento de mérito, mas também para aqueles casos em que há uma demora na prestação jurisdicional por parte do STF, de modo que esse alongado decurso de tempo acabe servindo para sedimentar a jurisprudência de outros Tribunais, gerando, com isso, uma expectativa legítima nos jurisdicionados.[648]

Em verdade, parte considerável do problema é responsabilidade do próprio STF, que não utiliza o instituto da repercussão geral de forma apropriada e, como já sugerido nesta obra, i.e., como um efetivo filtro para que o Tribunal atue verdadeiramente como uma Corte Constitucional, escolhendo e julgando **poucos** casos ao longo de um ano. Tal ato valorizaria não só a sua própria jurisdição, mas também aquela exercida pelos demais órgãos do Poder Judiciário.

São esses alguns dos percalços ocorridos no âmbito da aplicação prática do Direito que prejudicam, em demasia, a realização dos valores estampados no art. 926 do CPC e aqui tratados, bem como contribuem para que o Direito seja capturado por outros valores/sistemas, que acabam por utilizá-lo como instrumento para finalidades que não são necessariamente jurídicas.[649] Daí a importância da leitura e efetivação do aludido dispositivo, em sintonia com uma perspectiva metodologicamente adequada em um modelo de *stare decisis*.

---

648. Em matéria tributária, com especial ênfase para as manifestações do STJ.

649. "Uma vez que assistimos o desenvolvimento de decisões sem qualquer coerência ou integridade, o Direito assume a metáfora de uma 'mesa de bilhar', na qual decisões seguem cursos diversos e sem harmonização, inclusive criando colisões umas com as outras. Os outros sistemas sociais (com a Economia, a Ciência etc.) passam a não mais confiar nas respostas jurídicas e começam a agir por elas mesmas. O resultado é a perda de normatividade do Direito perante a sua sociedade, o que abre espaços para que outros sistemas de modo oportunistas acabem tomando espaço, se utilizando de uma corrupção do código jurídico para impor os seus imperativos." (BAHIA, Alexandre Gustavo Melo Franco; NUNES, Dierle; PEDRON, Flávio Quinaud. *Teoria geral do processo*. Salvador: JusPodivm, 2020. p. 431).

2.2.3.3.4 Síntese conclusiva

Como já afirmado anteriormente, não é a simples substituição de uma legislação por outra que irá aproximar o sistema brasileiro de um verdadeiro modelo de *stare decisis*. Aliás, como já também afirmado anteriormente, a simples previsão legislativa no sentido de prestigiar um modelo de precedentes também é insuficiente para tanto, sendo, em verdade, necessária a promoção de mudanças estruturais e culturais.

Nesse momento, todavia, o que se encontra à disposição é o Código de Processo Civil e algumas de suas disposições normativas que, se realizadas sob uma perspectiva metodologicamente adequada, podem contribuir, ainda que de forma preambular, para uma qualificação de um modelo de precedentes.

Para se chegar a esse objetivo, entretanto, mister se faz subverter a razão original de existir desse modelo abrasileirado de precedentes, i.e., a sua preocupação com a **quantidade** de casos a serem resolvidos,[650] substituindo-a pelo intuito de **qualificar** a atividade jurisdicional, de modo que a redução do estoque de casos submetidos ao Poder Judiciário seja consequência – em médio e longo prazo – da estabilidade, uniformidade, coerência e integridade das decisões judiciais, e não seu objetivo precípuo.

---

650. Essa inadequada intenção original do modelo de precedentes no Brasil é denunciada com precisão pela doutrina ao tratar da pretensa igualdade de tratamento que se busca dispensar por meio desse "modelo". Nesse sentido: "A defesa dessa 'pseudoigualdade', para aumentar a eficiência (quantitativa), para fomentar uma previsibilidade pelo engessamento dos posicionamentos (em face do modo superficial que o sistema brasileiro impõe a aplicação do direito aos juízes), para favorecer uma concepção hierárquica (e não funcional da divisão das competências do Poder Judiciário – com quebra de independência interna) e desestimular o acesso à justiça (que é fruto de uma luta histórica e se tornou um problema funcional, pela ausência de uma efetiva reforma do Judiciário e de um aparato adequado), deve ser tematizada com muita cautela." (BAHIA, Alexandre Gustavo Melo Franco; NUNES, Dierle; PEDRON, Flávio Quinaud. *Teoria geral do processo*. Salvador: JusPodivm, 2020. p. 656).

3. A REVISÃO DA COISA JULGADA FUNDAMENTADA EM PRECEDENTES VINCULANTES

3.1 Brevíssima recapitulação do problema

Apesar do vasto acervo doutrinário e das inúmeras discussões no âmbito da jurisprudência, a coisa julgada continua sendo um tema que, paradoxalmente, redunda nas mais variadas e acaloradas discussões.[651] Dentre tais reflexões críticas causadas pelo instituto da coisa julgada, encontra-se, obviamente, o tema central deste livro, i.e., a possibilidade de revisão da coisa julgada com base em precedentes dos nossos Tribunais, em especial quando se está diante de precedentes dos Tribunais Superiores e, considerando a temática aqui abordada, com particular ênfase para as demandas tributárias.

---

651. Como já mencionado anteriormente, esse paradoxo e seus motivos são precisamente indicados por Barbosa Moreira. Nesse sentido: BARBOSA MOREIRA, José Carlos. Ainda e sempre a coisa julgada. *In:* WAMBIER, Teresa Arruda Alvim; WAMBIER, Luiz Rodrigues. *Doutrinas essenciais de processo civil.* v. 6. São Paulo: Revista dos Tribunais, 2011. p. 679. Algumas dessas discussões, inclusive, já foram abordadas no Capítulo 1.

Aliás, em matéria tributária, esta discussão é potencializada em razão do caráter analítico da Constituição Federal[652-653] e da constitucionalização do Direito Tributário, bem como pela enorme quantidade de lei federais tributárias – em especial as chamadas normas gerais em matéria tributária, de caráter nacional[654] –, o que faz com que as lides tributárias quase sempre desemboquem no STF e no STJ. Isso acentua a importância das decisões desses Tribunais em matéria tributária.

Ainda em matéria tributária, a questão ganha mais complexidade, pois é muito comum que uma mesma lide dessa natureza seja concomitantemente enfrentada tanto sob uma perspectiva infraconstitucional como também sob um viés constitucional. Tal ponto faz com que dois diferentes órgãos do Poder Judiciário, com competência para unificar interpretativamente o Direito dentro dos seus feixes de atuação, profiram decisões acerca de uma mesma lide de caráter tributário, decisões essas que, sob a perspectiva de resultado (disposição do julgado), podem ser antagônicas entre si, e tudo isso após um grande hiato temporal entre elas.

652. Criticando essa característica do texto constitucional de 1988, Paulo Bonavides trata a Constituição Federal como **prolixa** (BONAVIDES, Paulo. *Curso de direito constitucional.* 29. ed. São Paulo: Saraiva, 2014. p. 92).

653. Essa analiticidade da Constituição brasileira faz com que inúmeros casos desemboquem no Supremo Tribunal Federal, o que, em grande parte, redunda na sua manifestação formalmente vinculante, já que os recursos extraordinários submetidos a tal Tribunal são julgados meritoriamente sob o rito da repercussão geral. Ademais, tal Tribunal também exerce o controle concentrado de constitucionalidade, o que tem larga relevância no âmbito tributário. Esse "gigantismo" quanto à atuação do STF ganha ainda mais relevância em matéria tributária, já que a Constituição Federal brasileira trata do "Sistema Tributário Nacional" em um capítulo específico, trazendo diversas disposições constitucionais para o tema. O legislador tributário, por sua vez, no uso da sua competência tributária, é pródigo em veicular normas em matéria tributária, as quais, não raramente, suscitam discussões quanto a serem ou não conflitantes com disposições constitucionais tributárias.

654. Tratando do assunto: SCHOUERI, Luís Eduardo. *Direito tributário.* São Paulo: Saraiva, 2011. p. 71 e ss.

É possível, portanto, que, ao julgar o caso X, submetido à repetitividade e sob uma perspectiva da legislação federal, o STJ conclua pela inexistência de relação jurídico-tributária e que, depois de passados alguns anos, o caso faticamente análogo Y, agora sob repercussão geral e analisado a partir de uma perspectiva constitucional, seja julgado pelo STF com a conclusão quanto a existência da relação jurídico-tributária anteriormente refutada pelo STJ, ou vice-versa; há, ainda, a possibilidade de que, nesse interregno, sobrevenham decisões transitadas em julgado em favor de diferentes contribuintes, com base nos hipotéticos precedentes vinculantes do STJ.

Soma-se ao cenário descrito a valorização[655] que o ordenamento jurídico nacional tem dado aos precedentes, com especial atenção àqueles veiculados pelos Tribunais Superiores.[656] Consequentemente, a partir dessa valorização, admite-se um sentido mais amplo às técnicas de rescisão de decisões transitadas em julgado, já que as decisões de Tribunais Superiores, agora precedentes vinculantes, não são mais vistas como um simples mecanismo para a aplicação lógico-subsuntiva da *voluntas* legislativa em concreto, mas sim como um fenômeno da afirmação de uma

655. Ainda que com base em uma metódica equivocada, como apontado criticamente no Capítulo 2.

656. É importante fazer aqui o registro crítico de que Tribunais como o STJ e o STF devem atuar como **Cortes Supremas**, e não como **Cortes Superiores**, tal como defendido por Daniel Mitidiero, *verbis*: "Sumariamente, as **Cortes Superiores** estão vinculadas a uma **compreensão cognitivista do Direito**, a jurisdição é entendida como **simples declaração de uma norma pré-existente** e o escopo está em **controlar a decisão recorrida mediante uma jurisprudência uniforme**, sem que as **razões** expendidas pelos juízes possam ser consideradas como **fontes primárias do Direito. As Cortes Supremas** estão vinculadas a uma **compreensão não cognitivista** e **lógico-argumentativa do Direito mediante a formação de precedentes**, entendidas as **razões** adotadas nas decisões como **dotadas de eficácia vinculante**." (MITIDIERO, Daniel. *Cortes superiores e cortes supremas:* do controle à interpretação, da jurisprudência ao precedente. 3. ed. São Paulo: Revista dos Tribunais, 2017.p. 39-40. Grifos do autor).

vontade axiologicamente intencionada do Direito e, portanto, fomentadora de expectativas jurídicas.

Logo, alguns instrumentos processuais rescisórios não se prestariam apenas para desfazer os efeitos da coisa julgada na hipótese de uma decisão conflitante com a disposição de um texto de lei (*ratio legis*), mas também contra uma decisão contraposta ao Direito (*ratio ius*), inclusive aquele criado judicialmente e, em particular, na hipótese de jurisdição promovida pelos Tribunais Superiores em matéria tributária.

Acrescente-se a isso o fato de não ser possível – como já apontado no Capítulo 1 – tratar a coisa julgada como um direito absoluto, imune, portanto, a restrições. É inegável a importância desse instituto para o Direito, em especial para o valor segurança jurídica,[657] a ponto de ser tratado pela Constituição como garantia fundamental, ou seja, cláusula pétrea, nos exatos termos do art. 60, § 4º, inciso IV, da Lei das Leis. Tais considerações, repita-se, não tornam a coisa julgada um direito absoluto, sob pena, inclusive, de se vaticinar distorções e abusos. Aliás, é exatamente para evitar tais transgressões que o ordenamento processual prevê instrumentos processuais rescisórios e a jurisprudência tem admitido, em algumas situações extremas, o manejo da ação de *querela nullitatis insanabilis*.

Assim, a questão a ser solucionada é a seguinte: é possível rescindir coisa julgada em matéria tributária com fundamento em precedente de um Tribunal Superior, sem que isso implique o esvaziamento dessa garantia constitucional? E, em caso positivo, tal rescisão estaria sujeita a limites? Quais seriam eles?

As questões a serem respondidas perpassam por apontar um caminho apto a promover a convivência harmônica do Direito Constitucional e Federal criado judicativamente

---

657. Valor esse aqui entendido nos termos delimitados no Capítulo 1, ou seja, caminhando ao lado – e não em oposição – do valor justiça.

pelo STF e pelo STJ, respectivamente, e as necessárias estabilidade e segurança jurídica a serem alcançadas pelo instituto da coisa julgada, o que, em princípio, só parece ser possível com a fixação de limites[658] ao uso de instrumentos rescisórios nessa particular situação.

3.2 A evolução histórica de instrumentos rescisórios fundamentados em precedentes: da criação à revisão da súmula 343 do STF

Para a devida compreensão do objeto deste livro, é fundamental que se faça um retrospecto histórico da discussão quanto à (im)possibilidade do emprego de instrumentos rescisórios pautados em precedentes dos Tribunais Superiores, com especial ênfase na jurisprudência do STF. Assim, inicialmente, é indispensável avaliar criticamente o teor da súmula 343 do Supremo Tribunal Federal, aprovada em 13.12.1963, *in verbis*: "Não cabe ação rescisória por ofensa a literal disposição de lei, quando a decisão rescindenda se tiver baseado em texto legal de interpretação controvertida nos tribunais."

Por sua vez, para entender amplitude da referida súmula, é indispensável a análise dos precedentes que lhe deram origem, uma vez que um enunciado sumular não existe por si só. Em verdade, como já desenvolvido no Capítulo 2, uma súmula existe com o escopo de: (i) sintetizar o entendimento de um Tribunal para uma questão jurídica específica, de modo a representá-lo; (ii) influir, de forma obrigatória/vinculativa ou meramente persuasiva, em julgados ulteriores, que tratem de questão análoga à retratada na súmula; e, ainda, no atual sistema processual brasileiro, (iii) servir como fundamento para julgamentos monocráticos de recursos, seja no sentido de dar ou de negar provimento a tais recursos.

---

658. No mesmo sentido: CABRAL, Antonio do Passo. *Coisa julgada e preclusões dinâmicas:* entre continuidade, mudança e transição de posições processuais estáveis. 3. ed. Salvador: JusPodivm, 2019. p. 606.

Levando em consideração essas facetas de uma súmula, com especial ênfase ao seu papel de sintetizar um precedente, afirma-se que tais enunciados sumulares *não existem de forma autônoma, devendo sempre ser analisados* a partir dos precedentes que lhe originaram, com particular preocupação acerca das circunstâncias fáticas desses precedentes,[659] sob pena de, como já destacado anteriormente, admitir-se a atribuição de uma indevida competência legislativa ao Poder Judiciário, o que ofenderia frontalmente a secular ideia de separação de poderes e implicaria – repita-se – a promoção de um novo e indevido processo de codificação, só que agora por meio das decisões judiciais.

Aliás, exatamente no sentido aqui defendido, o legislador acertou ao explicitar tal questão no já citado art. 489, § 1º, inciso V, do CPC/2015. E assim o fez na medida em que "todo sistema fundado em precedentes precisa, pois, para funcionamento adequado e compatível com a exigência de constante evolução do ordenamento jurídico, reconhecer a possibilidade de distinções e superações",[660] o que só é possível mediante a obrigatória comparação das circunstâncias **fático**-jurídicas dos casos em cotejo (decidendo e precedente). Logo, uma súmula judicial pode ser o ponto de partida para a construção de uma *ratio decidendi*, jamais seu fim.[661]

---

659. Exatamente como prescreve o art. 926, § 2º, do CPC/2015:
"Art. 926. Os tribunais devem uniformizar sua jurisprudência e mantê-la estável, íntegra e coerente.
[...].
§ 2º Ao editar enunciados de súmula, os tribunais devem ater-se às circunstâncias fáticas dos precedentes que motivaram sua criação."

660. CÂMARA, Alexandre Freitas. *O novo processo civil brasileiro*. 3. ed. São Paulo: Atlas, 2017. p. 431.

661. Assim como ocorre em um genuíno modelo de *stare decisis*, como destaca Edward D. Re, *in verbis*: "É preciso compreender que o caso decidido, isto é, o precedente, é quase universalmente tratado como apenas um **ponto de partida**. Diz-se que o caso decidido estabelece um **princípio**, e ele é na verdade um "*principum*", um começo, na verdadeira acepção etimológica da palavra." (RE, Edward D. *Stare decisis. Revista de Informação Legislativa,* [s.l.], v. 31, n. 122, p. 283, abr./jun. 1994. Grifos do autor).

Repisada a importância do método analógico-problemático para a análise de precedentes e consultando a íntegra de todos os julgados que redundaram na citada súmula 343,[662] *é* possível constatar que os fundamentos empregados pelo STF para vaticinar o teor do enunciado sumular podem ser assim sumarizados: (i) a ação rescisória não pode se tornar um sucedâneo recursal;[663] (ii) a má-interpretação de uma questão só justifica o manejo da ação rescisória na hipótese de tratar-se de uma interpretação teratológica, a ponto de equiparar-se à violação literal de lei;[664] e, por fim, (iii) em certas ocasiões convém abrir mão da realização de uma justiça individual em prol de uma justiça coletiva, retratada pela ideia de estabilidade das decisões judiciais. Em relação a esse particular fundamento, insta exemplificativamente destacar trecho do voto do Ministro Victor Nunes no RE 50.046, *in verbis*:

---

662. Conforme informação obtida junto ao sítio eletrônico do Supremo Tribunal Federal os precedentes são os seguintes: (i) Supremo Tribunal Federal. Ação Rescisória n. 602 EI. Relator: Min. Gonçalves de Oliveira, em 22 de novembro de 1963; (ii) Supremo Tribunal Federal (Segunda Turma). Recurso Extraordinário 50.046 – Guanabara. Relator: Min. Victor Nunes, 5 de abril de 1963; e (iii) Supremo Tribunal Federal (Segunda Turma). Recurso Extraordinário n. 41.407 – Distrito Federal. Relator: Min. Antonio Villas Boas, 4 de agosto de 1959.

663. Nesse sentido, destaca-se o seguinte trecho do voto do Ministro Gonçalves de Oliveira no AR 602-EI: "Quando se julga uma rescisória não se julga com o mesmo critério jurídico com que se aprecia um recurso. De resto, a rescisória não é um recurso. Quando julgamos essa ação, não cabe apreciar qual a melhor interpretação da lei, mas, se a decisão rescindenda é nula por violação manifesta e desenganada da lei."

664. Tratando mais detidamente deste ponto, inclusive pontuando as diferentes correntes doutrinárias para a questão, Botelho de Mesquita e outros autores concluíram que a súmula 343 do STF "fez pender a balança para o lado da interpretação mais rígida do art. 485-V [do CPC/73], no sentido de que, por violação de **literal** disposição de lei, deva-se entender a violação de interpretação **pacífica** de lei. Não sendo pacífica a interpretação da lei em que se baseou a sentença, não se constituiria a hipótese legal de ofensa à literal disposição de lei, devendo prevalecer a coisa julgada." (BOTELHO DE MESQUITA, José Ignacio *et al.* Da redução do alcance da súmula-STF 343: o balanço de uma polêmica. *In:* CARVALHO, Milton Paulo de; CASTRO, Daniel Penteado de (coord.). *Direito processual civil.* v. 2. São Paulo: Quartier Latin, 2011. p. 347. Grifos dos autores).

> Se em todos os casos de interpretação de lei, por prevalecer aquela que nos pareça menos correta, houvermos de julgar procedente ação rescisória, teremos acrescentado ao mecanismo geral dos recursos um recurso ordinário com prazo de cinco anos na maioria dos casos decididos pela Justiça. A má interpretação que justificaria o *judicium rescindens* há de ser de tal modo aberrante do texto que equivalha à sua violação literal. A Justiça nem sempre observa, na prática quotidiana, esse salutar princípio, que, entretanto, devemos defender, em prol da estabilidade das decisões judiciais.[665]

Fixados tais pontos e antes de seguir adiante na presente análise, mister se faz, ainda que de forma superficial, contextualizar historicamente o Processo Civil brasileiro no momento que produzidos os precedentes que resultaram na súmula 343 do STF. Naquela oportunidade, vigorava o Código de Processo Civil de 1939, veiculado pelo Decreto-lei n. 1.608, momento em que ainda não eram vigentes as ideias de transubjetivação das lides e, em especial, de valorização dos precedentes como fonte material do Direito. Ao contrário, já que o CPC/1939 adveio durante o apogeu do Estado Novo, instituído por Getúlio Vargas e fortemente marcado pela ideia de centralização do poder, centralização essa personificada na figura do Presidente da República e do Poder Executivo por ele representado.

Logo, para que o projeto de poder político-ideológico alhures vingasse, era importante manter incólume a cisão desenvolvida pelos Modernos entre os momentos de criação e aplicação da lei, cabendo ao Estado-juiz um papel automatizado, exatamente como concebido no auge do movimento codificador e refletido na escola doutrinária daí reflexa, i.e., a Escola Exegética.[666]

---

665. Supremo Tribunal Federal (Segunda Turma). Recurso Extraordinário 50.046 – Guanabara. Relator: Min. Victor Nunes, 5 de abril de 1963.

666. Tratando do movimento codificador e da Escola jurídica daí decorrente: BRONZE, Fernando José Couto Pinto. *Lições de introdução ao Direito*. 2. ed. Coimbra: Coimbra Editora, 2010. p. 372-376; HESPANHA, António Manuel. *Cultura jurídica europeia* – síntese de um milênio. 3. ed. Mira Sintra: Fórum da História, 2003. p. 266-270.

Nesse momento histórico do País, portanto, preponderava no Processo Civil a ideia de lides individualizadas, com partes muito bem definidas e com decisões judiciais que se limitavam a declarar/aplicar a lei ao caso concreto particularizado. As decisões judiciais proferidas estavam circunscritas ao subjetivo interesse daquelas partes muito bem talhadas em uma específica relação processual. Não se cogitava, aqui, uma aproximação – ainda que metodologicamente equivocada – à família do *Common Law*, muito menos o advento da ideia de uma transubjetivação das lides.

Uma aparente mudança dessa perspectiva surge apenas em ulterior instante da história da processualística brasileira, como uma resposta ao franqueamento do acesso ao Judiciário e a necessidade de se diminuir a quantidade de processos e acelerar os julgamentos realizados pelo Poder Judiciário, em especial aqueles promovidos por Tribunais em grau recursal.

Ademais, durante a vigência do CPC/1939, não havia a atual e tão destacada preocupação com a possibilidade de pontualmente existirem decisões judicativas conflitantes, uma vez que as demandas então propostas perante o Poder Judiciário apenas timidamente apresentavam um efeito replicador. Logo, a existência de algumas decisões conflitantes proferidas em diferentes momentos de tempo não era suficiente para gerar uma sensação de instabilidade da atividade judicativa, nem de desigualdade de tratamento e injustiça, o que reforçava a razão de existir da súmula 343.

Nessa linha, a equivocidade da jurisprudência seria questão supérflua, sem mais relevância. Importava, de fato, a hipótese de equivocidade da lei, já que a criação do Direito, i.e., seu preenchimento conteudístico (ainda que passível de dubiedade) seria papel exclusivo do legislador, jamais do juiz. Logo, um eventual conflito entre uma posterior decisão do STF e uma anterior decisão em concreto já transitada em julgado não seria motivo suficiente para suscitar a convocação de um instrumento processual rescisório. Apenas uma eventual alteração legislativa a respeito da relação jurídica transitada em julgado seria apta a reprogramá-la.

Em verdade, a preocupação com decisões conflitantes realmente ganha vulto com a nova sociedade que se afigura[667] em paralelo com o desenvolvimento da 3ª fase histórica do processo civil[668] e de suas ondas de acesso à justiça,[669] bem como em razão do destaque conquistado pelos nossos Tribunais na resolução de questões massificadas, capazes, portanto, de afetar – ainda que indiretamente – uma infinidade de jurisdicionados.

Essa relevância da atividade jurisdicional desempenhada pelos Tribunais, em especial pelos Tribunais Superiores, também ganha corpo com a constitucionalização dos direitos, em especial com o advento de uma Constituição analítica, como a de 1988, o que redunda em um protagonismo do STF no exercício da sua jurisdição constitucional. Só com a consolidação da Constituição de 1988 e do seu importante papel no ordenamento jurídico nacional é que a súmula n. 343 do STF é objeto de novas discussões, até redundar na sua revisão.

Nesse sentido, no âmbito do RE n. 328.812 ED,[670] o Supremo Tribunal Federal, por intermédio do seu órgão Ple-

---

667. Uma sociedade mais plural, mais tecnológica e com relações jurídicas cada vez mais massificadas.

668. Por todos: DINAMARCO, Cândido Rangel. *A instrumentalidade do processo.* 14. ed. São Paulo: Malheiros, 2009.

669. Nesse sentido: CAPPELLETTI, Mauro. *Acesso à justiça.* Porto Alegre: Sergio Antonio Fabris Editor, 1988.

670. Assim ementado: "1. Embargos de Declaração em Recurso Extraordinário. 2. Julgamento remetido ao Plenário pela Segunda Turma. Conhecimento. 3. É possível ao Plenário apreciar embargos de declaração opostos contra acórdão prolatado por órgão fracionário, quando o processo foi remetido pela Turma originalmente competente. Maioria. 4. Ação Rescisória. Matéria constitucional. Inaplicabilidade da Súmula 343/STF. 5. A manutenção de decisões das instâncias ordinárias divergentes da

nário, resolveu revisitar o teor da sua súmula n. 343, exatamente como restou **expressamente** consignado no voto do Relator do caso, Ministro Gilmar Mendes, *in verbis*:

> No que tange à inaplicabilidade da Súmula 343/STF, **tenho reiteradamente observado nesta Corte que este verbete precisa ser revisto.** Refiro-me, especificamente, aos processos que identificam matéria contraditória à época da discussão **originária**, questão constitucional, bem como jurisprudência supervenientemente fixada, em favor da tese do interessado.[671]

Naquela oportunidade, o Pretório Excelso concluiu que, existindo decisão transitada em julgado em certo sentido até então controverso na jurisprudência[672] e, ulteriormente, advindo decisão do STF em sentido oposto ao que restou julgado no caso individual, seria admissível o ajuizamento de ação rescisória com base no art. 485, inciso V, do CPC Buzaid,[673] atual art. 966, inciso V, do CPC/2015. E assim o fez com base em algumas premissas: (i) por defender a força normativa da Constituição e a sua realização por

---

interpretação adotada pelo STF revela-se afrontosa à força normativa da Constituição e ao princípio da máxima efetividade da norma constitucional. 6. Cabe ação rescisória por ofensa à literal disposição constitucional, ainda que a decisão rescindenda tenha se baseado em interpretação controvertida ou seja anterior à orientação fixada pelo Supremo Tribunal Federal. 7. Embargos de Declaração rejeitados, mantida a conclusão da Segunda Turma para que o Tribunal a quo aprecie a ação rescisória." (Supremo Tribunal Federal (Tribunal Pleno). Embargos de Declaração no Recurso Extraordinário 328.812. Relator: Min. Gilmar Mendes, 6 de março de 2008).

671. Idem. Grifos nossos.

672. Importante desde já destacar que, quando do julgamento do RE 328.812 ED, o STF não traçou qualquer distinção entre controvérsia na jurisprudência de forma geral e controvérsia na particular jurisprudência do STF, o que ganha relevo no precedente veiculado pelo RE n. 590.809, como observar-se-á mais detidamente a seguir.

673. "Art. 485. A sentença de mérito, transitada em julgado, pode ser rescindida quando:
[...];
V - violar literal disposição de lei;
[...]."

intermédio da jurisdição prestada pelo STF;[674-675] (ii) por sustentar que a jurisdição constitucional não é meramente aplicadora do Direito, mas apta para, em concreto, realizá-lo de forma substancial; e (iii) para afastar um tratamento anti-isonômico entre jurisdicionados que se encontrem em situações fático-jurídicas análogas.

De forma muito superficial, a ideia da força normativa da Constituição[676] provém da conjugação da sua posição hierárquica privilegiada frente às demais normas jurídicas de um ordenamento e da necessidade da sua permanente atualização, haja vista que os valores jurídicos-constitucionais devem se perfazer em prol de dada comunidade histórica. A acepção, portanto, dessa força normativa constitucional "deve ter como ponto de partida o condicionamento recíproco existente entre a Constituição jurídica e a realidade político-social",[677] uma vez que

> [a] norma constitucional não tem existência autônoma em face da realidade. A sua essência reside na sua vigência, ou seja, a situação por ela regulada pretende ser concretizada na realidade. Essa pretensão de eficácia (*Geltungsanspruch*) não pode ser separada das condições históricas de sua realização, que estão, de diferentes formas, numa relação de interdependência, criando

---

674. Isso fica claro no seguinte trecho do voto do Ministro Gilmar Mendes no RE 328.812 ED: "Não vejo como não afastarmos a Súmula 343, nestas hipóteses, **como medida de instrumentalização da força normativa da Constituição.**" (Supremo Tribunal Federal (Tribunal Pleno). Embargos de Declaração no Recurso Extraordinário 328.812. Relator: Min. Gilmar Mendes, 6 de março de 2008. Grifos nossos).

675. Daí o STF, no precedente ora analisado, frisar que tal entendimento seria cabível na hipótese de controvérsias firmadas no plano constitucional. Em outros termos, "percebe-se nitidamente, aliás, na fundamentação do acórdão em exame, a preocupação do STF de impedir que sua tese se espraie e venha a ser estendida a hipóteses de controvérsia a respeito da interpretação de norma infraconstitucional." (BOTELHO DE MESQUITA, José Ignacio *et al.* Da redução do alcance da súmula-STF 343: o balanço de uma polêmica. *In:* CARVALHO, Milton Paulo de; CASTRO, Daniel Penteado de (coord.). *Direito processual civil.* v. 2. São Paulo: Quartier Latin, 2011. p. 348).

676. Para um maior aprofundamento no tema: HESSE, Konrad. *A força normativa da Constituição.* Porto Alegre: Sergio Fabris Editores, 2009.

677. Idem, p. 7.

> regras próprias que não podem ser desconsideradas. Devem ser contempladas aqui as condições naturais, técnicas, econômicas e sociais. A pretensão de eficácia da norma jurídica somente será realizada se levar em conta essas condições. Há de ser, igualmente, contemplado o substrato espiritual que se consubstancia num determinado povo, isto é, as concepções sociais concretas e o baldrame axiológico que influenciam decisivamente a conformação, o entendimento e a autoridade das proposições normativas.[678]

Nesse sentido, em tempo de franqueamento do acesso ao Poder Judiciário e da existência de relações jurídicas de massa, fomentadoras, pois, de demandas judiciais também massificadas e análogas, é natural que os jurisdicionados se preocupem com a existência de uma integridade[679] das decisões judicativas, preocupação essa, diga-se de passagem, também externada pelo legislador, haja vista o teor do já referido art. 926 do CPC/2015. Daí a importância da nossa Corte Constitucional em unificar – materialmente falando – o conteúdo de suas decisões.

Partindo de tal ponto chega-se a outra premissa firmada no RE 328.812 ED, i.e., de que a atividade jurisdicional exercida pelo STF é criadora da normatividade constitucional em concreto,[680] sendo uma forma de o ordenamento jurídico se abrir para novas realidades juridicamente relevantes e,

---

678. HESSE, Konrad. *A força normativa da Constituição.* Porto Alegre: Sergio Fabris Editores, 2009. p. 7.

679. Conforme já tratado no Capítulo 2.

680. Daí o Ministro Gilmar Mendes afirmar, no seu voto proferido no RE n. 328.812 ED, que "quando uma decisão desta Corte fixa uma interpretação constitucional, entre outros aspectos está o Judiciário explicitando os conteúdos possíveis da ordem normativa infraconstitucional em face daquele parâmetro maior, que é a Constituição. [...]. Neste ponto, penso que é fundamental lembrar que nas decisões proferidas por esta Corte temos um tipo especialíssimo de concretização da Carta Constitucional." E assim conclui o citado Ministro: "De fato, negar a via da ação rescisória para fazer valer a interpretação constitucional do Supremo importa, a rigor, em admitir uma violação muito mais grave à ordem normativa. Sim, pois aqui a afronta se dirige a uma interpretação que pode ser tomada como a própria interpretação constitucional realizada." (Supremo Tribunal Federal (Tribunal Pleno). Embargos de Declaração no Recurso Extraordinário 328.812. Relator: Min. Gilmar Mendes, 6 de março de 2008).

sincronicamente, acompanhar os valores culturalmente (re) construídos por dada comunidade histórica.[681] Consequentemente, a jurisdição constitucional deixa de ter um papel secundário, não se limitando mais a perpetuar o que já foi chamado, neste livro, com base nas lições de Castanheira Neves, de "platonismo normativo". Em verdade, a jurisdição constitucional passa a atuar de forma ativa[682] na permanente e histórica (re)construção de um sentido jurídico,[683] perfazendo o papel de um "mediador jurisdicional".

Essa reconstrução histórica do Direito a partir das decisões judicativas e, em especial, a partir das decisões da Corte Constitucional, permite minimizar injustiças decorrentes de um tratamento materialmente desigual entre jurisdicionados em situações análogas, o que leva à terceira premissa do precedente externado pelo RE n. 328.812, qual seja, a de evitar um tratamento anti-isonômico entre jurisdicionados.[684] Há, aqui, um caráter corretivo no uso da ação

681. Em uma comunidade cada vez mais complexa e plural fica fácil perceber que o direito legislado não é mais critério suficiente para atender a todas as demandas oriundas da convivência humana, ou seja, a lei não é capaz de prever, de forma prévia, geral e ahistórica, todas as condutas passíveis de se transformarem em conflitos de interesse para, abstrata e antecipadamente, resolvê-las. A comunidade atual é marcada pela pecha da pluralidade, onde a individualidade e as características próprias do singular e a historicidade daí decorrente se contrapõem a uma racionalidade marcada pela ideia de universalidade e abstração, a qual é cunhada pelas ideias de uniformização, generalização e ahistoricidade.

682. Isso, como também já afirmado anteriormente, é muito diferente de um voluntarismo judicial.

683. Sentido jurídico esse que, ao apresentar uma unicidade conteudística, gera uma estabilidade do Direito realizado em concreto, exatamente como preconizado pelo já citado art. 926 do CPC/2015 e bem destacado pelo Ministro Gilmar Mendes, *in verbis*: "Se por um lado a rescisão de uma sentença representa certo fator de instabilidade, por outro não se pode negar que uma aplicação assimétrica de uma decisão desta Corte em matéria constitucional oferece instabilidade maior, pois representa violação a um material normativo que dá sustentação a todo o sistema." (Supremo Tribunal Federal (Tribunal Pleno). Embargos de Declaração no Recurso Extraordinário 328.812. Relator: Min. Gilmar Mendes, 6 de março de 2008.).

684. Mais uma vez merece destaque o voto do Ministro Gilmar Mendes no RE 328.812 ED: "Certamente já não é fácil a um cidadão porque ele teve um tratamento judicial desfavorável enquanto seu colega de trabalho alcançou uma decisão

rescisória, na medida em que ela visa a impedir a existência de situações fático-jurídicas análogas com decisões diametralmente opostas.

Foi diante de tais premissas que o STF, por meio do RE n. 328.812 ED, superou, ainda que parcialmente, a *ratio decidendi* veiculada pelos precedentes que resultaram na súmula 343, admitindo a sua "aplicação" apenas na hipótese de uma divergência judicativa no plano infraconstitucional. Por sua vez, nessa oportunidade, o STF afastou tal restrição na hipótese de a decisão a ser rescindida se contrapor a precedente por ele firmado, haja vista o seu papel de realizador, em concreto, da força normativa da Constituição.[685]

Percebe-se, portanto, que nesse momento o STF dá um passo firme no sentido de superar (*overruling*), ainda que parcialmente, seu entendimento para a matéria e, dessa forma, reduzir o âmbito de eficácia da sua súmula 343, na medida em que admite que um precedente da Corte Constitucional sirva de fundamento para o manejo de instrumentos rescisórios.

Acontece, todavia, que esse mesmo precedente pretoriano aqui analisado não respondeu a uma específica

---

favorável, considerando o mesmo quadro normativo infraconstitucional. Mas aqui, por uma opção do sistema, tendo em vista a perspectiva da segurança jurídica, admite-se a solução restritiva à rescisória que está plasmada na súmula 343. Mas essa perspectiva não parece admissível quando falamos de controvérsia constitucional. Isso porque aqui o referencial normativo é outro, é a Constituição, é o próprio pressuposto que dá autoridade a qualquer ato legislativo, administrativo ou judicial!" (STF, op. cit.). Em determinados nichos do Direito – como o Tributário, *v.g.* –, esse tratamento judicativo diferenciado também pode gerar sérios problemas concorrenciais, como é destacado por RODRIGUES, Walter Piva. *Coisa julgada em matéria tributária.* São Paulo: Quartier Latin, 2008. p. 113.

685. Defendendo posição contrária ao que fora decidido pelo STF, Botelho de Mesquita afirma que a ação rescisória não pode servir de instrumento para uniformização da jurisprudência, na medida em que o ordenamento processual civil já apresenta mecanismos próprios para se alcançar tal finalidade. Nesse sentido: BOTELHO DE MESQUITA, José Ignacio *et al.* Da redução do alcance da súmula-STF 343: o balanço de uma polêmica. *In:* CARVALHO, Milton Paulo de; CASTRO, Daniel Penteado de (coord.). *Direito processual civil.* v. 2. São Paulo: Quartier Latin, 2011. p. 354-355.

pergunta: como proceder na hipótese de os instrumentos rescisórios se direcionarem contra uma decisão que, à época em que proferida, estava em perfeita sintonia com precedentes do **próprio STF** e foram ulteriormente superados pela Corte Constitucional? Em outros termos, tem-se a seguinte indagação: na hipótese de ocorrer a superação (*overruling*) de um precedente pretoriano por outro da própria Corte Constitucional, esse ulterior julgado pode servir de fundamento com o fito de rescindir a *res judicata* formada com base no primeiro precedente do STF?

Não obstante, tal precedente pretoriano tampouco respondeu a uma segunda questão: qualquer precedente do STF teria o condão de servir de fundamento para o emprego de instrumentos rescisórios ou essa aptidão estaria restrita a alguns tipos específicos de precedentes pretorianos?

Há, ainda, um terceiro questionamento sem resposta: na hipótese de o precedente do STF superar decisão consolidada no âmbito do STJ e em sentido oposto ao então decidido pelo Tribunal da Cidadania, ainda assim seria cabível a rescisão?

Por fim, resta também precisar qual seria o termo inicial para a contagem do prazo de dois anos para o ajuizamento da ação rescisória, bem como o papel de outros instrumentos rescisórios previstos no CPC/2015, mais precisamente aquele prescrito no art. 535, §§ 5º e 8º do aludido *Codex*.

As respostas para tais questionamentos não foram ofertadas pelo STF no âmbito do RE n. 328.812 ED, mas foram oferecidas em outros julgamentos, os quais serão mais bem analisados a seguir. Esses outros julgados se revestem de um caráter expansivo e ao mesmo tempo aperfeiçoador[686] da *ratio decidendi* veiculada no RE n. 328.812 ED.

686. Como já tratado nesta obra.

3.2.1 O RE n. 590.809 (tema 136 do CTF) e a expansão da "ratio decidendi" veiculada no RE n. 328.812 ED

Em 22 de outubro de 2014, quando do julgamento do RE n. 590.809, o STF revisitou o teor do seu precedente de 2008 (RE n. 328.812 ED) para promover aquilo que poderia aparentar, *prima facie*, um regresso à sua súmula 343, oportunidade em que veiculou a seguinte tese (tema 136):

> Não cabe ação rescisória quando o julgado estiver em harmonia com o entendimento firmado pelo Plenário do Supremo à época da formalização do acórdão rescindendo, ainda que ocorra posterior superação do precedente.

O sobredito regresso à sua súmula 343, todavia, não passa de mera aparência, já que, ao julgar o RE n. 590.809, o STF, em verdade, expandiu o teor da *ratio decidendi* delineada na decisão proferida no RE n. 328.812 ED, aperfeiçoando-a. Antes, todavia, de melhor detalhar os fundamentos para essa conclusão, mister se faz contextualizar os fatos julgados pelo STF no RE n. 590.809.

Pois bem. O caso sobredito chegou ao STF por meio de um recurso extraordinário com repercussão geral reconhecida, interposto contra decisão proferida pelo TRF da 4ª Região, que julgou procedente ação rescisória promovida pela União contra decisão transitada em julgado em favor de determinada pessoa jurídica, na qualidade de contribuinte. Em suma, o contribuinte havia ajuizado uma ação para ver garantido o seu direito ao creditamento do IPI nas hipóteses de insumo adquirido sem incidência tributária ou sujeito à alíquota zero, ação esta que transitou em julgado com decisão de mérito favorável ao autor. Ressalte-se que, à época em que proferida a decisão, os precedentes existentes, **inclusive do próprio STF**, eram favoráveis ao contribuinte.

Acontece que, depois da empreitada exitosa do contribuinte, com decisão transitada em julgado em seu favor, o

STF revisitou a mesma questão de fundo debatida naquela lide, i.e., o creditamento do IPI na hipótese de aquisição de insumos desonerados do tributo, oportunidade em que superou o seu entendimento até então firmado, conforme julgamento proferido no RE 353.657/PR.[687]

Diante desse novo quadro jurisprudencial, a União promoveu a ação rescisória alhures mencionada por entender que a decisão transitada em julgado em favor do contribuinte ofenderia o precedente firmado no RE n. 353.657/PR, ação essa julgada procedente e que ensejou, por parte do contribuinte, a interposição de recurso extraordinário (RE n. 590.809).

Importante, ainda, destacar que o caso fomentador da superação da jurisprudência do STF na questão de fundo (RE n. 353.657/PR), apesar de julgado em 2007, foi interposto antes do advento da Emenda Constitucional n. 45/2004, ou seja, foi julgado sem que tivesse sido afetado pelo instituto da repercussão geral. Em suma, esse era o cenário fático do caso sob julgamento no RE n. 590.809.

Delimitado esse contexto fático-jurídico, cumpre agora precisar a *ratio decidendi* do precedente então firmado no RE n. 590.809, mas não sem antes destacar a ementa do aludido julgado, *in verbis*:

> AÇÃO RESCISÓRIA - VERBETE Nº 343 DA SÚMULA DO SUPREMO.

---

687. "IPI - INSUMO - ALÍQUOTA ZERO - AUSÊNCIA DE DIREITO AO CREDITAMENTO. Conforme disposto no inciso II do § 3º do artigo 153 da Constituição Federal, observa-se o princípio da não cumulatividade compensando-se o que for devido em cada operação com o montante cobrado nas anteriores, ante o que não se pode cogitar de direito a crédito quando o insumo entra na indústria considerada a alíquota zero. IPI - INSUMO - ALÍQUOTA ZERO - CREDITAMENTO - INEXISTÊNCIA DO DIREITO - EFICÁCIA. Descabe, em face do texto constitucional regedor do Imposto sobre Produtos Industrializados e do sistema jurisdicional brasileiro, a modulação de efeitos do pronunciamento do Supremo, com isso sendo emprestada à Carta da República a maior eficácia possível, consagrando-se o princípio da segurança jurídica." (Supremo Tribunal Federal (Tribunal Pleno). Recurso Extraordinário n. 353.657 PR. Relator: Ministro Marco Aurélio, em 25 de junho de 2007).

> O Verbete nº 343 da Súmula do Supremo deve de ser observado em situação jurídica na qual, inexistente controle concentrado de constitucionalidade, haja entendimentos diversos sobre o alcance da norma, mormente quando o Supremo tenha sinalizado, num primeiro passo, óptica coincidente com a revelada na decisão rescindenda.[688]

A leitura apenas da sobredita ementa pode resultar na açodada conclusão de que o STF teria promovido um simples retrocesso à sua súmula 343, porém, ao se analisar o inteiro teor do referido julgado,[689] percebe-se que não se está diante dessa situação, mas sim – repita-se – de uma expansão do precedente retratado no citado enunciado sumular.[690] Essa expansão gera o aperfeiçoamento dos precedentes do Pretório Excelso para a matéria, em especial do entendimento veiculado por intermédio do RE n. 328.812.

Importante, neste momento, apenas lembrar que o precedente exarado no RE n. 328.812, com base na premissa da força normativa da Constituição Federal e de que uma decisão do STF tem natureza de fonte material do Direito, admitiu o ajuizamento de ação rescisória com base em precedente pretoriano quando a decisão a ser rescindida se contrapõe ao que fora decidido pelo STF. Nessa oportunidade, a Corte Suprema não tratou da (in)existência de eventuais limites para tal rescisão, o que veio a ser enfrentado no RE n. 590.809. Não obstante, tanto a decisão

---

688. Supremo Tribunal Federal (Plenário). Recurso Extraordinário 590.809 Rio Grande do Sul. Relator: Ministro Marco Aurélio, 22 de outubro de 2014.

689. Como já pontuado nesta obra, em um modelo metodologicamente adequado de *stare decisis*, um caso não pode ser empregado como se precedente fosse apenas com a convocação da sua ementa e a consequente "aplicação" desse enunciado sintético em face do caso a ser decidido. Um caso só pode ser efetivamente tratado como precedente depois de comparado analógico-problematicamente com o caso decidendo, comparação essa que deverá levar em conta, especialmente, as circunstâncias **fáticas** que gravitam em torno dos casos comparados (precedente e decidendo).

690. Tratando da expansão e da contração dos precedentes: SHAUER, Frederick. Precedente. *In:* DIDIER *JÚNIOR*, Fredie *et al.* (coord.). Precedentes. Salvador: JusPodivm, 2015. p. 59.

exarada no RE n. 328.812 como no RE n. 590.809 partem de um lugar comum: decisão do STF tem *status* de fonte material do Direito e, como tal, pode servir de fundamento para instrumentos processuais rescisórios.

Assim, o primeiro questionamento respondido pelo RE n. 590.809 – e que não havia sido objeto de análise pelo RE n. 328.812 – é o seguinte: na hipótese de *overruling* de um precedente do STF pela própria Corte Constitucional, o entendimento firmado mais recentemente pode servir de fundamento para a rescisão da coisa julgada? Tal indagação foi respondida negativamente pelo STF, conforme se observa do seguinte trecho do voto do Ministro Marco Aurélio:

> A verdade é que, diante do quadro decisório revelado até então, o acórdão rescindendo não pode ser visto como a violar a lei, mas como a resultar da interpretação possível **segundo manifestações do próprio Plenário do Supremo Tribunal Federal.**[691]

Desse modo, **partindo-se do pressuposto de que é cabível ação rescisória com base em precedente do STF**, tal julgado estabeleceu um **limite** para o cabimento dessa ação, qual seja, de que o precedente do STF proveniente de *overruling* promovido por aquela Corte não pode servir de fundamento para a rescisão de decisões submetidas à coisa julgada. Esse limite então estabelecido parece ter uma razão muito clara: a partir do momento em que se admite que as decisões judiciais, inclusive as do STF, são fontes materiais do Direito, é inegável que tais decisões geram expectativas para os jurisdicionados, as quais devem ser tuteladas com base no princípio da segurança jurídica, com especial guarida na sua faceta previsibilidade.

Caso assim não fosse, a cada superação de um precedente do STF pela própria Corte Constitucional uma nova

691. Supremo Tribunal Federal (Plenário). Recurso Extraordinário 590.809 Rio Grande do Sul. Relator: Ministro Marco Aurélio, 22 de outubro de 2014. Grifos nossos.

ação rescisória poderia ser manejada, o que ensejaria um *looping* rescisório infinito. Tal postura, por sua vez, implicaria a possibilidade não apenas da mitigação da coisa julgada, defendida nesta obra, mas sua verdadeira aniquilação, o que inviabilizaria o Direito como instrumento de realização de conflitos e de pacificação social.[692]

Por sua vez, o extremo oposto ao sobredito posicionamento poderia ser a defesa do engessamento das decisões do STF, que deixaria de empregar o *overruling* ou só o admitiria na hipótese de alteração legislativa, i.e., de mudança do suporte físico interpretado. Acontece que essa equivocada conclusão redundaria em um anacronismo jurídico, apto a fulminar a já mencionada historicidade do Direito e sua finalidade de ser uma resposta **sincrônica** para a resolução de problemas de convivência humana.

Percebe-se, portanto, que a *ratio decidendi* do RE n. 590.809 não nega a possibilidade de ajuizamento de instrumentos rescisórios com base em precedentes, mais particularmente precedentes do STF, porém estabelece um limite para a utilização de tais instrumentos processuais. Isso pode ser sintetizado nos seguintes termos: não é possível o manejo de instrumento rescisório motivado em precedente do STF quando tal decisão for fruto de *overruling* de uma posição que até então representava o entendimento

---

692. Tal fato também é destacado por Barbosa Moreira: "Suponhamos que um juiz, convencido da incompatibilidade entre certa sentença e a Constituição, ou da existência, naquela, de injustiça intolerável, se considere autorizado a decidir em contrário. Fatalmente a sua própria sentença ficará sujeita à crítica da parte agora vencida, a qual não deixará de considerá-la, por sua vez, inconstitucional ou intoleravelmente injusta. Pergunta-se: que impedirá esse litigante de impugnar em juízo a segunda sentença, e outro juiz de achar possível submetê-la ao crivo de seu próprio entendimento? O óbice concebível seria o da coisa julgada; mas, se ele pode ser afastado com relação à primeira sentença, por que não poderá sê-lo quanto à segunda? *É claro que a indagação não se porá* **uma única vez**: a questão pode repetir-se, em princípio, *ad infinitum*, enquanto a imaginação dos advogados for capaz de descobrir inconstitucionalidades ou injustiças intoleráveis nas sucessivas sentenças." (BARBOSA MOREIRA, José Carlos. *Temas de direito processual*. São Paulo: Saraiva, 2007. p. 261).

constitucional da Corte para a matéria e que serviu de fundamento para a formação da coisa julgada a ser rescindida.

O sobredito limite será aqui chamado de **assecuratório** e será mais detidamente explicado em tópico próprio, inclusive para tratar de alguns desdobramentos daí decorrentes, tais como a viabilidade ou não da transposição desse entendimento na hipótese de precedentes e *overruling* no âmbito do STJ.

Ainda analisando a decisão exarada no RE n. 590.809, é possível constatar que referido precedente pretoriano também promove outra expansão em relação ao RE n. 328.812.

Conforme já destacado, o RE n. 328.812 reconheceu a capacidade criativa das manifestações judicativas proferidas pelo STF, inclusive para instrumentalizar a força normativa da Constituição. Ao assim fazer, entretanto, deixou de especificar que tipo de decisão pretoriana (formalmente falando) teria o condão de fundamentar o ajuizamento de técnicas rescisórias.

Diante da inexistência de resposta para essa questão quando do julgamento do RE n. 328.812, e tendo o STF se deparado com um novo caso (RE n. 590.809), onde **a decisão invocada como fundamento para a ação rescisória foi proferida em sede de recurso extraordinário não afetado por repercussão geral,**[693] teve ele (STF) de se pronunciar a respeito desse novo aspecto do problema. Ao analisar essa nova faceta da questão, o STF aperfeiçoou e, por conseguinte, novamente expandiu a *ratio decidendi* veiculada no RE n. 328.812. Isso porque o Pretório Excelso decidiu que pode fundamentar eventual instrumento processual

693. Como já explicitado anteriormente, a decisão do STF que serviu de base para a aludida ação rescisória foi aquela proferida no RE n. 353.657/PR (não afetada por repercussão geral, já que sua interposição foi anterior a tal sistemática), oportunidade em que o STF concluiu pela inviabilidade do creditamento do IPI nas hipóteses de insumo não tributado ou sujeito à alíquota zero.

rescisório *apenas* decisões pretorianas que denotem a institucionalidade do que fora decidido, i.e., que sejam dotadas de "efeitos abrangentes, a repercutirem fora das balizas subjetivas do processo",[694] nos exatos termos do voto do Ministro Marco Aurélio, Relator do RE n. 590.809.

Mais uma vez partindo da admissibilidade de instrumentos rescisórios pautados em precedentes da Corte Constitucional,[695] o STF, por meio do RE n. 590.809, estabelece mais um limite ao emprego de tais instrumentos, limite esse que será aqui chamado de **institucional** e que também será desenvolvido com mais vagar em tópico próprio.

Em relação a tal limite institucional, é importante desde já destacar um questionamento digno de nota: apenas precedentes formalmente veiculados nos termos do já referido art. 927 do CPC teriam o condão de servir de fundamento para instrumentos rescisórios embasados em precedentes? Essa pergunta se mostra relevante, uma vez que o precedente que fundamentou a ação rescisória proposta (RE n. 353.657/PR) é fruto de uma decisão do Pleno do STF e, portanto, **substancialmente** representativa da posição institucional da Corte para o tema. É, contudo, anterior à vigência do disposto no art. 927, inciso V, do CPC e da própria Emenda Constitucional n. 45/2004, ou seja, sem repercussão geral, logo, não submetido a uma **formal** vinculação.

A resposta para tal questionamento será retomada adiante quando se analisar, de forma mais aprofundada, aquilo que aqui se chama de limite **institucional** para o emprego de instrumentos processuais rescisórios pautados por precedentes.

---

694. Supremo Tribunal Federal (Tribunal Pleno). Embargos de Declaração no Recurso Extraordinário 328.812. Relator: Min. Gilmar Mendes, 6 de março de 2008.

695. Isso só reforça o afastamento da ideia de que o RE n. 590.809 teria promovido um pretenso regresso ao teor da súmula 343 do STF.

3.2.2 Os temas 881 e 885 do STF

O processo de revisão da súmula 343 do STF e de expansão do precedente veiculado no RE n. 328.812 ED não termina com o julgamento do RE n. 590.809, haja vista o teor do julgado proferido pela Corte Constitucional no âmbito dos RE n. 949.297[696] e 955.227,[697] os quais originaram, respectivamente, as teses vinculantes retratadas pelos temas 881 e 885.

No RE n. 949.297, o caso concreto se refere à situação de um contribuinte que, em demanda própria, obteve decisão judicial transitada em julgado em seu favor para deixar de recolher a Contribuição Social sobre o Lucro Líquido (CSLL), ao fundamento de que a Lei n. 7.689/1988, instituidora da contribuição, continha vício de inconstitucionalidade formal. Em ulterior momento temporal, quando do julgamento da ADI n. 15/DF,[698] o STF, todavia, declarou a constitucionalidade da referida lei, validando a juridicidade da cobrança da CSLL. Aqui, portanto, há um descompasso entre coisa julgada individual e ulterior precedente pretoriano veiculado em sede de controle concentrado de constitucionalidade.

Nesse sentido, a União sustenta que, em se tratando de uma relação jurídica de trato sucessivo, a coisa julgada obtida por contribuintes nesse tipo de contexto não prevalece para fatos geradores futuros, i.e., para aqueles fatos geradores ocorridos após a decisão do STF no âmbito da ADI n. 15/DF, uma vez que a prevalência de tais decisões individuais afrontaria a força normativa da Constituição, realizada pelo STF, bem como os princípios da igualdade e da livre-concorrência.

---

696. Supremo Tribunal Federal. Recurso Extraordinário n. 949.297 – CE. Relator: Min. Edson Facchin, 13 de fevereiro de 2023.

697. Supremo Tribunal Federal. Recurso Extraordinário n. 955.227 - BA. Relator: Min. Roberto Barroso, 13 de fevereiro de 2023.

698. Supremo Tribunal Federal (Tribunal Pleno). Ação Direta de Inconstitucionalidade n. 15 DF. Relator: Min. Sepúlveda Pertence, 14 de junho de 2007.

Já no RE 955.227, discute-se se decisões do STF proferidas em recursos extraordinários submetidos à repercussão geral, ou seja, com caráter formalmente vinculante, tem o condão de, a partir do advento dessa decisão pretoriana, estancar os efeitos de coisas julgadas individuais em sentido contrário ao decidido pelo STF, sempre que se esteja, por óbvio, diante de uma relação jurídica de caráter sucessivo. Aqui, portanto, há um descompasso entre coisa julgada individual e ulterior precedente pretoriano veiculado em sede de controle difuso de constitucionalidade, mas com caráter vinculante.

O caso concreto desse *leading case* também trata da exigência da CSLL, mas exclusivamente sob a perspectiva do controle difuso de constitucionalidade. A União defende a sustação dos efeitos da coisa julgada para os fatos geradores ocorridos a partir de decisões reiteradas do STF que declararam a constitucionalidade da CSLL e foram proferidas em recursos extraordinários **sem** repercussão geral reconhecida, pois anteriores à existência do regime, e antes do julgamento da ADI 15/DF.

Em ambos os casos, portanto, o STF discute se o simples advento de decisão pretoriana julgadas sob o rito da repercussão geral ou proferidas em controle concentrado de constitucionalidade em sentido contrário a coisas julgadas individuais, cujo pano de fundo são relações jurídico-tributárias de trato sucessivo, tem o condão de, **automaticamente**, fazer cessar os efeitos dessa coisa julgada para o futuro ou se, em situações como essa, o interessado na rescisão da coisa julgada obrigatoriamente deveria manejar algum instrumento processual rescisório pertinente para atingir tal objetivo.

Depois de anos de processamento, com algumas idas e vindas, os citados julgamentos foram concluídos em 8 de fevereiro de 2023,[699] oportunidade em que o STF fixou a seguinte tese:

> 1. As decisões do STF em controle incidental de constitucionalidade, anteriores à instituição do regime de repercussão geral, não impactam automaticamente a coisa julgada que se tenha formado, mesmo nas relações jurídicas tributárias de trato sucessivo.
>
> 2. Já as decisões proferidas em ação direta ou em sede de repercussão geral interrompem automaticamente os efeitos temporais das decisões transitadas em julgado nas referidas relações, respeitadas a irretroatividade, a anterioridade anual e a noventena ou a anterioridade nonagesimal, conforme a natureza do tributo.

Um primeiro ponto comum nos votos proferidos pelos Ministros relatores é no sentido de afastar os casos sob julgamento de outro precedente relevante do STF para a matéria: o RE n. 730.462,[700] julgado sob repercussão geral e de

---

699. Restaram vencidos em relação ao mérito os Ministros Gilmar Mendes, André Mendonça, Alexandre de Moraes e Dias Toffoli, que entendiam pela possibilidade de rescisão automática da coisa julgada a partir do advento de precedente vinculante do STF em sentido oposto àquilo que transitara em julgado, independentemente de se respeitar os princípios da irretroatividade e da anterioridade em matéria tributária. No que tange à modulação de efeitos da tese veiculada, antes da interposição de embargos de declarações nos respectivos "leading cases", o Tribunal decidiu pela sua inaplicabilidade, restando vencidos os Ministros Edson Fachin, Luiz Fux, Ricardo Lewandowski, Dias Toffoli e, em parte, o Ministro Nunes Marques.

700. Assim ementado: "CONSTITUCIONAL E PROCESSUAL CIVIL. DECLARAÇÃO DE INCONSTITUCIONALIDADE DE PRECEITO NORMATIVO PELO SUPREMO TRIBUNAL FEDERAL. EFICÁCIA NORMATIVA E EFICÁCIA EXECUTIVA DA DECISÃO: DISTINÇÕES. INEXISTÊNCIA DE EFEITOS AUTOMÁTICOS SOBRE AS SENTENÇAS JUDICIAIS ANTERIORMENTE PROFERIDAS EM SENTIDO CONTRÁRIO. INDISPENSABILIDADE DE INTERPOSIÇÃO DE RECURSO OU PROPOSITURA DE AÇÃO RESCISÓRIA PARA SUA REFORMA OU DESFAZIMENTO. 1. A sentença do Supremo Tribunal Federal que afirma a constitucionalidade ou a inconstitucionalidade de preceito normativo gera, no plano do ordenamento jurídico, a consequência (= eficácia normativa) de manter ou excluir a referida norma do sistema de direito. 2. Dessa sentença decorre também o efeito vinculante, consistente em atribuir ao julgado uma qualificada força impositiva e obrigatória em relação a supervenientes atos administrativos ou judiciais (= eficácia executiva ou instrumental), que, para viabilizar-se, tem como instrumento próprio, embora não único, o da reclamação prevista no art. 102, I, "l", da Carta Constitucional. 3. A eficácia executiva, por decorrer da sentença (e não da vigência da norma examinada), tem como termo inicial a data da publicação do acórdão do Supremo no Diário Oficial (art. 28 da Lei 9.868/1999).

relatoria do então Ministro Teori Zavascki. No referido precedente, discutiu-se o seguinte: em dada demanda acerca do Fundo de Garantia do Tempo de Serviço (FGTS) foi veiculada sentença desfavorável à Caixa Econômica Federal sem fixação de verba honorária em prejuízo da instituição financeira, o que se deu com fundamento no art. 9º da Medida Provisória 2.164-41 (que acrescentou o artigo 29-C à Lei n. 8.036/1990). Referida lei, todavia, foi posteriormente declarada inconstitucional pelo STF em caso com caráter transubjetivo, o que redundou na apresentação de uma petição com caráter rescisório por parte do patrono do autor da demanda que havia se sagrado vencedor.[701]

É, consequentemente, eficácia que atinge atos administrativos e decisões judiciais supervenientes a essa publicação, não os pretéritos, ainda que formados com suporte em norma posteriormente declarada inconstitucional. 4. Afirma-se, portanto, como tese de repercussão geral que a decisão do Supremo Tribunal Federal declarando a constitucionalidade ou a inconstitucionalidade de preceito normativo não produz a automática reforma ou rescisão das sentenças anteriores que tenham adotado entendimento diferente; para que tal ocorra, será indispensável a interposição do recurso próprio ou, se for o caso, a propositura da ação rescisória própria, nos termos do art. 485, V, do CPC, observado o respectivo prazo decadencial (CPC, art. 495). Ressalva-se desse entendimento, quanto à indispensabilidade da ação rescisória, a questão relacionada à execução de efeitos futuros da sentença proferida em caso concreto sobre relações jurídicas de trato continuado. 5. No caso, mais de dois anos se passaram entre o trânsito em julgado da sentença no caso concreto reconhecendo, incidentalmente, a constitucionalidade do artigo 9º da Medida Provisória 2.164-41 (que acrescentou o artigo 29-C na Lei 8.036/90) e a superveniente decisão do STF que, em controle concentrado, declarou a inconstitucionalidade daquele preceito normativo, a significar, portanto, que aquela sentença é insuscetível de rescisão. 6. Recurso extraordinário a que se nega provimento." (Supremo Tribunal Federal (Tribunal Pleno). Recurso Extraordinário 730.462 SP. Relator: Teori Zavascki, em 28 de maio de 2015).

701. Em sede de esclarecimentos, o Ministro Teori Zavascki deixa claro o âmbito da discussão travada: "[...]. O que aconteceu aqui? É uma ação pedindo diferença de fundo de garantia. Na época, havia um preceito normativo segundo o qual, nesses casos, não cabem honorários advocatícios. Assim, negou-se honorários com base nessa lei. Depois, mais tarde, mais de dois anos depois, o Supremo declarou inconstitucional essa Lei que vedava honorários. Por isso, o autor da ação voltou a requerer a fixação de honorários. A questão é saber se essa declaração de inconstitucionalidade posterior tem reflexos automáticos sobre a sentença anterior transitada em julgado. Essa é a questão." (Supremo Tribunal Federal (Tribunal Pleno). Recurso Extraordinário 730.462 SP. Relator: Teori Zavascki, em 28 de maio de 2015).

Diante desse relato, fica claro que, nesse precedente (RE n. 730.462), não se estava diante de uma relação jurídica de trato sucessivo, motivo pelo qual, em seu voto, o Ministro Teori Zavascki fez questão de aclarar que a (im) prescindibilidade da rescisória para desfazer o trânsito em julgado para as relações jurídicas de trato sucessivo **não era objeto de julgamento**.[702] Daí, portanto, os votos dos Ministros relatores então proferidos nos casos dos temas 881 e 885 distinguirem o que foi ali julgado daquilo que fora decidido pelo STF no RE n. 730.462.[703]

Feito esse esclarecimento e retomando o teor do voto do Ministro Edson Fachin no RE n. 949.297, o relator se manifesta no sentido de (i) repisar a eficácia normativa das decisões do Supremo Tribunal Federal e, por conseguinte,

---

702. "Ressalva-se desse entendimento, quanto à indispensabilidade da ação rescisória, a questão relacionada à execução de efeitos futuros da sentença proferida em caso concreto, notadamente quando decide sobre relações jurídicas de trato continuado, **tema de que aqui não se cogita**." (Idem. Grifos nossos).

703. Destacando esse ponto, insta sublinhar as manifestações dos Ministros Edson Fachin e Luís Roberto Barroso, respectivamente: "[...] o presente Tema de repercussão geral não guarda identidade com o precedente firmado no RE-RG 730.462, de relatoria do Ministro Teori Zavascki, Tribunal Pleno, j. 28.05.2015, DJe 9.09.2015, cuja ementa reproduz-se a seguir: [...]. O discrímen dos casos está nos efeitos futuros de sentença proferida quanto às relações jurídicas de trato continuado em que o vício de inconstitucionalidade foi aferido de forma incidental. Logo, aqui não se cuida de reforma ou desfazimento das dimensões objetiva ou subjetiva de sentença judicial transitada em julgada." (Supremo Tribunal Federal. Recurso Extraordinário n. 949.297 – CE. Relator: Min. Edson Facchin, 2 de maio de 2023). "[...] 3. Assim, a controvérsia a ser sanada neste julgamento não se assemelha àquela dos autos do RE 730.462, julgado com repercussão geral, sob relatoria do Min. Teori Zavascki, no qual se discutiu a eficácia temporal de sentença transitada em julgado fundada em norma supervenientemente declarada inconstitucional por este Supremo Tribunal Federal, em sede de controle concentrado de constitucionalidade. Nesse julgamento, esta Corte decidiu sobre a possibilidade de desconstituição pretérita da coisa julgada pelas decisões de inconstitucionalidade ou constitucionalidade, desde que seja ajuizada a ação rescisória, nos termos do Código de Processo Civil. Na oportunidade, o Plenário desta Corte fixou a seguinte tese: [...]. 4. Além disso, o Plenário excetuou expressamente da aplicação dessa tese, quanto à indispensabilidade da ação rescisória, a questão relacionada à execução de efeitos futuros da decisão proferida em caso concreto sobre relações jurídicas de trato continuado. Dessa forma, naquele julgamento, esta Corte não analisou o objeto do presente recurso." (Supremo Tribunal Federal. Recurso Extraordinário n. 955.227 – BA. Relator: Min. Roberto Barroso, 2 de maio de 2023).

a sua capacidade de servir de fundamento para a rescisão da coisa julgada;[704] (ii) no que diz respeito às relações de trato sucessivo, afirma que esse efeito rescisório ocorre automaticamente, i.e., independentemente de instrumento processual rescisório, a contar da "publicação da ata de julgamento da ação de índole abstrata", a qual equivaleria à publicação de uma lei instituidora de tributo; (iii) levando em consideração esse automatismo do efeito rescisório do precedente pretoriano, defende a necessidade de, em matéria tributária, se respeitar os princípios da irretroatividade e da anterioridade, esse último de acordo com a particular espécie tributária em debate.

Em relação a esse último ponto, importante repisar, o Ministro Edson Fachin promoveu um paralelismo da decisão pretoriana e o novel entendimento por ela exarado com as leis tributárias, as quais, quando instituidoras ou majoradoras de tributos, devem respeitar os princípios da irretroatividade e da anterioridade em matéria tributária.

Partindo mais uma vez da ideia de força normativa das decisões proferidas por uma Corte Constitucional, o Ministro Fachin equiparou o advento da decisão pretoriana à instituição de um novo tributo. Logo, essa automaticidade da rescisão da coisa julgada com base em precedentes seria limitada/conformada por princípios próprios de Direito Tributário material: irretroatividade e anterioridade. Diante da particularidade da realidade tributária, haveria um diálogo entre Direito Tributário e Direito Processual Civil.

---

704. Nos termos empregados pelo citado Ministro: "[...] **o juízo definitivo de constitucionalidade em escopo de ADI, ADO e ADC formado pelo Tribunal Pleno do STF possui aptidão para alterar o estado de direito de relação tributária de trato continuado, por força do art. 28 da Lei 9.868/1999, rompendo o silogismo original da sentença judicial transitada em julgada, à luz da cláusula 'rebus sic stantibus', de modo a fazer cessar os efeitos prospectivos da primeira decisão [...]**." (Supremo Tribunal Federal. **Recurso Extraordinário n. 949.297 – CE**. Relator: Min. Edson Facchin, 2 de maio de 2023. Grifos no original).

Já no âmbito do RE n. 955.227, sob relatoria do Ministro Luís Roberto Barroso, o voto exarado também foi no sentido de frisar (i) a eficácia normativa das decisões do Supremo Tribunal Federal, **incluindo-se aquelas proferidas em sede de controle difuso de constitucionalidade,**[705] **desde que submetidas à repercussão geral** e, portanto, a capacidade dessas decisões fundamentarem a rescisão da coisa julgada; (ii) o caráter automático dessa rescisão[706] a partir da publicação da ata do julgamento. Referido voto também defende (iii) a equiparação entre o novo precedente pretoriano e uma lei instituidora de tributo, fazendo-o suscitar, nesse contexto, a necessidade de se respeitar os princípios da irretroatividade e da anterioridade em matéria tributária, esse último também em consonância com a particular espécie tributária em debate.[707]

---

705. Reforçando esse ponto, o Ministro Barroso, inclusive, defende o que ele chama de "mutação constitucional" do teor do art. 52, X, da CF, o que fez nos seguintes termos: "21. Assim, aproveito para afirmar ser necessário que esta Corte reconheça que a declaração de inconstitucionalidade, em sede de recurso extraordinário com repercussão geral, possui os mesmos efeitos vinculantes e eficácia *erga omnes* atribuídos às ações de controle abstrato. Nesses casos, a resolução do Senado, a que faz menção o art. 52, X, da CF/1988, possuirá a finalidade de publicizar as decisões de inconstitucionalidade, não configurando requisito para a atribuição de efeitos vinculantes *erga omnes*." (Supremo Tribunal Federal. Recurso Extraordinário n. 955.227 – BA. Relator: Min. Roberto Barroso, 13 de fevereiro de 2023).

706. Nesse diapasão: "40. As sentenças declaratórias transitadas em julgado fazem norma com efeitos futuros para aquelas relações jurídicas que tutelam. Essas normas vigem para o futuro por tempo indeterminado à condição que o contexto fático e jurídico permaneça exatamente o mesmo, assim como ocorre com as leis produzidas pelo Legislativo. A coisa julgada não pode servir como salvo conduto inalterável a fim de ser oponível eternamente pelo jurisdicionado somente porque lhe é favorável. Alterado o contexto fático e jurídico, com o pronunciamento desta Corte em repercussão geral ou em controle concentrado, os efeitos das decisões transitadas em julgado em relações de trato sucessivo devem se adaptar. Aplica-se, aqui, a lógica da cláusula *rebus sic stantibus*". (Supremo Tribunal Federal. Recurso Extraordinário n. 955.227 – BA. Relator: Min. Roberto Barroso, 13 de fevereiro de 2023).

707. É o que se observa do seguinte excerto do voto proferido: "44. Destaco apenas que a decisão do Supremo Tribunal Federal, em controle concentrado ou em repercussão geral, que seja contrária à coisa julgada favorável ao contribuinte, em relações jurídicas tributárias de trato sucessivo, produz para ele norma jurídica nova. Essa situação se assemelha à criação de novo tributo, que, como se sabe, a depender do tributo, deve observar a irretroatividade, a anterioridade anual e a

Da leitura dos votos proferidos, é possível concluir pela existência de uma unicidade de entendimento entre os relatores, que foi vaticinada, por maioria, pelo órgão Plenário, no sentido de reconhecer a automaticidade dos efeitos rescisórios de um precedente vinculante do STF, bem como à necessidade de, diante desse automatismo, se respeitar os princípios da irretroatividade e da anterioridade nas lides relacionadas a tributos. Tal entendimento parte de uma mesma premissa: a equiparação de um precedente pretoriano de caráter vinculante a uma novel legislação, estando exatamente aí o seu equívoco.

Como já discorrido no Capítulo 2, o fato de tanto um precedente vinculante como uma lei apresentarem força normativa não permite equipará-los, como se fossem uma coisa só. Em verdade, tal equiparação configura um erro conceitual, equívoco esse que, em situações como a aqui tratada (efeitos rescisórios de precedentes vinculantes), também se desdobra em um erro de caráter metodológico, a desembocar no resultado do julgamento exarado pelo STF: o de concluir por um efeito rescisório pretensamente automático dos precedentes pretorianos vinculantes.

Adiante, ao se apresentar o limite **metodológico** para o emprego de instrumentos rescisórios com base em precedentes, pretende-se demonstrar que a rescisão de uma coisa julgada pautada em precedentes depende, obrigatoriamente, da intervenção de um terceiro equidistante a promover o devido processo legal e, por conseguinte, ponderar acerca da

---

noventena, e, no caso das contribuições para a seguridade social, a anterioridade nonagesimal. Por conseguinte, tem-se que a publicação da ata de julgamento em controle concentrado ou controle difuso em repercussão geral equivale ao primeiro dia de vigência da nova norma que somente produzirá efeitos após os referidos períodos de "*vacatio legis*", garantias fundamentais dos contribuintes que asseguram certo grau de segurança jurídica. Por óbvio, a aplicação da anterioridade aqui aventada só deverá beneficiar aqueles contribuintes que possuíam decisões judiciais transitadas em julgado em seu favor." (Supremo Tribunal Federal. Recurso Extraordinário n. 955.227 – BA. Relator: Min. Roberto Barroso, 2 de maio de 2023).

existência ou não de uma aproximação analógico-problemática entre a *ratio decidendi* do precedente rescisório e a *ratio* da coisa julgada. Em outros termos, essa função de caráter tipicamente jurisdicional não pode ficar à mercê da parte interessada na rescisão, sob pena de se admitir o emprego da autotutela para fins de rescisão da coisa julgada, dentre outros pontos que serão ulteriormente desenvolvidos.

Nesse sentido, os limites trazidos na decisão pretoriana, de índole de direito material (irretroatividade e anterioridade tributária), não são suficientes para, por si só, impedir desvios na interpretação da *ratio* do precedente com efeitos rescisórios e, com isso, implicar a indevida rescisão de uma coisa julgada.

Tais considerações, todavia, serão melhor desenvolvidas em tópicos próprios, quando aqui se apresentar mais um limite (chamado de **metodológico**) aos efeitos rescisórios de um precedente vinculante dos Tribunais Superiores. Neste momento, importa registrar que as decisões do STF nos temas 881 e 885 implicam nova expansão da *ratio decidendi* do RE n. 328.812 e, por conseguinte, da posição do STF acerca do tema aqui tratado.

3.3 Os limites à revisão da coisa julgada com base em precedentes

Feita essa breve incursão histórica acerca da evolução do tema no âmbito do STF, já é possível apresentar os limites defendidos nesta obra acerca do emprego de precedentes para fins de rescisão da coisa julgada, mas não sem antes retomar uma importante premissa: precedentes vinculantes de Tribunais Superiores podem, em princípio, servir de fundamento para rescindir coisa julgada em matéria tributária por meio de instrumentos processuais rescisórios típicos.

Para sustentar tal posição, convém repisar alguns pontos fixados ao longo dos capítulos anteriores e o primeiro deles é que a mundividência jurídica aqui defendida – pautada pelo jurisprudencialismo, de Castanheira Neves – é no sentido de que o Direito é visto como algo dotado de valor/conteúdo e problematicamente aberto. Não se limita, portanto, a apresentar um viés meramente prospectivo, mas também denota um importante e necessário caráter retrospectivo, o que faz com que seja preenchido de conteúdo não só por meio de leis, mas também por intermédio de decisões judiciais. Disso se conclui que as decisões judiciais são fontes materiais do Direito, orientadoras de condutas e geradoras de expectativas jurídicas que merecem ser juridicamente tuteladas.

Por sua vez, como também já aqui apresentado, a coisa julgada possui enorme relevância dentro do universo jurídico, a ponto, inclusive, de afirmar-se que inexistiria Direito, tal como o concebemos, i.e., enquanto realizador em concreto de justiça, sem coisa julgada, uma vez que a ausência de um instrumento para a estabilização de conflitos implicaria a incapacidade do Direito em resolver *materialmente* os necessários problemas de convivência humana. Essa defesa da coisa julgada, todavia, não a torna um valor absoluto e nem resulta em uma eternização das relações jurídicas acobertadas pelo seu manto. Daí, inclusive, a importância de instrumentos rescisórios da coisa julgada que, segundo a posição defendida neste livro e no específico recorte das relações jurídico-tributárias, também podem se pautar em precedentes vinculantes dos Tribunais Superiores.

Por fim, como também já discorrido ao longo deste estudo, precedentes vinculantes compreendem aquelas decisões que representam a posição **institucional** de um órgão jurisdicional para determinado tipo de conflito de interesses. Esses precedentes qualificados pela adjetivação vinculante vão além daqueles tipos formais prescritos no art. 927

do CPC, o qual é aqui tratado de forma crítica[708] e como um rol meramente exemplificativo. Ademais, no presente livro, os precedentes vinculantes que aqui interessam são aqueles veiculados pelos Tribunais Superiores em matéria tributária, ou seja, aqueles desenvolvidos pelo STJ e pelo STF.

Recapituladas, de forma sumaríssima, essas premissas, já é possível apresentar os limites jurídicos ao emprego de instrumentos rescisórios pautados em precedentes vinculantes de Tribunais Superiores em matéria tributária, mas não sem antes esclarecer outro ponto importante.

A conformação dos limites que serão aqui desenvolvidos nada mais é do que um esforço para delimitar critérios objetivos para a rescisão da coisa julgada em matéria tributária com base em precedentes vinculantes. Busca-se, dessa forma, afastar a discussão de um plano meramente retórico e, por conseguinte, estéril, reducionista da temática ao binômio justiça *versus* segurança,[709] como se tais valores fossem antagônicos.[710] O objetivo, portanto, é se afastar de artifícios retóricos comuns que, a pretexto de "justificar" a rescisão aqui defendida, empregam expressões ocas como sentenças "injustas", "absurdamente lesivas", "gravemente injustas" ou "ofensivas à moralidade";[711] isso porque, ao assim fazê-lo, tais manifestações aproximam a possibilidade da rescisão aqui tratada a um indevido ato discricionário do juízo.[712]

---

708. Pelas razões já expostas no Capítulo 2.

709. Promovendo essa redução aqui criticada: CÂMARA, Alexandre Freitas. Relativização da coisa julgada material. *In*: DIDIER JÚNIOR, Fredie (org.). *Relativização da coisa julgada*. 2. ed. Salvador: JusPodivm, 2008. p. 36.

710. O que já foi refutado neste livro, no seu Capítulo 1.

711. A título de exemplo, destaca-se: DELGADO, José Augusto. Pontos polêmicos das ações de indenização de áreas naturais protegidas. *Revista de Processo*, São Paulo, v. 26, n. 103, p. 9-36, jul./set. 2001. Disponível em: http://bdjur.stj.jus.br/dspace/handle/2011/17110. Acesso em: 11 jan. 2023.

712. Fazendo uma precisa crítica a tais construções retóricas, destaca-se: SILVA, Ovídio A. Baptista da. Coisa julgada relativa. *In*: DIDIER JÚNIOR, Fredie (org.). *Relativização da coisa julgada*. 2. ed. Salvador: JusPodivm, 2008. p. 316 e ss. No

Esclarecidos tais pontos, os limites aqui propostos são divididos em (i) **necessários**, também chamados de **obrigatórios** e (ii) **eventual**. Os limites **necessários** ou **obrigatórios** são subdivididos nos seguintes termos: (i) **institucional**, (ii) **metodológico**, (iii) **assecuratório** e (iv) **temporal**. Por sua vez, o limite **eventual** é aqui denominado de (i) **judicativo**. Todos esses limites serão individualmente conformados a seguir.

3.3.1 Os limites necessários ou obrigatórios

Os limites que serão a seguir desenvolvidos são aqueles que, como o próprio nome já indica, devem obrigatoriamente ser respeitados no âmbito da realização prática do Direito sempre que se pretender rescindir coisa julgada tributária com fundamento em precedentes dos Tribunais Superiores. São quatro, portanto, os limites dessa natureza e que serão apresentados individualmente na sequência.

3.3.1.1 O limite institucional

Como já destacado, uma decisão judicial tem o condão de atuar como fonte material do direito, o que é aqui afirmado pensando não apenas no âmbito da relação processual em que tal decisão é lavrada, mas, em especial, sob uma perspectiva transubjetiva ou de caráter institucional. Em outros termos, existem certas decisões que têm a capacidade de representar a posição institucional de um órgão jurisdicional para determinado problema jurídico. Não obstante, a depender do órgão que veicula tal precedente, referida manifestação acaba por gerar uma inconteste

mesmo diapasão: BARBOSA MOREIRA, José Carlos. Considerações sobre a chamada "relativização" da coisa julgada material. *In*: DIDIER JÚNIOR, Fredie (org.). *Relativização da coisa julgada*. 2. ed. Salvador: JusPodivm, 2008. p. 236-237; CABRAL, Antonio do Passo. *Coisa julgada e preclusões dinâmicas:* entre continuidade, mudança e transição de posições processuais estáveis. 3. ed. Salvador: Editora JusPodivm, 2019. p. 196-167.

expectativa jurídica, capaz de orientar condutas e, por conseguinte, torná-lo vinculante.

No específico ambiente do Direito Tributário, os órgãos jurisdicionais que preponderantemente apresentam essa capacidade são o Superior Tribunal de Justiça e o Supremo Tribunal Federal. No caso do STJ, por ser o órgão jurisdicional capaz de colocar um ponto final ao discurso jurídico-problematizado que gravite em torno de contraposições à lei federal. Por sua vez, no caso do STF, por ser o órgão jurisdicional responsável por encerrar os debates jurisdicionais a respeito de ofensas à Constituição Federal.

Não obstante, como já destacado anteriormente, o RE n. 328.812 reconheceu a capacidade criativa das manifestações judicativas[713] servirem de fundamento para rescindir a coisa julgada. Acontece que, ao assim fazer, deixou de especificar que tipo de decisão pretoriana teria o condão de fundamentar o ajuizamento de uma ação rescisória nos termos abordados nesta obra.

Por outro giro verbal, o referido precedente não teria solucionado a seguinte questão: qualquer decisão pretoriana posterior e contrária à coisa julgada preteritamente formada seria suficiente para permitir o manejo de instrumentos rescisórios ou estariam dotadas dessa aptidão apenas aquelas decisões do STF com caráter transubjetivo e, portanto, capazes de traduzir a posição institucional do Tribunal para o caso?

Diante da inexistência de resposta para essa questão quando do julgamento do RE n. 328.812, e tendo o STF se deparado com um novo caso (RE n. 590.809), onde **a decisão invocada como fundamento para a ação rescisória teria sido proferida em sede de recurso extraordinário**

713. Mais especificamente aquelas proferidas pelo STF, inclusive para fins de instrumentalizar a força normativa da Constituição.

não afetado por repercussão geral,[714] teve ele (STF) que se pronunciar a respeito desse novo aspecto do problema. Ao analisar essa nova faceta da questão, o STF expandiu a *ratio decidendi* veiculada no RE n. 328.812. Isso porque o Tribunal decidiu que pode fundamentar eventual ação rescisória **apenas** as decisões pretorianas que denotem a institucionalidade do que fora decidido, i.e., que sejam dotadas de "efeitos abrangentes, a repercutirem fora das balizas subjetivas do processo", nos exatos termos do voto do Ministro Marco Aurélio, Relator do RE n. 590.809.[715]

A referida decisão estabelece, e com acerto, um limite institucional ao emprego de instrumentos rescisórios pautados em decisões judiciais, já que conclui que nem toda decisão pretoriana é dotada de tal aptidão, mas apenas aquelas capazes de refletir a posição institucional do órgão para a questão então resolvida jurisdicionalmente.

A preocupação com esse senso de institucionalidade é, em última análise, uma preocupação de índole material, uma vez que a intencionalidade jurídica a ser construída

---

714. Como já explicitado, a decisão do STF que serviu de base para a aludida ação rescisória foi aquela proferida no RE n. 353.657/PR (não afetado por repercussão geral, já que anterior a tal sistemática), oportunidade em que o STF, por meio do seu órgão Plenário, concluiu pela inviabilidade do creditamento do IPI nas hipóteses de insumo não tributado ou sujeito à alíquota zero.

715. Para ser fiel ao que fora afirmado pelo Ministro Marco Aurélio, convém transcrever o trecho em que essa expressão foi pinçada: "Como afirmado pela mestre Ada Pellegrini Grinover, eventual afastamento do Verbete nº 343, por envolvimento de matéria constitucional, não pode ter razão genérica, e sim específica para as situações em que, no ato rescindendo, determinada lei foi proclamada constitucional, **vindo, posteriormente, o Supremo a concluir pela inconstitucionalidade, com efeitos abrangentes, a repercutirem fora das balizas subjetivas do processo**. Para a processualista, em caso contrário, como na espécie, 'posterior declaração incidental de constitucionalidade nada nulifica, não se caracterizando a categoria da inexistência', pelo que devem ficar a salvo da rescisória, decisões, tomadas em dissídio jurisprudencial, em sentido oposto à nova posição do Supremo. (GRINOVER, Ada Pellegrini. Ação Rescisória e Divergência de Interpretação em Matéria Constitucional. *Revista de Processo n. 87, São Paulo: RT, 1997, p. 37/47).*" (Supremo Tribunal Federal (Plenário). Recurso Extraordinário 590.809 Rio Grande do Sul. Relator: Ministro Marco Aurélio, 22 de outubro de 2014. Grifos nossos).

por meio de decisões judiciais não pode ser o retrato da posição pessoal de juízes, fruto do embolorado princípio do **livre** convencimento motivado,[716] mas deve ser o reflexo do entendimento institucional do Poder Judiciário e dos seus órgãos, em especial seus Tribunais Superiores, enquanto instituição. Só assim se garante uma tendência de permanência quanto à intencionalidade axiológica do Direito, de modo a se garantir uma estabilidade da justiça.[717]

Ressalte-se, entretanto, que tal precedente pretoriano não especifica, ao menos não literalmente, quais seriam as decisões aptas a representarem uma posição institucional para dada controvérsia. Tal capacidade seria apenas daqueles precedentes formalmente veiculados nos termos do art. 927 do CPC?

A resposta a tal pergunta veio com as decisões proferidas no âmbito dos temas 881 e 885 do STF, oportunidade em que, como já visto alhures, ao fixar uma das teses desdobradas do julgamento, assim se manifestou:

> As decisões do STF em controle incidental de constitucionalidade, anteriores à instituição do regime de repercussão geral, não impactam automaticamente a coisa julgada que se tenha formado, mesmo nas relações jurídicas tributárias de trato sucessivo. Já as decisões proferidas em ação direta ou em sede de repercussão

---

716. Perspectiva essa que, indevidamente, promove o acento tônico na liberdade individual do juízo e não no vínculo institucional com o órgão ao qual está relacionado (Poder Judiciário), o que perpassaria por um reforço da motivação das suas decisões, com especial ênfase a sua conexão (integridade) com decisões antecedentes para casos análogos (precedentes).

717. Humberto Ávila trata dessa necessidade de unidade das decisões judiciais e, consequentemente, da vinculação aos precedentes como "decorrência do próprio princípio da igualdade: onde existirem as mesmas razões, devem ser proferidas as mesmas decisões, salvo se houver uma justificativa para a mudança de orientação, a ser devidamente objeto de mais severa fundamentação." (ÁVILA, Humberto. *Segurança jurídica:* entre permanência, mudança e realização no Direito Tributário. São Paulo: Malheiros, 2011. p. 463).

> geral interrompem automaticamente os efeitos temporais das decisões transitadas em julgado nas referidas relações [...].[718]

Ao assim prescrever, o STF define que apenas algumas das suas decisões formalmente vinculantes teriam o condão de rescindir a coisa julgada, mais precisamente (*i*) aquelas proferidas em controle concentrado de constitucionalidade e (*ii*) as veiculadas em recursos extraordinários submetidos à repercussão geral.

Levando em consideração, todavia, o recorte metodológico realizado nesta obra, defende-se aqui que outras decisões dos Tribunais Superiores também teriam o condão de servir de fundamento para instrumentos processuais rescisórios. Nesse sentido, estariam aptos a fundamentar um instrumento rescisório aqueles precedentes dos Tribunais Superiores veiculados em controle concentrado de constitucionalidade (STF), com repercussão geral (STF), com critério de relevância (STJ) ou julgado sob o rito de recursos repetitivos (STF e STJ), retratados em súmulas daqueles Tribunais (STF e STJ) ou decorrentes do órgão Plenário ou órgãos especiais de tais cortes (STF e STJ).

Não é essa, entretanto, a posição adotada pelo STF quando do julgamento dos temas 881 e 885. Como visto anteriormente, o Pretório Excelso limitou-se a afirmar quais precedentes de **sua** lavra teriam o condão de rescindir coisa julgada e, ao assim fazê-lo, adotou uma posição mais restritiva do que a aqui defendida, na medida em que elegeu apenas dois tipos formais de precedentes com tal

---

718. BRASIL. Supremo Tribunal Federal. Recurso Extraordinário n. 955.227 - BA. Recurso extraordinário em que se discute, à luz dos arts. 5º, XXXVI, e 102 da Constituição Federal, se e como as decisões do Supremo Tribunal Federal em controle difuso fazem cessar os efeitos futuros da coisa julgada em matéria tributária, quando a sentença tiver se baseado na constitucionalidade ou inconstitucionalidade do tributo. Recorrente: União. Recorrido: Braskem S/A. Relator: Min. Roberto Barroso, 13 de fevereiro de 2023b. Disponível em: https://portal.stf.jus.br/processos/detalhe.asp?incidente=4945134. Acesso em: 4 maio 2023.

capacidade: (i) decisões proferidas em controle concentrado de constitucionalidade e (ii) no caso de julgamentos de recursos extraordinários resolvidos sob repercussão geral.

Em verdade, essa perspectiva adotada pelo STF mantém coerência com a equivocada forma abrasileirada de se trabalhar com o instituto do precedente e todos os demais consectários desse *stares decisis* desenvolvido em nosso país. Como criticado no Capítulo 2, a valorização de precedentes no Brasil se dá por imposição legal, com especial ênfase para as decisões exaradas pelos Tribunais Superiores. Nesse sentido, o legislador estabelece um rol de tipos formais de decisões que configuram precedentes no Brasil (EC 45/2004 e art. 927 do CPC), dando, portanto, mais relevância à forma como tais decisões são veiculadas do que propriamente ao seu conteúdo.

É por conta desse formalismo, inclusive, que um mesmo problema é julgado repetidas vezes por um único órgão jurisdicional,[719] inclusive com o risco dessa redundância jurisdicional resultar em posições antagônicas do mesmo órgão julgador,[720] em especial quando há alteração na

719. Em matéria tributária o caso da exclusão do ICMS da base de cálculo do Pis/Cofins é emblemático. Tal questão já havia sido decidida em favor da tese desenvolvida pelos contribuintes pelo Pleno do STF, no âmbito do RE 240.785, tendo tal decisão transitado em julgado em 2 de março de 2015. No entanto, tal recurso extraordinário foi interposto antes do advento da EC n. 45/2004, ou seja, antes da criação do instituto da repercussão geral. Assim, embora houvesse decisão **plenária** do STF a respeito do aludido problema, a questão não era tida como sedimentada na jurisprudência do Tribunal, resultando na sua submissão a novo julgamento pretoriano, agora por meio do RE n. 574.706, esse sim formalmente submetido à repercussão geral. Tal apego à forma gerou anos de incerteza entre aqueles jurisdicionados que se encontram em situação jurídica análoga, além de influenciar a discussão quanto ao termo inicial da modulação de efeitos atribuída para tal julgamento (RE n. 574.706). Aliás, tratando desse específico reflexo na modulação de efeitos nesse julgamento, vide: RIBEIRO, Diego Diniz; DELIGNE, Maysa de Sá Pittondo. A modulação de efeitos em matéria tributária e sua realização em favor da Fazenda Pública. *In:* CONRADO, Paulo Cesar; ARAÚJO, Juliana Furtado Costa (org.). *Processo tributário analítico*. v. IV. São Paulo: Noeses, 2018. p. 97-132.

720. Aqui, a discussão quanto à possibilidade de prisão após decisão de segunda instância é também emblemática. Em fevereiro de 2016, no âmbito do HC n. 126.292, ou

composição desse órgão e levando em conta, mais uma vez, que nossos julgadores são afetos ao também já reiteradamente criticado princípio do **livre** convencimento motivado. Logo, um modelo que deveria gerar segurança jurídica acaba por resultar em um efeito reverso ao seu propósito.

Ressalte-se, ademais, que, no caso dos temas 881 e 885, a questão é ainda mais problemática, na medida em que a decisão vencedora, da lavra do Ministro Luís Roberto Barroso, pinça apenas dois tipos formais de precedentes vinculantes (decisões em controle concentrado e sob repercussão geral) como aptos a desfazer coisa julgada sem, todavia, justificar porque outros precedentes formalmente vinculantes do STF (*v.g.*, súmulas vinculantes e recursos extraordinários repetitivos) tampouco teriam essa capacidade. Nesse ponto, o citado Ministro se limita a assim afirmar:

> 44. Destaco apenas que **a decisão deste Supremo Tribunal Federal, em controle concentrado ou em repercussão geral**, que seja contrária à coisa julgada favorável ao contribuinte, em relações jurídicas tributárias de trato sucessivo, produz para ele norma jurídica nova. Essa situação se assemelha à criação de novo tributo, que, como se sabe, a depender do tributo, deve observar a irretroatividade, a anterioridade anual e a noventena, e, no

seja, "quando do julgamento de uma relação processual não sujeita às técnicas de uniformização de jurisprudência", o Pleno do Supremo Tribunal Federal, pelo placar de 7 a 4, decidiu pela possibilidade de a sentença condenatória de segunda instância, antes do seu trânsito em julgado e ainda que pendente o julgamento de recursos especial e/ou extraordinário, ensejar a imediata prisão do réu (Supremo Tribunal Federal (Plenário). Habeas Corpus 126.292 São Paulo. Relator: Min. Teori Zavascki, 17 de fevereiro de 2016). Por sua vez, em razão do ajuizamento das ADC n. 43, 44 e 45, o STF foi novamente convocado a analisar a questão, só que agora provocado por meio de um instrumento processual apto a "gerar" um precedente **formalmente** vinculante, oportunidade em que, em 7 de novembro de 2019, o Pleno do Tribunal, com uma nova composição, por 6 votos a 5, decidiu que a condenação penal em segunda instância, antes do seu trânsito em julgado, não é suficiente para ensejar a prisão do réu (Supremo Tribunal Federal (Plenário). Ação Declaratória de Constitucionalidade n. 43 DF. Relator: Min. Marco Aurélio, 7 de novembro de 2019; Supremo Tribunal Federal (Plenário). **Ação** Declaratória de Constitucionalidade n. 44 DF. Relator: Min. Marco Aurélio; Supremo Tribunal Federal (Plenário). Ação Declaratória de Constitucionalidade n. 45 DF. Relator: Min. Roberto Barroso.).

caso das contribuições para a seguridade social, a anterioridade nonagesimal. [...].[721]

Diferentemente do que foi decido pelo sobredito Tribunal, a proposta do presente livro é que, em matéria tributária, um precedente do STF ou do STJ representativo da posição **institucional** desses órgãos, independentemente do seu caráter formalmente vinculante, i.e., ainda que não se enquadrem nos tipos formais do art. 927 do CPC, seria elemento suficiente para fundamentar instrumentos rescisórios. Bastaria, portanto, (i) decisão plenária do Tribunal, (ii) decisão do seu Órgão Especial ou, ainda, (iii) decisões uníssonas de todas as Turmas da Seção de Direito Público encarregadas de julgar questões tributárias.[722-723] Isso porque a vinculação decorrente de um precedente não decorre de uma tipologia prévia e formalmente fixada pelo legislador, mas sim da substancial necessidade de se promover um Direito (judicial) estável, íntegro e coerente, nos termos do já analisado art. 926 do CPC, ou seja, um modelo jurídico que promova uma segurança jurídica de caráter material.

No que diz respeito ao item "iii", a análise dependerá de uma comparação analógico-problemática entre o caso *sub judice* e aqueles chamados precedentes exarados pelas diferentes Turmas julgadoras, de modo a se identificar uma aproximação a justificar a convocação das *rationes decidendi*. Ademais, a convocação desses precedentes também depende de que a posição nele externada não tenha sido objeto de superação pela própria Turma que o exarou

---

721. Supremo Tribunal Federal. Recurso Extraordinário n. 955.227 - BA. Relator: Min. Roberto Barroso, 13 de fevereiro de 2023. Grifos nossos.

722. Pragmaticamente, os itens "ii" e "iii" são mais relevantes para aquelas decisões veiculadas pelos STJ.

723. No mesmo sentido: ÁVILA, Humberto. *Segurança Jurídica:* entre permanência, mudança e realização no Direito Tributário. São Paulo: Malheiros, 2011. p. 483; MENKE, Cassiano. *Irretroatividade tributária material:* definição, conteúdo e eficácia. São Paulo: Malheiros, 2015. p. 291-292.

ou então pelo Tribunal, seja por meio do seu Órgão Especial ou do Plenário. De forma mais direta, os precedentes convocados não podem ser anacrônicos.

Nos termos aqui propostos, a inegável capacidade criativa dos Tribunais Superiores é respeitada, mas se imputando a ela uma conformação de índole material, a qual, por óbvio, apresenta mais obstáculos argumentativos para ser superada[724] e, portanto, torna-se mais imune a alterações de entendimentos decorrentes da atribuição de um mero caráter formal do precedente. Com isso, se estimula que a segurança tutelada seja uma segurança **do** direito, e não uma segurança **através** do direito.

3.3.1.2 O limite metodológico

Também existe um segundo limite necessário para fins de rescisão da coisa julgada com base em precedentes vinculantes: o **limite metodológico**.

Como já observado, é possível que uma decisão proferida em matéria tributária pelos Tribunais Superiores (STF e STJ), desde que represente a posição institucional do órgão para dada questão, seja convocada como fundamento para a rescisão de coisa julgada em concreto.

Sem embargo, a sobredita rescisão não deve ocorrer de forma automática, mediante sobreposição unilateral daquele que pretende ver a coisa julgada rescindida. Para tanto, mister se faz a existência de provocação do Poder Judiciário, por meio de instrumento processual hábil para tanto, ou seja, por meio de ação rescisória,[725] ação revisional ou impugnação

---

724. Já que demanda um ônus argumentativo muito mais robusto.

725. No mesmo sentido, i.e., quanto à imprescindibilidade do ajuizamento da ação rescisória nesse tipo de situação: RODRIGUES, Walter Piva. *Coisa julgada em matéria tributária*. São Paulo: Quartier Latin, 2008. p. 117.

rescisória.[726] O instrumento processual rescisório pertinente ao caso deverá sempre ser manejado, independentemente de quem seja o interessado na rescisão, i.e., seja a Fazenda Pública, seja o sujeito passivo da obrigação tributária.

A necessidade quanto à promoção de um instrumento processual rescisório adequado tem por escopo fundamental garantir o devido processo legal e, por conseguinte, todos os substanciais desdobramentos daí decorrentes, ou seja, o respeito em concreto a todos os demais princípios constitucionais do Processo Civil. Ademais, atribui o adequado tratamento metodológico a um precedente, na medida em que sua convocação, mediada pela atividade jurisdicional, dar-se-á em termos analógico-problemático, e não lógico-subsuntivo, como se lei fosse. Explica-se.

Primeiramente, a exigência de um instrumento processual rescisório garante que um terceiro, fomentador do devido processo legal, imparcial e equidistante do propósito pessoal e do agir estratégico das partes, faça a mediação desse conflito de interesses retratado pelo intuito rescisório. Evita-se, com isso, o emprego da autotutela por parte do interessado em ver a coisa julgada rescindida, autotutela essa que, no específico âmbito do Direito Tributário, desdobramento do Direito Público, gera um visível desnível de forças entre os polos litigantes. Antes, todavia, de justificar esse citado desnível, convém, neste instante, trazer a posição da União para a questão que, nos termos do Parecer PGFN/CRJ n. 492/2011, defende, como regra, a prescindibilidade de instrumentos processuais rescisórios na situação aqui tratada, *verbis:*

> O que de fato importa que se tenha em mente, todavia, é que **a necessidade de prévio pronunciamento judicial** para que se tenha reconhecida a cessação da eficácia da decisão transitada em julgado em face da alteração das circunstâncias fáticas ou jurídicas sob as quais o juízo de certeza nela contido se formou *é excepcional,*

726. Nos termos dos §§ 5º e 8º do art. 535 do CPC.

> *apenas se impondo quando expressamente exigida por lei específica.* [...] Assim, inexistindo específica previsão legal a exigir o prévio ajuizamento da ação revisional, a cessação da eficácia vinculante da decisão transitada em julgado se opera automaticamente, **como mera e natural decorrência lógica do que se entende por limites objetivos da coisa julgada**. Aplicando-se esses conceitos ao universo do Direito Tributário, tem-se que, ante a inexistência de lei específica prevendo o oposto, a cessação da eficácia vinculante da decisão tributária transitada em julgado face ao advento de nova circunstância jurídica – mais precisamente, face ao advento de precedente definitivo e objetivo do STF em sentido diverso do nela sufragado –, opera-se de modo automático, **independentemente do prévio ajuizamento de qualquer ação, muito menos da revisional de que trata o art. 471, inc. I do CPC**.[727]

Partindo do pressuposto de que um precedente vinculante – no caso específico do sobredito parecer, um precedente do STF – tem força normativa para fundamentar a rescisão da coisa julgada, a União defende que o efeito desse precedente pretoriano se opere de forma automática ou, em outros termos, de modo lógico-subsuntivo, como se lei fosse. Aduz, ainda, que isso se daria no âmbito das relações jurídico-tributárias de caráter sucessivo e que, por conseguinte, esse efeito rescisório automático seria voltado ao futuro. Assim, o emprego de instrumentos processuais rescisórios na situação aqui tratada seria exceção, só sendo exigido nos expressos casos positivados em lei. Não obstante, a União conclui que essa regra valeria tanto em favor do Fisco como também em benefício dos contribuintes, o que garantiria um pretenso tratamento igualitário entre tais posições.

No que diz respeito a essa suposta igualdade, ignora-se a inegável força coercitiva do Estado e todo o aparato daí decorrente para fazer valer seus direitos frente aos administrados. Se a Fazenda Pública entender que um

727. Disponível em: https://www.gov.br/pgfn/pt-br/acesso-a-informacao/atos-da-pgfn-1/pareceres-da-pgfn-aprovados-pelo-ministro-da-fazenda/2011/PARECER%20CRJ%20492-2011.pdf/view. Acesso em: 21 fev. 2023. Grifos no original.

precedente vinculante lhe favorece[728] e, ainda, concluir que o contribuinte não se subordinou a tal precedente "automaticamente rescisório", a Fazenda poderá lançar o tributo supostamente devido, o qual será acrescido de multa e juros, bem como contará com todos os efeitos próprios da exigibilidade do crédito tributário,[729] impondo coercitiva-

---

728. Interpretação essa dotada de todos os vieses próprios daquele que é parte interessada nessa interpretação.

729. Tais como: impossibilidade de o sujeito passivo da obrigação tributária lançada emitir certidão de regularidade fiscal; possibilidade da sua negativação em programas de restrição ao crédito, inscrição em dívida ativa e protesto do título executivo extrajudicial; propositura de execução fiscal, com constrição e expropriação forçada do patrimônio etc. Isso sem contar os possíveis reflexos criminais dessa exigência, nos termos do precedente vinculante (decisão plenária) do STF no âmbito do RHC n. 163.334, *in verbis*: "Direito penal. Recurso em Habeas Corpus. Não recolhimento do valor de ICMS cobrado do adquirente da mercadoria ou serviço. Tipicidade. 1. O contribuinte que deixa de recolher o valor do ICMS cobrado do adquirente da mercadoria ou serviço apropria-se de valor de tributo, realizando o tipo penal do art. 2º, II, da Lei nº 8.137/1990. 2. Em primeiro lugar, uma interpretação semântica e sistemática da regra penal indica a adequação típica da conduta, pois a lei não faz diferenciação entre as espécies de sujeitos passivos tributários, exigindo apenas a cobrança do valor do tributo seguida da falta de seu recolhimento aos cofres públicos. 3. Em segundo lugar, uma interpretação histórica, a partir dos trabalhos legislativos, demonstra a intenção do Congresso Nacional de tipificar a conduta. De igual modo, do ponto de vista do direito comparado, constata-se não se tratar de excentricidade brasileira, pois se encontram tipos penais assemelhados em países como Itália, Portugal e EUA. 4. Em terceiro lugar, uma interpretação teleológica voltada à proteção da ordem tributária e uma interpretação atenta às consequências da decisão conduzem ao reconhecimento da tipicidade da conduta. Por um lado, a apropriação indébita do ICMS, o tributo mais sonegado do País, gera graves danos ao erário e à livre concorrência. Por outro lado, é virtualmente impossível que alguém seja preso por esse delito. 5. Impõe-se, porém, uma interpretação restritiva do tipo, de modo que somente se considera criminosa a inadimplência sistemática, contumaz, verdadeiro *modus operandi* do empresário, seja para enriquecimento ilícito, para lesar a concorrência ou para financiar as próprias atividades. 6. A caracterização do crime depende da demonstração do dolo de apropriação, a ser apurado a partir de circunstâncias objetivas factuais, tais como o inadimplemento prolongado sem tentativa de regularização dos débitos, a venda de produtos abaixo do preço de custo, a criação de obstáculos à fiscalização, a utilização de "laranjas" no quadro societário, a falta de tentativa de regularização dos débitos, o encerramento irregular das suas atividades, a existência de débitos inscritos em dívida ativa em valor superior ao capital social integralizado etc. 7. Recurso desprovido. 8. Fixação da seguinte tese: O contribuinte que deixa de recolher, de forma contumaz e com dolo de apropriação, o ICMS cobrado do adquirente da mercadoria ou serviço incide no tipo penal do art. 2º, II, da Lei nº 8.137/1990." (Supremo Tribunal Federal (Tribunal Pleno). Recurso Ordinário em Habeas Corpus n. 163.334 – Santa Catarina. Relator: Roberto Barroso, 18 de dezembro de 2019.).

mente a sua interpretação para a questão independentemente de qualquer manifestação jurisdicional.

Por sua vez, se o administrado é o suposto beneficiado com o precedente que supostamente lhe favorece e ele passa a "aplicar" a *ratio* dessa decisão, nessa hipótese, caso a Fazenda Pública – representada na subjetividade de um auditor fiscal – divirja dessa "aplicabilidade", o resultado disso será a veiculação de lançamento tributário de ofício, acrescido de multa e juros, com – mais uma vez – todos os reflexos da exigibilidade do crédito daí decorrente, inclusive com eventual repercussão no âmbito criminal. A força cogente do Estado mais uma vez irá se impor por meio do emprego da autotutela, competindo ao contribuinte o ônus de reverter essa exigência por meio da provocação da jurisdição.

Em suma, a "aplicação automática" dos efeitos rescisórios de um precedente pretoriano em matéria tributária gera um tratamento substancialmente desigual entre Fisco e contribuinte, pois somente a esse último é imputado o potencial ônus de fazer valer sua pretensão, imediata ou mediatamente, por meio da propositura de demandas judiciais.

Em segundo lugar, essa aplicação automática de um precedente para fins rescisórios apequena, indevidamente, a garantia da coisa julgada. Tal garantia fundamental, no âmbito da realização prática do Direito, só se perfaz mediante e ao final do devido processo legal, i.e., como seu fruto. Logo, como regra,[730] a sua desconstituição também só poderia sobrevir por meio de instrumento processual submetido ao devido processo legal, e não em razão da unilateral imposição de vontade da parte prejudicada pela coisa

730. Excepcionalmente, é admissível a "rescisão" unilateral da coisa julgada quando a parte por ela beneficiada renuncia tal direito e, é claro, desde que esse direito seja passível de renúncia. Em verdade, nessa hipótese nem haveria a rescisão da coisa julgada propriamente dita, mas sim a interrupção dos efeitos da decisão revestida pela coisa julgada.

julgada, que a ela deve submissão, sob pena de estimular-se algo equivalente a um indevido "anarquismo rescisório".

Ainda em desdobramento a tal ponto, não é demais lembrar-se de que a rescisão da coisa julgada, ainda que válida, é medida excepcional, razão pela qual a sua submissão a instrumentos processuais típicos é relevante para reforçar essa excepcionalidade, na medida em que submete tal rescisão a constrangimentos formais.[731]

Em terceiro lugar, é necessário, mais uma vez, repisar: precedente não é lei, razão pela qual apresenta uma metódica própria para a sua convocação, a qual pressupõe um pesado ônus argumentativo daquele que pretende ver convocada a sua *ratio decidendi*. Trata-se do que Antonio do Passo Cabral chama de ônus argumentativo para fins de superação da tendência *prima facie* de estabilidade da coisa julgada.[732] Nesse sentido,

> [v]eja-se que, ao exigirmos força argumentativa também dos requerentes (não apenas do juiz), fomenta-se a utilização correta dos instrumentos rescisórios e se visualiza melhor o uso abusivo das possibilidades de revisão, algo essencial para a sanção ao comportamento antiético e que terá efeitos dissuasivos importantes num sistema processual baseado na segurança-continuidade. O CPC/2015 ao prever o princípio da cooperação (art. 6º), reforça esse ônus para as partes.[733]

Ainda segundo o sobredito autor, esse limite é extremamente relevante, na medida em que a exigência de um pesado ônus argumentativo "reduz o campo de discricionariedade e, consequentemente, o risco de arbítrio na superação

---

731. No mesmo sentido: CABRAL, Antonio do Passo. *Coisa julgada e preclusões dinâmicas:* entre continuidade, mudança e transição de posições processuais estáveis. 2. ed. Salvador: JusPodivm, 2014. p. 195-196.

732. Idem, p. 606.

733. Idem, p. 606.

de posições estáveis".[734] Logo, "a pressão por uma maior fundamentação, por sua propensão ao convencimento dos litigantes, diminui o sentimento de frustração e injustiça, legitimando a ruptura da estabilidade e conseguindo, em alguma medida, conciliar praticamente justeza e segurança".[735]

Ademais, essa exigência de participação de todos os interessados na discussão com fins rescisórios fomenta a convocação do método jurídico adequado para comparação de precedentes: o analógico-problemático. Procura afastar-se, portanto, a simples e já criticada aplicação lógico-subsuntiva do aparente precedente pretoriano ao caso a ser rescindido. Há, pois, a necessidade de se realizar um "cotejo analítico"[736] entre o caso a ser rescindido e o caso julgado pela Corte Superior. Ademais, quando se fala nessa aproximação, a comparação das circunstâncias fáticas que permeiam ambos os casos (decidendo e precedente) é fundamental.

Logo, a decisão pretoriana convocada como fundamento para a rescisão só será considerada um precedente depois de comparada analogamente ao caso a ser rescindido e desde que após essa comparação se identifique uma similaridade – jamais identidade – quanto à intencionalidade jurídica entre os casos comparados.

Repita-se: a similaridade sobredita só será atestada mediante uma ponderação material-comparativa dos casos em concreto, ou seja, da substância do caso a ser rescindido com o conteúdo do caso precedente. Não há, pois, uma prévia, perfeita e subsuntiva simetria entre os casos, simetria esta típica de uma razão universal, geral e abstrata, mas sim uma similaridade decorrente do emprego de uma racionalidade moldada pela analogia ou, por outro

734. Idem, p. 608.

735. Idem, p. 608.

736. Para mais uma vez empregar um termo mais palatável para um sistema jurídico vinculado à *Civil Law*.

giro verbal, oriunda de uma "ponderação sempre atenta à identidade-diversidade própria do analógico e que, como tal, só pode considerar-se em concreto".[737]

O limite aqui tratado é o mote do julgamento realizado pelo STF no âmbito dos temas 881 e 885, já mencionados alhures. Diferentemente, todavia, do que é defendido aqui, o STF fixou a tese de que, em se tratando de relações jurídico-tributárias de trato sucessivo, o efeito rescisório de dois tipos formais de precedentes vinculantes daquele Tribunal ocorre automaticamente, i.e., independentemente de provocação da jurisdição por meio de instrumento processual rescisório. Ainda segundo o que fora julgado, esse efeito automático *é* contado da **publicação da ata de julgamento**, a qual equivaleria *à* publicação de uma lei instituidora de tributo, sendo necessário respeitar-se, ainda, os princípios tributários da irretroatividade e da anterioridade.[738]

Esse entendimento do STF, por sua vez, já também reverbera no STJ, conforme se observa do precedente veiculado na AR n. 6.015/SC.[739]

---

737. NEVES, Antonio Castanheira. *Instituto dos assentos.* Coimbra: Coimbra Editora, 2014. p. 74.

738. Nesse sentido é o teor da manifestação do Ministro Luís Roberto Barroso, em seu voto vencedor:
"44. Destaco apenas que a decisão deste Supremo Tribunal Federal, em controle concentrado ou em repercussão geral, que seja contrária à coisa julgada favorável ao contribuinte, em relações jurídicas tributárias de trato sucessivo, produz para ele norma jurídica nova. Essa situação se assemelha à criação de novo tributo, que, como se sabe, a depender do tributo, deve observar a irretroatividade, a anterioridade anual e a noventena, e, no caso das contribuições para a seguridade social, a anterioridade nonagesimal. Por conseguinte, tem-se que a publicação da ata de julgamento em controle concentrado ou controle difuso em repercussão geral equivale ao primeiro dia de vigência da nova norma que somente produzirá efeitos após os referidos períodos de 'vacatio legis', garantias fundamentais dos contribuintes que asseguram certo grau de segurança jurídica. Por óbvio, a aplicação da anterioridade aqui aventada só deverá beneficiar aqueles contribuintes que possuíam decisões judiciais transitadas em julgado em seu favor." (Supremo Tribunal Federal. Recurso Extraordinário n. 955.227 – BA. Relator: Min. Roberto Barroso, 2 de maio de 2023).

739. Assim ementado: "PROCESSUAL CIVIL E TRIBUTÁRIO. AÇÃO RESCISÓRIA. DECISÃO IMPUGNADA PROFERIDA EM AÇÃO COLETIVA. PRINCÍPIOS

DA ISONOMIA TRIBUTÁRIA E DA LIVRE CONCORRÊNCIA. OFENSA. SÚMULA 343 DO STF. INAPLICABILIDADE. EXCEPCIONALIDADE. IMPOSTO SOBRE PRODUTOS INDUSTRIALIZADOS - IPI. PRODUTOS IMPORTADOS. SAÍDA DO ESTABELECIMENTO IMPORTADOR. INCIDÊNCIA. TEMA DEBATIDO EM RECURSO ESPECIAL REPETITIVO E EM REPERCUSSÃO GERAL. COISA JULGADA CONTRÁRIA À TESE VINCULANTE. EFICÁCIA. PUBLICAÇÃO DA ATA DE JULGAMENTO DO PRECEDENTE DO STF. INTERRUPÇÃO. 1. A ação rescisória impugna decisão transitada em julgado, proferida em ação coletiva, em que se considerou que seria ilegal a dupla incidência do IPI (no desembaraço aduaneiro e na saída da mercadoria importada do estabelecimento importador) e que tal tributo só incidiria na primeira hipótese, conclusão que se mostrou contrária à tese jurídica firmada em julgamento submetido ao rito dos recursos especiais (Tema 912 do STJ - 'Os produtos importados estão sujeitos a uma nova incidência do IPI quando de sua saída do estabelecimento importador na operação de revenda, mesmo que não tenham sofrido industrialização no Brasil'). 2. 'Não cabe ação rescisória por ofensa a literal disposição de lei, quando a decisão rescindenda se tiver baseado em texto legal de interpretação controvertida nos tribunais.' (Súmula 343 do STF). 3. No julgamento da AR 4.443/RS, em 08/05/2019, este Colegiado realizou amplo debate acerca da abrangência da aplicação da Súmula 343 do STF, concluindo por sua incidência nos casos em que a controvérsia jurídica é definida em julgamento submetido ao rito dos recursos repetitivos, não obstante a Excelsa Corte, à época, ainda estar discutindo se o referido verbete sumular seria adequado na hipótese de existência de precedentes vinculantes, como aqueles firmados sob a sistemática da repercussão geral. 4. Hipótese em que há fator particularmente importante a ser considerado: a ação originária tinha natureza coletiva, proposta por sindicato, como substituto processual, o que imprime ao caso uma singularidade especial, qual seja, a de que os efeitos da sentença normativa são erga omnes e ultra partes. 5. Permitir que os importadores de apenas um único ente federativo tenham o direito *ad eternum* de recolher a tributação do IPI em valor muito inferior ao cobrado de todos os outros importadores do país acarreta a violação dos princípios da livre concorrência e da isonomia, o que justifica, em caráter excepcional, o afastamento da Súmula 343 do STF. 6. A questão jurídica tratada na decisão rescindenda foi definida por esta Corte Superior, no julgamento do ERESP 1403532/SC (DJe de 18/12/2015), sob o rito dos recursos repetitivos – Tema 912 –, sendo que, posteriormente, o Supremo Tribunal Federal examinou a mesma temática, em repercussão geral, e fixou tese jurídica na mesma linha adotada pelo STJ: 'É constitucional a incidência do Imposto sobre Produtos Industrializados – IPI no desembaraço aduaneiro de bem industrializado e na saída do estabelecimento importador para comercialização no mercado interno' (RE n. 946.648/SC, Tribunal Pleno, rel. Min. Marco Aurélio, rel. p/ acórdão Min. Alexandre de Moraes, julgado em 24/08/2020). 7. A matéria relativa aos efeitos temporais dos precedentes obrigatórios em relação às decisões judiciais contrárias ao entendimento firmado e transitadas em julgado antes da fixação da tese vinculante ganhou novos contornos com o julgamento dos Temas 881 (RE 949297 RG/CE, relator Ministro Edson Fachin) e 885 (RE 955227 RG/BA, relator Ministro Luís Roberto Barroso) do STF, que cuidam dos limites da coisa julgada em matéria tributária nas relações de trato sucessivo, diante de acórdãos em sedes de controle concentrado e de controle difuso de constitucionalidade, respectivamente. 8. A tese jurídica prevalecente na Corte Excelsa, mormente no Tema 885, é a de que os julgados proferidos sob o rito da repercussão geral, em razão de sua força vinculante, têm o condão de alterar o quadro jurídico estabelecido anteriormente, situação que autoriza a flexibilização da coisa julgada de acordo com a cláusula *rebus sic*

Na sobredita ação rescisória ajuizada perante o STJ, a União pretendia rescindir coisa julgada formada em sede de ação coletiva promovida pelo Sindicato das Empresas de Comércio Exterior de Santa Catarina ("SINDITRADE"), formada no âmbito do REsp n. 1.427.246/SC, em que se reconheceu o direito dos substituídos processuais, empresas importadoras, em afastar a incidência do IPI na saída da mercadoria importada que não tivesse se sujeitado à industrialização, só persistindo a incidência do imposto no desembaraço aduaneiro. Referida rescisória se pautou tanto em precedente vinculante do STJ, que superou a posição da Corte para a matéria quando do julgamento do EREsp n. 1.403.532/SC, redundando na tese veiculada no tema 912 daquele Tribunal,[740] bem como em precedente vinculante do STF, mais precisamente o RE n. 946.648/SC,[741] julgado

stantibus, aplicável às relações de trato sucessivo, sendo certo que, nesse contexto, a modificação do *status quo* tem efeitos imediatos e automáticos, tornando despicienda a propositura de ação rescisória ou de ação revisional (art. 505, I, do CPC/2015). 9. Hipótese em que deve ser reconhecida a procedência parcial da ação rescisória, não sob o enfoque da validade do título judicial rescindendo, como pleiteado pela Fazenda Nacional, mas sim em razão de superveniente norma jurídica – precedente vinculante –, que interrompe a eficácia da coisa julgada, conforme o recentíssimo entendimento adotado pelo Supremo Tribunal Federal no julgamento dos Temas 881 e 885. 10. Pedido rescisório julgado parcialmente procedente para interromper os efeitos da coisa julgada a partir da data de publicação da ata de julgamento do RE 946.648/SC, submetido ao rito da repercussão geral, ocorrida em 09/09/2020." (Superior Tribunal de Justiça. AR n. 6.015/SC. Relator Ministro Gurgel de Faria, Primeira Seção, julgado em 8/2/2023, DJe de 9/5/2023.).

740. "Os produtos importados estão sujeitos a uma nova incidência do IPI quando de sua saída do estabelecimento importador na operação de revenda, mesmo que não tenham sofrido industrialização no Brasil."

741. O qual recebeu a seguinte ementa: "CONSTITUCIONAL E TRIBUTÁRIO. IMPOSTO SOBRE PRODUTOS INDUSTRIALIZADOS. BENS IMPORTADOS. INCIDÊNCIA NO DESEMBARAÇO ADUANEIRO E NA SAÍDA DO ESTABELECIMENTO IMPORTADOR PARA COMERCIALIZAÇÃO NO MERCADO INTERNO. CONSTITUCIONALIDADE. 1. A sistemática legal de tributação dos bens importados pelo imposto sobre produtos industrializado – IPI é compatível com a Constituição. 2. Recurso Extraordinário a que se nega provimento, com a fixação da seguinte tese de julgamento para o Tema 906 da repercussão geral: 'É constitucional a incidência do Imposto sobre Produtos Industrializados - IPI no desembaraço aduaneiro de bem industrializado e na saída do estabelecimento importador para comercialização no mercado interno'." (Supremo Tribunal Federal. RE 946.648, Relator Ministro Marco Aurélio, Relator p/ Acórdão ministro Alexandre de Moraes,

sob repercussão geral, e que redundou no tema 906 daquele Tribunal.[742]

Nessa oportunidade, conforme se observa do voto do Relator, o Ministro Gurgel de Faria, o STJ, partindo do equivocado entendimento de que a súmula 343 do STF seria afastada apenas na hipótese alteração de entendimento do STF em ação de controle concentrado de constitucionalidade,[743-744] e, ainda, partindo do pressuposto que o *overruling* no âmbito do STJ teria sido promovido em recurso repetitivo e que a posição do STF para a matéria teria sido veiculada em recurso extraordinário sob repercussão geral e não em controle concentrado de constitucionalidade, aduz o Tribunal que, em um primeiro momento, seria o caso de incidência da súmula 343 do STF, "em razão da razoabilidade da decisão rescindenda, 'a qual teria sido jul-

---

Tribunal Pleno, julgado em 24/8/2020, DJe de 16/11/2020).

742. "É constitucional a incidência do Imposto sobre Produtos Industrializados - IPI no desembaraço aduaneiro de bem industrializado e na saída do estabelecimento importador para comercialização no mercado interno."

743. O equívoco decorre do fato de que o STJ ignora o precedente do STF veiculado no RE n. 590.809, bem como as decisões que redundaram nos temas 881 e 885, conforme já desenvolvido aqui.

744. Além de equivocado, o voto também é contraditório, já que no mérito o Ministro Relator reconhece a capacidade de outros precedentes vinculantes além daqueles proferidos em controle concentrado de constitucionalidade servirem de fundamento para ação rescisória. É o que se observa do seguinte trecho do voto: "A tese jurídica prevalecente no Supremo Tribunal Federal, mormente no Tema 885, é a de que os julgados proferidos sob o rito da repercussão geral, em razão de sua força vinculante, têm o condão de alterar o quadro jurídico estabelecido anteriormente, situação que autoriza a flexibilização da coisa julgada de acordo com a cláusula 'rebus sic stantibus', aplicável às relações de trato sucessivo, sendo certo que, nesse contexto, a modificação do status quo tem efeitos imediatos e automáticos, tornando despicienda a propositura de ação rescisória ou de ação revisional (art. 505, I, do CPC/2015). Isso porque, na linha do voto do Ministro Luís Roberto Barroso, os precedentes qualificados produzem norma jurídica nova, com efeitos a partir da publicação da ata de julgamento. Saliento que a observância obrigatória dos precedentes judiciais abrange aqueles submetidos ao rito da repercussão geral, no âmbito do Supremo Tribunal Federal, bem como dos recursos especiais repetitivos, de competência do Superior Tribunal de Justiça, consoante prevê explicitamente o inciso III do art. 926 do CPC/2015, razão pela qual a adoção, por esta Corte Superior, da mesma concepção construída no julgamento do Tema 885 do STF está claramente justificada."

gada em momento em que ainda controvertida' a matéria", conforme exatamente consta do voto do Relator do caso.

Acontece que, ainda segundo o Relator, o caso em julgamento demandaria a realização de um *distinguishing*, uma vez que a decisão rescindenda teria sido proferida em uma demanda coletiva, ou seja, com efeitos *erga omnes* e *ultra partes*, beneficiando, portanto, uma infinidade de empresas. Logo, também segundo o Relator, não conhecer a ação rescisória proposta pela União implicaria "em violação clara e direta de vários princípios constitucionais, entre eles o da livre concorrência e o da isonomia", pois parte considerável do mercado permaneceria agraciada com tal decisão, em detrimento do restante das empresas do setor, o que desestabilizaria tal nicho econômico. Estaria, dessa forma, pretensamente justificada a distinção a implicar a admissibilidade da ação rescisória em julgamento.

Admitida a rescisória, no mérito, o STJ dá parcial provimento à ação rescisória, motivo pelo qual não reconhece a total invalidade do título executivo judicial (decisão rescindenda), mas sim a interrupção da eficácia da decisão nele externada, o que ocorreria com a publicação da ata de julgamento do já citado tema 906 pelo STF, em 09.09.2020.

Por mais paradoxal que possa parecer, já que tal ponto é reconhecido pelo STJ em uma ação rescisória, referido Tribunal acaba por encampar o entendimento do STF de que em relações jurídico-tributárias de trato sucessivo é possível, com base em precedente vinculante, a rescisão automática dos efeitos de uma decisão revestida de coisa julgada.

Não obstante, em sede de embargos de declaração[745] e ainda acompanhando o entendimento exarado pelo STF

745. Com o seguinte teor de ementa: "PROCESSUAL CIVIL. EMBARGOS DE DECLARAÇÃO. IPI. PRODUTOS IMPORTADOS. SAÍDA DO ESTABELECIMENTO IMPORTADOR. INCIDÊNCIA. TEMA DEBATIDO EM RECURSO ESPECIAL REPETITIVO E EM REPERCUSSÃO GERAL. CONTRADIÇÃO. INEXISTÊNCIA.

nos temas 881 e 885, o STJ aplicou a anterioridade prevista do Direito Tributário para o caso em questão, ou seja, considerando que o tributo questionado era o IPI e que tal exação está sujeita à incidência da anterioridade nonagesimal, concluiu que a rescisão da coisa julgada só teria eficácia "depois do transcurso do prazo de 90 dias da publicação da ata de julgamento do RE 946.648/SC".

Percebe-se, portanto, que replicando o entendimento exarado pelo STF nos temas 881 e 885, o STJ também tem entendido pela possibilidade de rescisão automática de coisa julgada com base em precedente vinculante, desde que respeitado o princípio da anterioridade pertinente para o tributo correlato.

Tal posição do STF, agasalhada pelo STJ, padece de inúmeros equívocos.

O primeiro deles já foi aqui repetidamente apresentado: o de equiparar conceitualmente precedente e lei, em razão da força normativa de ambos, o que, por sua vez, se desdobra na convocação de uma metódica também equivocada, na medida em se "aplica" a *ratio decidendi* de um precedente como se lei fosse.

OMISSÃO. OCORRÊNCIA. 1. Os embargos de declaração têm ensejo quando há obscuridade, contradição, omissão ou erro material no julgado. 2. Hipótese em que não há a contradição indicada, referente à manutenção dos efeitos da coisa julgada no período entre o precedente obrigatório do STJ, de 2015, e a publicação da ata de julgamento do recurso extraordinário, que decidiu ser "constitucional a incidência do Imposto sobre Produtos Industrializados - IPI no desembaraço aduaneiro de bem industrializado e na saída do estabelecimento importador para comercialização no mercado interno", pois, em face da repercussão geral, a palavra final acerca da matéria foi dada pela Corte Excelsa. 3. Houve omissão no julgado embargado quanto à aplicação do princípio da anterioridade e, nesse aspecto, vale registrar que o IPI submete-se ao princípio da anterioridade nonagesimal, razão pela qual a cobrança do tributo somente será possível em relação aos fatos geradores ocorridos depois do transcurso do prazo de 90 dias da publicação da ata de julgamento do RE 946.648/SC. 4. Embargos de declaração parcialmente acolhidos." (EDcl na AR n. 6.015/SC, relator Ministro Gurgel de Faria, Primeira Seção, julgado em 28/11/2023, DJe de 30/11/2023.).

Tal equívoco metodológico, por sua vez, gera a indevida dispensa da presença do Estado-juiz como mediador desse conflito de interesse, o qual deveria ser responsável por promover o devido processo legal e um tratamento substancialmente igualitário entre as partes. Essa ausência é ainda mais sentida na hipótese abordada no presente livro (relações jurídico-tributárias), objeto de julgamento nos citados *leading cases*, haja vista o já mencionado desnível de forças entre Estado e administrados.

O fato de a decisão pretoriana estipular a necessidade de respeito a limites de índole material (princípios da irretroatividade e da anterioridade) não resolve os equívocos conceitual e metodológico referidos, nem iguala a disparidade de forças entre os interessados na superação ou na manutenção da coisa julgada. Em verdade, limita-se a postergar a discussão quanto à correição da unilateral "aplicação" ou não do precedente vinculante para casos supostamente "idênticos". Daí, portanto, a necessidade de se respeitar o limite metodológico aqui defendido.

Por fim, embora não seja o mote propriamente dito desta obra e, mais precisamente, deste subtópico em específico, mas retomando as decisões proferidas pelo STF nos termas 881 e 885, o outro equívoco daquele Tribunal em tais julgamentos foi em não modular os efeitos da sua decisão, com o pretexto de que certos contribuintes, já cientes da posição do STF quanto à questão de fundo (constitucionalidade da CSLL), teriam "apostado" na manutenção das suas respectivas coisas julgadas, assumindo, portanto, o risco dessa escolha.

O equívoco dessa postura do STF está em analisar a modulação de efeitos a partir do caso de fundo (constitucionalidade) da CSLL, para o qual, diga-se de passagem, já não havia mais qualquer dúvida acerca da posição do Pretório Excelso.[746]

---

746. No mesmo sentido: JORGE, Carolina Schäffer. STF acerta em cessar a coisa julgada individual, mas erra ao não modular efeitos. *Consultor Jurídico*, 3 de março

Em verdade, a análise quanto à necessidade ou não de modulação de efeitos nesses *leading cases* deveria ater-se ao que estava sendo julgado naquela oportunidade, ou seja, a possibilidade de uma decisão do STF em sentido contrário a uma coisa julgada em uma relação jurídico-tributário de caráter sucessivo ter ou não o condão de, automaticamente, rescindir tal coisa julgada. Esse era o objeto de discussão pelo STF, e não a matéria afeta à constitucionalidade da CSLL.

Logo, levando em consideração que, até aquele momento, o STF não havia se manifestado acerca dessa capacidade rescisória **automática** das suas decisões, seria adequado que, em respeito à confiança jurídica depositada na coisa julgada até então formada, o Supremo tivesse modulado os efeitos da tese por ele fixada nos temas 881 e 885.

3.3.1.3 O limite assecuratório

Outro limite que deve obrigatoriamente estar presente na hipótese sob estudo é o que aqui se denomina de **limite assecuratório**.

Antes, todavia, de tratar desse limite em especial, convém novamente frisar o que tem sido aqui apresentado quase como um mantra: decisões judiciais, em particular aquelas proferidas pelos Tribunais Superiores, induzem comportamentos, o que, em matéria tributária, resulta no direcionamento de posturas de caráter econômico-empresariais e patrimoniais.

Daí a importância de a atividade jurisdicional ser metodologicamente tratada de forma integrada,[747] de modo a que as decisões judiciais, em especial as de caráter vinculante,

de 2023. Disponível em: https://www.conjur.com.br/2023-mar-03/carolina-schaffer-stf-sepultou-coisa-julgada-tributaria. Acesso em: 13 mar. 2023.

747. Tratando da importância da integridade do Direito judicial no âmbito do *Common Law*: FINE, Toni M. *Introdução ao sistema jurídico anglo-americano*. São Paulo: Martins Fontes, 2011. p. 78.

sejam estáveis, pois só essa estabilidade é capaz de gerar previsibilidade aos jurisdicionados, cujas facetas vão para além do papel de simples destinatários da atividade jurisdicional, mas se imbricam no mundo fenomênico, com vieses sociais, políticos, econômicos etc.

Tal fato, entretanto, não implica afirmar que as decisões judiciais não possam ser objeto de superação (*overruling*). Admitir o contrário equivaleria a afirmar que o Direito é algo estático, pronto e acabado, em total falta de sintonia com a realidade social na qual ele, Direito, está inserido, além de redundar em uma completa ignorância acerca do propósito para o que se destina.[748] Daí Humberto Ávila afirmar:

> O problema, porém, não é a mudança em si, mas os seus efeitos. Se ela surpreender o indivíduo que exerceu intensamente os seus direitos de liberdade e de propriedade, confiando e podendo confiar na sua permanência, a mudança de orientação pode ter efeitos negativos expressivos.[749]

O ponto nodal, portanto, está em conciliar a primordial tendência de estabilidade das decisões judiciais com a necessária capacidade de elas evoluírem para se ajustarem à realidade social em que estão inseridas; de forma muito sumária, a dificuldade a ser enfrentada está em harmonizar forças antagônicas de *estabilidade* e *movimento*.

Tentando resolver esse dilema, a *ratio decidendi* do RE n. 590.809 prevê não ser possível o manejo de instrumentos rescisórios fundamentado em um precedente do STF fruto de um *overruling* da própria Corte. Não há dúvida de que,

---

748. O que também é reconhecido no próprio ambiente do *Common Law*, conforme se observa a seguir: "A doutrina do *stare decisis* é de fundamental importância para a 'legalidade material' (*rule of law*), (mas) nossos precedentes não são sacrossantos. Já sobrepusemos decisões anteriores nas quais a necessidade e a propriedade de fazê-lo foram definidas." (*Ring v. Arizona*, 536 U.S. 584, 587 (2001) *apud* FINE, op. cit., p. 84).

749. ÁVILA, Humberto. *Segurança jurídica:* entre permanência, mudança e realização no Direito Tributário. São Paulo: Malheiros, 2011. p. 464.

ao assim decidir, o STF acaba por "premiar" casos que, por terem sido julgados em dado contexto histórico-temporal, foram contemplados por uma decisão judicial transitada em julgado e que, ulteriormente, torna-se contraposta *à* posição do Pretório Excelso, ou seja, torna-se dissonante do Direito judicial atual.

Em uma situação como a aqui narrada, o STF teria duas possibilidades: revisitar o passado e admitir a rescisão de **todas** as coisas julgadas anteriores ao seu novo entendimento ou, como decidido, se preocupar com o futuro, orientando e induzindo as condutas a serem tomadas dali para frente. Em ambas as situações, valores jurídicos são mitigados, o que só reforça a ideia de que o Direito não *é* uma ciência exata, devendo, não raramente, se contentar com boas decisões, já que as perfeitas são impossíveis de serem alcançadas. Em todo caso, ao assim decidir, i.e., afastando a possibilidade da rescisão da coisa julgada com base em precedentes frutos de *overruling*, o STF toma a decisão mais adequada a respeito de uma segurança jurídica de índole material, ou seja, como já visto anteriormente, uma segurança que dialoga com o valor justiça.

Isso porque, até o instante em que o STF alterou seu entendimento (T2)[750] para a matéria de fundo (creditamento de IPI em operações com alíquota zero – RE 353.657/PR) (P2),[751] tinha eficácia precedente anterior do mesmo STF (P1),[752] fixado em outro átimo temporal (T1),[753] em sentido contrário ao que fora então decidido em T2. Logo, no interregno entre T1 e T2, o jurisdicionado confiava em P1, confiança essa que deve ser respeitada pelo ordenamento jurídico, sob pena do "brutal absurdo de mandar alguém

750. Tempo 2.

751. Precedente 2.

752. Precedente 1.

753. Tempo 1.

hoje fazer alguma coisa ontem".[754] Nessa perspectiva conclui Ávila, embora tratando da retroatividade das **leis**:

> Esse absurdo decorre precisamente do fato de a norma retroativa não permitir o exercício da liberdade: como a ação já foi praticada, a atuação da norma retroativa é contrária à autonomia individual, pois elimina a possibilidade de decisão individual a respeito de comportamentos alternativos, visto que impõe uma consequência normativa sem permitir a **livre escolha** individual.[755]

Mais adiante, tratando da especificamente da retroatividade da jurisprudência, o citado professor faz o seguinte paralelo[756] com o excerto acima:

> No caso da "retroatividade da jurisprudência" podem ocorrer duas situações: a surpresa do cidadão pode referir-se à aplicação de uma decisão **D2** relativamente a um período e que a decisão **D1** era aplicável ao seu caso, em virtude da sua eficácia geral: nesse período ele **era obrigado a obedecer** *à decisão* **D1**; ou a surpresa do cidadão pode dizer respeito à aplicação de uma decisão **D2** relativamente a um período em que **se podia acreditar ser aplicável** a decisão **D1**: nesse período ele **podia razoavelmente contar com a aplicação** da decisão **D1** também para o seu caso. Nos dois casos, porém, existe um problema de surpresa e, portanto, de falta de cognoscibilidade e de calculabilidade do Direito. É aqui, precisamente, que se situa o problema da retroatividade da jurisprudência.[757]

São essas situações descritas por Humberto Ávila que o limite assecuratório visa a salvaguardar, ou seja, tem por escopo evitar a frustração *de* expectativas jurídicas até

---

754. FULLER, Lon *apud* ÁVILA, Humberto. *Segurança jurídica:* entre permanência, mudança e realização no Direito Tributário. São Paulo: Malheiros, 2011. p. 476.

755. Idem, p. 476. Grifos do autor.

756. Paralelo esse que, todavia, respeita uma diferença entre retroatividade de leis e retroatividade da jurisprudência.

757. ÁVILA, Humberto. *Segurança jurídica:* entre permanência, mudança e realização no Direito Tributário. São Paulo: Malheiros, 2011. p. 477-478. Grifos do autor.

então alimentadas por um precedente vinculante que induzia certas condutas dos jurisdicionados.

Não obstante, para que o limite assecuratório tenha maior eficiência prática, é fundamental que o Tribunal emissor do novo precedente não apenas sinalize previamente a mudança de entendimento, mas que, ao assim *fazê-lo*, afirme, textualmente, que está superando uma posição anterior, justificando essa guinada. Isso porque:

> O *overruling* apresenta-se como o resultado de um **discurso de justificação** em que resulta infirmada a própria **validade** da regra antes visualizada como correta. Por isso, as razões que o justificam devem ser ainda mais fortes que as que seriam suficientes para o *distinguishing* (seja a interpretação restritiva ou a redução teleológica do precedente judicial).[758]

A metódica aqui proposta para os casos de *overruling* é de vital importância para que a constatação quanto à superação ou não de um precedente não fique apenas no campo das especulações, mas se apresente no campo da certeza.

Outro ponto que merece reflexão diz respeito *à* forma como esse limite irá dialogar com as relações jurídicas de trato sucessivo em matéria tributária.

Retomando a decisão exarada no RE n. 590.809, onde o limite assecuratório aqui desenvolvido é gestado, percebe-se que a discussão não se aprofunda nesse debate, i.e., dos efeitos do limite assecuratório para as relações jurídicas de trato sucessivo. Isso porque, naquele caso, o objetivo primordial da ação rescisória julgada era desfazer a coisa julgada com foco no passado.

O problema aqui posto *é* de alguma forma resolvido no âmbito dos citados RE n. 949.297 e 955.227 (temas 881 e 885),

---

758. BUSTAMANTE, Thomas da Rosa. *Teoria do precedente judicial.* São Paulo: Noeses, 2013. p. 388. Grifos do autor.

pois, segundo o que fora lá decidido, sempre que se estiver diante de uma relação jurídica sucessiva um limite assecuratório de índole **material**-tributário deverá ser respeitado, já que nessa situação deverão incidir os princípios da irretroatividade e da anterioridade tributária (genérica, nonagesimal ou especial[759]), a depender da espécie da exação em análise.

Assim, segundo o decidido pelo STF, em se tratando de relação jurídica sucessiva e, ainda, sendo a rescisão almejada pautada por um precedente fruto de um *overruling* do STF, o efeito prático da rescisão não pode retroceder para revolver o passado e, em relação ao futuro, **também** deve respeitar o hiato temporal decorrente da incidência de uma das espécies do princípio da anterioridade, a depender do tipo de tributo em debate. Nesse caso, portanto, há uma dupla proteção aos efeitos da rescisão da coisa julgada, garantindo-se a movimentação jurisprudencial e seus efeitos práticos para o futuro, mas sem perder do horizonte a preocupação com o valor segurança. Há, dessa forma, uma conciliação entre justiça e segurança.

Para esta obra, essa preocupação também deve valer para aqueles casos em que a coisa julgada se paute em fundamentos exclusivamente desenvolvidos a partir da legislação federal, ou seja, **sem** conotação constitucional, formado com base em um entendimento até então vigente por parte do STJ e que, em outro momento histórico, é fruto de um *overruling* por parte do Tribunal na Cidadania. Nessa

759. Segundo Regina Helena Costa, a anterioridade em matéria tributária se subdivide em três espécies, sendo elas: (i) genérica, (ii) especial e (iii) nonagesimal. A anterioridade genérica é aquela também chamada de anterioridade ao exercício, a qual está capitulada no art. 150, inciso III, "b", da CF. Já a anterioridade nonagesimal é aquela destinada às contribuições sociais e capitulada no art. 195, § 6º, da CF. Por fim, a anterioridade especial é fruto da conjugação da anterioridade genérica com a nonagesimal, inserida na *Magna Lex* pela Emenda Constitucional n. 42/2003 e prescrita no art. 150, inciso III, "c", da CF. Nesse sentido: COSTA, Regina Helena. *Curso de direito tributário:* Constituição e Código Tributário Nacional. 2. ed. São Paulo: Saraiva, 2021. p. 81.

hipótese, defende-se aqui que o limite assecuratório também deve ser respeitado.

A questão, todavia, torna-se mais tormentosa quando há um diálogo antagônico entre precedentes do STJ e do STF, ou seja, naqueles casos em que o STJ finca posição em determinado sentido e, após um lapso temporal, por entender que a discussão comporta uma abordagem constitucional, o STF conclui em sentido oposto ao decidido pelo STJ. Nessas hipóteses, restaria configurado um *overruling* a justificar a incidência do limite assecuratório aqui defendido?

Como já indicado no início do presente Capítulo, o fato de as lides tributárias, em sua grande maioria, apresentarem ao mesmo tempo o enfrentamento de questões constitucionais e infraconstitucionais acaba por gerar a complexidade então analisada, na medida em que essa particularidade da demanda tributária possibilita a existência de decisões antagônicas do STJ e do STF para um mesmo fato jurídico-tributário e, o que é pior, muitas vezes entre longos espaços de tempo.

Um exemplo que bem ilustra esta discussão é aquele retratado no tema 71,[760] com julgamento finalizado pelo STF em setembro de 2008, e que dizia respeito à possibilidade de Lei Ordinária revogar isenção tributária para o PIS e para a Cofins concedida às sociedades civis de profissão regulamentada por meio de Lei Complementar. Fixada a tese pela constitucionalidade da sobredita revogação, o STF deu início ao debate acerca da modulação ou não de efeitos em relação a tal decisão, prevalecendo a tese que afastou a modulação,[761] ao fundamento de que já haveria uma jurisprudência

---

760. Que desembocou na seguinte tese: "É legítima a revogação da isenção estabelecida no art. 6º, II, da Lei Complementar 70/1991 pelo art. 56 da Lei 9.430/1996, dado que a LC 70/1991 é apenas formalmente complementar, mas materialmente ordinária com relação aos dispositivos concernentes à contribuição social por ela instituída.".

761. Vencidos os Ministros Menezes Direito, Eros Grau, Celso de Mello, Ricardo Lewandowski e Carlos Britto.

consolidada pelo STF na linha do que fora meritoriamente decidido no caso, bem como pelo fato da decisão tomada estar amparada em manifestações doutrinárias.[762]

Acontece que, em maio de 2003, o STJ já havia sumulado[763] a questão em sentido contrário e o próprio STF não conhecia os recursos extraordinários então interpostos, ao fundamento de que tais recursos implicariam ofensa reflexa ao texto constitucional.[764] Isso só foi alterado em maio de 2006, por meio do julgamento do RE n. 419.629-8/DF,[765] oportunidade em que o STF reconheceu que a matéria teria caráter constitucional e anulou a decisão proferida pelo STJ por "usurpação de competência", determinando que outra fosse proferida, porém, adstrita às questões infraconstitucionais.

Diante desse quadro, é importante relembrar que o Poder Judiciário, embora se subdivida em diferentes órgãos jurisdicionais, é um Poder uno e indivisível, "assim como é a sua função precípua – a jurisdição – por apresentar sempre o

---

762. Nesse sentido foi a manifestação do Relator do caso, Ministro Gilmar Mendes: "- Na verdade, manifesto-me no sentido de não acolher o pedido de modulação. Entendo que a matéria já era jurisprudência do Supremo Tribunal Federal – aí temos essas divergências já na ADC 1. [...]. - E também temos uma doutrina bastante rica, nessa perspectiva, a partir do nosso clássico e saudoso Geraldo Ataliba, quanto á lei complementar, quando dizia que não havia ontologia da lei complementar, mas era preciso que a Constituição assim definisse, portanto, se houvesse, de alguma forma, um excesso legislativo abarcando matérias que não comportavam esse conceito. E me parece que essa é a dogmática mais compatível com a sistemática geral. De modo que me manifesto no sentido contrário à modulação." (Supremo Tribunal Federal (Tribunal Pleno). Recurso Extraordinário n. 377.457/PR. Recorrido: União. Relator Min. Gilmar Mendes, 17 de setembro de 2008.).

763. Nos termos da sua (atualmente cancelada) súmula n. 276, *verbis:* "As sociedades civis de prestação de serviços profissionais são isentas da COFINS, irrelevante o regime tributário adotado.".

764. O que impedia o conhecimento dos recursos extraordinários interpostos com base na súmula n. 282 do Pretório Excelso: "É inadmissível o recurso extraordinário, quando não ventilada, na decisão recorrida, a questão federal suscitada.".

765. Supremo Tribunal Federal (Primeira Turma). Recurso Extraordinário 419.629 DF. Rel. Min. Sepúlveda Pertence, 23 de maio de 2006.

mesmo conteúdo e a mesma finalidade".[766] Logo, quando um dos seus integrantes ou órgão se manifesta, o faz em nome do Poder Judiciário brasileiro, devendo gravitar em torno dessa manifestação um enorme senso de institucionalidade.

Pois bem. Na hipótese do sobredito tema 71 o cenário então existente pode ser sumarizado da seguinte forma: em determinado momento (T1)[767], o STJ veiculou precedente em certo sentido, o qual, por representar a posição institucional do órgão para a matéria, foi sumulado. Não obstante, após essa posição do STJ e instado a se manifestar, o STF, em T2,[768] reiteradamente declinou da competência para o julgamento, pois entendia que a questão não poderia ser conhecida por implicar ofensa reflexa à Constituição Federal. Em outros termos, o STF, ainda que indiretamente, vaticinou, nesse momento, a posição exarada e sumulada pelo STJ. Apenas em maio de 2006 (T3)[769] o STF promove um *overruling* quanto à questão da admissibilidade dos recursos extraordinários para a matéria e, em setembro de 2008 (T4)[770], profere decisão em sentido diametralmente oposto àquela veiculada pelo STJ.

É inegável, portanto, que nessa específica situação, até o advento de uma decisão do STF pelo conhecimento de um Recurso Extraordinário para a matéria (T3), havia uma confiança dos jurisdicionados em uma consolidada decisão do Poder Judiciário, ou seja, na linha defendida por Humberto Ávila, havia a sensação de que tal decisão **deveria ser obrigatoriamente obedecida**. Não obstante, até o encerramento do julgamento da questão sob a ótica constitucional,

766. CINTRA, Antonio Carlos de Araújo; DINAMARCO, Cândido Rangel; GRINOVER, Ada Pelegrini. *Teoria geral do processo*. 14. ed. São Paulo: Malheiros, 1998. p. 157.

767. Tempo 1.

768. Tempo 2, posterior a T1.

769. Tempo 3, posterior a T1 e T2.

770. Tempo 4, posterior a T1, T2 e T3.

em setembro de 2008 (T4), também era possível **razoavelmente** acreditar que tal decisão **deveria ser obedecida**. Logo, essa guinada jurisprudencial por parte do STF não poderia suscitar o manejo de ações rescisórias, em respeito ao limite assecuratório aqui defendido. Quando muito, poderia ensejar o ajuizamento de ações revisionais, com foco, portanto, nos fatos geradores ulteriores ao então novel entendimento do STF para a matéria.

Em situações como a tratada neste estudo, o critério objetivo para definir se é o caso de se respeitar ou não o limite assecuratório é verificar se, após manifestação consolidada do STJ, advém, por sua vez, decisão do STF negando ter competência para o julgamento da questão. Caso haja manifestação pretoriana nesse sentido e, em momento temporal posterior, o STF reveja essa sua posição quanto ao conhecimento da matéria e decida, no mérito, em sentido oposto ao STJ, é o caso de se respeitar o limite assecuratório aqui desenvolvido.

O respeito a tal limite parte de uma ideia de unidade das manifestações jurisdicionais, a qual se torna um importante delimitador da atividade jurisdicional exercida pelo Poder Judiciário. Isso, por sua vez, redunda em um importante senso de institucionalidade das decisões proferidas por tal órgão.

3.3.1.4 O limite temporal

Por fim, existe ainda um último limite obrigatório a ser respeitado, aqui chamado de limite temporal. Antes, todavia, de seguir adiante neste tópico, mister se faz destacar que o limite temporal a ser desenvolvido vale para o manejo de um específico instrumento processual rescisório, i.e., a ação rescisória, a qual tem por objetivo não só desfazer os efeitos prospectivos da coisa julgada, mas também os efeitos pretéritos. Nessa situação, é pressuposto obrigatório que a coisa julgada a ser rescindida não se enquadre naquelas hipóteses sujeitas à incidência do limite assecuratório, imediatamente referido no tópico anterior.

Em outros termos, se o intuito rescisório estiver pautado em precedente fruto de um *overruling* do STF ou do STJ,[771] a eficácia de eventual decisão rescisória operará apenas para o futuro, e isso desde que respeitadas as balizas acima definidas para o limite assecuratório. Nessa específica hipótese, portanto, não haverá espaço para o particular manejo da ação rescisória, mas apenas da ação revisional, o que tornaria despicienda a discussão quanto ao emprego do limite temporal.

Feito esse esclarecimento inicial, a ação rescisória com base em precedentes está sujeita a mais um limite para além daqueles desenvolvidos no tópico anterior: o **limite temporal**, nos exatos termos do art. 975 do CPC/2015.[772] Dessa feita, a referida ação deve ser proposta em até 02 (dois) anos contados do trânsito em julgado da decisão a ser rescindida.[773]

---

771. Conforme desenvolvido no tópico imediatamente anterior.

772. "Art. 975. O direito à rescisão se extingue em 2 (dois) anos contados do trânsito em julgado da última decisão proferida no processo.".

773. Nesse sentido: "CIVIL E PROCESSUAL CIVIL. AGRAVO INTERNO NO AGRAVO INTERNO NO RECURSO ESPECIAL. AÇÃO RESCISÓRIA. PRAZO DECADENCIAL. TERMO INICIAL. DECISÃO FINAL. TRÂNSITO EM JULGADO. SÚMULA N. 401/STJ. COISA JULGADA 'POR CAPÍTULOS'. INADMISSIBILIDADE. DECISÃO MANTIDA. **1. O prazo decadencial de 2 (dois) anos para a propositura da ação rescisória inicia com o trânsito em julgado da última decisão proferida no processo, o qual se aperfeiçoa com o exaurimento dos recursos cabíveis ou com o transcurso do prazo recursal, a teor do que dispõe a Súmula n. 401/STJ: 'O prazo decadencial da ação rescisória só se inicia quando não for cabível qualquer recurso do último pronunciamento judicial.**' 2. É incabível o trânsito em julgado de capítulos da sentença ou do acórdão em momentos distintos, a fim de evitar o tumulto processual decorrente de inúmeras coisas julgadas em um mesmo feito. 3. Agravo interno a que se nega provimento." (Superior Tribunal de Justiça (Quarta Turma). Agravo Interno no Agravo Interno no Recurso Especial n. 1.987.014/SP. Relator Ministro Antonio Carlos Ferreira, 14 de novembro de 2022. Grifos nossos). "PROCESSUAL CIVIL. TRIBUTÁRIO. IRRESIGNAÇÃO DO RECORRENTE ACERCA DA NÃO CONSUMAÇÃO DA DECADÊNCIA EM RAZÃO DA INTERPOSIÇÃO DOS DECLARATÓRIOS. DECLARATÓRIOS JULGADOS INTEMPESTIVOS E

Assim, se a decisão proferida pelo STF ou pelo STJ, a depender do caso, sobrevier depois do transcurso do prazo de 02 (dois) anos do trânsito em julgado da decisão a ser rescindida, não seria mais possível o ajuizamento da correspondente ação rescisória. Isso porque, da mesma forma que a coisa julgada não é absoluta, o direito à sua flexibilização mediante o emprego de ação rescisória não é irrestrito, razão pela qual deve sujeitar-se a determinados limites, dentre eles o temporal, sob pena de a garantia da coisa julgada ser dizimada por completo, e não apenas flexibilizada.[774] Tal fato, por seu turno, poderia implicar a perpetuação das controvérsias, inclusive aquelas já submetidas à mediação jurisdicional, com o seu revolvimento a qualquer

---

INADMISSÍVEIS. CONFIGURAÇÃO DE MÁ-FÉ NA REITERAÇÃO. PRETENSÃO DE REEXAME FÁTICO-PROBATÓRIO. INCIDÊNCIA DO ENUNCIADO N. 7 DA SÚMULA DO STJ. I - Na origem, trata-se de ação rescisória visando *à* rescisão de acórdão que manteve arrematação realizada nos autos de execução fiscal. No Tribunal a quo julgou-se liminarmente improcedente a ação rescisória, diante do decurso do prazo de dois anos do trânsito em julgado. Nesta Corte não se conheceu do recurso especial. II - Verifica-se que a irresignação do recorrente, acerca da não consumação da decadência em razão da interposição dos declaratórios, vai de encontro às convicções do julgador a quo, que, com lastro no conjunto probatório constante dos autos, decidiu que os apontados declaratórios foram julgados intempestivos e inadmissíveis, além de ter sido configurada a má-fé na sua reiteração, razão pela qual não tiveram o condão de postergar o termo inicial do prazo decadencial da ação rescisória. III - Para rever tal posição e interpretar os dispositivos legais indicados como violados, seria necessário o reexame desses mesmos elementos fático-probatórios, o que é vedado no âmbito estreito do recurso especial. Incide na hipótese a Súmula n. 7/STJ. **IV - Verifica-se que o acórdão recorrido está em consonância com a jurisprudência do Superior Tribunal de Justiça que é no sentido de que o prazo decadencial de dois anos para o ajuizamento da ação rescisória tem início a partir do trânsito em julgado da última decisão ainda que intempestivos embargos de declaração, ressalvada a hipótese de evidente má-fé na interposição dos declaratórios, que é justamente o caso.** Confiram-se: REsp n. 765.823/PR, Rel. Ministro Herman Benjamin, Segunda turma, julgado em 27/3/2007, DJ 10/9/2007, p. 212/ REsp n. 544.870/RS, Rel. Ministro Teori Albino Zavascki, Primeira Turma, julgado em 18/11/2004, DJ 6/12/2004, p. 201. V - Agravo interno improvido." (Superior Tribunal de Justiça (Segunda Turma). **Agravo Interno no Agravo em Recurso Especial n. 1.416.740/RS**. Relator Ministro Francisco Falcão, 6 de junho de 2019. Grifos nossos).

774. É verdade que a admissibilidade de ação rescisória pautada em decisão do STF ou do STJ posterior e contrária à decisão a ser rescindida resulta em uma mitigação da coisa julgada. Tal conclusão, todavia, não quer significar (e nem poderia) na completa e absoluta revogação da aludida garantia fundamental.

instante, bastando, para tanto, a existência de uma posterior decisão dos Tribunais Superiores em sentido contrário ao trânsito em julgado, ainda que isso se desse com enorme lapso temporal entre a coisa julgada e a decisão pretoriana.

Nessa esteira, sob uma perspectiva macroscópica, o grande prejudicado seria o próprio Direito, na medida em que se tornaria incapaz de realizar sua missão: **resolver** materialmente os problemas de convivência humana, na medida em que os conflitos solucionados sempre estariam sob o risco de um efeito Lázaro, i.e., de serem eternamente ressuscitados. A resolução de um problema, contudo, para ser efetiva, pressupõe uma real intenção de permanência.

Diante desse quadro, resta clara a necessidade de também se respeitar de forma obrigatória esse limite temporal de 2 anos, contados do trânsito em julgado da decisão a ser rescindida, nos exatos termos do art. 975 do CPC.

Ressalte-se, todavia, que desde o advento da Lei n. 11.232, de 2005, o sistema processual brasileiro convive com um regime jurídico especial para fins de rescisão do que se convencionou a chamar de "coisa julgada inconstitucional",[775] regime esse que foi fruto, à época, da inserção do art. 475-L, § 1º, no CPC/73.[776]

---

775. A expressão é acertadamente criticada por Barbosa Moreira, já que a inconstitucionalidade recai sobre a decisão, e não sobre a sua imutabilidade. (BARBOSA MOREIRA, José Carlos. Considerações sobre a chamada "relativização" da coisa julgada material. *In*: DIDIER JÚNIOR, Fredie (org.). *Relativização da coisa julgada*. 2. ed. Salvador: JusPodivm, 2008. p. 239). No mesmo sentido: CABRAL, Antonio do Passo. *Coisa julgada e preclusões dinâmicas:* entre continuidade, mudança e transição de posições processuais estáveis. 3. ed. Salvador: JusPodivm, 2019. p. 193.

776. "Art. 475-L. A impugnação somente poderá versar sobre:
[...].
II – inexigibilidade do título;
[...].
§ 1º Para efeito do disposto no inciso II do *caput* deste artigo, considera-se também inexigível o título judicial fundado em lei ou ato normativo declarados inconstitucionais pelo Supremo Tribunal Federal, ou fundado em aplicação ou interpretação da lei ou ato normativo tidas pelo Supremo Tribunal Federal como incompatíveis com a Constituição Federal.".

Atualmente, a regra do revogado *Codex* foi substituída pelo disposto nos artigos 525, §§ 12 e 15, e 535, §§ 5º e 8º, todos do Estatuto Processual Civil.[777] Apesar da similaridade dos dispositivos, não será objeto de análise o prescrito no citado art. 525, haja vista a sua pertinência com execuções entre particulares, hipótese que foge ao escopo da presente obra. O foco, aqui, será no disposto no art. 535 do CPC, o qual será mais bem detalhado a seguir.

3.3.1.4.1 O limite temporal, o regime rescisório do art. 535, §§ 5º e 8º do CPC, e suas particularidades

O art. 535, §§ 5º e 8º do CPC, assim como o sobredito art. 525, §§ 12 e 15, apresenta uma influência do direito alemão[778] e, uma vez conjugados com o art. 966 e seguin-

---

777. "Art. 525. Transcorrido o prazo previsto no art. 523 sem o pagamento voluntário, inicia-se o prazo de 15 (quinze) dias para que o executado, independentemente de penhora ou nova intimação, apresente, nos próprios autos, sua impugnação.
[...].
§ 12. Para efeito do disposto no inciso III do § 1º deste artigo, considera-se também inexigível a obrigação reconhecida em título executivo judicial fundado em lei ou ato normativo considerado inconstitucional pelo Supremo Tribunal Federal, ou fundado em aplicação ou interpretação da lei ou do ato normativo tido pelo Supremo Tribunal Federal como incompatível com a Constituição Federal, em controle de constitucionalidade concentrado ou difuso.
[...].
§ 15. Se a decisão referida no § 12 for proferida após o trânsito em julgado da decisão exequenda, caberá ação rescisória, cujo prazo será contado do trânsito em julgado da decisão proferida pelo Supremo Tribunal Federal.
[...]
Art. 535. A Fazenda Pública será intimada na pessoa de seu representante judicial, por carga, remessa ou meio eletrônico, para, querendo, no prazo de 30 (trinta) dias e nos próprios autos, impugnar a execução, podendo arguir:
§ 5º Para efeito do disposto no inciso III do caput deste artigo, considera-se também inexigível a obrigação reconhecida em título executivo judicial fundado em lei ou ato normativo considerado inconstitucional pelo Supremo Tribunal Federal, ou fundado em aplicação ou interpretação da lei ou do ato normativo tido pelo Supremo Tribunal Federal como incompatível com a Constituição Federal, em controle de constitucionalidade concentrado ou difuso.
[...].
§ 8º Se a decisão referida no § 5º for proferida após o trânsito em julgado da decisão exequenda, caberá ação rescisória, cujo prazo será contado do trânsito em julgado da decisão proferida pelo Supremo Tribunal Federal.".

778. Conforme destaca Eduardo Talamini, ao afirmar que "quando julgada inconstitucional uma lei pelo Tribunal Federal Constitucional da Alemanha, em princípio, as

tes do CPC, acaba por moldar a existência de dois regimes jurídicos distintos de ação rescisória: um de caráter geral, previsto no já citado art. 966 do CPC/2015, e outro de natureza especial, capitulado nos arts. 525 e 535 do *Codex*, para aqueles casos em que há decisão inconstitucional *exequenda*, ou seja, que não tenha sido satisfeita espontaneamente e, por óbvio, ainda esteja pendente de cumprimento.

Não há, aqui, uma nova hipótese de cabimento da ação rescisória, já que o prescrito nos artigos 525 e 535 do CPC está amparado pelo disposto no art. 966, inciso V, do mesmo *Codex*. Há, em verdade, apenas um regime jurídico procedimental especial para aquelas hipóteses em que a coisa julgada a ser rescindida é proveniente de uma tutela jurisdicional executável, o que será mais bem explicado a seguir.

Assim, segundo o regime especial da ação rescisória previsto exclusivamente para a fase de cumprimento de sentença, é cabível a rescisão de uma sentença transitada em julgado com base em precedente pretoriano por intermédio de (i) simples impugnação, se a decisão pendente de cumprimento for dissonante do precedente do STF e tiver sido proferida após a decisão pretoriana[779] ou (ii) por meio

---

decisões judiciais que a aplicaram permanecem válidas e eficazes. Apenas poderão ser desconstituídas (a) as condenações criminais e (b) as sentenças condenatórias cíveis que ainda não tenham sido executadas (Lei do Tribunal/constitucional, § 79, n. 2). Para essa segunda hipótese é que lá se prevê a impugnação à execução em moldes similares à hipótese ora examinada (ZPO, § 767). [Os pronunciamentos do STF sobre questões constitucionais e sua repercussão sobre a coisa julgada (impugnação ao cumprimento do título executivo inconstitucional e a regra especial sobre prazo de ação rescisória).” (TALAMINI, Eduardo. Os pronunciamentos do STF sobre questões constitucionais e sua repercussão sobre a coisa julgada (impugnação ao cumprimento do título executivo inconstitucional e a regra especial sobre prazo de ação rescisória). *In:* CABRAL, Antonio do Passo; DIDIER JÚNIOR, Fredie. *Coisa julgada e outras estabilidades processuais.* Salvador: JusPodivm, 2018. p. 369).

779. Mecanismo processual esse reconhecido como constitucional pelo STF no âmbito do RE n. 611.503, julgado sob repercussão geral (tema 360) e assim ementado: “RECURSO EXTRAORDINÁRIO. COISA JULGADA INCONSTITUCIONAL. ARTIGO 741, PARÁGRAFO ÚNICO, E ARTIGO 475-L, PARÁGRAFO PRIMEIRO, DO CÓDIGO DE PROCESSO CIVIL DE 1973. ARTIGO 525, PARÁGRAFO PRIMEIRO, INCISO III, PARÁGRAFOS 12 E 14, E ARTIGO 535, PARÁGRAFO 5º, DO CÓDIGO

de ação rescisória propriamente dita, se a decisão pendente de satisfação for dissonante de um julgado da Suprema Corte advindo após o *decisum* sob cumprimento judicial.

Desdobrando os regimes mencionados, resta claro que a impugnação à decisão inconstitucional revestida pela coisa julgada só é cabível se o precedente pretoriano convocado como seu fundamento for **anterior** ao trânsito em julgado combatido. Nessa hipótese, o que está devidamente positivado no CPC/2015 é o reconhecimento quanto ao *error in procedendo* desse tipo de decisão, o que, por sua vez, implica a existência de vício insanável.

Em contrapartida, se a sobredita decisão objeto do cumprimento se formou antes do advento do precedente do STF, a única alternativa remanescente é o ajuizamento de ação rescisória, cujo prazo de 2 (dois) anos para seu ajuizamento "será contado do trânsito em julgado da decisão proferida pelo Supremo Tribunal Federal". Nessa hipótese específica o prazo para o ajuizamento da referida rescisória não teria mais início com o trânsito em julgado da decisão rescindenda, mas sim com o trânsito em julgado da decisão do STF a fundamentar aludida ação rescisória.[780]

DE PROCESSO CIVIL DE 2015. 1. São constitucionais as disposições normativas do parágrafo único do art. 741 do CPC, do § 1º do art. 475-L, ambos do CPC/73, bem como os correspondentes dispositivos do CPC/15, o art. 525, § 1º, III e §§ 12 e 14, o art. 535, § 5º. 2. Os dispositivos questionados buscam harmonizar a garantia da coisa julgada com o primado da Constituição, agregando ao sistema processual brasileiro, um mecanismo com eficácia rescisória de sentenças revestidas de vício de inconstitucionalidade qualificado. 3. São consideradas decisões com vícios de inconstitucionalidade qualificados: (a) a sentença exequenda fundada em norma reconhecidamente inconstitucional, seja por aplicar norma inconstitucional, seja por aplicar norma em situação ou com sentido inconstitucional; (b) a sentença exequenda que tenha deixado de aplicar norma reconhecidamente constitucional. 4. Para o reconhecimento do vício de inconstitucionalidade qualificado exige-se que o julgamento do STF, que declara a norma constitucional ou inconstitucional, tenha sido realizado em data anterior ao trânsito em julgado da sentença exequenda. 5. Recurso extraordinário a que se nega provimento." (Supremo Tribunal Federal (Tribunal Pleno). Recurso Extraordinário 611.503 SP. Relator: Min. Teori Zavascki. Relator p/ Acórdão: Edson Fachin, 20 de agosto de 2018).

780. Defendendo a decisão pretoriana como termo *a quo* para o ajuizamento da ação rescisória nessa hipótese e, inclusive, antes mesmo da previsão legal estampada no

A previsão desse termo inicial específico na hipótese de tutelas jurisdicionais executáveis, se aplicado sem mais reflexões, pode acarretar sérios problemas, na medida em que protela no tempo o termo inicial para o ajuizamento da ação rescisória, a qual fica à mercê da manifestação do STF e do consequente trânsito em julgado da decisão por ele proferida.[781-782] Tal fato, por seu turno, pode implicar a eternização das demandas judiciais, o que redunda no completo esvaziamento da coisa julgada e, repita-se, em ofensa ao Direito enquanto modelo humano-cultural de realização de justiça em concreto.[783] Tal questão não passou despercebida de Botelho de Mesquita, *in verbis*:

CPC/2015, é a posição de RODRIGUES, Walter Piva. *Coisa julgada em matéria tributária*. São Paulo: Quartier Latin, 2008. p. 117. No mesmo sentido do citado processualista, mas por motivos diversos é a posição de THEODORO JÚNIOR, Humberto; FARIA, Juliana Cordeiro. A coisa julgada inconstitucional e os instrumentos processuais para seu controle. *In*: NASCIMENTO, Carlos Valder do (coord.). *Coisa julgada inconstitucional*. 2. ed. Rio de Janeiro: América Jurídica, 2005. p. 115.

781. Não se questiona, aqui, a juridicidade do instrumento rescisório em si, o qual, inclusive, já foi julgado constitucional pelo STF, no âmbito da ADI n. 2.418. O ponto aqui levantado está circunscrito ao termo inicial dessa específica hipótese para fins de rescisão da coisa julgada.

782. Em sentido oposto ao aqui defendido, Humberto Theodoro Júnior e Juliana Cordeiro de Faria defendem a inexistência de um limite temporal para a rescisão da decisão inconstitucional acobertada pela coisa julgada, ao fundamento de que em tal hipótese a decisão seria nula, o que, ainda segundo os autores, poderia até mesmo ser reconhecido de ofício pelo Poder Judiciário ou mediante provocação por meio da *querela nullitatis* (THEODORO JÚNIOR, Humberto; FARIA, Juliana Cordeiro. O tormentoso problema da inconstitucionalidade da sentença passada em julgado. *In:* DIDIER JÚNIOR, Fredie (org.). *Relativização da coisa julgada*. 2. ed. Salvador: JusPodivm, 2008. p. 196 e ss.). Teresa Arruda Alvim Wambier e José Miguel Garcia Medina, partindo do pressuposto de que a decisão inconstitucional seria uma decisão inexistente, defendem que a rescisão desse tipo de *decisum* não dependeria de específica ação rescisória, podendo ser provocado por mera ação declaratória. Logo, tal questionamento não estaria sujeito ao biênio próprio da ação rescisória (WAMBIER, Teresa Arruda Alvim; MEDINA, José Miguel Garcia. Relativização da coisa julgada. *In:* DIDIER JÚNIOR, Fredie (org.). *Relativização da coisa julgada*. 2. ed. Salvador: JusPodivm, 2008. p. 388).

783. Para que o Direito possa ser visto e, mais do que isso, efetivamente sentido no âmbito prático por uma dada comunidade histórica como instrumento apto a realizar justiça em concreto, mister se faz que ele (Direito) apresente mecanismos capazes de preservar, ainda que minimamente, as suas próprias manifestações, no caso,

> De resto, a coisa julgada não visa apenas *(sic)* garantir a certeza, a segurança e a estabilidade das relações jurídicas protegidas por sentenças transitadas em julgado.
>
> **A coisa julgada é uma exigência lógica e ontológica do conceito de processo.** Processo é caminho em direção a algo. Supõe que um dia termine.
>
> [...].
>
> Processo sem coisa julgada é mero procedimento ou processo de jurisdição voluntária, administrativa ou graciosa. De jurisdição contenciosa nunca será.[784-785]

Como dito em linhas pretéritas, referida disposição legal tem a potencial aptidão de não só flexibilizar, mas de efetivamente **dizimar** a garantia constitucional da coisa julgada e, nesse sentido, o Direito deixaria de cumprir com seu mister alhures destacado.

Diante desse quadro, torna-se importante aqui delimitar os contornos do regime jurídico do art. 535, §§ 5º e 8º, todos do CPC, de modo a atribuir-lhes uma interpretação conforme a Constituição. Logo, convém resgatar o que já foi dito alhures: a rescisória do art. 535 existe para aquelas

---

suas manifestações judicativas, sob pena, inclusive, de o destinatário do Direito, o ser humano, não mais confiar neste instrumento de resolução racional de problemas de convivência e, com isso, fomentar uma guinada a um modelo irracional de solução de conflitos, como se dá, *v.g.*, no âmbito da autotutela.

784. BOTELHO DE MESQUITA, José Ignacio. *A coisa julgada*. Rio de Janeiro: Forense, 2006. p. 118. Grifos nossos.

785. No mesmo sentido são as lições de Barbosa Moreira: "O interesse da preservação da *res iudicata*, ultrapassa, contudo, o círculo das pessoas envolvidas. A estabilidade das decisões é condição essencial para que possam os jurisdicionados confiar na seriedade e na eficiência do funcionamento da máquina judicial. Todos precisam saber que, se um dia houverem de recorrer a ela, seu pronunciamento terá algo mais que o fugidio perfil das nuvens. Sem essa confiança, crescerá fatalmente nos que se julguem lesados a tentação de reagir por seus próprios meios, à margem dos canais oficiais. Escusado sublinhar o dano que isso causará à tranquilidade social." (BARBOSA MOREIRA, José Carlos. *Temas de direito processual*. São Paulo: Saraiva, 2007. p. 245-246). Ainda no mesmo diapasão: MARINONI, Luiz Guilherme Bittencourt. Relativizar a coisa julgada material? *Revista dos Tribunais*, v. 830, p. 55, dez. 2004.

hipóteses em que a decisão a ser rescindida é proveniente de uma tutela jurisdicional executável. Explica-se.

Como é sabido, nem toda decisão judicial necessariamente tem um conteúdo a ser cumprido mediante intervenção judicial, isso, por óbvio, na hipótese de tal decisão não ser satisfeita espontaneamente. Essa atuação estatal, com o objetivo de evitar a autotutela já em uma fase de cumprimento, se dá no caso das tutelas jurisdicionais executáveis, em oposição às tutelas jurisdicionais não executáveis.[786]

A tutela não executável é aquela em que "o reconhecimento do direito coincide com a satisfação pretendida",[787] não demandando "atividade jurisdicional complementar, outorgando, por si só, o bem da vida que se pediu ao Estado-juiz."[788] Já na tutela executável "faz-se necessária a atuação jurisdicional **também** para sua satisfação, o que basta para justificar o prosseguimento do processo naquela direção".[789] Detalhando esse ponto, a tutela executável "reclama atividade jurisdicional **complementar** para a **concretização** da tutela jurisdicional. Ela não basta por si (se não satisfeita espontaneamente) só porque não outorga por si só o bem da vida que motivou o pedido de tutela jurisdicional".[790]

Empregando os termos recorrentemente adotados pela doutrina clássica, seriam não executáveis as decisões declaratórias e (des)constitutivas; de outro lado, seriam executáveis as decisões condenatórias, mandamentais e executivas *lato sensu*.

---

786. Adota-se, aqui, o entendimento professado por Cássio Scarpinella Bueno que, ao classificar as tutelas jurisdicionais em razão da sua eficácia, tira o foco classificatório das ações e da sentença, para voltá-lo às tutelas jurisdicionais (BUENO, Cássio Scarpinella. *Curso sistematizado de direito processual civil.* v. 1, 9. ed. São Paulo: Saraiva, 2018. p. 377).

787. Idem, p. 381.

788. Idem, 381.

789. Idem, p. 381. Grifos do autor.

790. Idem, p. 381. Grifos do autor, comentário nosso.

Delimitado tal ponto, insta destacar que o art. 535, §§ 5º e 8º, do CPC, diz respeito àquelas decisões que veiculam tutelas jurisdicionais executáveis, ou seja, que dependem de intervenção estatal na hipótese de inexistir seu cumprimento espontâneo por parte do sucumbente.[791] Tanto é verdade que tal prescrição legal se encontra topologicamente contida no campo do CPC destinado ao **cumprimento** (forçado) de tutelas jurisdicionais executáveis ou, como prefere a doutrina clássica, decisões de caráter condenatório, mais precisamente aquelas veiculadoras de obrigações de **pagar quantia certa**, sendo que, no caso em análise, o devedor sucumbente é a Fazenda Pública (art. 535).

Percebe-se, portanto, que o disposto no artigo em análise tem sua incidência circunscrita a uma específica hipótese de tutela jurisdicional, ou seja, às tutelas executáveis.[792] Em matéria tributária, tal prescritivo abrangeria as tutelas veiculadas em ações de repetição de indébito/compensação, bem como os mandados de segurança de caráter repressivo e impetrados com essa mesma finalidade (repetição/compensação). Isso porque – repita-se – tais prescrições legais não criam outra hipótese de incidência para a ação rescisória com base em precedentes dos Tribunais Superiores, a

791. Rodrigo Massud, ao tratar do dispositivo, fala de decisões que estejam sob um "**estado de pendência** do cumprimento de sentença tida, por inconstitucional [...]" (MASSUD, Rodrigo. Coisa julgada "especialmente soberana" nas ações de repetição de indébito e na compensação tributária: como ficam os indébitos no tempo? *In:* ARAÚJO, Juliana Costa Furtado; CONRADO, Paulo César (coords.). *Processo Tributário Analítico.* v. IV. São Paulo: Noeses, 2019. p. 204. Grifos nossos).

792. Essa também é a posição de Eduardo Talamini, quando afirma que "a contagem do prazo da ação rescisória a partir do trânsito em julgado da decisão do STF – e não, nos termos da norma geral (art. 975, *caput*), a partir da decisão rescindenda – **só se aplica aos capítulos decisórios condenatórios, mandamentais ou executivos ainda não cumpridos espontaneamente nem executados.**" (TALAMINI, Eduardo. Os pronunciamentos do STF sobre questões constitucionais e sua repercussão sobre a coisa julgada (impugnação ao cumprimento do título executivo inconstitucional e a regra especial sobre prazo de ação rescisória). *In:* CABRAL, Antonio do Passo; DIDIER JÚNIOR, Fredie. *Coisa julgada e outras estabilidades processuais.* Salvador: JusPodivm, 2018. p. 378. Grifos do autor).

qual já estaria contemplada pelo art. 966, inciso V, do CPC. O que tais dispositivos preveem é apenas um regime jurídico especial, inclusive com um termo *a quo* distinto para o seu ajuizamento, a depender (i) do tipo de tutela jurisdicional proferida a ser rescindida e (ii) de ter sido ela cumprida ou não de forma espontânea pelo sucumbente.[793]

Em contrapartida, ficam afastadas desse termo inicial especial aquelas decisões proferidas por meio de tutelas jurisdicionais não executáveis, as quais, em matéria tributária, são veiculadas em sede de ações declaratórias de inexistência de relação jurídico-tributária, ações anulatórias de débito fiscal e, ainda, em mandados de segurança preventivo e/ou repressivo que tenham o mesmo objeto das ações ordinárias há pouco citadas. Até porque, "se o escopo da norma fosse criar um termo inicial rescisório aplicável a toda e qualquer decisão, essa disposição certamente estaria contida no capítulo da ação rescisória – e não, como está, num artigo que apenas trata da impugnação de decisões que estão sendo ainda executadas".[794]

Assim, o prazo de dois anos para a propositura de rescisória com fundamento no art. 535 do CPC só incidirá na seguinte hipótese: (i) o administrado se consagra vencedor na demanda, com decisão transitada em julgado que veicula tutela jurisdicional executável; (ii) após o advento de tal decisão e iniciada a fase de cumprimento da parcela[795] executável do *decisum*, advém precedente do Supremo Tribunal Federal em sentido diverso do que foi definido no caso; (iii) necessidade de a ação rescisória ser ajuizada não

793. Nesse diapasão: Idem, p. 380.

794. Idem, p. 380.

795. É comum, em matéria tributária, a cumulação de pedidos, os quais podem resultar em uma sentença que possua capítulos não executáveis e outros executáveis. É que o ocorre, por exemplo, na hipótese o ajuizamento de uma ação declaratória de inexistência de relação jurídico-tributária, cumulada com ação anulatória e com repetição de indébito ou compensação.

só dentro do prazo de dois anos do trânsito em julgado da decisão pretoriana, mas também antes de ter sido exaurido o cumprimento da sentença a ser rescindida, por meio da satisfação da obrigação.

Em relação ao item "iii" acima, mister se faz detalhar alguns pontos, em especial para delimitar o que se entende por exaurimento da obrigação.

Como é sabido, segundo o ordenamento jurídico nacional, o pagamento de dívidas da Fazenda Pública pressupõe dotação orçamentária e, ainda, a expedição de veículo próprio para esse fim, o que se materializa pela figura do precatório ou do ofício requisitório, a depender do valor da obrigação a ser paga pelo Erário. Não obstante, também é sabido que essas dívidas não são quitadas imediatamente, submetendo os credores de entes públicos às "filas" dos precatórios, os quais, em regra, são pagos parceladamente ao longo de vários anos.

Diante desse cenário, é possível imaginar a seguinte situação: o contribuinte X promove ação declaratória de inexistência de relação jurídico tributária, cumulada com repetição de indébito tributário contra o Estado XPTO e, após o processamento da demanda, se depara com sentença de total procedência transitada em julgado, ao fundamento de que a exação debatida seria inconstitucional. Ato contínuo, o contribuinte X inicia o cumprimento da sentença e antes da expedição do correlato precatório se depara com decisão do STF reconhecendo a constitucionalidade do tributo por ele debatido. Nessa situação, o Estado XPTO teria 2 anos contados do trânsito em julgado do precedente pretoriano para promover a ação rescisória prescrita no art. 535, § 8º, do CPC.

Esse exemplo, todavia, pode se tornar complexo. Imagine, pois, que na sobredita fase de cumprimento de sentença já tenha sido promovida a requisição de precatório ou de ofício requisitório, decorrente da dotação orçamentária do valor estatal devido, exatamente como previsto no art. 100, § 5º, da Constituição Federal. Mais do que isso, imagine que no aludido caso hipotético o Estado XPTO já tenha quitado algumas das parcelas do precatório emitido em favor do proponente da sobredita demanda. Nessa hipótese, a requisição de precatório e, até mesmo, o pagamento de algumas de suas parcelas, redundaria no exaurimento da fase de cumprimento de sentença, de modo a obstar o ajuizamento da rescisória do art. 535, § 8º, do CPC?

Para responder a tal pergunta, mister se faz reiterar que o regime jurídico da rescisória prevista no art. 535, §§ 5º e 8º, do CPC pressupõe que a decisão proferida esteja pendente de exequibilidade, i.e., não tenha sido cumprida espontânea ou forçadamente. Isso, nesse último caso, implica expropriação forçada do patrimônio do devedor por meio de intervenção jurisdicional. Nesse sentido, a resposta à pergunta anteriormente formulada se desdobra no seguinte questionamento: em se tratando de cumprimento de sentença contra a Fazenda Pública, quando está exaurida a atuação jurisdicional para o cumprimento coercitivo de uma decisão judicial em desfavor do Estado?

Pois bem. Conforme disciplina o art. 100 da Constituição Federal, o pagamento de débitos devidos pelas Fazendas Públicas em razão de decisão judicial se realiza, **exclusivamente**, mediante a expedição de precatórios ou ofícios requisitórios, a depender do valor da dívida do ente público. Essa é a única forma de expropriar o patrimônio público em razão de condenação judicial não cumprida espontaneamente, haja vista, inclusive, a condição de impenhorabilidade do patrimônio público.

Nesse sentido, a partir do momento em que é promovida a dotação orçamentária dos valores devidos pelo Ente público, nos termos do § 5º do art. 100 da Constituição Federal,[796] considera-se **juridicamente** exaurida a atuação jurisdicional para fins de efetivação do que fora decidido judicialmente,[797] ou seja, a partir desse momento "não há mais que se falar em **decisão exequenda**, mas sim decisão executada".[798] Corrobora esse ponto o fato de o credor poder ceder seus precatórios, independentemente de anuência do devedor, bastando a comunicação de tal fato ao ente público e ao Tribunal de origem, mediante petição protocolizada nos autos, nos exatos termos dos §§ 13 e 14 do art. 100 da *Magna Lex*.[799] Ademais, como bem ressalta Rodrigo Massud:

> [...] tais precatórios cedidos, eventualmente, podem inclusive ter sido utilizados **(i)** em compensações administrativas regulares

---

796. "Art. 100. Os pagamentos devidos pelas Fazendas Públicas Federal, Estaduais, Distrital e Municipais, em virtude de sentença judiciária, far-se-ão exclusivamente na ordem cronológica de apresentação dos precatórios e à conta dos créditos respectivos, proibida a designação de casos ou de pessoas nas dotações orçamentárias e nos créditos adicionais abertos para este fim.
§ 5º É obrigatória a inclusão no orçamento das entidades de direito público de verba necessária ao pagamento de seus débitos oriundos de sentenças transitadas em julgado constantes de precatórios judiciários apresentados até 2 de abril, fazendo-se o pagamento até o final do exercício seguinte, quando terão seus valores atualizados monetariamente."

797. Ainda que esse exaurimento jurídico não necessariamente coincida com uma satisfação/realização no mundo dos fatos, i.e., com um exaurimento econômico da obrigação.

798. MASSUD, Rodrigo. Coisa julgada "especialmente soberana" nas ações de repetição de indébito e na compensação tributária: como ficam os indébitos no tempo? *In:* ARAÚJO, Juliana Costa Furtado; CONRADO, Paulo César (coords.). *Processo tributário analítico.* v. IV. São Paulo: Noeses, 2019. p. 205. No mesmo sentido: ARAÚJO, Juliana Costa Furtado. A ação de repetição de indébito, o cumprimento de sentença e a nova hipótese de ação rescisória prevista no Código de Processo Civil de 2015. *In:* CONRADO, Paulo César (coord.). *Processo tributário analítico.* v. III. São Paulo: Noeses, 2016. p. 84.

799. "Art. 100 [...].
§ 13. O credor poderá ceder, total ou parcialmente, seus créditos em precatórios a terceiros, independentemente da concordância do devedor, não se aplicando ao cessionário o disposto nos §§ 2º e 3º.
§ 14. A cessão de precatórios, observado o disposto no § 9º deste artigo, somente produzirá efeitos após comunicação, por meio de petição protocolizada, ao Tribunal de origem e ao ente federativo devedor.".

(caso dos entes federados que possuem legislação autorizativa para tanto), ou mesmo **(ii)** na figura do poder liberatório do pagamento de tributo (caso dos precatórios não alimentares vencidos e não pagos, nos termos do § 2º, do artigo 78, do ADCT).[800]

O fato de, em situações como essa, o contribuinte jurisdicionado ter o direito de negociar seu crédito ou de compensá-lo é prova cabal do exaurimento da fase de cumprimento de sentença em que tal precatório foi expedido, inclusive naqueles casos em que há o pagamento parcelado dos valores e nos quais o ente público ainda é devedor de parcelas pendentes.

Aliás, em relação à hipótese do pagamento parcelado de precatórios, admitir que o termo inicial da rescisória aqui tratada estaria em aberto enquanto não houvesse o pagamento integral do débito redundaria, em última análise, em estender, indevidamente, o prazo de dois anos para o seu ajuizamento (art. 535, § 8º), extensão essa que decorreria do descaso do ente público em liquidar suas obrigações impostas judicialmente. Seria, por vias transversas, admitir que o torpe se beneficiasse da sua própria torpeza o que, em relação à Administração Pública, implica ofensa ao princípio da moralidade pública, estabelecido no art. 37 da Constituição Federal.

Outro questionamento advindo do disposto no art. 535, § 8º, do CPC diz respeito àqueles casos em que o contribuinte, autor e vencedor de uma demanda com tutela jurisdicional não executável, mais precisamente de uma ação de repetição de indébito ou compensação, escolhe[801] por

800. MASSUD, Rodrigo. Op. cit. p. 205. Grifos do autor.

801. Escolha essa que depende de previsão legal do ente público estatuindo a compensação tributária como forma de extinção do crédito tributário, nos termos do art. 170 do CTN, *in verbis*: "Art. 170. A lei pode, nas condições e sob as garantias que estipular, ou cuja estipulação em cada caso atribuir à autoridade administrativa, autorizar a compensação de créditos tributários com créditos líquidos e certos, vencidos ou vincendos, do sujeito passivo contra a Fazenda pública.". Daí a doutrina tributária, em sua maioria esmagadora, tratar a compensação tributária como uma faculdade do ente tributante, inexistindo, portanto, um direito subjetivo à compensação, o qual fica

compensar administrativamente o seu crédito reconhecido judicialmente. Uma vez protocolizado o pedido administrativo de compensação e, ulteriormente, advindo decisão do STF em sentido oposto ao decidido judicialmente e que embasa o pedido do administrado, poderia a Administração Pública, exercendo autotutela, negar a compensação vindicada com base no novel precedente pretoriano? A resposta para essa pergunta dependerá das previsões da eventual lei de compensação tributária veiculada pelo ente público devedor, lei essa que, como visto alhures, é uma faculdade do ente tributante.

Tomando a União como exemplo, o débito declarado pelo contribuinte e apontado nesse encontro de contas é quitado sob condição resolutória, a depender de homologação (expressa ou tácita) em até cinco anos por parte do ente, nos exatos termos do art. 74, §§ 2º e 5º da Lei n. 9.430/1996.[802-803] Já é perceptível, então, que nesse modelo

---

à mercê de previsão legal. Nesse sentido: SCHOUERI, Luís Eduardo. *Direito tributário*. São Paulo: Saraiva, 2011. p. 561-562; CARVALHO, Paulo de Barros. *Curso de direito tributário*. 22. ed. São Paulo: Saraiva, 2010. p. 531. No âmbito federal, *v.g.*, a Lei n. 9.430/96 regula o instituto da compensação tributária.

802. "Art. 74. O sujeito passivo que apurar crédito, inclusive os judiciais com trânsito em julgado, relativo a tributo ou contribuição administrado pela Secretaria da Receita Federal, passível de restituição ou de ressarcimento, poderá utilizá-lo na compensação de débitos próprios relativos a quaisquer tributos e contribuições administrados por aquele Órgão.
[...].
§ 2º A compensação declarada à Secretaria da Receita Federal extingue o crédito tributário, sob condição resolutória de sua ulterior homologação.
[...].
§ 5º O prazo para homologação da compensação declarada pelo sujeito passivo será de 5 (cinco) anos, contado da data da entrega da declaração de compensação."

803. A negativa ao pedido, por sua vez, pode inclusive gerar um contencioso administrativo tributário, nos termos dos §§ 9º e 10 do já citado art. 74 da Lei n. 9.430/96, *in verbis*:
"Art. 74 [...].
§ 9º É facultado ao sujeito passivo, no prazo referido no § 7º, apresentar manifestação de inconformidade contra a não homologação da compensação.
§ 10. Da decisão que julgar improcedente a manifestação de inconformidade caberá recurso ao Conselho de Contribuintes." (Idem).

há uma migração da fase de cumprimento de sentença do âmbito judicial para o administrativo, palco no qual o conteúdo da decisão judicial proferida será exaurido.

Pois bem. Feitos esses esclarecimentos e voltando ao questionamento formulado, percebe-se que nesse interregno de cinco anos para a homologação da compensação na instância administrativa perdura aquilo que Rodrigo Massud chama de um **estado de pendência**. Referido estado de incerteza só seria encerrado com o advento da homologação da compensação, o que pode se dar de forma tácita, em razão do decurso do prazo, ou de forma expressa. A ocorrência da homologação da compensação (tácita ou expressa) equivaleria ao exaurimento da fase de cumprimento de sentença, objeto de "transferência" para a instância administrativa. Logo, não caberia mais a rescisória do art. 535 do CPC.

Por sua vez, advindo uma decisão Pretoriana dentro do sobredito prazo de homologação e sem que esse ato tenha ocorrido, poderia a União promover a citada ação rescisória dentro do interregno de dois anos. Há a necessidade de se conjugar o prazo da rescisória com o prazo da homologação da compensação, já que – repita-se – a citada rescisória só é cabível se a tutela executável contemplada pela coisa julgada estiver pendente de exaurimento o que, no caso da compensação tributária, se dá apenas com a homologação (expressa ou tácita) de tal pleito administrativo.

Ainda existindo prazo para essa homologação e sendo ajuizada a referida rescisória, a análise do pleito administrativo de compensação ficaria suspensa em razão da demanda judicial se apresentar como causa de prejudicialidade externa ao pedido administrativo, ou seja, em razão de uma aplicação, ainda que por analogia, do disposto no art. 313, V, "a", do CPC.[804]

804. "Art. 313. Suspende-se o processo:
[...];

Importante registrar que na hipótese aqui aventada, o ajuizamento da ação rescisória do art. 535 é imprescindível, não podendo a Administração Pública recusar, *sponte propria*, o pleito de compensação ao fundamento da superveniência de precedente do STF em oposição à decisão transitada em julgado que fundamenta o pedido administrativo. Aqui vale o já apontado limite metodológico, desenvolvido no item 3.3.1.2. O desfazimento dos efeitos da coisa julgada, ainda que indiretamente, não pode ser definido pelo ente interessado na sua rescisão, cabendo, pois, a um terceiro, imparcial e equidistante, garantidor do devido processo legal, resolver tal conflito.

Como visto, tais considerações visam não só a dar uma interpretação conforme o disposto no art. 535, § 8º, do CPC, mas também acomodá-lo de forma sistêmica, haja vista as particularidades próprias do Direito Tributário.

3.3.2 O limite eventual

Os quatro limites anteriormente abordados (institucional, metodológico, assecuratório e temporal) são de presença obrigatória para fins de admissão da flexibilização da coisa julgada com base em precedente dos Tribunais Superiores, diferentemente do **limite judicativo**, o qual é assim chamado pelo fato da sua **eventual** presença depender do teor da tutela jurisdicional prestada no precedente invocado como fundamento do instrumento processual rescisório. Afunilando o discurso, a existência desse limite eventual dependerá da submissão ou não do precedente pretoriano à modulação de efeitos, conforme se desenvolverá a seguir.

V - quando a sentença de mérito:
a) depender do julgamento de outra causa ou da declaração de existência ou de inexistência de relação jurídica que constitua o objeto principal de outro processo pendente;
[...]."

3.3.2.1 O limite judicativo

Como é sabido, ao realizar o controle concentrado de constitucionalidade, o Supremo Tribunal Federal tem a possibilidade de, a depender de certas circunstâncias, modular no tempo os efeitos da sua decisão. É o que dispõe o art. 27 da Lei n. 9.868/99[805] e o art. 11 da Lei n. 9.882/99.[806] O mesmo ocorre na hipótese de o STF veicular súmulas vinculantes, conforme prevê o art. 4º da Lei n. 11.417/2006.[807]

Tal modulação também foi contemplada pelo CPC, nos termos dos arts. 525, § 13 e 535, § 6º.[808] Aliás, tais dispositivos agora preveem algo que já vinha sendo admitido pelo STF por meio da sua jurisprudência, i.e., a possibilidade de o Tribunal modular os efeitos das suas decisões até mesmo na hipótese de controle difuso de constitucionalidade, conforme se depreende de emblemático julgado exarado no RE n. 197.917.[809]

---

805. "Art. 27. Ao declarar a inconstitucionalidade de lei ou ato normativo, e tendo em vista razões de segurança jurídica ou de excepcional interesse social, poderá o Supremo Tribunal Federal, por maioria de dois terços de seus membros, restringir os efeitos daquela declaração ou decidir que ela só tenha eficácia a partir de seu trânsito em julgado ou de outro momento que venha a ser fixado."

806. "Art. 11. Ao declarar a inconstitucionalidade de lei ou ato normativo, no processo de arguição de descumprimento de preceito fundamental, e tendo em vista razões de segurança jurídica ou de excepcional interesse social, poderá o Supremo Tribunal Federal, por maioria de dois terços de seus membros, restringir os efeitos daquela declaração ou decidir que ela só tenha eficácia a partir de seu trânsito em julgado ou de outro momento que venha a ser fixado."

807. "Art. 4º. A súmula com efeito vinculante tem eficácia imediata, mas o Supremo Tribunal Federal, por decisão de 2/3 (dois terços) dos seus membros, poderá restringir os efeitos vinculantes ou decidir que só tenha eficácia a partir de outro momento, tendo em vista razões de segurança jurídica ou de excepcional interesse público."

808. "Art. 525 [...].
§ 13. No caso do § 12, os efeitos da decisão do Supremo Tribunal Federal poderão ser modulados no tempo, em atenção à segurança jurídica.
[...].
Art. 535 [...].
§ 6º No caso do § 5º, os efeitos da decisão do Supremo Tribunal Federal poderão ser modulados no tempo, de modo a favorecer a segurança jurídica."

809. "RECURSO EXTRAORDINÁRIO. MUNICÍPIOS. CÂMARA DE VEREADORES. COMPOSIÇÃO. AUTONOMIA MUNICIPAL. LIMITES CONSTITUCIONAIS.

Não obstante, o legislador do CPC/2015 também previu, expressamente, o *overruling* como um dos motivos da modulação dos efeitos de uma decisão do STF ou de outros Tribunais Superiores dentre os quais se destaca para fins dessa obra a figura do STJ, assim como na hipótese de julgamento de recursos submetidos à técnica da repetitividade, exatamente nos termos do art. 927, § 3º, do Estatuto Processual Civil[810] vigente.

Referido arcabouço normativo a respeito da modulação de efeitos das decisões dos Tribunais Superiores, apesar de dispensável,[811] é fruto da tentativa do Direito em conciliar

---

NÚMERO DE VEREADORES PROPORCIONAL À POPULAÇÃO. CF, ARTIGO 29, IV. APLICAÇÃO DE CRITÉRIO ARITMÉTICO RÍGIDO. INVOCAÇÃO DOS PRINCÍPIOS DA ISONOMIA E DA RAZOABILIDADE. INCOMPATIBILIDADE ENTRE A POPULAÇÃO E O NÚMERO DE VEREADORES. INCONSTITUCIONALIDADE, *INCIDENTER TANTUM*, DA NORMA MUNICIPAL. EFEITOS PARA O FUTURO. SITUAÇÃO EXCEPCIONAL. [...]. 7. Inconstitucionalidade, '*incidenter tantum*', da lei local que fixou em 11 (onze) o número de Vereadores, dado que sua população de pouco mais de 2600 habitantes somente comporta 09 representantes. 8. Efeitos. Princípio da segurança jurídica. Situação excepcional em que a declaração de nulidade, com seus normais efeitos '*ex tunc*', resultaria grave ameaça a todo o sistema legislativo vigente. **Prevalência do interesse público para assegurar, em caráter de exceção, efeitos pro futuro à declaração incidental de inconstitucionalidade. Recurso extraordinário conhecido e em parte provido.**" (Supremo Tribunal Federal (Tribunal Pleno). **Recurso Extraordinário 197.917 São Paulo**. Relator: Min. Maurício Corrêa, 6 de junho de 2002. Grifos nossos).

810. "Art. 927. Os juízes e os tribunais observarão:
[...].
3º Na hipótese de alteração de jurisprudência dominante do Supremo Tribunal Federal e dos tribunais superiores ou daquela oriunda de julgamento de casos repetitivos, pode haver modulação dos efeitos da alteração no interesse social e no da segurança jurídica."

811. A inexistência ou a revogação dos institutos legais aqui referidos não redundariam na supressão do instituto da modulação de efeitos, o qual, na qualidade de técnica de julgamento, deflui da conformação de inúmeros valores jurídicos, com especial ênfase para a confluência dos valores justiça e segurança, nos termos já expostos. Nessa mesma linha, da prescindibilidade da previsão legal do instituto, Misabel Derzi professa que, "à luz da Constituição da República a questão [modulação de efeitos em controle de constitucionalidade], entre nós, é e sempre foi de hermenêutica constitucional (jamais de regulação por lei infraconstitucional, como admitem outras ordens jurídicas)" (DERZI, Misabel Abreu Machado. *Modificações da jurisprudência no direito tributário*. São Paulo: Noeses, 2009. p. 240. Comentários nosso.).

segurança jurídica e justiça, ou seja, de promover mudanças no plano da normatividade criada judicialmente, mas com um mínimo de segurança (previsibilidade) para os destinatários de tal normatividade. Emprega-se, aqui, a já citada lição de Carmem Lúcia A. Rocha, "o que se busca é a segurança do movimento".[812]

Para atingir o sobredito propósito, o Direito promove a apreensão do tempo cronológico e pluridimensional, tornando-o unidimensional.[813] Daí Paulo de Barros Carvalho afirmar, ainda a respeito do instituto da modulação, que o Direito se torna o senhor do tempo,[814] na medida em que acaba por "manipular o **tempo** tendo em vista a configuração dos projetos regulatórios que bem lhe aprouver".[815]

A modulação de efeitos, portanto, é uma "**técnica decisória** passível de ser utilizada de forma excepcional para disciplinar situações consolidadas enquanto uma norma, excluída do ordenamento pela decisão, esteve vigente e operando efeitos".[816] A atuação dessa técnica se dá no plano da eficácia da decisão do STF que é objeto da modulação, na medida em que ela fica impedida de operar efeitos no passado (efeito *ex nunc*) ou pode, até mesmo, ter seus

---

812. ROCHA, Cármen Lúcia Antunes (coord.). *Constituição e segurança jurídica:* direito adquirido, ato jurídico perfeito e coisa julgada. 2. ed. Belo Horizonte: Fórum, 2004. p. 168.

813. Tratando dessa diferença entre o tempo da vida (pluridimensional) e o tempo do Direito (unidimensional) destacam-se: DERZI, op. cit., p. 197; MOUSSALEM, Tárek Moysés. *Revogação em matéria tributária.* São Paulo: Noeses, 2005. p. 28.

814. CARVALHO, Paulo de Barros. *Segurança jurídica e modulação de efeitos. Revista da Fundação Escola Superior de Direito Tributário.* Porto Alegre, v. 1, n. 1, 2008. p. 210.

815. Idem, p. 210. Grifo do autor.

816. RIBEIRO, Diego Diniz; DELIGNE, Maysa de Sá Pittondo. A modulação de efeitos em matéria tributária e sua realização em favor da Fazenda Pública. *In:* CONRADO, Paulo Cesar; ARAÚJO, Juliana Furtado Costa (org.). *Processo Tributário Analítico.* v. IV. São Paulo: Noeses, 2018. p. 108. Grifos dos autores.

efeitos práticos postergados, ou seja, para um instante posterior ao próprio julgamento da Corte Constitucional.[817]

Levando em consideração tal ponto, já é possível perceber que a modulação de efeitos de uma decisão dos Tribunais Superiores pode influenciar no manejo de instrumentos rescisórios nos termos aqui desenvolvidos, ou seja, com base nos precedentes desses Tribunais.

Detalhando melhor esse ponto, insta registrar que a existência de modulação de efeitos de determinada decisão do STF ou do STJ não é, *per si*, impedimento para o uso de um instrumento processual rescisório em matéria tributária nas situações já tratadas aqui. Mais do que isso, a modulação de efeitos **não desonera** aquele que tem interesse em rescindir a coisa julgada com base em precedente pretoriano de promover o instrumento processual próprio para esse fim, haja vista tudo o que já foi aqui desenvolvido quando se tratou do limite metodológico.

Acontece que, nesses casos, a eventual decisão reconhecendo a rescisão da coisa julgada teria sua eficácia restrita, na medida em que necessariamente teria de respeitar a modulação temporal decidida pelo Tribunal que enunciou o precedente a fundamentar o pedido de rescisão; sua eficácia prática seria necessariamente postergada para um momento temporal ulterior ao do termo final do marco modulatório. Em outros termos, a decisão rescisória de procedência não pode se contrapor à modulação temporal

---

817. Foi exatamente o que fez o STF quando do julgamento da ADin n. 2.240/BA. Naquela oportunidade a Corte Suprema entendeu pela inconstitucionalidade da norma do Estado da Bahia que criou o Município de Luís Eduardo Magalhães, já que tal norma estaria em descompasso com a regra estampada no art. 18, § 4º, da Constituição Federal. Naquele julgamento, o Pretório Excelso decidiu pela inconstitucionalidade da norma baiana, mas pautado pelos princípios da segurança jurídica e da continuidade do Estado, resolveu modular os efeitos da sua decisão, postergando-os para vinte e quatro meses após a publicação do seu acórdão (Supremo Tribunal Federal (Tribunal Pleno). Ação Direta de Inconstitucionalidade 2.240-7 Bahia. Relator: Min. Eros Grau, 9 de maio de 2007.).

fixada pelo Tribunal Superior, sob pena de esvaziá-la de conteúdo.

Trazendo tais conclusões para o plano do Direito Tributário, isso significa dizer que, em situações como a aqui tratada, a rescisão da coisa julgada só valeria para aqueles casos em que a decisão a ser rescindida viesse a contemplar relações jurídicas de trato sucessivo, já que o próprio marco temporal da modulação seria um obstáculo para que o juízo rescisório afetasse os efeitos práticos passados da decisão rescindenda. Logo, nessas situações, o instrumento rescisório a ser empregado é a ação revisional, o que será tema de um tópico próprio a seguir.

3.4 A revisão da coisa julgada pautada em precedentes vinculantes e as relações jurídicas de trato sucessivo

Como visto, uma vez respeitados os limites anteriormente desenvolvidos, o advento de precedentes dos Tribunais Superiores em oposição a uma decisão judicial em matéria tributária acobertada pela coisa julgada pode refletir tanto nos efeitos passados desse *decisum* como também na sua repercussão futura, tudo isso a depender da natureza da relação jurídico-tributária de direito material albergada pela coisa julgada.

Em certas situações, contudo, o exaurimento do conteúdo da decisão transitada em julgado, conjugado com o decurso do prazo para o processamento do instrumento processual rescisório pertinente (ação rescisória), impede a sua revisão em relação ao passado. Diante desse quadro, surgem os seguintes questionamentos: o que pode acontecer se essa relação jurídica albergada pela coisa julgada também tiver projeção no futuro? Haveria, nessa hipótese, a possibilidade de revisitá-la nesse ponto em particular? E, em caso positivo, haveria a necessidade de se respeitar os limites estabelecidos nos tópicos anteriores?

Antes de responder a tais perguntas, mister se faz dar um passo atrás para explicar a diferença entre relações jurídicas (i) instantâneas, (ii) permanentes e (iii) sucessivas, tudo isso já sob o particular ângulo das relações jurídicas de caráter tributário.

Pois bem, a relação jurídico-tributária nada mais é do que uma relação prescrita pelo sistema jurídico-tributário e que vincula o Estado e o particular em torno de um objeto. No polo ativo dessa relação, está o Estado ou aquele que lhe faça as vezes, ou seja, aquele que possui capacidade tributária ativa.[818] Já no seu polo oposto, está o sujeito passivo dessa relação, que pode ser tanto o contribuinte como o responsável tributário.[819] Como visto, essas subjetividades estão vinculadas em torno de uma obrigação, que pode ser de caráter principal ou acessório, nos termos do art. 113 do CTN.[820] No

818. De forma muito suscinta, competência tributária é a aptidão constitucionalmente atribuída ao Estado para criar, por meio de lei, tributos. A competência tributária é indelegável, sendo essa uma de suas características marcantes. Por sua vez, capacidade tributária ativa é a aptidão para figurar no polo ativo de uma relação jurídico-tributária, ou seja, é a investidura legal do dever-poder de fiscalizar fatos sociais relevantes para o Direito Tributário e arrecadar o crédito proveniente de uma obrigação tributária. Diferentemente da competência, a capacidade tributária ativa é passível de delegação pelo ente tributante. Nesse sentido: CARRAZZA, Roque. *Curso de direito constitucional tributário.* 32. ed. São Paulo: Malheiros, 2019. p. 556; COSTA, Regina Helena. *Curso de direito tributário:* Constituição e Código Tributário Nacional. 2. ed. São Paulo: Saraiva, 2021. p. 60-61; SCHOUERI, Luís Eduardo. *Direito tributário.* São Paulo: Saraiva, 2011. p. 237; CARVALHO, Paulo de Barros. *Curso de direito tributário.* 22. ed. São Paulo: Saraiva, 2010. p. 267-268.

819. Nos termos do art. 121 do CTN, *verbis*:
"Art. 121. Sujeito passivo da obrigação principal é a pessoa obrigada ao pagamento de tributo ou penalidade pecuniária.
Parágrafo único. O sujeito passivo da obrigação principal diz-se:
I - contribuinte, quando tenha relação pessoal e direta com a situação que constitua o respectivo fato gerador;
II - responsável, quando, sem revestir a condição de contribuinte, sua obrigação decorra de disposição expressa de lei."

820. "Art. 113. A obrigação tributária é principal ou acessória.
§ 1º A obrigação principal surge com a ocorrência do fato gerador, tem por objeto o pagamento de tributo ou penalidade pecuniária e extingue-se juntamente com o crédito dela decorrente.
§ 2º A obrigação acessória decorre da legislação tributária e tem por objeto as

presente livro, o foco é a relação jurídico-tributária principal, ou seja, aquela que tem como objeto uma prestação de caráter pecuniário, o pagamento de tributo.

Levando em consideração o exaurimento e a recorrência quanto à incidência de um fato gerador,[821] as diferentes relações jurídico-tributárias de caráter principal se enquadram dentro da conhecida classificação acerca das espécies de relações jurídicas, as quais se subdividem em (i) instantâneas, (ii) permanentes e (iii) sucessivas. Desdobrando o tema no campo tributário, Teori Zavascki assim professa:

> **Instantânea** é a relação jurídica decorrente de fato gerador que se esgota imediatamente, num momento determinado, sem continuidade no tempo, ou que, embora resulte de fato temporalmente desdobrado, só atrairá a incidência da norma quando estiver inteiramente formado. É instantânea, assim, no campo tributário, a relação obrigacional de pagar o imposto de transmissão em face da venda de determinado imóvel. Define-se como **permanente (ou duradoura)** a relação jurídica que nasce de um suporte de incidência consistente em fato ou situação que se prolonga no tempo. A obrigação previdenciária que dá ensejo ao benefício de auxílio-doença tem como suporte fático a incapacidade temporária do segurado para exercer as suas atividades laborativas normais, estado de fato que, prolongado no tempo, acarreta uma espécie de incidência contínua e ininterrupta da norma, gerando a obrigação, também continuada, de pagar a prestação. (...). Finalmente, há uma terceira espécie de relação jurídica, a **sucessiva**, nascida de fatos geradores instantâneos que, todavia, se repetem

---

prestações, positivas ou negativas, nela previstas no interesse da arrecadação ou da fiscalização dos tributos.
§ 3º A obrigação acessória, pelo simples fato da sua inobservância, converte-se em obrigação principal relativamente à penalidade pecuniária."

821. A expressão "fato gerador" é criticada pela doutrina em razão da sua ambiguidade, na medida em que ao mesmo tempo denota o fato jurídico-tributário hipoteticamente prescrito em lei, bem como a sua ocorrência em concreto (nesse sentido: ATALIBA, Geraldo. *Hipótese de incidência tributária.* 6. ed. São Paulo: Malheiros, 2010. p. 55; SCHOUERI, Luís Eduardo. *Direito tributário.* São Paulo: Saraiva, 2011. p. 237; CARVALHO, Paulo de Barros. *Curso de direito tributário.* 22. ed. São Paulo: Saraiva, 2010. p. 267-268). Assim, também é possível encontrar a aludida expressão sendo referida como "hipótese de incidência tributária", "fato imponível" ou "fato jurídico-tributário". Para fins legais, nos termos do art. 114 do CTN, o chamado "fato gerador" é sinônimo da "situação definida em lei como necessária e suficiente à sua ocorrência."

> no tempo de maneira uniforme e continuada. Os exemplos mais comuns vêm do campo tributário: a obrigação do comerciante de pagar imposto sobre a circulação de mercadorias, ou do empresário de recolher a contribuição para a seguridade social sobre a folha de salário ou o sobre o seu faturamento.[822]

A espécie que nos interessa aqui é a relação sucessiva que, ainda segundo as lições de Zavascki, "compõem-se de uma série de relações instantâneas homogêneas, que, pela sua reiteração e homogeneidade, podem receber tratamento jurídico conjunto ou tutela jurisdicional coletiva".[823] Em matéria tributária é o caso, *v.g.*, de relações jurídicas decorrentes das incidências de tributos como o Imposto sobre Serviços (ISS), o Imposto sobre Circulação de Mercadoria e Serviços (ICMS) ou de contribuições sociais como o Pis e a Cofins.

Nessas situações, existe um arcabouço fático-jurídico base sobre o qual recai a coisa julgada, nos termos da causa de pedir e pedidos desenvolvidos pelo proponente da ação. Essa coisa julgada assim perdurará enquanto for mantida a mesma base fático-jurídica objeto da decisão judicial, inclusive no que diz respeito às incidências futuras[824] e que, de forma homogênea, se repetem no tempo.

Importa, aqui, deixar claro que as relações sucessivas, assim como qualquer outra relação jurídica passível de judicialização, estão sujeitas à coisa julgada, só se submetendo a uma revisão na hipótese de comprovada alteração no cenário fático-jurídico que lhe deu origem.[825] É nesse exato

---

822. ZAVASCKI, Teori Albino. Coisa julgada em matéria constitucional: eficácia das sentenças nas relações jurídicas de trato continuado. Disponível em: https://www.stj.jus.br/publicacaoinstitucional/index.php/Dout15anos/article/view/3666/3755. Acesso em: 23 jan. 2023. Grifos nossos.

823. Idem.

824. Nesse diapasão: TALAMINI, Eduardo. A coisa julgada no tempo (os "limites temporais" da coisa julgada). *Revista do advogado*, [s.l.], ano XXVI, n. 88, p. 59, nov. 2006.

825. Nesse sentido: NEVES, Daniel Amorim Assumpção. Manual de Direito Processual Civil. 10. ed. Salvador: JusPodivm, 2018. p. 320; NERY JUNIOR, Nelson;

sentido que a súmula 239 do STF[826] deve ser interpretada[827], ou seja,

> [...] a decisão que reconhece a inexistência do dever de pagar tributo permanece eficaz enquanto permanecer o mesmo o quadro fático-normativo do mencionado tributo. Se o painel normativo do tributo sofrer alteração no exercício posterior, a decisão que houver reconhecido a inexistência do dever de contribuir no exercício anterior não mais se aplica, em razão dessa alteração.[828]

Isso se deve a uma ideia básica acerca do instituto da coisa julgada e que já foi aqui tratado no Capítulo 1, com base nas lições de Nieva-Fenoll, segundo o qual "o princípio básico de que parte o conceito de coisa julgada é o seguinte: os juízos só devem realizar-se uma única vez".[829] Não faz o menor sentido, portanto, que uma relação jurídico-tributária sucessiva, i.e., que se realiza instantaneamente, mas se repete de forma homogênea no tempo, seja julgada a cada nova incidência do fato gerador, desde que, é claro, no decurso de tempo entre o julgamento revestido pela coisa julgada e a nova incidência do fato gerador não

---

NERY, Rosa Maria de Andrade. *Código de Processo Civil comentado*. 3. ed. São Paulo: Thomson Reuters Brasil, 2018. p. 550.

826. "Decisão que declara indevida a cobrança do imposto em determinado exercício não faz coisa julgada em relação aos posteriores."

827. Interpretando a referida súmula, o STF já se manifestou reiteradas vezes sobre o fato de que referido enunciado incide naquelas hipóteses em que a decisão proferida limita a sua eficácia a exercícios financeiros específicos. Nesse sentido: Supremo Tribunal Federal. AI 791.071 AgR-ED. Relator: Min. Dias Toffoli, 18 de março de 2014; Supremo Tribunal Federal. ARE 704.846 ED. Relator: Min. Dias Toffoli, 28 de maio de 2013.; Supremo Tribunal Federal (Plenário). Recurso Extraordinário 596.663 Rio de Janeiro. Relator: Min. Marco Aurélio, 24 de setembro de 2014.

828. BRAGA, Paulo Sarno; DIDIER JÚNIOR, Fredie; OLIVEIRA, Rafael Alexandria de. *Curso de direito processual civil*. v. 2, 10. ed. Salvador: JusPodivm, 2015. p. 635-636.

829. NIEVA-FENOLL, Jordi. *Coisa julgada*. São Paulo: Revista dos Tribunais, 2016. p. 134.

tenha ocorrido qualquer alteração fático-jurídica relevante no objeto do citado julgamento.

Feitas essas considerações, convém aqui retomar as questões formuladas alhures para respondê-las.

Nesse diapasão, levando em consideração tudo o que foi até então desenvolvido acerca da atuação dos precedentes como fonte material do direito, é sim possível que uma decisão judicial desse gênero, i.e., com o senso de institucionalidade referido no item 3.3.1.1, seja apta a rescindir uma coisa julgada que trate de uma relação jurídico-tributária sucessiva.

Ocorre que, para que isso aconteça, é indispensável que **todos** os limites desenvolvidos neste livro sejam cumpridos na hipótese em comento, com exceção do limite temporal, já que na hipótese exemplarmente aqui tratada a ação rescisória já estaria afastada exatamente pelo transcurso do biênio prescrito legalmente.[830] Os demais limites obrigatórios (institucional, assecuratório e metodológico), assim como o limite eventual (judicativo),[831] devem ser respeitados.

No que diz respeito ao limite metodológico, em particular, o instrumento processual a ser promovido é, por analogia, o da ação revisional do art. 505, inciso I, do CPC.[832] Pelos mesmos motivos desenvolvidos no item 3.3.1.2, não há uma "incidência" automática do precedente a justificar a rescisão da coisa julgada, cabendo à parte interessada, em respeito ao devido processo legal, promover a sobredita

---

830. Tanto no caso do art. 966, como na hipótese do art. 535, ambos do CPC.

831. Este último limite deverá ser respeitado apenas na hipótese de o precedente invocado para a rescisão tiver sido submetido à modulação de efeitos, conforme desenvolvido no item 3.3.2.1.

832. "Art. 505. Nenhum juiz decidirá novamente as questões já decididas relativas à mesma lide, salvo:
I - se, tratando-se de relação jurídica de trato continuado, sobreveio modificação no estado de fato ou de direito, caso em que poderá a parte pedir a revisão do que foi estatuído na sentença; [...].".

demanda para que o Poder Judiciário, terceiro equidistante e imparcial frente aos interesses estratégicos das partes envolvidas, afirme se é ou não o caso de convocação da *ratio decidendi* do precedente convocado para rescindir os efeitos da coisa julgada.[833]

Não é essa, todavia, a equivocada posição do Supremo Tribunal Federal, haja vista o teor da tese fixada no julgamento dos temas 881 e 885, já tratados no item 3.2.2.

Em contraposição a tal posição pretoriana, reitera-se, aqui, tudo aquilo que foi desenvolvido no sobredito tópico desta obra, o que pode ser assim sintetizado: (i) precedente não se aplica lógico-subsuntivamente, como se peça de lei fosse, mas se **realiza** analógico-problematicamente, haja vista as questões conceituais e metodológicas já trabalhadas, realização essa que (ii) depende da atuação de um terceiro imparcial e equidistante do agir estratégico das partes, fomentador do devido processo legal, o que é ainda

833. Em sentido oposto, Carolina Schäffer Jorge defende que esse tratamento "não se impõe nas relações tributárias, não havendo sequer regra de direito material que o determine". Não obstante, afirma que tal ação revisional só seria exigida para relações jurídicas continuativas, as quais seriam equivalentes àquelas chamadas de permanentes neste livro. Assim, segundo a autora, tal exigência processual não valeria para relações jurídicas aqui chamadas de sucessivas, como ocorre no Direito Tributário. Nesse sentido: JORGE, Carolina Schäffer. STF acerta em cessar a coisa julgada individual, mas erra ao não modular efeitos. *Consultor Jurídico*, 3 de março de 2023. Disponível em: https://www.conjur.com.br/2023-mar-03/carolina-schaffer-stf-sepultou-coisa-julgada-tributaria. Acesso em: 14 mar. 2023. Com a devida vênia, tal posicionamento se encontra equivocado por dois motivos. Primeiramente, porque não é na legislação de direito material que, em regra, se encontram as previsões de instrumentos processuais. Assim, no específico caso de conflitos decorrentes de relações jurídicas de Direito Tributário, aquele que se sente lesado ou ameaçado de lesão deve se socorrer dos **instrumentos** processuais disponibilizados pelo Processo Civil, ainda que por aplicação analógica, já que o direito de ação não pode ser tolhido pela inexistência de um **instrumento** processual típico. Aliás, está aí a ação de "querela nullitatis" a reforçar tal ponto. O segundo equívoco da sobredita posição decorre do fato de equiparar direito material criado judicialmente (precedente) com aquele veiculado legalmente. Trata-se, como já exaustivamente abordado nesta obra, de erro conceitual, herança de uma perspectiva formal-legalista do Direito, que desemboca em um erro metodológico: o de convocar precedente mediante "aplicação" lógico-subsuntiva, e não por meio da sua realização analógico-problemática.

mais necessário (iii) em uma relação jurídica em que há um notório desnível de forças, haja vista a capacidade do Estado de impor suas pretensões de forma cogente, sob pena de ofensa à igualdade, aqui trabalhada sob uma perspectiva substancial e não meramente formal.

Nesse sentido, resta claro que a coisa julgada formada em relações jurídico-tributárias de trato sucessivo também está sujeita à incidência dos limites institucional, metodológico e assecuratórios, todos de caráter obrigatório e, eventualmente, do limite judicativo, a depender da existência ou não de atribuição de modulação de efeitos no julgamento do caso convocado como precedente.

4. CONCLUSÕES

O presente livro procurou resolver as seguintes questões: é possível rescindir coisa julgada formada em uma lide tributária com base em precedentes dos Tribunais Superiores (STF e STJ)? Em caso positivo, tal rescisão estaria sujeita a limites? Se sim, quais seriam esses limites?

Considerando o corte metodológico aqui realizado, qual seja, o de se debruçar sobre a coisa julgada em relações jurídico-**tributárias**, as respostas então ofertadas levaram em consideração os influxos próprios do ordenamento jurídico-tributário para tanto.

Antes, todavia, de ofertar tais soluções para as indagações propostas, esta obra, partindo da perspectiva desenvolvida no Jurisprudencialismo de Castanheira Neves, procurou deixar claro que a mundividência jurídica aqui adotada parte de uma perspectiva problematizante do Direito e da capacidade de as decisões judiciais atuarem como fonte material no ordenamento jurídico. O Direito, portanto, foi aqui tratado como algo dotado de valor (conteúdo) e problematicamente aberto. Nesse sentido, o objetivo foi um só: de franquear ao leitor, sem qualquer subterfúgio retórico, acerca das balizas teóricas que sustentaram a análise do tema aqui proposto e, por óbvio, suas conclusões.

A clareza na fixação dessa premissa é essencial para que não reste dúvida ao nosso leitor qual é o ponto de partida desta obra, até para que possa eventualmente criticá-la com base em outras perspectivas teóricas.

Dito isso e partindo da supracitada mundividência jurídica e de todas as implicações metodológicas daí decorrentes, buscou-se demonstrar a relevância do instituto da coisa julgada, aqui visto não só como reflexo do valor segurança jurídica, mas também como expressão do valor justiça. Em outros termos, afastou-se de uma acepção formalista do Direito, que trata os valores aqui mencionados como forças antagônicas para, em verdade, sob uma perspectiva substancial, defender uma relação coordenada entre eles (justiça/segurança).

Nesse sentido, se reconheceu a importância da coisa julgada, inclusive para a própria existência do modelo jurisdicional de Direito, sem que isso, todavia, redundasse em absolutismos a respeito do instituto. É exatamente esse olhar moderado a respeito da coisa julgada que permitiu o seu substancial diálogo com precedentes vinculantes dos Tribunais Superiores em matéria tributária.

Aliás, importante registrar que o tratamento de um regime de precedentes foi objeto de um Capítulo inteiro, na qual se buscou sair do lugar comum de, a pretexto de abordar um modelo abrasileirado de *stare decisis*, apenas analisar dogmaticamente as técnicas de uniformização de jurisprudência no Brasil. Esse olhar restritivo dos precedentes no Brasil acaba por impedir a sua análise crítica no ordenamento nacional, servindo, inclusive, para fomentar a repetição de erros (conceituais e metodológicos) que distancia, em vez de aproximar, o sistema jurídico nacional de um modelo verdadeiramente comprometido com o regime do *stare decisis*.

Daí o porquê da opção em se promover uma análise macrocomparativa, voltando-se, ainda que de forma breve, para o nascimento e o desenvolvimento do regime de *stare decisis* na Inglaterra. Ademais, foi também promovida uma análise do *Common Law* desenvolvido nos EUA, já que esse país flertou fortemente com um modelo codificado do Direito, o que acaba por até hoje suscitar particularidades para tal sistema jurídico e que podem servir de aprendizado para uma aproximação crítica do sistema brasileiro com um modelo que efetivamente valorize precedentes.

Partindo dessa análise macrocomparativa, o livro apontou os problemas conceituais e estruturais que prejudicam uma adequada – metodologicamente falando – aproximação do sistema brasileiro de um regime de precedentes, o que acaba por impactar em indevidas disposições legais que, em vez de valorizar conteudisticamente precedentes, fomentam uma (perigosa) neocodificação do Direito, só que agora não por meio da *voluntas* legislativa, mas sim por intermédio da vontade judicativa, mais precisamente daquela oriunda das decisões proferidas pelos Tribunais Superiores, as quais ainda são tomadas a partir de uma forte influência do princípio do **livre** convencimento motivado, também aqui criticado.

Apesar da crítica quanto ao uso de fórmulas legisladas, a obra apontou a relevância de certos dispositivos do CPC/2015 que, se realizados em concreto sob uma perspectiva metodologicamente adequada, podem dar algum contributo para uma verdadeira valorização de um modelo de precedentes no Brasil.

A fixação dessas premissas foi essencial para a conclusão de que coisa julgada não é sinônimo de imutabilidade, mas expressão de uma tendência de estabilidade jurídica, o que permite que ela seja remodelada a partir do advento de precedentes vinculantes de Tribunais Superiores, em especial no âmbito tributário, em que o tratamento desigual de contribuintes-jurisdicionados em posições análogas pode trazer sérias distorções econômicas, inclusive com prejuízo à livre-concorrência.

Nessa perspectiva, a possibilidade da revisão da coisa julgada não pode se perfazer sem o respeito a critérios objetivos, aqui chamados de limites, sob pena de a discussão aqui posta não ultrapassar um plano retórico, fruto de um pretenso – e indevido, repita-se – antagonismo entre os valores segurança e justiça.

Em outros termos, a fixação de limites visou afastar a admissão da rescisão aqui defendida ao emprego de fórmulas amplas, quase etéreas, cunhadas por expressões como sentenças "injustas", "absurdamente lesivas", "gravemente injustas" ou "ofensivas à moralidade". Tais manifestações aproximam a rescisão com base em precedentes de um ato discricionário do juízo e, por conseguinte, um alvo perfeito para críticas ao chamado "decisionismo judicial", "ativismo" e, até mesmo, à "ditadura da toga", invocadas pelo outro lado extremo do debate.

Por isso foram aqui desenvolvidos dois tipos de limites para o emprego de instrumentos processuais rescisórios com base em precedentes vinculantes: aqueles chamados de (i) **necessários** ou **obrigatórios** e o (ii) **eventual**. Os limites **necessários** ou **obrigatórios** foram subdivididos em (i) **institucional**, (ii) **metodológico**, (iii) **assecuratório** e (*iv*) **temporal**. Por sua vez, o limite **eventual** foi aqui denominado de (i) **judicativo**.

Como visto ao longo do livro, o **limite institucional** parte do pressuposto de que as decisões judiciais são fontes materiais do Direito e, por conseguinte, geram expectativas jurídicas merecedoras de tutela, bem como que tais decisões não podem ser tratadas como mero reflexo do embolorado princípio do livre convencimento motivado, mas que devem ser vistas como expressão da manifestação institucional do Poder Judiciário no cumprimento da sua tarefa: a de resolver materialmente problemas de convivência humana.

Logo, só apresentam o condão de servir de fundamento para instrumentos rescisórios pautados por precedentes aquelas decisões exaradas por Tribunais Superiores, o que, em matéria tributária, estaria circunscrito às manifestações do STF e do STJ. Ademais, não é qualquer manifestação desses Tribunais que tem essa aptidão, mas apenas aquelas de caráter substancialmente vinculante, o que não é sinônimo dos tipos formais de decisões estabelecidos no art. 927 do CPC.

Nesse sentido, a proposta da presente obra foi que, em matéria tributária, um precedente do STF ou do STJ, representativo da posição **institucional** desses órgãos, independentemente do seu caráter formalmente vinculante, i.e., ainda que não se enquadrem nos tipos do art. 927 do CPC, é elemento suficiente para fundamentar instrumentos rescisórios. Basta que tais instrumentos se pautem em (i) uma decisão plenária dos citados Tribunais, ou (ii) uma decisão dos seus Órgãos Especiais, ou, ainda, (iii) em decisões uníssonas de todas as Turmas da Seção de Direito Público, as quais são encarregadas de julgar questões tributárias.[834] Isso porque a vinculação decorrente de um precedente não provém de uma tipologia prévia e formalmente fixada pelo legislador, mas sim da substancial necessidade de se promover um Direito estável, íntegro e coerente, isto é, fomentador de uma segurança jurídica de índole material.

O segundo limite obrigatório aqui desenvolvido foi chamado de **metodológico**. Defendeu-se, em explícita contraposição ao que fora decidido pelo STF nos temas 881 e 885, a impossibilidade de rescisão automática da coisa julgada por meio da "aplicação" lógico-subsuntiva de um precedente vinculante, o que se buscou justificar por vários motivos.

Primeiramente porque precedente não é lei para ser convocado mediante o emprego indevido de uma racionalidade lógico-subsuntiva. A sua realização se dá por meio de uma comparação analógico-problemática, a qual permite

834. Como já mencionado, essa particular divisão faz sentido no âmbito do STJ, já que no STF as duas turmas ordinárias que compõem o Tribunal julgam questões tributárias.

identificar se há mais pontos de encontros ou desencontros (jamais identidade) entre os casos em comparação a fundamentar a convocação da *ratio decidendi* do precedente para fins de resolução do caso decidendo ou, eventualmente, a promoção de um *distinguishing*.

Ademais, a necessidade de se manejar um instrumento processual rescisório retira da parte estrategicamente interessada na rescisão a aptidão para desfazer ou não a coisa julgada, de acordo com seu arbítrio. Afasta-se, portanto, de um modelo similar ao da autotutela em prestígio do modelo jurisdicional, esse último fomentador do *due process of law* e conduzido por um terceiro imparcial e equidistante do agir estratégico das partes.

Aliás, no específico nicho tributário, esse limite tem o condão de evitar um indevido desequilíbrio de forças entre o Estado e o contribuinte, já que o primeiro deles é dotado de força cogente para impor sua vontade por meio do lançamento (e todos os consectários daí decorrentes), diferentemente desse último que, na hipótese de se sentir prejudicado por uma rescisão unilateral indevida, só terá refúgio para fazer valer essa sua pretensão por meio da tutela jurisdicional.

Por fim, a rescisão automática da coisa julgada apequena indevidamente essa garantia. Se a coisa julgada se forma por intermédio do processo e de todas as garantias constitucionais daí decorrentes, é lógico que, em regra, a sua rescisão também deve se dar dessa mesma forma. Essa, inclusive, é a razão de o legislador prever instrumentos processuais rescisórios típicos para tal finalidade, o que sujeita a pretensão de rescisão a constrangimentos formais.

Ainda tratando de limites obrigatórios, também se tratou do denominado **limite assecuratório**, o qual parte de um valor bem identificado no art. 926 do CPC: de que as decisões judiciais devem ser íntegras.

Como visto, a integridade, ponto intermediário entre a hiperintegração e a desintegração das decisões judiciais, induz a estabilidade – e não a imutabilidade – do Direito judicial, que é criado e recriado em concreto por meio da atividade jurisdicional. Essa preocupação com a estabilidade das decisões só existe porque é ínsito do Direito judicial que ele está sujeito a mudanças (*overruling*), na medida em que se trata de um instrumento desenvolvido para resolver os necessários problemas de convivência humana de forma **sincrônica** com a realidade histórica na qual ele está inserido. Portanto, o limite assecuratório defendido tem a missão de harmonizar forças antagônicas de estabilidade e movimento.

Daí a conclusão no sentido de que uma decisão antagônica de um mesmo Tribunal Superior (antagonismo horizontal), proferida em outro átimo temporal, i.e., fruto de um *overruling*, não pode servir de fundamento para instrumentos rescisórios. A decisão decorrente do *overruling* só poderia servir de fundamento para ações revisionais, isso na hipótese de a coisa julgada recair sobre relações jurídico-tributárias de trato sucessivo, mas jamais poderiam ser empregadas para rescindir os efeitos já consumados da decisão acobertada pela coisa julgada.

Essa mesma lógica valeria na hipótese em que há uma superação de caráter vertical, i.e., entre uma decisão acobertada pela coisa julgada com base em um precedente do STJ e que é ulteriormente superada por um precedente do STF. Nesse caso, não seria possível o emprego de um instrumento rescisório se, durante o tempo existente entre as duas decisões contrapostas, o STF veicula manifestações no sentido de "abdicar" da sua competência, mais precisamente naquelas situações em que Pretório Excelso não supera um juízo de prelibação, como ocorre, *v.g.*, quando ele deixa de conhecer um recurso extraordinário por entender que a discussão posta ofende apenas reflexamente a Constituição.

Por fim, o último limite obrigatório delineado foi chamado de **temporal**, uma vez que a possibilidade de se revisitar a coisa julgada com base em um precedente não pode perdurar eternamente, devendo se sujeitar a um prazo. Assim, superados os demais limites obrigatórios antes sintetizados, a rescisão quanto aos efeitos pretéritos de uma decisão acobertada pela coisa julgada deve respeitar o prazo de dois anos, contados do trânsito em julgado dessa decisão, exatamente como previsto no art. 975 do CPC.

No que tange a tal limite, a obra também analisou o particular regime procedimental rescisório do art. 535, §§ 5º e 8º do CPC, o qual prevê a possibilidade do emprego de instrumentos processuais rescisórios (impugnação ou ação rescisória) na hipótese de decisões executáveis acobertadas pela coisa julgada e cujo cumprimento esteja pendente de exaurimento.

O primeiro aspecto trabalhado nesse instante é que o art. 535, §§ 5º e 8º do CPC não prevê uma nova hipótese rescisória, mas um regime procedimental específico para aqueles casos em que a decisão albergada pela coisa julgada é do tipo executável, ou seja, que demanda a intervenção judicial também para o seu cumprimento na hipótese de não haver satisfação espontânea por parte do sucumbente. No específico ambiente do processo tributário, são consideradas executáveis as decisões proferidas em ações de repetição de indébito/compensação, bem como nos mandados de segurança de caráter repressivo e impetrados com esse mesmo objeto (repetição/compensação).

Nesse contexto, é cabível a impugnação rescisória na hipótese de a decisão proferida no caso, sujeita à coisa julgada, ser dissonante de uma decisão vinculante do STF (extensível para decisões vinculantes do STJ), desde que um desses tipos de precedentes vinculantes seja anterior ao trânsito em julgado. Haveria, aqui, o equivalente a um *error in procedendo*.

Por sua vez, é cabível o ajuizamento de uma ação rescisória se o precedente vinculante a fundamentar tal demanda for posterior à decisão transitada em julgado. Nesse caso, o prazo de dois anos a contar do trânsito em julgado do precedente vinculante não é irrestrito. Como visto, o limite então defendido para o sobredito biênio é o exaurimento (satisfação) ou não do conteúdo da decisão (executável) transitada em julgado.

Tendo sido a decisão juridicamente exaurida, tal rescisória não seria mais cabível. No particular ambiente tributário, tal exaurimento se dá com a ordem para expedição do precatório ou do ofício requisitório veiculado no correlato processo em que a decisão a ser rescindida é proferida, independentemente da ocorrência do seu efetivo pagamento. Tal pagamento implica o exaurimento econômico da decisão, o qual pressupõe, por sua vez, o seu exaurimento jurídico, para o qual basta a ordem judicial para pagamento.

Por sua vez, na hipótese de o beneficiado com a decisão preferir "exauri-la" administrativamente, por meio da compensação tributária, a sobredita rescisória pode ser ajuizada até que haja homologação (tácita ou expressa) desse encontro de contas. Havendo o ajuizamento do instrumento rescisório antes da referida homologação, a análise da compensação administrativa ficaria suspensa pelo fato de a rescisória se afigurar como uma causa de prejudicialidade externa ao pedido administrativo, aplicando-se por analogia o disposto no art. 313, V, "a", do CPC. Também aqui a rescisão deve se dar por meio de decisão judicial em ação rescisória ajuizada com esse fim, não bastando uma decisão administrativa de caráter rescisório no pleito de compensação. Aqui também se aplica o limite metodológico defendido neste livro.

Além dos limites obrigatórios, também foi apresentado o chamado **limite eventual**, já que a sua presença fica condicionada à possível atribuição de modulação de efeitos ao precedente vinculante a pautar o intuito rescisório. Daí também porque esse limite eventual é chamado de **judicativo**, já que decorrente da atuação jurisdicional.

Segundo esse limite, o uso de instrumentos processuais rescisórios calcados em precedentes vinculantes não pode servir para burlar eventual modulação de efeitos do precedente. Em outros termos, o marco temporal da modulação é um obstáculo para que o juízo rescisório afete os efeitos práticos passados da decisão a ser rescindida. Em situações como essa, sendo a relação jurídico-tributária transitada em julgado uma relação de caráter sucessivo, o único instrumento processual rescisório cabível é a ação revisional (art. 505, inciso I, do CPC), cujo objetivo é o de estancar os efeitos da decisão transitada em julgado após o decurso do prazo da modulação, ou seja, para o futuro.

Aliás, tal assertiva já deixa claro que, para este autor, mesmo a rescisão da coisa julgada veiculada em demandas que tenham por pano de fundo relações jurídico-tributárias de caráter sucessivo, também estão sujeitas a todos os limites obrigatórios e eventual (esse último, se for o caso) aqui desenvolvidos. A única exceção é o limite temporal, já que o intuito da sobredita ação revisional não se volta ao passado, mas busca alcançar apenas os efeitos futuros da decisão a ser rescindida.

Feita essa síntese conclusiva, resta claro que o desenvolvimento dos limites aqui mencionados tem por finalidade impor restrições objetivas à rescisão da coisa julgada em matéria tributária com base em precedentes vinculantes dos Tribunais Superiores, de modo a racionalizar essa discussão. Evita-se, com isso, tanto o arbítrio judicial de um lado como, de outra sorte, a equivocada visão de que a coisa julgada estaria sujeita a uma imutabilidade de caráter absoluto. Busca-se, portanto, a conciliação dos valores segurança e justiça.

REFERÊNCIAS

ABRAHAM, Marcus. Modulação dos efeitos em caso de alteração da jurisprudência tributária dominante. *Revista Dialética de Direito Tributário*, São Paulo, n. 193, p. 80-92, out. 2011.

ALVIM, Arruda. *Manual de direito processual civil:* teoria geral do processo, processo de conhecimento, recursos, precedentes. 20. ed. São Paulo: Thomson Reuters Brasil.

ALVIM, Thereza. *Questões prévias e os limites objetivos da coisa julgada.* São Paulo: Revista dos Tribunais, 1977.

AMERICANO, Jorge. *Comentários ao Código de Processo Civil no Brasil.* v. 1, 2. ed. São Paulo: Saraiva, s/d. p. 440-441.

ARAGÃO, Egas Moniz. *Sentença e coisa julgada.* Rio de Janeiro: Forense, 1982.

ARAÚJO, Juliana Costa Furtado. A ação de repetição de indébito, o cumprimento de sentença e a nova hipótese de ação rescisória prevista no Código de Processo Civil de 2015. *In:* CONRADO, Paulo César (coord.). *Processo Tributário Analítico.* v. III. São Paulo: Noeses, 2016. p. 1-319.

ARAÚJO, Juliana Furtado Costa. O precedente no novo Código de Processo Civil e suas implicações tributárias. *In:* ARAÚJO, Juliana Costa Furtado; CONRADO, Paulo César (org.). *O novo CPC e seu impacto no direito tributário*. São Paulo: Fiscosoft, 2015. p. 101-126.

ARENHART, Sérgio; MARINONI, Luiz Guilherme; MITIDIERO, Daniel. *O novo processo civil*. 2. ed. São Paulo: Revista dos Tribunais, 2016.

ARGUELHES, Diego Werneck; RIBEIRO, Leandro Molhano. Ministrocracia: o Supremo Tribunal individual e o processo democrático brasileiro. *Novos Estudos CEBRAP*, [s.l.], v. 37, p. 13-32, 2018.

ARISTÓTELES. *Ética a Nicômaco; Poética. Seleção de textos de José Américo Motta Pessanha*. 4. ed. São Paulo: Nova Cultural, 1991. (Os Pensadores; v. 2). E-book. Disponível em: https://edisciplinas.usp.br/pluginfile.php/4977081/mod_resource/content/1/Etica%20a%20Nicomaco%20%28Aristoteles%29.pdf. Acesso em: 5 fev. 2020

ATALIBA, Geraldo. *Hipótese de incidência tributária*. 6. ed. São Paulo: Malheiros, 2010.

ÁVILA, Humberto. *Segurança jurídica:* entre permanência, mudança e realização no Direito Tributário. São Paulo: Malheiros, 2011.

ÁVILA, Humberto. *Teoria dos princípios:* da definição à aplicação dos princípios jurídicos. 7. ed. São Paulo: Malheiros, 2007.

BAHIA, Alexandre Gustavo Melo Franco; NUNES, Dierle; PEDRON, Flávio Quinaud. *Teoria geral do processo*. Salvador: JusPodivm, 2020.

BAHIA, Alexandre Gustavo Melo Franco *et al*. *Novo CPC* – fundamentos e sistematização. 2. ed. Rio de Janeiro: Forense, 2015.

BALLOTPEDIA. Supreme Court cases, October term 2019-2020. Disponível em: https://ballotpedia.org/Supreme_Court_cases,_October_term_2019-2020.

BARBIERI, Catarina Helena Cortada; MACEDO JÚNIOR, Ronaldo Porto (org.). *Direito e interpretação* – racionalidades e instituições. São Paulo: Saraiva, 2011.

BARBOSA MOREIRA, José Carlos. A ação popular no direito brasileiro como instrumento de tutela jurisdicional dos chamados interesses difusos. *In:* BARBOSA MOREIRA, José Carlos. *Temas de direito processual:* primeira série. São Paulo: Saraiva, 2007. p. 110-124.

BARBOSA MOREIRA, José Carlos. Ainda e sempre a coisa julgada. *In:* WAMBIER, Teresa Arruda Alvim; WAMBIER, Luiz Rodrigues. *Doutrinas Essenciais de Processo Civil.* v. 6. São Paulo: Revista dos Tribunais, 2011.

BARBOSA MOREIRA, José Carlos. Coisa julgada e declaração. *Revista dos Tribunais,* São Paulo, v. 429, p. 21-27, jul. 1971b.

BARBOSA MOREIRA, José Carlos. Considerações sobre a chamada "relativização" da coisa julgada material. *In*: DIDIER JÚNIOR., Fredie (org.). *Relativização da coisa julgada.* 2. ed. Salvador: JusPodivm, 2008. p. 225-250.

BARBOSA MOREIRA, José Carlos. *Direito processual civil:* ensaios e pareceres. Rio de Janeiro: Borsoi, 1971a.

BARBOSA MOREIRA, José Carlos. Efetividade do processo e técnica processual. *In*: BARBOSA MOREIRA, José Carlos. *Temas de direito processual*: sexta série. São Paulo: Saraiva, 1997.

BARBOSA MOREIRA, José Carlos. Eficácia da sentença e autoridade da coisa julgada. *In:* BARBOSA MOREIRA, José Carlos. *Temas de direito processual civil:* terceira série. São Paulo: Saraiva, 1984. p. 99-114.

BARBOSA MOREIRA, José Carlos. Notas sobre el contenido, los efectos y la inmutabilidad de la sentencia. *In:* BARBOSA MOREIRA, José Carlos. *Temas de processo civil:* quinta série. São Paulo: Saraiva, 1994. p. 103-108.

BARBOSA MOREIRA, José Carlos. *Questões prejudiciais e coisa julgada*. Rio de Janeiro: Borsoi, 1967.

BARBOSA MOREIRA, José Carlos. Súmula, jurisprudência, precedente: uma escalada e seus riscos. *Revista Dialética de Direito Processual*, São Paulo, n. 27, p. 51-62, jun. 2005.

BARBOSA MOREIRA, José Carlos. *Temas de direito processual civil:* oitava série. São Paulo: Saraiva, 2004.

BARBOZA, Estefânia Maria de Queiroz. *Precedentes judiciais e segurança jurídica:* fundamentos e possibilidades para a jurisdição constitucional brasileira. São Paulo: Saraiva, 2014.

BAUM, Lawrence. *Judges and their audiences:* a perspective of judicial behavior. Princeton: Princeton University Press, 2008.

BENDER, Paul. The retroactive effect of an overruling constitutional decision: Mapp v. Ohio. *Penn Law Review*, [s.l.], v. 110, p. 650-683.

BOBBIO, Norberto. *O positivismo jurídico* – lições de filosofia do Direito. *São Paulo:* Ícone Editora, 1995.

BONAVIDES, Paulo. *Curso de direito constitucional*. 29. ed. São Paulo: Malheiros, 2014.

BOTELHO DE MESQUITA, José Ignacio. *A coisa julgada*. Forense: Rio de Janeiro, 2006.

BOTELHO DE MESQUISTA, José Ignacio. *Teses, estudos e pareceres de processo civil*. v. 2. São Paulo: Revista dos Tribunais, 2005.

BOTELHO DE MESQUITA, José Ignacio *et al*. Da redução do alcance da súmula-STF 343: o balanço de uma polêmica. *In:* CARVALHO, Milton Paulo de; CASTRO, Daniel Penteado de (coord.). *Direito processual civil*. v. 2. São Paulo: Quartier Latin, 2011. p. 343-368.

BRAGA, Paulo Sarno; DIDIER JÚNIOR, Fredie; OLIVEIRA, Rafael Alexandria de. *Curso de direito processual civil.* v. 2, 10. ed. Salvador: JusPodivm, 2015.

BRONZE, Fernando José Couto Pinto. A metodonomologia (para além da argumentação). StvdiaIvridica 90 – ad honorem 3, *Boletim da Faculdade de Direito*, Coimbra.

BRONZE, Fernando José Couto Pinto. *A metodonomologia entre a semelhança e a diferença* (reflexão problematizante dos pólos da radical matriz analógica do discurso jurídico). Coimbra: Coimbra Editora, 1994.

BRONZE, Fernando José Couto Pinto. As margens e o rio (da retórica à metodonomologia). *Boletim da Faculdade de Direito,* Coimbra, v. LXXIII, p. 112-113, 1997.

BRONZE, Fernando José Couto Pinto. Breves considerações sobre o estado actual da questão metodonomológica. *Boletim da Faculdade de Direito*, Coimbra, v. 69, p. 177-199, 1993.

BRONZE, Fernando José Couto Pinto. *'Continentalização' do direito inglês ou 'insularização' do direito continental?* (Proposta para uma reflexão macrocomparativa do problema). Coimbra: Coimbra Editora, 1982.

BRONZE, Fernando José Couto. *Lições de introdução ao Direito*. 2. ed. Coimbra: Coimbra Editora, 2010.

BUENO, Cássio Scarpinella. *Curso sistematizado de direito processual civil.* v. 1, 4. ed. São Paulo: Saraiva, 2010.

BUENO, Cássio Scarpinella. *Curso sistematizado de direito processual civil.* v. 1, 9. ed. São Paulo: Saraiva, 2018.

BUENO, Cássio Scarpinella. *Curso sistematizado de direito processual civil.* v. 2, 8. ed. São Paulo: Saraiva, 2019.

BUSTAMANTE, Thomas da Rosa. A dificuldade de se criar uma cultura argumentativa do precedente judicial e o desafio do novo CPC. *In:* DIDIER JÚNIOR, Fredie *et al.* (org.). *Precedentes.* Salvador: JusPodivm, 2015. p. 275-297.

BUSTAMANTE, Thomas da Rosa. *Teoria do precedente judicial.* São Paulo: Noeses. 2013.

CABRAL, Antonio do Passo. A técnica do julgamento-alerta na mudança de jurisprudência consolidada. *Revista de Processo,* São Paulo, v. 221, p. 13-48, jul. 2013.

CABRAL, Antonio do Passo. Coisa julgada. *In:* WAMBIER, Teresa Arruda Alvim *et al.* (coords.). *Breves comentários ao novo Código de Processo Civil.* 2. ed. São Paulo: RT, 2015. p. 1.349-1.380.

CABRAL, Antonio do Passo. *Coisa julgada e preclusões dinâmicas:* entre continuidade, mudança e transição de posições. 2. ed. Salvador: JusPodivm, 2014.

CABRAL, Antônio do Passo. *Coisa julgada e preclusões dinâmicas:* entre continuidade, mudança e transição de posições estáveis. 3. ed. Salvador: Editora JusPodivm, 2019.

CAENEGEM, Raoul Van. "Oráculos da lei" ou "*bouche de la loi*": considerações históricas sobre o papel dos juízes. *In:* BARBAS HOMEM, António Pedro *et al. O perfil do juiz na tradição ocidental.* Almedina: Coimbra, 2009. p. 35-52.

CÂMARA, Alexandre Freitas. *O novo processo civil brasileiro.* 3. ed. São Paulo: Atlas, 2017.

CÂMARA, Alexandre Freitas. Relativização da coisa julgada material. *In*: DIDIER JÚNIOR, Fredie (org.). *Relativização da coisa julgada.* 2. ed. Salvador: JusPodivm, 2008. p. 17-38.

CANOTILHO, José Joaquim Gomes. *Direito constitucional.* 6. ed. Coimbra: Almedina, 1993.

CAPPELLETTI, Mauro. *Acesso à justiça.* Porto Alegre: Sergio Antonio Fabris Editor, 1988.

CARNELUTTI. Francesco. *Como se faz um processo*. Belo Horizonte: Editora Líder, 2008.

CARRAZZA, Roque Antonio. *Curso de direito constitucional tributário*. 32. ed. São Paulo: Malheiros, 2019.

CARRAZZA, Roque Antonio. Segurança jurídica e eficácia temporal das alterações jurisprudenciais. *In:* FRRAZ JUNIOR, Tercio Sampaio; CARRAZZA, Roque Antonio; NERY JUNIOR, Nelson (org.). *Efeito 'ex nunc' e as decisões do STJ*. Barueri: Manole, 2008. p. 35-74.

CARREIRA ALVIM, José Eduardo Carreira. *Teoria geral do processo*. 16. ed. Rio de Janeiro: Forense, 2014.

CARVALHO, Paulo de Barros. *Curso de direito tributário*. 22. ed. São Paulo: Saraiva, 2010.

CARVALHO, Paulo de Barros. *Direito tributário:* linguagem e método. São Paulo: Noeses, 2009.

CAVALCANTI, Marcos de Araújo. *Coisa julgada e questões prejudiciais:* limites objetivos e subjetivos. São Paulo: Revista dos Tribunais, 2019.

CHIOVENDA, Giuseppe. *Instituições de direito processual civil*. v. 1, 3. ed. Campinas: Bookseller, 2002.

CINTRA, Antônio Carlos Araújo; DINAMARCO, Cândido Rangel; GRINOVER, Ada Pellegrini. *Teoria geral do processo*. 28. ed. São Paulo: Malheiros, 1998.

CONRADO, Paulo César. *Introdução à teoria geral do processo civil*. 2. ed. São Paulo: Max Limonad, 2003.

COSTA, Regina Helena. *Curso de direito tributário:* Constituição e Código Tributário Nacional. 2. ed. São Paulo: Saraiva, 2021.

COUTO E SILVA, Almiro. O princípio da segurança jurídica (proteção à confiança) no Direito Público brasileiro e o direito da Administração Pública de anular seus próprios atos administrativos: o prazo decadencial do art. 54 da lei do processo administrativo da União (lei 9.784/1999). *Revista de Direito Administrativo*, Rio de Janeiro, v. 237, p. 271-316, jul. 2004.

CRAMER, Ronaldo. *Ação rescisória por violação da norma jurídica.* 2010. 184f. Dissertação (Mestrado em Direito Processual Civil) – Pontifícia Universidade Católica de São Paulo, São Paulo, 2010.

CROSS, Rupert; HARRIS, J. W. *Precedent in English law.* 4. ed. Oxford: Clarendon Press, 1991.

DANIEL NETO, Carlos. *Tributação e exceção:* a derrotabilidade das regras tributárias. Porto Alegre: Sergio Antonio Fabris Editor, 2022.

DAVID, René. *Os grandes sistemas do direito contemporâneo.* 4. ed. São Paulo: Martins Fontes, 2002.

DELGADO, José Augusto. Pontos polêmicos das ações de indenização de áreas naturais protegidas. *Revista de Processo,* São Paulo, v. 26, n. 103, p. 9-36, jul./set. 2001. Disponível em: http://bdjur.stj.jus.br/dspace/handle/2011/17110. Acesso em: 11 jan. 2023.

DELLORE, Luiz. *Estudos sobre a coisa julgada e controle de constitucionalidade.* Rio de Janeiro: Forense, 2013.

DELLORE, Luiz *et al. Comentários ao Código de Processo Civil.* 4. ed. Rio de Janeiro: Forense, 2021.

DERZI, Misabel de Abreu Machado. *Modificações da jurisprudência no direito tributário.* São Paulo: Noeses, 2009.

DIDIER JÚNIOR, Fredie. *Curso de direito processual civil.* v. 1, 17. ed. Salvador: JusPodivm, 2015.

DINAMARCO, Cândido Rangel. *A instrumentalidade do processo.* 14. ed. São Paulo: Malheiros, 2009.

DINAMARCO, Cândido Rangel. *Instituições de direito processual civil.* v. 3, 6. ed. São Paulo: Malheiros, 2009.

DINAMARCO, Cândido Rangel. *Instituições de direito processual civil.* v. 1, 7. ed. São Paulo: Malheiros, 2013.

DWORKIN, Ronald. *Levando os direitos a sério.* São Paulo: Martins Fontes, 2002.

DWORKIN, Ronald. *Uma questão de princípio.* São Paulo: Martins Fontes, 2001.

ELLMAN, Lisa M. *et al.* Are judges political? An empiral analysis of the Federal Judiciary. Washington: Brookings Institution Press, 2006.

ENFAM – Escola Nacional de Formação e Aperfeiçoamento de Magistrados. Enunciados aprovados. Disponível em: https://www.enfam.jus.br/wp-content/uploads/2015/09/ENUNCIADOS-VERSÃO-DEFINITIVA-.pdf. Acesso em: 21 fev. 2023.

ENUNCIADOS DO FÓRUM PERMANENTE de processualistas civis. Florianópolis, 24, 25 e 26 de março de 2017. Disponível em: https://institutodc.com.br/wp-content/uploads/2017/06/FPPC-Carta-de-Florianopolis.pdf. Acesso em: 21 fev. 2023.

ESTADOS UNIDOS DA AMÉRICA. A Constituição dos Estados Unidos da América. Disponível em: http://www.uel.br/pessoal/jneto/gradua/historia/recdida/ConstituicaoEUARecDidaPESSOALJNETO.pdf. Acesso em: 20 fev. 2023

FERRAZ JUNIOR, Tércio Sampaio. Irretroatividade e jurisprudência judicial. *In:* FRRAZ JUNIOR, Tercio Sampaio; CARRAZZA, Roque Antonio; NERY JUNIOR, Nelson (org.). *Efeito 'ex nunc' e as decisões do STJ*. Barueri: Manole, 2008. p. 1-32.

FINE, Toni M. *Introdução ao sistema jurídico anglo-americano.* São Paulo: Martins Fontes, 2011.

FRIEDMANN, Wolfgang. Limits of judicial lawmaking and prospective overruling. *The Modern Law Review,* [s.l.], v. 29, n. 6, p. 593-607, 1966.

GERHARDT, Michael. *The power of precedent.* Oxford: Oxford University Press, 2011.

GIDI, Antonio; TESHEINER, José Maria Rosa; PRATES, Marília Zanella. Limites objetivos da coisa julgada no Projeto de Código de Processo Civil: reflexões inspiradas na experiência norte-americana. *Revista de Processo,* [s.l.], v. 36, n. 194, p. 101-138, abr. 2011.

GRECO FILHO, Vicente. *Direito processual civil brasileiro.* v. 2, 12. ed. São Paulo: Saraiva, 1997.

GRINOVER, Ada Pellegrini. *Ação declaratória incidental.* São Paulo: RT, 1972.

GROSSI, Paolo. *La primera lección de derecho.* Madrid: Marcial Pons, 2006.

HESPANHA, António Manuel. *Cultura jurídica europeia* – síntese de um milênio. 3. ed. Mira Sintra: Fórum da História, 2003.

HESSE, Konrad. *A força normativa da Constituição.* Sergio Fabris Editores: Porto Alegre, 2009.

HORTA, André Frederico; NUNES, Dierle. Aplicação de precedentes e 'distinguishing' no CPC/2015: uma breve introdução. *In:* CUNHA, Leonardo Carneiro da; MACÊDO, Lucas Buril de; ATAÍDE JR., Jaldermiro Rodrigues da (org.). *Precedentes Judiciais no NCPC.* Salvador: JusPodivm, 2015. p. 301-333.

JANCKESKI, Célio Armando. A Declaração da Inconstitucionalidade com efeitos limitados, a supremacia constitucional e o Direito Tributário. *Revista Dialética de Direito Tributário*, São Paulo, n. 157, p. 17-25, out. 2008.

KELLY, John M. *Uma breve história da teoria do Direito ocidental*. São Paulo: Martins Fontes, 2010.

LACERDA, Galeno. *Teoria geral do processo*. Rio de Janeiro: Forense, 2008.

LEONEL, Ricardo de Barros. Código de Processo Civil de 2015 em perspectiva. *In:* BEDAQUE, José Roberto dos Santos; SICA, Heitor Vitor Mendonça; YARSHELL, Flávio Luiz (org.). Estudos de direito processual civil em homenagem ao professor José Rogério Cruz e Tucci. Salvador: JusPodivm, 2018. p. 693-711.

LIEBMAN, Enrico Tullio. *Eficácia e autoridade da sentença*. 2. ed. Rio de Janeiro: Forense, 1981.

LIMA, Tiago Asfor Rocha. *Precedentes judiciais civis no Brasil*. São Paulo: Saraiva, 2013.

LOPES FILHO, Juraci Mourão. O novo Código de Processo Civil e a sistematização em rede dos precedentes judiciais. *In:* DIDIER JÚNIOR, Fredie *et al.* (org.). *Precedentes*. Salvador: JusPodivm, 2015. p. 147-174.

LOPES, Bruno Vasconcelos Carrilho. *Limites objetivos e eficácia preclusiva da coisa julgada*. São Paulo: Saraiva, 2012.

LUCON, Paulo Henrique dos Santos. Coisa julgada, conteúdo e efeitos da sentença, sentença inconstitucional e embargos à execução contra a Fazenda Pública ('ex vi' art.741, parágrafo único, do CPC). *Revista de Processo*, [s.l.], v. 31, n. 141, p. 20-52, nov. 2006.

MACCORMICK, Neil. *Rhetoric and the rule of law* – a theory of legal reasoning. Oxford: Oxford University Press, 2005.

MACHADO, Fábio Cardoso. Da uniformização jurídico-decisória por vinculação às súmulas de jurisprudência:

objeções de ordem metodológica, sociocultural e político-jurídica. *In*: MACHADO, Fábio Cardoso; MACHADO, Rafael Bicca (org.). *A reforma do Poder Judiciário*. São Paulo: Quartier Latin, 2006. p. 244-274.

MANCUSO, Rodolfo de Camargo. *Sistema brasileiro de precedentes:* Natureza. Eficácia. Operacionalidade. 3. ed. Salvador: JusPodivm, 2019.

MARINONI, Luiz Guilherme. A dificuldade em ver que a coisa julgada pode ser invocada por terceiros. *In:* Revista Jurídica da Procuradoria-Geral do Estado do Paraná, Curitiba, n. 10, p. 143-174, 2019

MARINONI, Luiz Guilherme. *Coisa julgada sobre questão.* 2. ed. São Paulo: Revista dos Tribunais, 2019.

MARINONI, Luiz Guilherme. *Precedentes obrigatórios.* 2. ed. São Paulo: Revista dos Tribunais, 2011.

MARINONI, Luiz Guilherme. *Precedentes obrigatórios.* 5. ed. São Paulo: Revista dos Tribunais, 2016.

MARINONI, Luiz Guilherme Bittencourt. Relativizar a coisa julgada material? *Revista dos Tribunais,* v. 830, p. 55, dez. 2004.

MARINONI, Luiz Guilherme; ARENHART, Sérgio Cruz; MITIDIERO, Daniel. *Novo curso de processo civil:* tutela dos direitos mediante procedimento comum. v. 2, 3. ed. São Paulo: Revista dos Tribunais, 2017. E-book não paginado.

MARINONI, Luiz Guilherme; MITIDIERO, Daniel. *Ação rescisória:* do juízo rescindente ao juízo rescisório. São Paulo: Editora Revista dos Tribunais, 2017.

MARQUES, José Frederico. *Manual de direito processual civil.* v. 3. São Paulo: Saraiva, 1975.

MARQUES, Mário Alberto Pedrosa Reis. *Codificação e paradigmas da modernidade.* Coimbra: Universidade de Coimbra, 1998.

MARQUES, Mário Alberto Pedrosa Reis. Um olhar sobre a construção do "sujeito de direito". Estudos em Homenagem ao Professor Doutor Manoel Henrique Mesquita. *Stvdia Ivridica - Boletim da Faculdade de Direito,* Coimbra, p. 95-115, 1995.

MARRAFON, Marco Aurélio; ROBL FILHO, Ilton Norberto. Controle de constitucionalidade no projeto de lei de conversão de medida provisória em face dos 'contrabandos legislativos': salvaguarda do Estado Democrático de Direito. *In:* FELLET, André; NOVELINO, Marcelo (org.). *Constitucionalismo e democracia.* Salvador: JuspPdivm, 2013. p. 235-249.

MASSUD, Rodrigo. Coisa julgada "especialmente soberana" nas ações de repetição de indébito e na compensação tributária: como ficam os indébitos no tempo? *In:* ARAÚJO, Juliana Costa Furtado; CONRADO, Paulo César (coords.). *Processo tributário analítico.* v. IV. São Paulo: Noeses, 2019. p. 191-212.

MENDES, Conrado Hübner. O que o STF pode fazer contra o morticínio? *Folha de São Paulo,* 23 de março de 2021. Disponível em: https://www1.folha.uol.com.br/colunas/conrado-hubner-mendes/2021/03/o-que-o-stf-pode-fazer-hoje-contra-o-morticinio.shtml. Acesso em: 24 mar. 2021.

MENKE, Cassiano. *Irretroatividade tributária material:* definição, conteúdo e eficácia. São Paulo: Malheiros, 2015.

MINAMI, M. Y.; PEIXOTO, Ravi. Da questão prejudicial incidental constitucional no STF e o novo regime de coisa julgada. *In:* CABRAL, Antonio do Passo; DIDIER JÚNIOR, Fredie. *Coisa julgada e outras estabilidades processuais.* Salvador: JusPodivm, 2018. p. 269-292.

MIRANDA, Jorge. *Manual de direito constitucional.* 3. ed. Coimbra: Coimbra Editora, 1996.

MIRANDA, Pontes. *Tratado da ação rescisória.* 2. ed. Campinas: Bookseller, 2003.

MITIDIERO, Daniel. *Cortes superiores e cortes supremas:* do controle à interpretação, da jurisprudência ao precedente. 3. ed. São Paulo: Revista dos Tribunais, 2017.

MOURÃO, Luiz Eduardo Ribeiro. *Coisa julgada.* Belo Horizonte: Fórum, 2008.

MOUSSALEM, Tárek Moysés. *Revogação em matéria tributária.* São Paulo: Noeses, 2005.

NERY JUNIOR, Nelson. Boa-fé objetiva e segurança jurídica – eficácia da decisão judicial que altera jurisprudência anterior do mesmo tribunal superior. *In:* FRRAZ JUNIOR, Tercio Sampaio; CARRAZZA, Roque Antonio; NERY JUNIOR, Nelson (org.). *Efeito 'ex nunc' e as decisões do STJ.* Barueri: Manole, 2008. p. 75-107.

NERY JUNIOR, Nelson; NERY, Rosa Maria de Andrade. *Código de Processo Civil comentado.* 3. ed. São Paulo: Thomson Reuters Brasil, 2018.

NEVES, Antonio Castanheira. *Apontamentos complementares de teoria do direito (sumários e textos).* Coimbra: Universidade de Coimbra, 1998.

NEVES, Antonio Castanheira. *Digesta:* escritos acerca do Direito, do pensamento jurídico, da sua metodologia e outros. v. 2. Coimbra: Coimbra Editora, 1995.

NEVES, Antonio Castanheira. *Digesta:* escritos acerca do Direito, do pensamento jurídico, da sua metodologia e outros. v. 3. Coimbra: Coimbra Editora, 2008a.

NEVES, Antonio Castanheira. *Instituto dos assentos.* Coimbra: Coimbra Editora, 2014.

NEVES, Antonio Castanheira. *Metodologia jurídica* – problemas fundamentais. Coimbra: Coimbra Editora, 1993.

NEVES, Antonio Castanheira. O direito interrogado pelo tempo presente na perspectiva do futuro. *In:* NUNES, António José Avelãs; COUTINHO, Jacinto Nelson de Miranda (coord.). *O direito e o futuro* – o futuro e o Direito. Coimbra: Almedina, 2008b. p. 9-82.

NEVES, Antonio Castanheira. *Questão-de-facto* – questão-de-direito ou o problema metodológico da juridicidade. Coimbra: Almedina, 1967.

NEVES, Antonio Castanheira. *Teoria do direito:* lições proferidas no ano letivo de 1998/1999. Coimbra: Universidade de Coimbra, 1998a.

NEVES, Celso. *Contribuição ao estudo da coisa julgada civil.* 1970. 514f. Tese (Cátedra) – Faculdade de Direito, Universidade de São Paulo, São Paulo, 1970.

NEVES, Daniel Amorim Assumpção. *Manual de direito processual civil.* 10. ed. Salvador: JusPodivm, 2018.

NEVES, Marcelo. A "desrazão" sem diálogo com a "razão": teses provocatórias sobre o STF. *Consultor Jurídico,* 18 de outubro de 2014. Disponível em: https://www.conjur.com.br/2014-out-18/desrazao-dialogo-razao-teses-provocatorias-stf. Acesso em: 11 jan. 2020.

NIEVA-FENOLL, Jordi. *Coisa julgada.* São Paulo: Revista dos Tribunais, 2016.

NIEVA-FENOLL, Jordi. A coisa julgada: o fim de um mito. *Revista Eletrônica de Direito Processual – REDP,* Rio de Janeiro, ano 6, v. X, p. 239-257, jul.-dez. 2012.

NUNES, Camila. Do Código Buzaid ao novo Código de Processo Civil: uma análise das influências culturais sofridas por ambas as codificações. *In*: ALVIM, Teresa; DIDIER JÚNIOR, Fredie. *Doutrinas essenciais* – Novo Processo Civil – Teoria Geral do Processo I. São Paulo: Revista dos Tribunais, 2018. Disponível em: https://thomsonreuters.jusbrasil.com.br/doutrina/1196959225/doutrinas-essenciais-novo-processo-civil-teoria-geral-do-processo-i. Acesso em: 16 jan. 2023.

NUNES, Dierle; DELFINO, Lúcio. Enunciado da Enfam mostra juízes contra o contraditório do novo CPC. *Consultor Jurídico,* 3 de setembro de 2015. Disponível em: https://www.conjur.com.br/2015-set-03/enunciado-enfam-mostra-juizes-contraditorio-cpc. Acesso em: 28 dez. 2020.

MITIDIERO, Daniel. *Precedentes:* da persuasão à vinculação. 2ª ed. São Paulo: Revista dos Tribunais, 2017.

OLIVEIRA, Carlos Alberto Alvaro de. Processo civil brasileiro e codificação. *In:* MARTINS-COSTA, Judith; VARELA, Laura Beck (org.). *Código* – dimensão histórica e desafio contemporâneo (estudos em homenagem ao Professor Paolo Grossi). Porto Alegre: Sergio Antonio Fabris Editor, 2013. p. 151-160.

OLIVEIRA, Paulo Mendes. *Coisa julgada e precedente:* limites temporais e as relações jurídicas de trato continuado. São Paulo: Revista dos Tribunais, 2015.

PAULA BATISTA, Francisco de. *Compêndio de teoria e prática do processo civil.* Campinas: Russell Editores, 2002.

PIMENTA, Paulo Roberto Lyrio. A modulação da eficácia temporal da decisão de inconstitucionalidade da lei tributária em controle difuso. *In:* ROCHA, Valdir de Oliveira (coord.). *Grandes questões atuais do Direito Tributário.* São Paulo: Dialética, 2008. p. 417-435.

PORTO, Sérgio Gilberto; USTÁRROZ, Daniel. *Lições de direitos fundamentais no processo civil:* o conteúdo processual da Constituição Federal. Porto Alegre: Livraria do Advogado, 2009.

POUND, Roscoe. *The spirit of the Common Law.* Abingdon: Routledge, 1988.

RADBRUCH, Gustav. *Filosofia do direito.* São Paulo: Martins Fontes, 2004.

RADBRUCH, Gustav. *O espírito do direito inglês e a jurisprudência anglo-americana.* Rio de Janeiro: Lumen Juris, 2010.

RAMIRES, Maurício. *Crítica à aplicação de precedentes no Direito brasileiro.* Porto Alegre: Livraria do Advogado, 2010.

RE, Edward D. *Stare decisis. Revista de Informação Legislativa*, [s.l.], v. 31, n. 122, p. 281-287, abr./jun. 1994.

RIBEIRO, Diego Diniz. A modulação de efeitos no controle de constitucionalidade em matéria tributária e a jurisprudência do STF. *Revista Dialética de Direito Tributário,* v. 178, p. 25-44, 2010.

RIBEIRO, Diego Diniz. Precedentes em matéria tributária e o novo CPC. *In:* CONRADO, Paulo César (org.). *Processo tributário analítico.* v. III. São Paulo: Noeses, 2016. p. 111-140.

RIBEIRO, Diego Diniz. Súmula vinculante e a codificação das decisões judiciais no Brasil. Disponível em: http://www.ddtax.com.br/conteudo/modulos/artigos/sumul_5z6x7/94xx3z.pdf. Acesso em: 28 abr. 2021.

RIBEIRO, Diego Diniz; DELIGNE, Maysa de Sá Pittondo. A modulação de efeitos em matéria tributária e sua realização em favor da Fazenda Pública. *In:* CONRADO, Paulo Cesar; ARAÚJO, Juliana Furtado Costa (org.). *Processo Tributário Analítico.* v. IV. São Paulo: Noeses, 2018. p. 97-132.

RIBEIRO, Diego Diniz; DANIEL NETO, Carlos Augusto. A aplicabilidade da prescrição intercorrente da Lei n. 9.873/1999 às multas aduaneiras: análise crítica dos argumentos do debate. *Direito Tributário Atual*, [s.l.], v. 50, p. 76-111, 2022.

ROCHA, Cármen Lúcia Antunes (coord.). *Constituição e segurança jurídica:* direito adquirido, ato jurídico perfeito e coisa julgada. 2. ed. Belo Horizonte: Fórum, 2004.

ROCHA JÚNIOR, Luis Clovis Machado da. A superação da regra da invalidade *ex tunc* do ato inconstitucional: critérios formais e materiais para a modulação dos efeitos temporais. 2009. 216 f. Dissertação (Mestrado) – Universidade Federal do Rio Grande do Sul, Porto Alegre, 2009.

RODRIGUES, Walter Piva. *Coisa julgada em matéria tributária.* São Paulo: Quartier Latin, 2008.

ROSSI, Júlio César. *Precedente à brasileira:* a jurisprudência vinculante no CPC e no novo CPC. São Paulo: Atlas, 2015.

ROUSSEAU, Jean-Jacques. *O contrato social.* 5. ed. Portugal: [s.n.], 2003.

SANTOS, Moacyr Amaral. *Primeiras linhas de direito processual civil.* v. 3, 22. ed. São Paulo: Saraiva, 2008.

SAVIGNY, Friedrich Carl Von. *Sistema del derecho romano actual.* Granada: Comares, 2005.

SCHAUER, Frederick. *Thinking like a lawyer.* Nova Deli: Universal, 2010.

SHAUER, Frederick. Precedente. *In:* DIDIER *JÚNIOR*, Fredie *et al.* (coord.). *Precedentes.* Salvador: JusPodivm, 2015.

SCHOUERI, Luís Eduardo. *Direito tributário.* São Paulo: Saraiva, 2011.

SICA, Heitor Vitor Mendonça. *Preclusão processual civil.* 2. ed. São Paulo: Atlas, 2008.

SILVA, Ovídio A. Baptista da. Coisa julgada relativa. *In*: DIDIER JÚNIOR, Fredie (org.). *Relativização da coisa julgada.* 2. ed. Salvador: JusPodivm, 2008. p. 307-320.

SILVA, Ovídio Araújo Baptista da. *Curso de processo civil.* v. 1, 7. ed. Rio de Janeiro: Forense, 2006.

SILVA, Ovídio Araújo Baptista da. Limites objetivos da coisa julgada no Direito brasileiro atual. *Revista de Processo,* [s.l.], v. 15, abr. 1979.

SILVA, Ovídio Araújo Baptista da; GOMES, Fábio Luiz. *Teoria geral do processo civil.* 6. ed. São Paulo: Revista dos Tribunais, 2011.

SILVESTRE, Ana Carolina de Faria. *A decisão judicial enquanto realização metodonomológica comprometida com a justiça prático-prudencialmente assumida: o juízo, a decisão judicativa e a justiça à luz da proposta metodológica de Castanheira Neves.* Coimbra: Coimbra editora, 2011.

SOARES, Guido Fernando Silva. *Common Law:* introdução ao Direito dos EUA. 2. ed. São Paulo: Revista dos Tribunais, 2000.

STEINER, Eva. Comparing the prospective effect of judicial rulings across jurisdictions. Switzerland: Springer International Publishing, 2015.

STRECK, Lenio Luiz. A alegoria do novo CPC e o filme *Os deuses devem estar loucos:* imperdível. *Consultor Jurídico,* 3 de setembro de 2015. Disponível em: https://www.conjur.com.br/2015-set-03/senso-incomum-alegoria-ncpc-deuses-estar-loucos-imperdivel. Acesso em: 28 dez. 2020.

STRECK, Lenio Luiz. Disposições gerais: art. 926. *In:* STRECK, Lenio Luiz *et al.* (coord.). *Comentários ao Código de Processo Civil.* São Paulo: Saraiva, 2016. p. 1.186.

STRECK, Lenio; ABBOUD, Georges. O NCPC e os precedentes – afinal, do que estamos falando? *In:* DIDIER JÚNIOR, Fredie *et al.* (org.). *Precedentes.* v. 3. Salvador: JusPodivm, 2015. p. 175-182.

SUPREME COURT OF THE UNITED STATES. The Supreme Court at Work. Disponível em: https://www.supremecourt.gov/about/courtatwork.aspx. Acesso em: 21 fev. 2023.

TALAMINI, Eduardo. A coisa julgada no tempo (os "limites temporais" da coisa julgada). *Revista do advogado*, [s.l.], ano XXVI, n. 88, p. 56-63, nov. 2006.

TALAMINI, Eduardo. Os pronunciamentos do STF sobre questões constitucionais e sua repercussão sobre a coisa julgada (impugnação ao cumprimento do título executivo inconstitucional e a regra especial sobre prazo de ação rescisória). *In:* CABRAL, Antonio do Passo; DIDIER JÚNIOR, Fredie. *Coisa julgada e outras estabilidades processuais.* Salvador: JusPodivm, 2018. p. 367-383.

TARANTO, Caio Márcio Gutterres. *Precedente judicial:* autoridade e aplicação na jurisdição constitucional. Rio de Janeiro: Forense, 2010.

TARUFFO, Michele. *A motivação da sentença civil.* São Paulo: Marcial Pons, 2015.

TARUFFO, Michele. Precedente e jurisprudência. *Revista de Processo,* [s.l.], v. 36, n. 199, p. 139-155, set. 2011.

TAVARES, André Ramos. *Manual do novo mandado de segurança.* Rio de Janeiro: Forense, 2009.

TESHEINER, José Maria. *Eficácia da sentença e coisa julgada no processo civil.* São Paulo: Revista dos Tribunais, 2002.

TESHEINER, José Maria; MANDELLI, Alexandre. Sentença e coisa julgada – conceito e controvérsias. *Revista de Processo,* [s.l.], v. 37, n. 208, p. 23-60, 2012.

TEIXEIRA DE SOUSA, Miguel. Aspectos do Novo Processo Civil Português. *Revista de Processo,* São Paulo, ano 22, n. 86, p. 174-184, abr./jun. 1997.

THAMAY, Rennan. *Coisa julgada.* São Paulo: Revista dos Tribunais, 2018.

THEODORO JÚNIOR, Humberto. *Curso de direito processual civil.* v. 1, 53. ed. Rio de Janeiro: Forense, 2012.

THEODORO JÚNIOR, Humberto. *Curso de direito processual civil:* teoria geral do Direito Processual Civil, processo de conhecimento e procedimento comum. v. 1, 58. ed. Rio de Janeiro: Forense, 2017.

THEODORO JÚNIOR, Humberto. Limites objetivos da coisa julgada no novo Código de Processo Civil. *In:* CABRAL, Antonio do Passo; DIDIER JÚNIOR, Fredie. *Coisa julgada e outras estabilidades processuais.* Salvador: JusPodivm, 2018. p. 165-188.

THEODORO JÚNIOR, Humberto; FARIA, Juliana Cordeiro. A coisa julgada inconstitucional e os instrumentos processuais para seu controle. *In*: NASCIMENTO, Carlos Valder do (coord.). *Coisa julgada inconstitucional.* 5. ed. Rio de Janeiro: América Jurídica, 2005. p. 72-126.

THEODORO JÚNIOR, Humberto; FARIA, Juliana Cordeiro. O tormentoso problema da inconstitucionalidade da sentença passada em julgado. *In:* DIDIER JÚNIOR, Fredie (org.). *Relativização da coisa julgada.* 2. ed. Salvador: JusPodivm, 2008. p. 179-224.

THEODORO JÚNIOR, Humberto; NUNES, Dierle; BAHIA, Alexandre Gustavo Melo Franco. Breves considerações sobre a politização do Judiciário e sobre o panorama de aplicação do direito brasileiro – análise de convergência entre o "*civil law*" e o "*common law*" e dos problemas de "padronização decisória". *Revista de Processo*, São Paulo, v. 35, n. 189, p. 9-52, nov. 2010.

TUCCI, José Rogério Cruz e. *Comentários ao Código de Processo Civil.* São Paulo: Saraiva, 2017.

TUCCI, José Rogério Cruz e. *Limites subjetivos da eficácia da sentença e da coisa julgada civil.* 2. ed. São Paulo: RT, 2006.

TUCCI, José Rogério Cruz e. *Precedente judicial como fonte do Direito.* São Paulo: Revista dos Tribunais, 2004.

TUCCI, José Rogério Cruz e. *Precedente judicial como fonte do Direito*. 2. ed. Rio de Janeiro: GZ Editora, 2021.

VELLOSO, Andrei Pitten. A temerária "modulação" dos efeitos da pronúncia de inconstitucionalidade em matéria tributária. *Revista Dialética de Direito Tributário*, São Paulo, n. 157, p. 7-16, out. 2008.

VIEIRA, Andréia Costa. *"Civil law" e "common law"* – os dois grandes sistemas legais comparados. Porto Alegre: Sergio Antonio Fabris Editor, 2007.

VILLEY, Michel. *A formação do pensamento jurídico moderno*. 2. ed. São Paulo: Martins Fontes, 2009.

VON MEHREN, Arthur Taylor; GORDLEY, James. *The Civil Law System:* an introduction to the comparative study of law. 2nd ed. Boston: Little Brown, 1977.

WAMBIER, Luiz Rodrigues; TALAMINI, Eduardo. *Curso avançado de Processo Civil*. v. 1, 13. ed. São Paulo: Revista dos Tribunais, 2013.

WAMBIER, Teresa Arruda Alvim. A vinculatividade dos precedentes e o ativismo judicial –paradoxo apenas aparente? *In:* DIDIER JÚNIOR, Fredie *et al.* (org.). *Precedentes*. Salvador: JusPodivm, 2015. p. 263-274.

WAMBIER, Teresa Arruda Alvim. Precedentes e evolução do Direito. *In:* WAMBIER, Teresa Arruda Alvim (coord.). *Direito jurisprudencial*. São Paulo: Revista dos Tribunais, 2012. p. 11-95.

WAMBIER, Teresa Arruda Alvim; MEDINA, José Miguel Garcia. Relativização da coisa julgada. *In:* DIDIER JÚNIOR, Fredie (org.). *Relativização da coisa julgada*. 2. ed. Salvador: JusPodivm, 2008. p. 385-408.

WIEACKER, Franz. *História do direito privado moderno*. 4. ed. Lisboa: Fundação Calouste Gulbenkian, 2010.

YARSHELL, Flávio Luiz. Breves notas sobre a disciplina da ação rescisória no CPC/2015. *In:* CARMONA, Carlos Alberto (Org.). *O novo Código de Processo Civil:* questões controvertidas. Atlas: São Paulo, 2015. pp. 155/169.

ZAVASCKI, Teori Albino. Coisa julgada em matéria constitucional: eficácia das sentenças nas relações jurídicas de trato continuado. Disponível em: https://www.stj.jus.br/publicacaoinstitucional/index.php/Dout15anos/article/view/3666/3755. Acesso em: 23 jan. 2023.

ZVEIBIL, Daniel. Ampliação dos limites objetivos da coisa julgada no NCPC e o fantasma da simplificação desintegradora. *In*: DIDIER JÚNIOR, Fredie *et al.* (org.). *Processo de conhecimento e disposições transitórias.* v. 2. Salvador: JusPodivm, 2015. p. 598. (Coleção NCPC - Doutrina Selecionada).